书中语 笔下文

初中语文单元主题

『读悟写』一体式训练

阳丽丽 主编

北京燕山出版社

BEIJING YANSHAN PRESS

图书在版编目（CIP）数据

书中语 笔下文：初中语文单元主题"读悟写"一体式训练 / 阳丽丽主编. —北京：北京燕山出版社，2021.11

ISBN 978-7-5402-6269-3

Ⅰ.①书… Ⅱ.①阳… Ⅲ.①中学语文课—教学研究—初中 Ⅳ.①G633.302

中国版本图书馆CIP数据核字（2021）第238212号

书中语 笔下文：初中语文单元主题"读悟写"一体式训练

主　　编	阳丽丽	
责任编辑	满　懿	
出版发行	北京燕山出版社	
地　　址	北京市丰台区东铁匠营苇子坑138号C座	
电　　话	010-65240430	
邮　　编	100079	
印　　刷	北京政采印刷服务有限公司	
经　　销	新华书店	
开　　本	170mm×240mm　16 开	
字　　数	396千字	
印　　张	22	
版　　次	2022年4月第1版	
印　　次	2022年4月第1次印刷	
定　　价	68.00元	

编 委 会

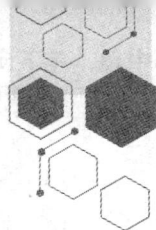

目录

七年级上册

七年级下册

八年级上册

八年级下册

九年级

七年级上册

第一单元　写好景物描写

1　选典型突特点

【精彩语段】

　　每一棵树仿佛都睁开特别明亮的眼睛，树枝的手臂也顿时柔软了，而那萌发的叶子，简直就像起伏着一层绿茵茵的波浪。水珠子从花苞里滴下来，比少女的眼泪还娇媚。半空中似乎总挂着透明的水雾的丝帘，牵动着阳光的彩棱镜。这时，整个大地是美丽的，小草似乎像复苏的蚯蚓一样翻动，发出一种春天才能听到的沙沙声。呼吸变得畅快，空气里像有无数芳甜的果子，在诱惑着鼻子和嘴唇。（这是一幅春雨图）

　　如果说，春雨给大地披上美丽的衣裳，而经过几场夏天的透雨的浇灌，大地就以自己的丰满而展示它全部的诱惑了。一切都毫不掩饰地敞开了。花朵怒放着，树叶鼓着浆汁，数不清的杂草争先恐后地成长，暑气被一片绿的海绵吸收着。而荷叶铺满了河面，迫切地等待着雨点，和远方的蝉声、近处的蛙鼓一起奏起夏天的雨的交响曲。（这是一幅夏雨图）

——刘湛秋《雨的四季》

【赏析感悟】

　　不同的季节有不同的景物，同一景物在不同的季节，甚至生长在不同的地方也千姿百态，各具特点。在《雨的四季》里，春雨给大地穿上了美丽的衣裳，萌发的叶子、花苞里的水珠、苏醒的小草写出了在春雨的滋润下大地一片生机盎然；夏雨却是怒放的，怒放的花朵、被绿吸引的暑气，以及荷叶、雨点、蝉声，都表现了夏的热烈奔放。同样是花，春天的花娇羞，夏天的花绚烂。怎样才能写出景物的特点呢？关键是要善于抓住能突出特点符合实际的景物。一般景物都会有它自身的典型特点和意义，比如看到柳枝、花苞、小草，我们就会想到春天，看到梧桐、大雁、枫叶，我们就会想到秋天。所以在写景时，首先要选用符合季节和地域特点的景物。

【类文再品】

北国的槐树，也是一种能使人联想起秋来的点缀。像花而又不是花的那一种落蕊，早晨起来，会铺得满地。脚踏上去，声音也没有，气味也没有，只能感出一点点极微细极柔软的触觉。扫街的在树影下一阵扫后，灰土上留下来的一条条扫帚的丝纹，看起来既觉得细腻，又觉得清闲，潜意识下并且还觉得有点儿落寞，古人所说的梧桐一叶而天下知秋的遥想，大约也就在这些深沉的地方。

秋蝉的衰弱的残声，更是北国的特产，因为北平处处全长着树，屋子又低，所以无论在什么地方，都听得见它们的啼唱。在南方是非要上郊外或山上去才听得到的。这秋蝉的嘶叫，在北方可和蟋蟀耗子一样，简直像是家家户户都养在家里的家虫。

还有秋雨哩，北方的秋雨，也似乎比南方的下得奇，下得有味，下得更像样。

在灰沉沉的天底下，忽而来一阵凉风，便息列索落地下起雨来了。一层雨过，云渐渐地卷向了西去，天又晴了，太阳又露出脸来了，着着很厚的青布单衣或夹袄的都市闲人，咬着烟管，在雨后的斜桥影里，上桥头树底下去一立，遇见熟人，便会用了缓慢悠闲的声调，微叹着互答着地说：

"唉，天可真凉了——"（这了字念得很高，拖得很长。）

"可不是吗？一层秋雨一层凉了！"

——郁达夫《故都的秋》

【以悟促写】

春花图

春天来了，我们来到了_____

_____

如果说，_____

_____

_____

2　炼字词述感观

【精彩语段】

小草偷偷地从土里钻出来，嫩嫩的，绿绿的。园子里，田野里，瞧去，一大片一大片满是的。坐着，躺着，打两个滚，踢几脚球，赛几趟跑，捉几回迷藏。风轻悄悄的，草绵软软的。

"吹面不寒杨柳风"，不错的，像母亲的手抚摸着你。风里带来些新翻的泥土的气息，混着青草味儿，还有各种花的香，都在微微润湿的空气里酝酿。鸟儿将巢安在繁花嫩叶当中，高兴起来了，呼朋引伴地卖弄清脆的喉咙，唱出婉转的曲子，跟轻风流水应和着。牛背上牧童的短笛，这时候也成天嘹亮地响着。

——朱自清《春》

【赏析感悟】

任何一个景展现在我们面前的，都会有其形状、颜色、数量、气味和生长的态势。因此，我们在描写景物时，要多角度细致观察，充分调动我们的各种感官，从视觉、嗅觉、听觉、触觉等，用准确的词语多角度描写。"像母亲的手抚摸着你"，从触觉上写出了春风的轻柔；"新翻的泥土的气息""各种花的香"，从嗅觉写出了春的气息；鸟儿婉转的曲子、牧童的短笛从听觉上写出了春风的和煦。而上一段的"小草偷偷地从土里钻出来，嫩嫩的，绿绿的""一大片一大片"满是的，"钻"写出了小草破土而出的生机，"嫩嫩的""绿绿的""满是的"从视觉上写出了春草的颜色和态势。

【类文再品】

听听，那冷雨。看看，那冷雨。嗅嗅闻闻，那冷雨，舔舔吧，那冷雨（多感官描写）。雨在他的伞上这城市百万人的伞上雨衣上屋上天线上，雨下在基隆港在防波堤在海峡的船上，清明这季雨（视觉描写）。雨是女性，应该最富于感性。雨气空蒙而迷幻，细细嗅嗅，清清爽爽新新，有一点点薄荷的香味，浓的时候，竟发出草和树沐发后特有的淡淡土腥气，也许那竟是蚯蚓和蜗牛的腥气吧，毕竟是惊蛰了啊（嗅觉描写）。也许地上的地下的生命，也许古中国层层叠叠的记忆皆蠢蠢而蠕，也许是植物的潜意识和梦吧，那腥气。

雨打在树上和瓦上，韵律都清脆可听。尤其是铿铿敲在屋瓦上，那古老的音乐，属于中国。王禹的黄冈，破如椽的大竹为屋瓦。据说住在竹楼上面，急雨声如瀑布，密雪声比碎玉，而无论鼓琴、咏诗、下棋、投壶，共鸣的效果都特别好。这样岂不像住在竹和筒里面，任何细脆的声响，怕都会加倍夸大，反而令人耳朵过敏吧。（听觉描写）

——余秋雨《听听那冷雨》

【以悟促写】

看着那＿＿＿＿＿＿＿＿＿

＿＿＿＿＿＿＿＿＿＿＿＿＿＿＿＿＿＿＿＿＿＿＿＿＿＿＿＿＿＿

＿＿＿＿＿＿＿＿＿＿＿＿＿＿＿＿＿＿＿＿＿＿＿＿＿＿＿＿＿＿

＿＿＿＿＿＿＿＿＿＿＿＿＿＿＿＿＿＿＿＿＿＿＿＿＿＿＿＿＿＿

3 用修辞巧描绘

【精彩语段】

桃树、杏树、梨树，你不让我，我不让你，都开满了花赶趟儿。红的像火，粉的像霞，白的像雪。花里带着甜味儿；闭了眼，树上仿佛已经满是桃儿、杏儿、梨儿。花下成千成百的蜜蜂嗡嗡地闹着，大小的蝴蝶飞来飞去。野花遍地是：杂样儿，有名字的，没名字的，散在花丛里，像眼睛，像星星，还眨呀眨的。

——朱自清《春》

【赏析感悟】

这段文字运用了拟人的修辞手法来突出春花竞放的动态；用比喻、排比的修辞手法来突出花色艳丽；用比喻、拟人的修辞手法来突出野花的多和亮丽；借用联想来突出花的繁茂；通过味觉来写花香（花里带着甜味儿）；通过动静、虚实、高低、多个角度，集中笔墨描写春花这一景物，为我们勾勒出一幅五彩缤纷、立体感极强的、优美的"春花图"画面。在景物描写时，要充分使用修辞手法写出景物的特点，将景物更加形象生动地呈现在读者面前。

【类文再品】

春天必然曾经是这样的：从绿意内敛的山头，一把雪再也撑不住了，噗嗤的一声，将冷面笑成花面，一首渐渐然的歌便从云端唱到山麓，从山麓唱到低低的荒村，唱入篱落，唱入一只小鸭的黄蹼，唱入软溶溶的春泥——软如一床新翻的棉被的春泥。

那样娇，那样敏感，却又那样混沌无涯。一声雷，可以无端地惹哭满天的云，一阵杜鹃啼，可以斗急了一城杜鹃花，一阵风起，每一棵柳都会吟出一则则白茫茫、虚飘飘说也说不清、听也听不清的飞絮，每一丝飞絮都是一株柳的分号。反正，春天就是这样不讲理，不逻辑，而仍可以好得让人心平气和的。

春天必然曾经是这样的：满塘叶黯花残的枯梗抵死苦守一截老根，北地里千宅万户的屋梁受尽风欺雪压犹自温柔地抱着一团小小的空虚的燕巢。然后，忽然有一天，桃花把所有的山村水廓都攻陷了。柳树把皇室的御沟和民间的江头都控制住了。春天有如旌旗鲜明的王师，因为长期虔诚的企盼祝祷而美丽起来。

而关于春天的名字，必然曾经有这样的一段故事：在《诗经》之前，在《尚书》之前，在仓颉造字之前，一只小羊在啮草时猛然感到的多汁，一个孩子放风筝时猛然感觉到的飞腾，一双患风痛的腿在猛然间感到的舒适，千千万万双素手在溪畔在江畔浣纱时所猛然感到的水的血脉……当他们惊讶地奔走互告的时候，他们决定将嘴噘成吹口哨的形状，用一种愉快的耳语的声音来为这季节命名："春"。

鸟又可以开始丈量天空了。有的负责丈量天的蓝度，有的负责丈量天的透明度，有的负责用那双翼丈量天的高度和深度。而所有的鸟全不是好的数学家，它们吱吱喳喳地算了又算，核了又核，终于还是不敢宣布统计数字。

至于所有的花，已交给蝴蝶去数。所有的蕊，交给蜜蜂去编册。所有的树，交给风去纵宠。而风，交给檐前的老风铃去——记忆、一一垂询。

春天必然曾经是这样，或者，在什么地方，它仍然是这样的吧？穿越烟囱与烟囱的黑森林，我想走访那踯躅在湮远年代中的春天。

——张晓风《春之怀古》

【以悟促写】

勒杜鹃

勒杜鹃开满了整个围墙，＿＿＿＿＿＿＿＿＿＿＿＿＿＿＿

＿＿＿＿＿＿＿＿＿＿＿＿＿＿＿＿＿＿＿＿＿＿＿＿＿＿＿

＿＿＿＿＿＿＿＿＿＿＿＿＿＿＿＿＿＿＿＿＿＿＿＿＿＿＿

4 按顺序条理明

【精彩语段】

最妙的是下点小雪呀。看吧,山上的矮松越发的青黑,树尖上顶着一髻儿白花,好像日本看护妇。山尖全白了,给蓝天镶上一道银边。山坡上,有的地方雪厚点,有的地方草色还露着,这样,一道儿白,一道儿暗黄,给山们穿上一件带水纹的花衣;看着看着,这件花衣好像被风儿吹动,叫你希望看见一点更美的山的肌肤。等到快日落的时候,微黄的阳光斜射在山腰上,那点薄雪好像忽然害了羞,微微露出点粉色。就是下小雪吧,济南是受不住大雪的,那些小山太秀气!

——老舍《济南的冬天》

【赏析感悟】

像我们通常所见的写景文章,要有先后顺序,有远景,有近景,有主次之分,上下之分,先总写再分写。先写静态,再写动态,或动静结合;先写形状,再写颜色、声音、气味……

像老舍的《济南的冬天》里对下了雪的小山的描写,就是从"山尖"—"山坡"—"山腰"自上而下的描写顺序,全段由总到分再到总的结构进行描写,条理清晰,小山的秀气也自在其中。

因此,观察要仔细,描写要有一定的顺序,一定的角度。

【类文再品】

为了看日出,我常常早起。那时天还没有大亮,周围很静,只听见船里机器的声音。

天空还是一片浅蓝,很浅很浅的。转眼间,天水相接的地方出现了一道红霞。红霞的范围慢慢扩大,越来越亮。我知道太阳就要从天边升起来了,便目不转睛地望着那里。

果然,过了一会儿,那里出现了太阳的小半边脸,红是红的很,却没有亮光。太阳像负着什么重担似的,慢慢儿,一纵一纵地,使劲儿向上升。到了最后,它终于冲破了云霞,完全跳出了海面,颜色真红得可爱。一刹那间,这深红的圆东西发出夺目的亮光,射得人眼睛发痛。它旁边的云也突然有了光彩。

有时太阳躲进云里。阳光透过云缝直射到水面上，很难分辨出哪里是水，哪里是天，只看见一片灿烂的亮光。

有时候天边有黑云，而且云片很厚，太阳升起来，人就不能够看见。然而太阳在黑云背后放射它的光芒，给黑云镶了一道光亮的金边。后来，太阳慢慢透出重围，出现在天空，把一片片云染成了紫色或者红色。这时候，不仅是太阳、云和海水，连我自己也成了光亮的了。

这不是伟大的奇观吗？

——巴金《海上日出》

【以悟促写】

游马峦山

_____

_____

_____

5　绘景物融活动

【精彩语段】

雨是最寻常的，一下就是三两天。可别恼。看，像牛毛，像花针，像细丝，密密地斜织着，人家屋顶上全笼着一层薄烟，树叶儿却绿得发亮，小草也青得逼你的眼。傍晚时候，上灯了，一点点黄晕的光，烘托出一片安静而和平的夜。在乡下，小路上，石桥边，有撑起伞慢慢走着的人；地里还有工作的农民，披着蓑戴着笠。他们的房屋稀稀疏疏的，在雨里静默着。

——朱自清《春》

【赏析感悟】

朱自清写南方的春雨连绵："看，像牛毛，像花针，像细丝，密密地斜织着，人家屋顶上全笼着一层薄烟。"连用三个比喻句，句式整齐，从不同的角度表现了春雨的细密。这种雨，使树叶子"绿得发亮，小草也青得逼你的眼"，写出春雨滋润，万物充满生机的状态。雨夜，一点点黄晕的灯光，"烘托出一片安静而和平的夜"，"撑起伞慢慢走着的人；地里工作的农民"一句借行人的慢走、农民的慢忙，写春雨的细小。草屋也"在雨里静默着"，最后两句话道出了人的活动和他们的房屋共同地构建了春天的美。此段中景与人相融合，用人的活动来衬托春天的美好。

【类文再品】

暖国的雨，向来没有变过冰冷的坚硬的灿烂的雪花。博识的人们觉得他单调，他自己也以为不幸否耶？江南的雪，可是滋润美艳之至了；那是还在隐约着的青春的消息，是极壮健的处子的皮肤。雪野中有血红的宝珠山茶，白中隐青的单瓣梅花，深黄的磬口的腊梅花；雪下面还有冷绿的杂草。胡蝶确乎没有；蜜蜂是否来采山茶花和梅花的蜜，我可记不真切了。但我的眼前仿佛看见冬花开在雪野中，有许多蜜蜂们忙碌地飞着，也听得他们嗡嗡地闹着。

孩子们呵着冻得通红，像紫芽姜一般的小手，七八个一齐来塑雪罗汉。因为不成功，谁的父亲也来帮忙了。罗汉就塑得比孩子们高得多，虽然不过是上小下大的一堆，终于分不清是壶卢还是罗汉；然而很洁白，很明艳，以自身的滋润相粘结，整个地闪闪地生光。孩子们用龙眼核给他做眼珠，又从谁的母亲的脂粉奁中偷得胭脂来涂在嘴唇上。这回确是一个大阿罗汉了。他也就目光灼灼地嘴唇通红地坐在雪地里。

第二天还有几个孩子来访问他；对了他拍手，点头，嬉笑。但他终于独自坐着了。晴天又来消释他的皮肤，寒夜又使他结一层冰，化作不透明的模样；连续的晴天又使他成为不知道算什么，而嘴上的胭脂也褪尽了。

但是，朔方的雪花在纷飞之后，却永远如粉，如沙，他们决不粘连，撒在屋上，地上，枯草上，就是这样。屋上的雪是早已就有消化了的，因为屋里居人的火的温热。别的，在晴天之下，旋风忽来，便蓬勃地奋飞，在日光中灿灿地生光，如包藏火焰的大雾，旋转而且升腾，弥漫太空；使太空旋转而且升腾地闪烁。

在无边的旷野上，在凛冽的天宇下，闪闪地旋转升腾着的是雨的精魂……

是的，那是孤独的雪，是死掉的雨，是雨的精魂。

——鲁迅《雪》

【以悟促写】

故乡的＿＿＿＿＿＿＿

_____

_____

_____

单元训练　_____的四季

题目：请以"_____的四季"或"四季"为题，写一篇不少于600字的作文。

【佳作欣赏一】

院子里的四季

七（1）班　海航

我家的门前，有一个美丽的院子，无论是哪个季节都有独特、让人着迷的一面。

春天，院子里的大树开始冒嫩芽。在树底下往上看，阳光照射着树冠，叶子被照得透亮，繁枝嫩叶间还开着几朵雪白的花，上面还停留着采花粉的蝴蝶。土地有许多小草偷偷地钻了出来，正在尽情地享受着日光浴。忽然，雨下了起来，细细的、柔柔的、密密的，滋润着娇嫩的、含苞欲放的花儿。远处的山上，好像被春雨披上了一层纱布，朦朦胧胧的。

到了夏天，大树的叶子变得宽阔、粗大，在树荫下乘凉，听着有节奏的蝉声，看着书，呼吸着夏天空气中独有的味道——芳香而清新，这是一件美好的事情。天空突然响起一声咆哮，顿时乌云滚滚，大树被风撕扯着，雨瓢泼似的落了下来，沙沙地响着。夏天的天气就好像捉弄人似的，一会儿倾盆大雨、一会儿艳阳高照，就像顽皮的孩子，让人摸不着头脑。

秋天，是丰收的季节，远处的田野飘来一阵阵淡淡的稻谷清香。大树的叶子也变得又黄又脆，飘在半空中，就像一只翩翩起舞的蝴蝶，远处的山坡已是一片火红。望着高高的天空，突然吹来一阵秋风，顿时便觉得神清气爽。吹落的几片树叶，为大地铺满了金黄，踩在上面，发出"沙沙，沙沙"的声音，好像是诉说着它们一年来的故事和对新叶子的期望。

到了冬天，山坡、大地被白雪覆盖着，院子里的大树也披着软软的、厚厚的白棉袄睡去了。外边刮着大风，下着大雪，没有一个人在外面活动。晚上，隐约能看见一点儿黄晕的灯光，能让人感受到一丝温馨。冬天，一切仿佛都在休息，而这正是为了酝酿着下一场华丽的盛宴而准备着。

这就是我家门前的院子，洋溢着春天的生机、夏天的繁华、秋天的深邃、冬天的静谧。

【佳作欣赏二】

风的四季

七（1）班　林漫祺

我很爱风，无论什么季节的风，我都很爱。它给我的记忆，永远是魅力无比的。

春天到了，叶子睡醒了，慢慢睁开了眼睛，为大自然增添春色。足球场上，园子里，田野里，到处是它的身影。野花开得遍地都是：红的、紫的、黄的……都是一些叫不上名字的小花骨朵儿。小草儿一点点地冒出来它可爱的脑袋，随风摇曳，绿茵茵的，毛茸茸的。春风一吹，便发出了沙——沙——沙的声响。奏响了一曲春天专有的歌儿。春风一吹，它都会随风舞动，开心极了；吹红了桃花，吹绿了柳树，吹醒了青蛙，吹来了燕子……空气散发着一股草木味儿，真令人怡神气爽。

而夏天，更是别有一番风情。它好像长大了呀，变成了一个调皮的小姑娘。常常，突然一阵大风刮来，让人防不胜防，但是大家都喜欢它呢。在炎炎夏日中，人们巴不得它就一直这样调皮着。山林的颜色多得数不胜数，有墨绿、淡绿、黑绿、茶色等。俗话说得好："映日荷花别样红"，这时，就连出淤泥而不染的荷花也毫无掩饰地敞开了自己。在这个红红火火的季节里，风里总带着一股怡人的芳香。

秋天来了。它似乎又长大了一点儿，变成一个淑女，行为举止端庄。温柔的秋风常常灌满了街头巷尾。我最喜欢秋天了呀。这是一个金黄的季节，看上去还挺阳光的，倒也不显得沉闷。最关键的是果农们有了好收成，水果经它一抚摸，都成熟了；让人看了垂涎欲滴。日落时分，天空一大片一大片的火烧云彩霞，跟这个金秋时节真是也太搭配不过了吧，真是绝配！

冬天光临了。它好似已经变成了一位在青春期中的少女。脾气有点儿喜怒无常，北风呼啸，这是它发怒的时候。人们又恨不得躲它远远的。而我常常穿着风衣，走在街头，大口大口呼吸着冬天的味道。其实冬天也是温暖的吧。在这个季节里，春节，是最热闹的！大家其乐融融地团圆，多么美好呀！这感觉可真是棒极了！

啊，它总是那么令人爱恋。

第二单元　写好细节描写

6　写好外貌描写

【精彩语段】

　　这是一个高大身材，长头发，眼球白多黑少的人，看人总像在渺视。他蹲在席子上，我发言大抵就反对。我早觉得奇怪，注意着他的了，到这时才打听别人：说这话的是谁呢，有那么冷？认识的人告诉我说：他叫范爱农，是徐伯荪的学生。

　　然而这意见后来似乎逐渐淡薄，到底忘却了，我们从此也没有再见面。直到革命的前一年，我在故乡做教员，大概是春末时候罢，忽然在熟人的客座上看见了一个人，互相熟视了不过两三秒钟，我们便同时说：

　　"哦哦，你是范爱农！"

　　"哦哦，你是鲁迅！"

　　不知怎地我们便都笑了起来，是互相的嘲笑和悲哀。他眼睛还是那样，然而奇怪，只这几年，头上却有了白发了，但也许本来就有，我先前没有留心到。他穿着很旧的布马褂，破布鞋，显得很寒素。谈起自己的经历来，他说他后来没有了学费，不能再留学，便回来了。回到故乡之后，又受着轻蔑，排斥，迫害，几乎无地可容。现在是躲在乡下，教着几个小学生糊口。但因为有时觉得很气闷，所以也趁了航船进城来。

　　　　　　　　　　　　　　　　　　　　　　　　——鲁迅《范爱农》

【赏析感悟】

　　人物的外貌，主要包括人的容貌、体态、服饰、表情、风度等。人的外貌描写也叫肖像描写，就是对人物的外貌、特征进行准确、生动、形象地描绘，并通过外貌描写来传神，向读者揭示人物的思想品质、精神风貌和性格特征。怎样才能写好人物外貌呢？

我们从以下三方面入手。

1. 外貌描写要"准"

"准"就是准确地描写人物外貌，人物形象才会真实可信。人的外貌往往受到其身份、职业、年龄、教养、习惯、生活经历、家庭环境、身体状况等诸因素影响。不同职业的人往往外貌也有所区别。如舞蹈演员的腿较粗而四肢修长；举重运动员往往比较壮实；渔民则肤色较黑，脚趾因长期在船上行走而像蒲扇般张开。人的年龄不同，其外貌也有明显的差异，少年儿童天真可爱，青年人血气方刚，中年人成熟稳重，老年人则耳聋眼花。这一些无不反映其人生的自然规律。当然人的习惯不同，也往往显出不同的特征来。如吸烟的人仿佛缺少了门牙，还不时透出烟草气味；不吸烟的人则牙齿洁白。人的教养不同，也往往能从外貌上看出来，有教养的人坐有坐相，站有站相；有文化的人讲话文绉绉的，且条理清楚；没有教养的人坐着、站着东倒西歪，说话粗鲁而无条理……凡此种种，我们要仔细观察，并用准确的语言加以描述，人物的形象才能准确地描写出来。

2. 外貌描写要"精"

"精"就是精心选择人物外貌特征，集中笔墨描写，使人物形象精确鲜明。世上没有外貌完全相同的人，我们要根据表达的需要，从人物外貌中精心选择其与众不同的特征，集中笔墨描写，其他的可省略不写或一笔带过，使人物外貌更精确鲜明。有时候，我们根据手头素材的实际情况，或为了某种表述的需要，可把外貌描写重头戏放在人物的某个部位。如写爷爷的手，硬而裂开许多道口子，虽难看却是勤劳的见证；帮我编玩具，又透出灵巧。这样写了往往会使勤劳而心灵手巧的爷爷跃然纸上。我们精心选择人物与众不同的外貌，加以精确地描写，往往能写出新意来。

3. 外貌描写要"深"

"深"就是人物的外貌描写要反映人物的精神品质，写出人物的深度。我们描写人物外貌，要着重选择最能体现人物思想品质、精神风貌、个性特征、气质情感的外貌特征予以重点描写，使人物形象更生动、更感人，达到神似的境界。当然，我们还要注意写作的顺序，选好写作的角度，无论前后左右、正视侧视、仰视俯视、近观远看，哪个角度最能展示人物精神面貌，性格特征，就从哪个角度入手进行描写。

外貌描写还要注意与人物的动作、神态、语言等描写相结合，更好地表现人物的个性特征，写出鲜活的人物形象来。

【类文再品】

从他的脸上，看不出一点特色来。和普通的瘦削的老头子，是不大有什么两样的；不过下巴凸出些，并且常常掩着手帕，免得被唾沫所沾湿。那小小的眼睛还没有呆滞，在浓眉底下转来转去，恰如两匹小鼠子，把它的尖嘴钻出暗洞来，立起耳朵，动着胡须，看看是否藏着猫儿或者顽皮孩子，猜疑地嗅着空气。那衣服可更加有意思。要知道他的睡究竟是什么底子，只好白费力气；袖子和领头都非常醒鼪，发着光，好像做长靴的郁赫皮；背后并非拖着两片的衣裙，倒是有四片，上面还露着一些棉花团。颈子上也围着一种莫名奇妙的东西，是旧袜子，是腰带，还是绷带呢，不能断定。但决不是围巾。一句话，如果在那里的教堂前面，乞乞科夫见了这么模样的人，他一定会施他两戈贝克。

—— 果戈理《死魂灵》

【以悟促写】

仿写一：

语文考试

铃声响起来，_____

_____

_____

仿写二：

我的新同学

"报告。"门口传来怯怯的声音。_____

_____

_____

7　写好心理描写

【精彩语段】

下午的阳光穿透遮满阳台的金银花叶子，照射到我仰着的脸上。

朋友，你可曾在茫茫大雾中航行过？在雾中神情紧张地驾驶着一条大船，小心翼翼地、缓慢地向对岸驶去，你的心怦怦直跳，唯恐意外发生。在未受教育之前，我正像大雾中的航船，既没有指南针也没有探测仪，无从知道海港已经临近。我心里无声地呼喊着："光明！光明！快给我光明！"

我实在有些不耐烦了，抓起新布娃娃就往地上摔，把它摔碎了，心中觉得特别痛快。发这种脾气，我既不惭愧，也不悔恨，我对布娃娃并没有爱。在我的那个寂静而又黑暗的世界里，根本就不会有温柔和同情。莎莉文小姐把可怜的布娃娃的碎布扫到炉子边，然后把我的帽子递给我。我知道又可以到外面暖和的阳光里去了。

——海伦·凯勒《再塑生命的人》

【赏析感悟】

心理描写是指在文章中对人物在一定环境中的心理状态、精神面貌和内心活动进行的描写，是作文中表现人物性格品质的一种方法。通过心理描写，使读者透过人物外表，看到人物的内心世界，同时也突出文章的中心或表明人物的品质或情感。

（1）内心独白表明心迹，突出人物性格发展的逻辑。"在茫茫大雾中航行""小心翼翼地、缓慢地向对岸驶去"到"在我的那个寂静而又黑暗的世界里，根本就不会有温柔和同情"这种内心独白，表明海伦·凯勒内心的迷惘和彷徨。

（2）用景物描写折射内心的感受。人物的心情不同，对周围景物的感受也不同。"阳光穿透遮满阳台的金银花叶子"，阳光、金银花这些景物生动地烘托出莎莉文老师到来时的开心。"天阴沉沉的，不时刮到我的身上，我不由自主地打战。"阴沉沉的天气，衬托考试时紧张担忧。

（3）通过对人物幻觉的展示，刻画人物的心理。"我好像看见满试卷鲜红的又组成一张巨大的网向我卷来，把我网住，使我不能动弹，不能挣扎。"这样的幻觉委婉地把自己内心的悲伤表现出来。

（4）与动作、神态、语言等多种描写手法相结合。"抓起新布娃娃就往地上摔，把它摔碎了"，用"抓""摔"的动作描写和内心的不耐烦的独白相结合，更生动形象地突出海伦·凯勒的自卑与难过。

【类文再品】

推开房间，看看照出人影的地板，又站住犹豫："脱不脱鞋？"一转念，忿忿想道："出了五块钱呢！"再也不怕弄脏，大摇大摆走了进去，往弹簧太师椅上一坐："管它，坐瘪了不关我事，出了五元钱呢。"他饿了，摸摸袋里还剩一块僵饼，拿出来啃了一口，看见了热水瓶，便去倒一杯开水和着饼吃。回头看刚才坐的皮凳，竟没有瘪，便故意立直身子，扑通坐下去……试了三次，也没有坏，才相信果然是好家伙。便安心坐着啃饼，觉得很舒服，头脑清爽，热度退尽了，分明是刚才出了一身大汗的功劳。他是个看得穿的人，这时就有了兴头，想道："这等于出晦气钱——譬如买药吃掉！"

——高晓声《陈奂生上城》

【以悟促写】

仿写一：

语文考试

离考试结束只有半个小时，_____

_____

_____

仿写二：

我的新同学

看着他，_____

_____

_____

8　写好动作描写

【精彩语段】

双腿瘫痪后，我的脾气变得暴怒无常。望着天上北归的雁阵，我会突然把面前的玻璃砸碎；听着听着李谷一甜美的歌声，我会猛地把手边的东西摔向四周的墙壁。这时，母亲就会悄悄地躲出去，在我看不见的地方偷偷地听着我的动静。当一切恢复沉寂，她又悄悄地进来，眼边红红的，看着我。"听说北海的花儿都开了，我推着你去走走。"她总是这么说。母亲喜欢花，可自从我的腿瘫痪以后，她侍弄的那些花都死了。"不，我不去！"我狠命地捶打这两条可恨的腿，喊着，"我可活什么劲儿！"母亲扑过来抓住我的手，忍住哭声说："咱娘儿俩在一块儿，好好儿活，好好儿活……"

——史铁生《秋天的怀念》

【赏析感悟】

描写人物富有特征性的动作，以表现人物的性格、品质、身份、地位、处境、状态，叫作动作描写。写好动作描写，注意以下几个要点。

（1）根据人物行动的特定的背景中来进行刻画。文中"我"就是在双腿瘫痪后，脾气变得"暴怒无常"这样一个特定背景中。

（2）精选动词，表现人物特点。在"双腿瘫痪"这样一个特定的环境中，系列的动作都是突出"暴怒无常"这一情形。"望着望着""砸碎玻璃""听着听着""往四周摔东西""捶打"，都突出了"我"的暴怒无常。

（3）围绕人物的心理动态，巧用修饰语。三个修饰词"突然""猛地""狠命"，体现了"我"内心的无助无奈甚至绝望，而"偷偷地""悄悄地""忍住哭"则表现了母亲对"我"的包容和关爱。

【类文再品】

再看床上，垫的是花床单，盖的是新被子，雪白的被底，崭新的绸面，呱呱叫三层新。陈奂生不由自主地立刻在被窝里缩成一团，他知道自己身上（特别是脚）不大干净，生怕弄脏了被子……随即悄悄起身，悄悄穿好了衣服，不敢弄出一点声音来，好像做了偷儿，被人发现就会抓住似的。他下了床，把鞋子拎在手里，光着脚跑出去；又眷顾着那两张大皮椅，走近去摸一摸，轻轻捺了捺，知道里边有弹簧，却不敢坐，怕压瘪了弹不饱。然后才真的悄悄开门，走出去了。

——高晓声《陈奂生上城》

【以悟促写】

仿写一：

语文考试

考完语文考试，＿＿＿＿＿＿＿＿＿＿＿＿＿＿＿＿＿＿＿＿＿＿

＿＿＿＿＿＿＿＿＿＿＿＿＿＿＿＿＿＿＿＿＿＿＿＿＿＿＿＿＿＿

＿＿＿＿＿＿＿＿＿＿＿＿＿＿＿＿＿＿＿＿＿＿＿＿＿＿＿＿＿＿

仿写二：

我的新同学

他很不情愿地站起来，＿＿＿＿＿＿＿＿＿＿＿＿＿＿＿＿＿＿＿

＿＿＿＿＿＿＿＿＿＿＿＿＿＿＿＿＿＿＿＿＿＿＿＿＿＿＿＿＿＿

＿＿＿＿＿＿＿＿＿＿＿＿＿＿＿＿＿＿＿＿＿＿＿＿＿＿＿＿＿＿

9 写好语言描写

【精彩语段】

"嗨，慢着，"我软弱地哀求道，"我没法——"

"再见！"其中一个孩子说。其他孩子跟着也都哈哈大笑起来。

他们左折右转地爬上了崖顶，向下凝视着我。"如果你想待在那里，就待着好了。"有个孩子嘲笑道，"不用客气。"杰利看起来好像有点不放心，但还是和大家一起走了。

"下来吧，孩子，"他带着安慰的口气说，"晚饭做好了。"

"我下不去！"我哭着说，"我会掉下去，我会摔死的！"

"听我说吧，"我父亲说，"不要想着距离有多远。你只要想着你是在走一小步。你能办得到的。眼睛看着我电筒的光照着的地方，你能看见石架下面那块岩石吗？"

——莫顿·亨特《走一步，再走一步》

【赏析感悟】

"言为心声"，不同思想、不同经历、不同地位、不同性格的人，其语言也是不同的。鲁迅曾说过："如果删掉了不必要之点，只摘出各人的有特色的谈话来，我想，就可以使别人从谈话里推见每个说话的人物。"能够让读者从"各人有特色的谈话"中来"推见每个说话人"，这便是成功的语言描写。

（1）灵活地运用对话形式。

（2）符合说话人的身份。

（3）语言描写要生动、简洁。

（4）语言描写要口语化。

（5）辅之以动作、神态等描写。

【类文再品】

他走到门口柜台处，朝里面正在看报的大姑娘说："同志，算账。"

"几号房间？"那大姑娘恋着报纸说，并未看他。

"几号不知道。我住在最东那一间。"

那姑娘连忙丢了报纸，朝他看看，甜甜地笑着说："是吴书记汽车送来的？你身体好了吗？"

"不要紧，我要回去了。"

"何必急，你和吴书记是老战友吗？你现在在哪里工作？……"大姑娘一面软款款地寻话说，一面就把开好的发票交给他。笑得甜极了。陈奂生看看她，真是绝色！

但是，接到发票，低头一看，陈奂生便像给火钳烫着了手。他认识那几个字，却不肯相信。"多少？"他忍不住问，浑身燥热起来。

"五元。"

"一夜天？"他冒汗了。

"是一夜五元。"

陈奂生的心，忐忑忐忑大跳。"我的天！"他想，"我还怕困掉一顶帽子，谁知竟要两顶！"

"你的病还没有好，还正在出汗呢！"大姑娘惊怪地说。

千不该，万不该，陈奂生竟说了一句这样的外行语："我是半夜里来的呀！"

大姑娘立刻看出他不是一个人物，她不笑了，话也不甜了，像菜刀剁着砧板似的笃笃响着说："不管你什么时候来，横竖到今午十二点为止，都收一天钱。"这还是客气的，没有嘲笑他，是看了吴书记的面子。

——高晓声《陈奂生上城》

【以悟促写】

仿写一：

语文考试

离考试结束只有半个小时，_____

_____

_____

仿写二：

我的新同学

我转过头去，只见他_____

_____

_____

10 写好神态描写

【精彩语段】

我庆幸它居然没有被卖出去，仍四平八稳地躺在书架上，专候我的光临。我多么高兴，又多么渴望地伸手去拿，但和我同时抵达的，还有一只巨掌，五个手指大大地分开来，压住了那本书的整个：

"你到底买不买？"

声音不算小，惊动了其他顾客，他们全部回过头来，面向着我。我像一个被捉到的小偷，羞惭而尴尬，涨红了脸。我抬起头，难堪地望着他——那书店的老板威风凛凛地俯视着我。店是他的，他有全部的理由用这种声气对待我。我用几乎要哭出来的声音，悲愤地反抗了一句：

"看看都不行吗？"其实我的声音是多么软弱无力！

在众目睽睽下，我几乎是狼狈地跨出了店门，脚跟后面紧跟着的是老板的冷笑："不是一回了！"不是一回了？那口气对我还算是宽容的，仿佛我是一个不可以再原谅的惯贼。但我是偷窃了吗？我不过是一个无力购买而又渴望读到那本书的穷学生！

——林海音《窃读记》

【赏析感悟】

神态是人的一种行为，指人脸各部分的动作和变化。人们常说："脸是人感情的晴雨表。"这说明了神态与人物思想感情的关系是极为密切的，内心活动常常从人的脸部显示出来的。一个人心里高兴，往往就喜上眉梢；内心得意，就眉飞色舞；心里担忧，往往满脸愁容；内心痛苦，就双眉紧皱。神态描写，就是指描写人物脸部的细微的表情和姿态。

要写好人物的神态，得注意如下几点。

1. 要注意人物神态的细微变化

要写好人物的神态，就要仔细观察人物神态的细微变化。比如，笑，"微笑"是反映发自内心的喜悦；"歪起一个嘴笑"是表示心怀鬼胎，不怀好意；"张大嘴哈哈大笑"既表现人物豪爽的性格，也表现笑得痛快。可见只有观察清楚各种神态的特点，才能在描写神态中反映不同的意义。

2. 要反映人物的思想感情

描写人物的神态，还要注意反映人物的思想感情。不能离开刻画人物、表现主题的需要，为写神态而写神态。

3. 要同行动和语言描写相结合

神态描写要结合在人物行为或语言叙述中，加强文章的表现力。

神态描写示例：

高兴时——嘴角上泛起一阵涟漪，眼睛笑成了一条缝。

伤心时——鼻子两翼一掀一掀，眼睛里充满了泪水。

紧张时——不住地喘气，脸色灰白，双眉紧锁，一句话也说不出来。

愤怒时——竖起了眉毛，眼珠子瞪得像要弹出来似的。

发愣时——两眼直呆呆向前望去，木头一般地站在那里。

哭泣时——亮晶晶的泪珠在他的眼睛里滚动，然后，大大的、圆圆的、一颗颗闪闪发亮的泪珠顺着他的脸颊滚下来，滴在嘴角上、胸膛上、地上。

我们平时要重视对人物神态进行细致观察，同时还可以从课文中学习一些描写人物神态的词语和方法。

【类文再品】

他又叹了口气，想动身凯旋回府。谁知一站起来，双腿发软，两膝打战，竟是浑身无力。他不觉大吃一惊，莫非生病了吗？刚才做生意，精神紧张，不曾觉得，现在心定下来，才感浑身不适，原先喉咙嘶哑，以为是讨价还价喊哑的，现在连口腔上片都像冒烟，鼻气火热；一摸额头，果然滚烫，一阵阵冷风吹得头皮好不难受。他毫无办法，只想先找杯热茶解渴。那时茶摊已无，想起车站上有个茶水供应地方，便硬撑着移步过去。到了那里，打开龙头，热水倒有，只是找不到茶杯。原来现在讲究卫生，旅客大都自带茶缸，车站上落得省劲儿，就把杯子节约掉了。陈奂生也顾不得卫生不卫生，双手捧起龙头里流下的水就喝。那水倒也有点烫，但陈奂生此时手上的热度也高，还忍得住，喝了几口，算是好过一点。但想到回家，竟是千难万难；平常时候，那三十里路，好像经不起脚板一颠，现在看来，真如隔了十万八千里，实难登程。他只得找个位置坐下，耐性受痛，觉得此番遭遇，完全错在忘记了带钱先买帽子，才受凉发病。一着走错，满盘皆输；弄得上不上下不下，进不得退不得，卡在这儿，真叫尴尬。万一严重起来，此地举目无亲，耽误就医吃药，岂不要送掉老命？可又一想，他陈奂生是个堂堂男子汉，一生干净，问心无愧，死了也口眼不闭；活在世上多种几年田，有益无害，完全应该提供宽裕的时间，没有任何匆忙的必要。想到这里，陈奂生高兴起来，他嘴巴干燥，笑不出声，只是两个嘴角，向左右同时咧开，露出一个微笑。那扶在椅上的右手，轻轻提了起来，像听到了美妙的乐曲似的，在右腿上赏心地拍了一拍，松松地吐出口气，便一头横躺在椅子上卧倒了。

——高晓声《陈奂生上城》

【以悟促写】

仿写一：

语文考试

母亲站在门口，_____

_____

_____

仿写二：

我的新同学

老师走到他的面前，_____

_____

_____

单元训练　我的新同学

题目：请以"我的新同学（老师）"为题，写一篇不少于600字的作文。

【佳作欣赏一】

我的新同学

七（1）班　陈依婷

刚来这个学校，不认识什么人，能理解我，跟我一起玩耍的，就只有她了。

她个子不高，有着一头乌黑发亮的短发。她的皮肤黄中略带一些棕色。前面的头发卷卷的，总是翘起来，像一个个顽皮的小精灵。她的脸不大不小，瓜子脸。大大的眼睛下有一双深深的卧蚕，可爱极了。她的眉毛弯弯的、浓浓的，一看就是一个积极向上的人。

"这个问题谁来回答一下？"老师在课堂上问道。几秒后，教室里鸦雀无声，一根针落在地上的声音都能听见。突然，一只乌黑微微颤抖的小手出现在大家的视野。老师高兴地点点头，叫她起来回答。她站起来了，手紧抓着裤子，手心不停地冒汗。"额——这道题应该这样做……"全班响起了雷鸣般的掌声，老师高兴得不停地点头，连声说："好，好，好……"她害羞地微笑了一下，不好意思地坐下去，低着头，又紧紧抓着裤子。此后，课堂上老师提的问题都少不了她的回答，她的回答也越来越精彩。（环境、动作、神态描写很生动）

她是一个爱笑的女孩，她笑起来像个天真无邪的小孩子一样，让人看到了，心旷神怡，把烦恼都抛到九霄云外去了。（过渡得很好）

在她绽放笑容时，她那粉红小巧的嘴巴变得更可爱了。她把嘴角向上扬，形成一个弯弯的、粉红的月亮。但是，她的笑容可不拘于这一种，她还有一种极富感染力的笑容——大猩猩咆哮。对，没错，她大笑起来，嘴连同整张脸都往上扬，简直像一只大猩猩，让人看了也想跟着一起笑。在她"咆哮"时，她会把它小小的嘴巴张得格外大；粉红的嘴好像不是粉色的，是黑色的，又堪比黑山老妖婆！但是——我就是喜欢她的笑容。

这就是我的新同学，不，她是我的好朋友，能给我带来欢乐。

你认为我的新同学怎么样呢？

【佳作欣赏二】

我的新同学

七（1）班 唐斌

小学六年时光转眼逝去，步入初中后结识了新同学、新老师，令我印象最深的是一位新同学……

他的身量不高，偏矮，不瘦不胖，有着一头纯黑色的头发和黝黑的肌肤，让人一看就知道，这就是他。他眼睛水灵灵的，又大又亮，鼻子不是特别挺，但符合他的气质，耳朵有一点儿耳垂，看起来肉肉的，眉毛像关公的眉毛又粗又密，但他的性格却一点儿也不五大三粗的，却是比较温和。

他时常嘴里嘀嘀咕咕不知道说的什么东西，如有人问他在说什么，他便是一副慌慌张张的神色，却嘴里叨着："没什么，没什么。"给人一种说不清道不明、捉摸不透的感觉。他上课特别喜欢玩美术学具里面的彩泥和画画，每次他玩彩泥都玩得满手都是，看起来黏糊糊的。记得一次语文老师看见后，便一脸惊奇地问道：

"你手上是什么东西?"他有些害怕,低垂着头,不停地揉搓着双手,不好意思回答。而我就想捉弄捉弄他,于是我代替他回答:"老师,这是彩泥。"全班人都乐呵起来了,语文老师摆摆手,说:"都多大了,还跟个小孩似的,快去洗洗!"他听后像如获大释一样,迈着步子,飞一般跑出去了,又飞一般地跑回来了。

每当他玩东西玩到入迷的时候,老师则巡视到开小差的他,于是……嘻嘻,老师便叫他起来回答问题。他懵懵懂懂地站起来,脸涨得红红的,像一只熟透的苹果,低下头去悄悄地问我:"老师问啥啊?"每次这时候我都会心里偷偷地笑,可还是把问题告诉他了。他站在那里,一副若有所思的神色。我们都耐心地等待着他非同寻常的答案。他沉默一会儿,竟理直气壮地跟老师说:"我不会!"顿时,全班一片哗然。

下午的时候,睡虫开始催我睡觉,阵阵倦意袭来,我忍住倦意,刚转头想和他讨论讨论问题,却看到了一件不可思议的事情,他,睡着了,这一幕着实令我目瞪口呆啊!那节课是英语课,是实习英语李老师上的课,李老师就在后面,当李老师看见他酣然大睡时,勃然大怒,叫我把他叫醒好好上课,他睁着睡意蒙眬的双眼,令人意想不到的是,不到四十秒,他居然又睡着了,脸上还挂着笑容。

待他睡醒时,大家都争先恐后地围在他身边,七嘴八舌地讨论着。只见他把头一挺,眼睛瞪得又大又圆,脸鼓鼓的,稳如泰山地坐在桌子上,活像一只雄赳赳气昂昂的公鸡,从他的嘴里吐出:"让一让,我要出去了!"清晰而有力。

然而,这样的他,记忆力确实惊人的好。那次语文背书抽查,他很不幸地成为老师青睐的对象,被老师叫到了讲台上去背诵。当别的同学在讲台上愁眉苦脸地咬文嚼字时,他拿书,从讲台的左边走到右边,从右边走到左边,就这样来回没有几圈,他竟然就找老师背书去了。只见他忽闪忽闪着他的大眼睛,没一会儿,老师就让他回座位了。不得不说,这也真是太快了。

这么有特点,个性的新同学,相信大家一定知道他是谁了吧?

第三单元　善用景物描写

11　明确主题定基调

【精彩语段】

天气很好。今年的春天来得太迟，太迟了。有一些老人挺不住。但是春天总算来了。我的母亲又熬过了一个冬季。

这南方初春的田野，大块小块的新绿随意地铺着，有的浓，有的淡；树上的绿芽也密了；田野里的冬水也咕咕地起着水泡。这一切使人想起一样东西——生命。

……

这样，我们在阳光下，向着那菜花、桑树和鱼塘走去。到了一处，我蹲下来，背起了母亲，妻子也蹲下来，背起了儿子。我的母亲虽然高大，然而很瘦，自然不算重；儿子虽然很胖，毕竟幼小，自然也轻。但我和妻子都是慢慢地、稳稳地，走得很仔细，好像我背上的同她背上的加起来，就是整个世界。

——莫怀戚《散步》

【赏析感悟】

何为主题？即文学作品通过社会生活的描绘和艺术形象的塑造所显示出来的，并贯穿于全篇的基本思想，又称主题思想或中心思想。主题是作品内容的核心，在创作过程中，材料取舍、情节安排、结构组织、语言运用等，都必须服从表达主题的需要。主题必须从所描绘的生活画面中自然地流露出来，不能用抽象的议论直接说出。

何为感情基调？感情基调是指作品的基本观点的情感取向，即作品的总的感情态度，总的感情色彩。作品的基调是一个整体的概念，是层次、段落、语句中具体思想感情的综合表露，在一篇现代文中，文章的感情基调有欢快、忧愁、寂寞、伤感、恬淡、闲适、激愤、坚守、节操、思念等。

　　《散步》这篇文章语言平实，温馨的景物映照着朴实的亲情。他所描写的春景充满生机，但不娇艳，他所描写的田间景物普通但充实，像我们所有的普通家庭一样，重复的生活，简单的关爱，平淡或许也是一种长久。

【类文再品】

　　这是一个令人痴迷的黄昏，孤身化入一种感觉，个个毛孔都满溢着愉悦。我在大自然里以飘逸的姿态逍遥来去，已与她化为一体。我身穿薄衫，沿着硬朗多石的湖畔漫步，那时，风云翻涌，天气显得无比清凉，心无杂念，天气对我自然恬适。黑夜在牛蛙的呼唤中缓缓降临，夜莺的歌声随着吹起微波的风儿从湖面徐徐传来。赤杨和白杨争相摇晃，荡起我情感的波澜，我的呼吸无法通畅，诚然如湖水一般……

　　既然黑夜已经来临，风在林中呼啸，波浪依旧拍岸，一部分动物在用自己的歌唱来为其他动物催眠。宁静一向都不是绝对的。最凶猛的野兽非但没有安静，反而正在寻找自己的猎物。臭鼬、狐狸、兔子在森林中游荡，它们毫无畏惧，它们是自然界的守护者，是衔接永无休止却又生机盎然的白昼的锁链……

　　我从未感到孤单和寂寞，也丝毫没有承受到寂寞的压迫和负担……然而飘来的雨丝轻洒下来，我蓦然觉得能和大自然相依为伴，竟是如此甜美、陶醉和受惠。在这滴答的雨滴声中，各种声音和景象都拥着无边无际的友爱将我的房屋包围……很显然，我感到这儿有我的同类。

　　有了思想的翅膀，我们就能在清醒的状态下欢欣鼓舞。只要我们的心灵自觉努力，我们就能超越一切行为和其结果之上；所有好坏之事，犹如大河洪流一般，从我们身旁一泄而过，我们并非完全沉浸于大自然之中。

——梭罗《瓦尔登湖》

【以悟促写】

　　　　　　　那一刻，我真的_____

　　黑夜吞噬着晚霞，_____

_____

_____

12　准确用词抒主题

【精彩语段】

又是秋天，妹妹推我去北海看了菊花。黄色的花淡雅、白色的花高洁、紫红色的花热烈而深沉，泼泼洒洒，秋风中正开得烂漫。我懂得母亲没有说完的话。妹妹也懂。我俩在一块儿，要好好儿活……

——史铁生《秋天的怀念》

【赏析感悟】

承担描述事物特点的词主要是形容词、动词，古有"僧推月下门"和"僧敲月下门"的踌躇，现在的我们如果能在用词上多加推敲，对于事物的描写和情感表达都是一种提升。

（1）除了积累直接表示事物性状的形容词，比如"碧绿""光滑""高大""紫红"……不要忘记运用类似"名词+似的""像+N"这种本身具有修辞性的形容短语，比如覆盆子用"像小珊瑚珠攒成的"来形容，所有小珊瑚珠的特点直接嫁接到"覆盆子"这个植物上，"攒"更突显了果实的饱满。

（2）动词的选用要符合事物特征，用比较法求最佳动词。都是昆虫，但是蝉鸣的叫声是"长吟"，油蛉是"低唱"，加上蟋蟀"弹琴"，偶尔还有斑蝥"啪"的一声仿佛在打点儿，好一首层次分明的森林昆虫交响曲！还有"伏"字，和前面的"肥胖"呼应，换成"趴""卧""躺"效果又如何呢？经常试问自己，慢慢就会迅速找到准确的词语。

（3）叙述准确的前提就是细致地观察，不可凭空想象。不妨把自己想象成写生的画家，用笔描绘眼前所看，抑或是镜头捕捉者，将定格画面那一刻尽情描述。

【类文再品】

所以，十五年了，我还是总得到那古园里去，去它的老树下或荒草边或颓墙旁，去默坐，去呆想、去推开耳边的嘈杂理一理纷乱的思绪，去窥看自己的心魂。

十五年中，这古园的形体被不能理解它的人肆意雕琢，幸好有些东西任谁也不能改变它的。譬如祭坛石门中的落日，寂静的光辉平铺的一刻，地上的每一个坎坷都被映照得灿烂；譬如在园中最为落寞的时间，一群雨燕便出来高歌，把天地都叫喊得苍凉；譬如冬天雪地上孩子的脚印，总让人猜想他们是谁，曾在哪儿做过些什么，然后又都到哪儿去了；譬如那些苍黑的古柏，你忧郁的时候它们镇静地站在那儿，你欣喜的时候它们依然镇静地站在那儿，它们没日没夜地站在那儿从你没有出生一直站到这个世界上又没了你的时候；譬如暴雨骤临园中，激起一阵阵灼烈而清纯的草木和泥土的气味，让人想起无数个夏天的事件；譬如秋风忽至，再有一场早霜，落叶或飘摇歌舞或坦然安卧，满园中播撒着熨帖而微苦的味道。味道是最说不清楚的。味道不能写只能闻，要你身临其境去闻才能明了。味道甚至是难于记忆的，只有你又闻到它你才能记起它的全部情感和意蕴。所以我常常要到那园子里去。

——史铁生《我与地坛》

【以悟促写】

那一刻，我真的＿＿＿＿＿＿＿＿
我从来没有想过这片荒芜的土地还能长出植物来，＿＿＿＿＿＿＿＿＿＿＿
＿＿＿＿＿＿＿＿＿＿＿＿＿＿＿＿＿＿＿＿＿＿＿＿＿＿＿＿＿＿＿＿＿＿＿＿＿
＿＿＿＿＿＿＿＿＿＿＿＿＿＿＿＿＿＿＿＿＿＿＿＿＿＿＿＿＿＿＿＿＿＿＿＿＿

13　关键位置互呼应

【精彩语段】

下午的阳光穿透遮满阳台的金银花叶子，照射到我仰着的脸上。我的手指搓捻着花叶，抚弄那些为迎接南方春天而绽开的花朵。我不知道未来将有什么奇迹发生，当时的我，经过数个星期的愤怒、苦恼，已经疲惫不堪了。

……

我们沿着小路散步到井房，房顶上盛开的金银花芬芳扑鼻。……

——海伦·凯勒《再塑生命的人》

在毫无遮拦的高地上，风吹得人东倒西歪。狂风呼啸着穿过破房子的缝隙，像一只饥饿的野兽发出吼叫。

……

以前那种猛烈而干燥的风，变成了飘着香气的微风，高处传来流水般的声音，那是风穿过树林的声响。

——让·乔诺《植树的牧羊人》

时间在慢慢的过去。影子在慢慢拉长，太阳已经没在西边低矮的树梢下，夜幕开始降临。

……

暮色中，第一颗星星出现在天空中，悬崖下面的地面开始变得模糊。不过，树林中闪烁着一道手电筒发出的光。

——莫顿·亨特《走一步，再走一步》

【赏析感悟】

作家在描写、叙述过程中，对将要在作品中出现并与中心事件有必然联系的人物或事件，预先提示或暗示，并在事件发展的另一阶段与之呼应，以使作品结构紧凑、层次分明，情节发展自然合理。需要注意的是，这种呼应不是简单地重复。

（1）语段一中，被阳光穿透的金银花仿佛是海伦想要冲破的生活，莎莉文老师即将到来。第二次出现，是莎莉文老师带着刚刚与之发生争执的我去自然感受什么叫"水"，这是作者家里常见的花，但此时的海伦已经可以感受到它的"芬芳"，那是一颗热爱生活的心。

（2）语段二中，因为植树人的努力，这篇荒原上的风前后形成鲜明的对比，一个剥夺生命，一个带来生机，实际写出的是一个平凡的人带来的不平凡。

（3）语段三中，"影子在慢慢拉长""太阳已经没在西边低矮的树梢下""第一颗星星出现在天空"代表着时间的变化，推动故事情节发展，亨特的内心也由绝望到希望。

所以写景时，关键位置的呼应，可以是首尾的呼应，首段开启全文、奠定感情基调，尾段总结与首段遥相呼应，升华主题。而中间也需要两到三处的呼应，这样既可以突出人物，又可以推动故事情节的发展。

【类文再品】

天色还没有完全变暗，月光正渐渐变得明亮起来，我可以把他看得清清楚楚。（初遇罗切斯特）

月亮正踏着庄重的步履登上天庭，她从山顶后面很远的地方现身，翘首仰望着天空，把那些山顶远远地抛在下面，一心想要攀登上那像午夜般漆黑而深远莫测的天顶。她的后面尾随着闪烁的群星。望着它们，我不由得心神发颤，热血沸腾。（厌烦庄园稳定生活）

月轮一片血红，被乌云半掩着，她似乎只向我投来困惑和忧郁的一瞥，随即

便又躲进了厚厚的云层。（罗切斯特已婚事实即将揭晓）

——夏洛蒂·勃朗特《简·爱》

【以悟促写】

那一刻，我真的_____

（自己选择一个意象，在不同位置呼应，推动故事情节的发展。）

月亮（太阳），_____

_____

_____

月亮（太阳），_____

_____

_____

月亮（太阳），_____

_____

_____

14　景与人和谐一致

【精彩语段】

半夜里听见繁杂的雨声，早起是浓阴的天，我觉得有些烦闷。从窗内往外看时，那一朵白莲已经谢了，白瓣儿小船般散漂在水面。梗上只留个小小的莲蓬，和几根淡黄色的花须。那一朵红莲，昨天还是菡萏的，今晨却开满了，亭亭地在绿叶中间立着。

仍是不适意！——徘徊了一会儿子，窗外雷声作了，大雨接着就来，越下越大。那朵红莲，被那繁密的雨点，打得左右攲斜。在无遮蔽的天空之下，我不敢下阶去，也无法儿可想。

对屋里母亲唤着，我连忙走过去，坐在母亲旁边——一回头忽然看见红莲旁边的一个大荷叶，慢慢地倾侧了下来，正覆盖在红莲上面……我不宁的心绪散尽了！

雨势并不减退，红莲却不摇动了。雨点不住地打着，只能在那勇敢慈怜的荷叶上面，聚了些流转无力的水珠。

我心中深深地受了感动——

母亲啊！你是荷叶，我是红莲，心中的雨点来了，除了你，谁是我在无遮拦天空下的荫蔽？

——冰心《荷叶·母亲》

【赏析感悟】

作者以饱蘸深情的笔触，描绘了夜雨后两缸莲花的情状。白莲在繁杂的雨点的摧残下凋零了，洁白的花瓣飘散在水面上，那小小的莲蓬和淡黄色的花须孤零零地留在梗上，随风摇曳，显得那样凄清、冷落，让作者烦闷的心愈加得不适意。

那朵初开的、亭亭玉立的红莲，高雅、清芬、瑰丽，在大雷雨中，在毫无遮蔽的天空之下，被那繁密的雨点，打得左右敧斜。在风雨飘摇之中，一个大荷叶，倾侧下来，覆盖着开满的红莲。尽管雨势并不减退，而左右敧斜的红莲又稳稳地玉立着，狂暴的雨点，只能在荷叶上面，聚了些流转无力的水珠。

荷叶勇敢地抗击自然界的风雨，无私地保护着红莲，与母亲的形象融为一体。

【类文再品】

第二天，中午的时候，非常闷热，一轮红日当天，水面上浮着一层烟气。小火轮开得离苇塘远一些，鬼子们又偷偷地爬下来洗澡了。十几个鬼子在水里洇着，日本人的水式真不错。水淀里没有一个人影，只有一团白绸子样的水鸟，也躲开鬼子往北飞去，落到大荷叶下面歇凉去了。从荷花淀里却撑出一只小船来。一个干瘦的老头子，只穿一条破短裤，站在船尾巴上，有一篙没一篙地撑着，两只手却忙着剥那又肥又大的莲蓬，一个一个投进嘴里去。

——孙犁《芦花荡》

【以悟促写】

那一刻，我＿＿＿＿＿＿＿＿

母亲站在门口，＿＿＿＿＿＿＿＿＿＿＿＿＿＿＿＿＿＿＿＿＿＿＿＿＿＿＿

＿＿＿＿＿＿＿＿＿＿＿＿＿＿＿＿＿＿＿＿＿＿＿＿＿＿＿＿＿＿＿＿＿＿＿＿＿＿＿

＿＿＿＿＿＿＿＿＿＿＿＿＿＿＿＿＿＿＿＿＿＿＿＿＿＿＿＿＿＿＿＿＿＿＿＿＿＿＿

15　点面结合写场景

【精彩语段】

不必说碧绿的菜畦，光滑的石井栏，高大的皂荚树，紫红的桑葚；也不必说鸣蝉在树叶里长吟，肥胖的黄蜂伏在菜花上，轻捷的叫天子（云雀）忽然从草间直窜向云霄里去了。单是周围的短短的泥墙根一带，就有无限趣味。油蛉在这里低唱，蟋蟀们在这里弹琴。翻开断砖来，有时会遇见蜈蚣；还有斑蝥，倘若用手指按住它的脊梁，便会啪的一声，从后窍喷出一阵烟雾。何首乌藤和木莲藤缠络着，木莲有莲房一般的果实，何首乌有臃肿的根。有人说，何首乌根是有像人形的，吃了便可以成仙，我于是常常拔它起来，牵连不断地拔起来，也曾因此弄坏了泥墙，却从来没有见过有一块根像人样。如果不怕刺，还可以摘到覆盆子，像小珊瑚珠攒成的小球，又酸又甜，色味都比桑葚要好得远。

——鲁讯《从百草园到三味书屋》

【赏析感悟】

"点面结合写场景"指的是详略得当地描摹情景。"点"指的显示出人、事、景、物的形象状态特征的详细描写；"面"指的是对人、事、景物的叙述或概括性描写。"场景"是人、事、环境的整合。

选段先略写全景：百草堂的菜畦、石井栏皂荚树、鸣蝉、黄蜂、叫天子。再详写局部：泥墙根一带的油蛉、蟋蟀、蜈蚣、斑蝥；何首乌、木莲、覆盆子。"不必说……也不必说……"有广度地铺垫了场景，然后从儿童的视角，挑选印象最深的几种小动物、小植物来写，更与后文写三味书屋的枯燥形成了对比。

点面结合的一般写法：

（1）采用先总后分的结构；

（2）交代清楚观察点、观察的方位；

（3）分清详写和略写。

要注意的问题：

（1）要对所写的景物有真切的了解；

（2）注意点与面的关系，面是全景，点是重点，没有全景不全面，写不好重点不具体。

【类文再品】

曲曲折折的荷塘上面，弥望的是田田的叶子。叶子出水很高，像亭亭的舞女的裙。层层的叶子中间，零星地点缀着些白花，有袅娜地开着的，有羞涩地打着朵儿的；正如一粒粒的明珠，又如碧天里的星星，又如刚出浴的美人。微风过处，送来缕缕清香，仿佛远处高楼上渺茫的歌声似的。这时候叶子与花也有一丝的颤动，像闪电般，霎时传过荷塘的那边去了。叶子本是肩并肩密密地挨着，这便宛然有了一道凝碧的波痕。叶子底下是脉脉的流水，遮住了，不能见一些颜色；而叶子却更见风致了。

月光如流水一般，静静地泻在这一片片叶子和花上。薄薄的青雾浮起在荷塘里。叶子和花仿佛在牛乳中洗过一样；又像笼着轻纱的梦。虽然是满月，天上却有一层淡淡的云，所以不能朗照；但我以为这恰是到了好处——酣眠固不可少，小睡也别有风味的。月光是隔了树照过来的，高处丛生的灌木，落下参差不齐的黑影，峭楞楞如鬼一般；弯弯的杨柳的稀疏的倩影，却又像是画在荷叶上。塘中的月色并不均匀；但光与影有着和谐的旋律，如梵婀玲上奏着的名曲。

——朱自清《荷塘月色》

【以悟促写】

那一刻，我_____

_____

_____

_____

单元训练　这一次，我真的_____

题目：请以"那一刻，我_____"为题，写一篇不少于600字的作文。

【佳作欣赏一】

那一刻，我迈上了新台阶

胡好婕

寒暑易节，校园里又迎来了一缕春的气息。

站在学校的走廊上,一眼就望到了那满墙满墙盛开的杜鹃花。它们一朵挨一朵,一团拉一团,互相簇拥,汇成一条紫红色的小溪,静静地流淌在那边,与橘红色的跑道相互调侃着,身边的小花、小草、小绿叶都只好乖乖地待在一旁仰慕它得天独厚的美貌容颜。

下课的时候,同学们都从厚重的课本中走出来远远望一望它,仿佛它就有一身独特的魅力,非得惹人瞧一瞧,赞一赞。

午饭吃过以后,我也到操场上转一转,想来会会学校的这位"新贵"。

只见它穿一身艳丽的裙子,信心满满地立在春天的舞会中。那些枝叶都快活极了,有些倚在墙角休息,有些则低头玩弄自己的发梢,还有些就静静对着蓝天憧憬……这哪儿是花啊? 不分明是一个妖娆美丽的女人吗!

走着走着,又转念一想,去年怎么未曾见过?

这杜鹃花本是被安置在角落里的里层,一年四季,外头都晾晒着园丁精心修养的花草,当然没有人会多看它一眼。但在初三这一年,它却奇迹般地闪耀登场,霸气四射地夺得它梦寐以求的舞台,又以它扎实的基本功为观众准备了一场精美的舞蹈,叫人怎么不心生赞美呀?

我想,杜鹃花开不是偶然,那是它用了几年的汗水,拼搏努力换来的成功。白天我们玩我们闹,它却积极地进行光合作用来充实自己;夜间我们睡得香香甜甜,它却还要跟身边的对手争夺有限的营养和水分……

那一刻,我明白了:花和人都是一样的,都希望经过自己的努力实现生命的价值。

杜鹃花开的那一刻,我迈上了新台阶!

【佳作欣赏二】

那一刻,我一段繁华似锦的旅程

七(1)班 黄靖怡

我从未见过开得如此盛的木棉花。

只见密密麻麻的粉红色的花朵像一张张绽放的笑脸,在光滑褐色的树干上翩翩起舞。这深深浅浅的红,从路的这头一直涌到了路的那头,仿佛在流动,在欢笑,在和冬日里的阳光挑逗,在地面上灿烂的红的、粉的、黄的连成一片的小花温柔相互争艳。

深圳的冬天,竟然繁华似锦。

我无声地叹了口气，眼前浮现了妈妈那张不容置喙的脸庞："演唱会有什么好看，就要考试了，在家写作业。"作业，作业，又是作业，在妈妈眼里，作业胜过一切。我不明白，看场演唱会，就那么耽误我的作业吗？我快步往前，和爸爸妈妈拉开了距离——带我来看花展就不耽误学习了？

阳光依旧灿烂，木棉花依旧盛开。

这里是秋末冬初，可路上明媚如春，那一树一树的木棉花紧挨在一起，花朵彼此推着挤着。

"我在开花！"它们在笑。

"我在开花！"它们嚷嚷。

我的心似乎也融入了这种灿烂里。

是啊，不就是演唱会吗？寒假了也可以去看啊，我回头看向爸爸妈妈。他们走得有点慢，尤其是母亲，以前苗条的身材似乎有点变形，略显粗壮；一头秀黑的长发，也已剪成了学生头。用她的话来说，简单就是效率。

我有种莫名的心酸。

曾经那么爱美的妈妈，竟然也开始走向苍老。是妹妹的出生，让妈妈晚上睡不好觉？是我的青春叛逆，让妈妈内心焦虑？是工作的繁忙，让妈妈整日操劳？我的眼前，是妈妈大清早为我准备早餐，为妹妹准备辅食；晚上，一边给妹妹递过玩具，一边为我讲解题目；半夜，当我们已经睡了，妈妈还在备课改作业。

木棉花为什么可以开得如此茂盛？

盛开的木棉花像一张花伞，整棵树上竟然全部是花朵，没有一片叶子。这一棵棵光滑的褐色的树干挺拔地站立，孤独地站立，就为了擎起这一树树灿烂的、闪光的木棉花。让我们旅途的路上繁花似锦。

妈妈，你就是那孤独地挺立的树干。那一刻，我因为你，因为你的付出，我的人生旅程才能繁花似锦。

我走向爸爸妈妈，一手牵着爸爸，一手牵着妈妈。妈妈忽然说："如果你想去看演唱会，我们陪你一起去吧，你一个人，我和你爸爸不放心。"

我牵着爸爸妈妈，看着这灿烂的木棉花，笑着告诉他们："我现在就想和爸爸妈妈快乐地旅行，我们一起开启繁花似锦的旅行。"

第四单元　写出真情实感

16　对比突出写真情

【精彩语段】

白求恩同志毫不利己专门利人的精神，表现在他对工作的极端的负责任，对同志对人民的极端的热忱。每个共产党员都要学习他。不少的人对工作不负责任，拈轻怕重，把重担子推给人家，自己挑轻的。一事当前，先替自己打算，然后再替别人打算。出了一点儿力就觉得了不起，喜欢自吹，生怕人家不知道。对同志对人民不是满腔热忱，而是冷冷清清，漠不关心，麻木不仁。这种人其实不是共产党员，至少不能算一个纯粹的共产党员。从前线回来的人说到白求恩，没有一个不佩服，没有一个不为他的精神所感动。晋察冀边区的军民，凡亲身受过白求恩医生的治疗和亲眼看过白求恩医生的工作的，无不为之感动。每一个共产党员，一定要学习白求恩同志的这种真正共产主义者的精神。

白求恩同志是个医生，他以医疗为职业，对技术精益求精；在整个八路军医务系统中，他的医术是很高明的。这对于一班见异思迁的人，对于一班鄙薄技术工作以为不足道、以为无出路的人，也是一个极好的教训。

——毛泽东《纪念白求恩》

【赏析感悟】

第一段中白求恩同志"对工作的极端的负责任"与"不少的人对工作不负责任"相对比，白求恩同志"对同志对人民的极端的热忱"与不少的人"对同志对人民不是满腔热忱"相对比，一正一反，分外鲜明。第二段中对比手法更显灵活，把批评那一班人的"见异思迁"，"鄙薄技术工作以为不足道、以为无出路"的内容组织到一个议论性的句子里去。这种对比的写法能够更鲜明地表达作者的观点。通过对比，白求恩的高贵品质显得更加突出，更加难能可贵；通过对比，显出差距，更加有力地证明了学习白求恩的必要性。

对比手法是作文重要的写作方法之一，它是通过对不同人、事、物的对比描写或说明，以突出其各自的特色，或者将同一人、事、物在不同时空和境况下的情景进行对照，以彰显其变化。

在行文中恰当使用对比的手法，能使文章内容丰富而厚实，形象生动而鲜明，中心明确而集中，能鲜明地表达作者的真情实感。

【类文再品】

娄蒙路的棚屋，可以说是不舒服的典型。在夏天，因为棚顶是玻璃的，棚屋里面燥热得像温室。在冬天，简直不知道是应该希望下霜还是应该希望下雨，若是下雨，雨水就以一种令人厌烦的轻柔的声音，一滴一滴地落在地上，落在工作台上，落在这两个物理学家的标上记号永不放仪器的地方；若是下霜，就连人都冻僵了，没有方法补救。那个炉子即使把它烧到炽热程度，也令人完全失望，走到差不多可以碰着它的地方，才能感受一点暖气，可是离开一步，立刻就回到寒带去了。

"……然而我们生活中最美好而且最快乐的几年，还是在这个简陋的旧棚屋中度过的，我们把精力完全用在工作上。我常常就在那里做我们的饭食，以便某种特别重要的工序不至于中断。有时侯我整天用和我差不多一般高的铁条，搅动一大堆沸腾着的东西。到了晚上，简直是筋疲力尽。"

——艾芙·居里《美丽的颜色》

【以悟促写】

班主任二三事

只听见爽朗的一声"来啦"，一张盛满笑意的脸跃入我的眼帘。＿＿＿＿＿＿

＿＿＿＿＿＿＿＿＿＿＿＿＿＿＿＿＿＿＿＿＿＿＿＿＿＿＿＿＿＿＿＿＿＿

＿＿＿＿＿＿＿＿＿＿＿＿＿＿＿＿＿＿＿＿＿＿＿＿＿＿＿＿＿＿＿＿＿＿

记忆中，我的班主任＿＿＿＿＿＿＿＿＿＿＿＿＿＿＿＿＿＿＿＿＿＿＿＿

＿＿＿＿＿＿＿＿＿＿＿＿＿＿＿＿＿＿＿＿＿＿＿＿＿＿＿＿＿＿＿＿＿＿

＿＿＿＿＿＿＿＿＿＿＿＿＿＿＿＿＿＿＿＿＿＿＿＿＿＿＿＿＿＿＿＿＿＿

17　以小见大刻真人

【精彩语段】

牧羊人拿出一个袋子，从里面倒出一堆橡子，散在桌上。接着，一颗一颗仔细地挑选起来。他要把好的橡子和坏的橡子分开。我抽着烟，想帮他挑。但他说不用我帮忙。看他挑得那么认真，那么仔细，我也就不再坚持了。这就是我们所有的交流。过了一会儿，他挑出了一小堆好的橡子，每一颗都很饱满。接着，他按十个一堆把它们分开。他一边数，一边又把个儿小的，或者有裂缝的捡了出去。最后，挑出了一百颗又大又好的橡子，他停下手来，我们就去睡了。

我们沿着山路，又向上爬了大约两百米。他停了下来，用铁棍在地上戳了一个坑。然后，他轻轻地往坑里放一颗橡子，再仔细盖上泥土。他是在种橡树！我问他，这块地是你的吗？他摇摇头说，不是。那是谁的地？是公家的，还是私人的？他说不知道。看起来他并不在意，他只是一心一意地把一百颗橡子都种了下去。

——让·乔诺《植树的牧羊人》

【赏析感悟】

作者表现牧羊人形象的手法除了直接表明自己看法外，更多的是通过具体的细节描写来丰富人物形象。从牧羊人拣选橡子时，一颗一颗地选择，并且拒绝"我"的帮忙，独自完成的细节描写，可以看出他的一丝不苟、认真仔细的工作态度。作者询问土地的归属时，牧羊人不知道，更不关心，这样的细节让我们看到一个一心种树、毫无私心的牧羊人。

在文学作品中，对人物进行细微的描写，来表现人物性格，以小见大，以微显著，对塑造人物形象有着重要的作用。

【类文再品】

爸爸跑到伯父家里去，不一会儿，就跟伯父拿了药和纱布出来。他们把那个拉车的扶上车子，一个蹲着，一个半跪着，爸爸拿出镊子给那个拉车的夹出脚里的碎玻璃片，伯父拿硼酸水给他洗干净。他们又给他敷上药，扎好绷带。

——周晔《我的伯父鲁迅先生》

【以悟促写】

描写班主任的一件小事

<u>班主任二三事</u>

_____

_____

_____

18　点睛语句表真情

【精彩语段】

　　每当我想到这位老人，他靠一个人的体力与毅力，把这片荒漠变成了绿洲，我就觉得，人的力量是多么伟大啊！可是，想到要做成这样一件事，需要怎样的毅力，怎样的无私，我就从心底里，对这位没有受过什么教育的普通的农民，感到无限的敬佩。他做到了只有上天才能做到的事。

——让·乔诺《植树的牧羊人》

【赏析感悟】

　　在写作的过程中，除了对人物的客观描述之外，作者还会适时直抒胸臆，加入一些议论性的语句，直接歌颂牧羊人，表达自己的敬佩之情，起到点睛作用。这样的句子值得细细品味。

　　记叙文中的议论是在"记实"的基础上，对事物的本质进行揭示或做理性阐述，是表达和升华文旨的重要手段，通常是以最直白的方式表达，使感性的知识上升到理性的高度，以使文章的主题更鲜明、更深刻。记叙文中的议论大体上有三方面的作用：一是在叙述中阐发事物的意义，增强文章的思想深度；二是表达作者的某些观点，放在叙事前引发读者的思考；三是画龙点睛，揭示文章的主题。

【类文再品】

　　拉车的感激地说："我家离这儿不远，这就可以支持着回去了。两位好心的先生，我真不知道怎么谢你们！"

　　伯父又掏出一些钱来给他，叫他在家里休养几天，把剩下的药和绷带也给了他。

天黑了，路灯发出微弱的光。我站在伯父家门口看着他们，突然感到深深的寒意，摸摸自己的鼻尖，冷得像冰，脚和手也有些麻木了。我想，这么冷的天，那个拉车的怎么能光着脚拉着车在路上跑呢？

伯父和爸爸回来的时候，我就问他们。伯父的回答我现在记不清了，只记得他的话很深奥，不容易懂。我抬起头来，要求他给我详细地解说。这时候，我清清楚楚地看见，而且现在也清清楚楚地记得，他的脸上不再有那种慈祥的愉快的表情了，变得那么严肃。他没有回答我，只把他枯瘦的手按在我的头上，半天没动，最后深深地叹了一口气。

伯父逝世以后，我见到他家的女佣阿三。阿三是个工人的妻子，她丈夫失了业，她愁得两只眼睛起了蒙，看东西不清楚，模模糊糊得像隔着雾。她跟我谈起伯父生前的事情。她说："周先生自己病得那么厉害，还三更半夜地写文章。有时候我听着他一阵阵接连不断地咳嗽，真替他难受。他对自己的病一点儿也不在乎，倒常常劝我多休息，不叫我干重活儿。"

的确，伯父就是这样的一个人，他为自己想得少，为别人想得多。

——周晔《我的伯父鲁迅先生》

【以悟促写】

再描写班主任的一件事情，然后简单地结尾评价和感激班主任老师。

_____

_____

_____

19　环境心理助抒情

【精彩语段】

那是在费城，一个酷热的七月天——直到56年后的今天，我仍能感受到当年那股灼人的热浪。

我们穿过公园，进入树林，最后来到一块空地上。在很远的另一边，有一道悬崖，像一面几近垂直的墙突兀地耸立在岩石中，四面都是土坡，上面长着参差不齐的矮树丛和臭椿树苗。从底部杂乱的岩石到顶部草皮的边缘，只有60英尺（1英尺≈0.30米）左右，但是对我来说，这是严禁和不可能的化身。

时间在慢慢地过去。影子在慢慢拉长，太阳已经没在西边低矮的树梢下，夜幕开始降临。周围一片寂静，我趴在岩石上，神情恍惚，害怕和疲劳已经让我麻木，我一动也不动，甚至无法思考怎样下去，安全地回家。

暮色中，第一颗星星出现在天空中，悬崖下面的地面开始变得模糊。不过，树林中闪烁着一道手电筒发出的光，然后我听到杰里和爸爸的喊声。爸爸！但是他能做什么？他是个粗壮的中年人，他爬不上来。即使他爬上来了，又能怎样？

——莫顿·亨特《走一步，再走一步》

【赏析感悟】

这四段都是环境描写，写出了时间的变化，带有推动叙事的功能；同时，这一段并非纯粹客观的描写，而是带有很强的主观性，是"我"的情感心理的外化。时间本来是匀速地走过，因为"我"的焦急，似乎慢下了脚步，显得在"慢慢地"过去，太阳的光影也是"慢慢"拉长，更突出了等待的漫长和"我"心理上的无助感。

环境描写是服务于文章的主题并侧面推进对于人物的刻画。成功的环境描写，加以心理的感受，不但可以渲染气氛，而且还能让人感受到整个时代、整个环境的生活气息，感受到作者心灵深处的思想与情感。

【类文再品】

太阳渐渐地西沉，金色的太阳斜照在每个同学的脸上，照出了不同的表情：幸灾乐祸的、愧疚难过的、无动于衷的、满脸泪水的……

我愈加难过，做了这么多年的班主任，我能接受孩子成绩不好，因为我觉得学习是有一定的天赋的。我能接受孩子吵闹讲小话，因为我觉得那是孩子的天性。我能接受孩子的偏执幼稚，因为他们的心智还不成熟。当我的学生犯某样错误时，我都会认认真真地想，我在那个年龄会不会犯同样的错误，我在那个年龄碰到这种情况，是一种什么心理，我的老师是怎么处理，我会以一种什么心态面对老师的处理。因此，我总能对我的孩子们多一分理解和宽容，因为，我希望他们能健健康康、快快乐乐地成长。

人群中开始有哭泣的声音，我看到有女同学开始掩面而泣。我开始有点释怀，尤其是看到了陈慕瑶的眼泪，她的脸涨得通红通红的，刘海已经遮住了她的大半个脸，手一直捂着嘴巴，肩膀似乎在颤抖，颤抖。我觉得她单薄的身子难以承受那种强烈的悲痛，而这种悲痛也让我不能自已，泪不自觉地流了下来。

再次将头转向我自己班，冷漠，感觉到的仍然是冷漠。我看到放放的脑袋在左右摇晃，我看到了鹏鹏用手在挠自己的脖子，我看到……

金色的太阳依旧沐浴着孩子们，可我怎么就觉得这么冷呢？

——阳丽丽《感恩教育任重而道远》

【以悟促写】

我们在田野散步，_____

_____

_____

单元训练 这天，我回家晚了

题目：请以"这天，我回家晚了"为题，写一篇不少于600字的作文。

【佳作欣赏一】

这天，我回家晚了

七（1）班 陈彭晖

那圆球状的街灯像放大了几百倍的珍珠，在两个人的身上给她们披上彩衣一般，这路上的人就像雨后的落叶。

那天其实是不会回家晚的，但是小孩子的好奇心驱使我在那一度停留。

就在放学回家时，我因为赶时间特地走了一条自己没有走过的小路，路上通风，就连周围的草都被风吹得东倒西歪。我被风吹得哆哆嗦嗦时，看见一棵满枝头是红花的树。这是什么树？好奇心一下子占满了我的心田，这是什么树？怎么只有花没有树叶呢？

我可从来没见过这棵树。我的老家江西也没见到过呀！树干上全是疙瘩，看着鸡皮疙瘩就一身，看看树干这么粗，枝头上全是火红的花朵，现在还没到花季吧？怎么会有花呢？我满怀好奇地研究这棵树，树根到树干，树干到枝头，全身上下都看了一遍，树根粗壮，树根上满是那鸡皮疙瘩般的东西，光秃秃的树枝上长满了火红的花。真奇怪！

可当我还沉浸在这棵树的奇怪时，一个人突然拉起我的耳朵，还厉声问道："你在这干什么？天都黑成这样了，你还不回家？想当流浪儿啊？"我激动地扯开她的手，说："我哪里是想当流浪儿？我是在研究这棵奇怪的树，好吗？"

熟悉的声音，让我知道来者是妈妈。哦，四周路灯早就亮了。

我尴尬地笑着，老妈也笑了笑："我来给你解释一下这棵树吧。""妈妈竟然知道这些？"我的兴趣一下子被提了上来，"这棵树叫作木棉花，是南方的特产呢，是广州市、高雄市以及攀枝花市的市花。花掉落后，树下落英纷陈，花不退色、不萎靡，很英雄地道别尘世。木棉花又叫英雄花。"

"为什么又叫英雄花呢？"妈妈又给我解释，"因为它开得红艳但又不媚俗，它的壮硕的躯干，顶天立地的姿态，英雄般的壮观，花蕾的颜色红得犹如壮士的风骨，色彩就像英雄的鲜血染红了树梢。"我恍然大悟，"哦哦"了几下。

"好了，别再看着这棵英雄树了，赶紧跟着我回家吃饭，已经这么晚了。"

回家时我还回头看了看那棵树上火红的叶子，在灯光下越发的火红，这夜的黑也无法掩盖这英雄般的火红。

【佳作欣赏二】

这天，我回家晚了

七（1）班　黄耿滨

下课铃打响了，我们又结束了一周的课程，迎来了两天美好的假期。班主任在下课铃后走进了教室，照例公布了一周下来各组的分数，并将一周的情况总结了，讲完后，同学们飞奔出了校园。

太阳已将半个身子沉入了西边的群山中，将剩下的光辉洒向大地，像即将燃尽火堆。而此时的我却正好相反，活力十足，抓住了这短暂的美好时光，与几个好哥们儿一起约去打球。

不久，太阳将剩下的身子也沉入了那遥远却神秘的西山中，最后一点光辉也被漆黑的夜空吸食掉了。而那路灯却一盏接着一盏地亮了起来，犹如天上的星星。街上的行人和车渐渐多了起来。我缓缓地在街上徘徊，向着家的方向游荡，上衣早已全被汗水打湿了，不知何处吹来一阵微风，从我身上拂过，身上感到一阵清凉，不禁泛起了一阵鸡皮疙瘩。街上的行人越来越多，也有大人带着小孩的一家人从我的身边走过，而他们的谈话都不尽相同，"今天下午，出了一场车祸，就在小区附近。"听了后，我的心一紧，有些莫名的担忧，我的脚步渐渐地加快了，最后竟跑了起来。

当我回到家时，天空已经黑尽了，星星都躲进了云里不肯探出头来，唯有那孤独的圆月一轮，在天空散发出了洁白的月光。站在门口时，我心中想着一会儿的暴风雨，我还听见了一阵微弱的哭声。当我打开家门时，看见了沧桑的脸颊上一双充斥着泪水的眼睛。母亲转过头来，猛然丢下手中的手机冲过来，我以为会有一个巴掌落在我的脸上。于是，我就闭上了眼睛。谁知，我的母亲一把抱住了我。我呆住了，平时要求十分严格的她，竟会拥抱我。

原来，母亲早已听说了那场车祸，而车祸却又正好发生在我放学回家的路上。而我，本该在六点之前就回到家的，却在外面玩到了七点多。母亲见我还没回家，又听闻刚刚发生的事故，怎么也无法放下心，在问遍了所有附近的人后，仍未找到我的踪影。母亲担心得哭了出来。

晚上，一家人在一起吃了晚饭后，在小区里散步。

望着天上那轮圆月，洁白而又圆润。

第五单元　突出文章中心

20　确定中心谋布局

【精彩语段】

我家养了好几次的猫，却总是失踪或死亡。

我心里也感着一缕的酸辛，可怜这两个月来相伴的小侣！当时只得安慰着三妹道："不要紧，我再向别处要一只来给你。"

自此，我家好久不养猫。

自此，我家永不养猫。

——郑振铎《猫》

我爱鸟。

我开始欣赏鸟，是在四川。

我爱鸟的声音、鸟的形体，这爱好是很单纯的，我对鸟并不存在任何幻想。

鸟并不永久地给人喜悦，有时也给人悲哀。

再令人触目的就是那些偶然一见的因在笼里的小鸟儿，但是我不忍看。

——梁实秋《鸟》

我家的后面有个很大的园子，相传叫作百草园。……但那时却是我的乐园。
（总领全文）

趣景

长的草里是不去的，因为相传这园子里有一条很大的赤练蛇。

趣闻

冬天的百草园比较的无味；雪一下，可就两样了。

趣事

我不知道……也许……也许……也许……总而言之……别了……别了……

（承上启下）

但这东西早已没有了罢。（收束全文、点明主旨）

——鲁迅《从百草园到三味书屋》

【赏析感悟】

无疑，要突出文章的中心，顺序是最好的选择。考虑到作品的文学性、可读性甚至是趣味性，这就要求我们在文章布局的过程中不能总是追求事件发展变化的过程与实际情况完全顺序一致。因此，在动笔之前就对文章的布局进行谋划思索是十分重要的。

（1）重点定位法。写作前明确事件发展变化的核心重点是什么，可以通过适当地顺序调整采用倒叙的方法将其提炼到开端部分。使全文主旨围绕重点服务，进行说明补充，强调主旨。

（2）设置悬念法。不厌其烦地交代事情起因经过，四平八稳地叙述事件发展变化，必然使文章刻板平面化。在写作中，找到一些关键的细节，可以帮助引起读者的阅读兴趣或思考，同时可以自然而然引出下文，推进事情的发展变化。

（3）一线贯穿法。线索是统摄和连缀各个场面、材料的纽带。它体现了各个场面、材料之间的内在联系，也能体现作者的思路。线索的类型，一般有实物线、人物线、情感线、主题线四种。当你在构思谋篇选择材料时，就要同时考虑怎样安排一条贯穿材料的线索，并以之连缀各个场面，将情景与材料组合成有机的文章意境。

（4）抑扬变化法。"文似看山不喜平"，抑扬之法概括起来有四：欲抑先扬、欲扬先抑、欲扬先扬、欲抑先抑。掌握抑扬变化法，可以使文章波澜起伏，引人入胜，同时也有助于作者提前把握文章有关事件变化发展的合理分配及安排。

【类文再品】

我们是一列树，立在城市的飞尘里。

许多朋友都说我们是不该站在这里的，其实这一点，我们知道得比谁还都清楚。我们的家在山上，在不见天日的原始森林里。而我们居然站在这儿，站在这双线道的马路边，这无疑是一种堕落。我们的同伴都在吸露，都在玩凉凉的云。而我们呢？我们唯一的装饰，正如你所见的，是一身抖不落的煤烟。

是的，我们的命运被安排定了，在这个充满车辆与烟囱的工业城市里，我们的存在只是一种悲凉的点缀。但你们尽可以节省下你们的同情心，因为，这种命运事实上也是我们自己的选择——否则我们不必在春天勤生绿叶，不必在夏日献出浓荫。神圣的事业总是痛苦的，但是，也唯有这种痛苦能把深度给予我们。

当夜来的时候，整个城市里都是繁弦急管，都是红灯绿酒。而我们在寂静里，我们在黑暗里，我们在不被了解的孤独里。但我们苦熬着把牙龈咬得酸疼，直等到朝霞的旗冉冉升起，我们就站成一列致敬——无论如何，我们这城市总得有一些人迎接太阳！如果别人都不迎接，我们就负责把光明迎来。

这时，或许有一个早起的孩子走过来，贪婪地呼吸着鲜洁的空气，这就是我们最自豪的时刻了。是的，或许所有的人早已习惯于污浊了，但我们仍然固执地制造着不被珍惜的清新。

落雨的时分也许是我们最快乐的，雨水为我们带来故人的消息，在想象中又将我们带回那无忧的故林。我们就在雨里哭泣着，我们一直深爱着那里的生活——虽然我们放弃了它。

立在城市的飞尘里，我们是一列忧愁而又快乐的树。

——张晓风《行道树》

【以悟促写】

根据"精彩语段"的结构，写四到五小段，写出文章的结构。

一场风波

_____

_____

_____

21 情真意切精选材

【精彩语段】

于是猫的罪状证实了。大家都去找这可厌的猫，想给它以一顿惩戒。找了半天，却没找到。我以为它真是"畏罪潜逃"了。

三妹在楼上叫道："猫在这里了。"

它躺在露台板上晒太阳，态度很安详，嘴里好像还在吃着什么。我想，它一定是在吃着这可怜的鸟的腿了，一时怒气冲天，拿起楼门旁倚着的一根木棒，追过去打了一下。它很悲楚地叫了一声"咪呜"！便逃到屋瓦上了。

我心里还愤愤的，以为惩戒得还没有快意。

隔了几天，李嫂在楼下叫道："猫，猫！又来吃鸟了。"同时我看见一只黑猫飞快地逃过露台，嘴里衔着一只黄鸟。我开始觉得我是错了！

我心里十分难过，真的，我的良心受伤了，我没有判断明白，便妄下断语，冤苦了一只不能说话辩诉的动物。想到它的无抵抗的逃避，愈使我感到我的暴怒，我的虐待，都是针，刺我的良心的针！

我很想补救我的过失，但它是不能说话的，我将怎样对它表白我的误解呢？

两个月后，我们的猫忽然死在邻家的屋脊上。我对于它的亡失，比以前的两只猫的亡失，更难过得多。

我永无改正我的过失的机会了！

自此，我家永不养猫。

——郑振铎《猫》

【赏析感悟】

"问渠那得清如许？为有源头活水来。"材料就是我们写作的"活水"，如果说作文中心是文章的灵魂，那么材料就是文章的血肉，材料的选择和运用是非常重要的。选材一方面要有"真髓"，找准材料的核心之处、典型之处，达到"意切"；另外要有"真率"，真心实意，选材流畅。在《猫》这篇文章里，作者写了三只不同的猫，第一只猫因为"很活泼""白雪球似的"，惹人喜爱，当第一只猫病死时，作者感到一缕酸辛；第二只猫"更有趣，更活泼"，一会儿跃到墙上，一会儿跑到街上，活泼可爱，后来被路人捉走了，对于它的走失，作者感到怅然愤然；第三只猫"蜷伏""不好看""忧郁""不活泼"，让人不大喜欢，所以在发生芙蓉鸟事件的时候，作者才会因为偏见，致使第三只猫的死亡，作者一直在反思，发出了永不养猫的誓言。本文的三只猫，是作者在生活中的猫，源自生活，也是作者情感的流露，因为选材真实，所以突出了生命平等，要善待生命这个中心就更加突出。

【类文再品】

猫的性格实在有些古怪。说它老实吧，它的确有时候很乖。它会找个暖和的地方，成天睡大觉，无忧无虑，什么事也不过问。可是，它决定要出去玩玩，就会出走一天一夜，任凭谁怎么呼唤，它也不肯回来。说它贪玩吧，的确是呀，要不怎么会一天一夜不回家呢？可是，它听到老鼠的一点响动，又是那么尽职。它屏息凝视，一连就是几个钟头，非把老鼠等出来不可！

它要是高兴，能比谁都温柔可亲：用身子蹭你的腿，把脖子伸出来让你给它抓痒，或是在你写作的时候，跳上桌来，在稿纸上踩印几朵小梅花。它还会丰富多腔地叫唤，长短不同，粗细各异，变化多端。在不叫的时候，它还会咕噜咕噜地给自己解闷。这可都凭它的高兴。它若是不高兴啊，无论谁说多少好话，它也一声不出。

它什么都怕，总想藏起来。可是它又那么勇猛，不要说见着小虫和老鼠，就是遇上蛇也敢斗一斗。

小猫满月的时候更可爱，腿脚还不稳，可是已经学会淘气。一根鸡毛，一个线团，都是它的好玩具，要个没完没了。一玩起来，它不知要摔多少跟头，但是跌倒了马上起来，再跑再跌。它的头撞在门上，桌腿上，撞疼了也不哭。它的胆子越来越大，逐渐开辟新的游戏场所，它到院子里来了。院中的花草可遭了殃。它在花盆里摔跤，抱着花枝打秋千，所到之处，枝折花落。你见了，绝不会责打它，它是那样生气勃勃，天真可爱！

——老舍《猫》

【以悟促写】

你最喜欢的动物是什么？请向大家描述你最喜欢的动物的样子。

_____

_____

_____

22　详略得当巧剪裁

【精彩语段】

有一次，从隔壁要了一只新生的猫来。花白的毛，很活泼，常如带着泥土的白雪球似的，在廊前太阳光里滚来滚去。三妹常常的，取了一条红带，或一根绳子，在它面前来回地拖摇着，它便扑过来抢，又扑过去抢。（第一只猫）

这只小猫较第一只更有趣、更活泼。它在园中乱跑，又会爬树，有时蝴蝶安详地飞过时，它也会扑过去捉。它似乎太活泼了，一点也不怕生人，有时由树上跃到墙上，又跑到街上，在那里晒太阳。（第二只猫）

冬天的早晨，门口蜷伏着一只很可怜的小猫。毛色是花白，但并不好看，又很瘦。它伏着不去。我们如不取来留养，至少也要为冬寒与饥饿所杀。张妈把它拾了进来，每天给它饭吃。但大家都不大喜欢它，它不活泼，也不像别的小猫之喜欢顽游，好像是具着天生的忧郁性似的，连三妹那样爱猫的，对于它也不加注意。如此的，过了几个月，它在我家仍是一只若有若无的动物。它渐渐地肥胖了，但仍不活泼。大家在廊前晒太阳闲谈着时，它也常来蜷伏在母亲或三妹的足下。三妹有时也逗着它玩，但没有对于前几只小猫那样感兴趣。有一天，它因夜里冷，钻到火炉底下去，毛被烧脱好几块，更觉得难看了。（第三只猫）

——郑振铎《猫》

【赏析感悟】

突出中心，还要安排详略，详略分明，张弛有致。首先，要明确文章中心，与中心关系较远的内容，惜墨如金；强化中心的内容，用墨如泼；其次，要有点有面地叙事。《猫》这篇文章，第一只猫略写，作者运用质朴的文字写了第一只猫的可爱有趣，第二只猫详写，从要来，到爬树、追蝶、晒太阳，隐身在光影中，然后能捉老鼠，最后到丢失心痛，除了猫的"更有趣"之外，这种人与猫的和谐的确令人羡慕。第三只猫最详写，第三只猫被冤屈而亡的结局，是我和大家的偏见，大家的主观臆断造成的，让我的良心受伤了，让我深刻地反思，带给我的感情冲击也是最强的。这样有详有略、有主有次地来安排材料，文章就是繁简适当，重点突出。

【类文再品】

然而这一回，她的境遇却改变得非常大。上工之后的两三天，主人们就觉得她手脚已没有先前一样灵活，记性也坏得多，死尸似的脸上又整日没有笑影，四婶的口气上，已颇有些不满了。当她初到的时候，四叔虽然照例皱过眉，但鉴于向来雇用女工之难，也就并不大反对，只是暗暗地告诫四婶说，这种人虽然似乎很可怜，但是败坏风俗的，用她帮忙还可以，祭祀时候可用不着她沾手，一切饭菜，只好自己做，否则，不干不净，祖宗是不吃的。

镇上的人们也仍然叫她祥林嫂，但音调和先前很不同；也还和她讲话，但笑容却冷冷的了。她全不理会那些事，只是直着眼睛，和大家讲她自己日夜不忘的故事：

"我真傻，真的，"她说，"我单知道雪天是野兽在深山里没有食吃，会到村里来；我不知道春天也会有。我一大早起来就开了门，拿小篮盛了一篮豆，叫我们的阿毛坐在门槛上剥豆去。他是很听话的孩子，我的话句句听；他就出去了。我就在屋后劈柴，淘米，米下了锅，打算蒸豆。我叫，'阿毛'！没有应。出去一看，只见豆撒得满地，没有我们的阿毛了。各处去一问，都没有。我急了，央人去寻去。直到下半天，几个人寻到山坳里，看见刺柴上挂着一只他的小鞋。大家都说，完了，怕是遭了狼了；再进去；果然，他躺在草窠里，肚里的五脏已经都给吃空了，可怜他手里还紧紧地捏着那只小篮呢。……"她于是淌下眼泪来，声音也呜咽了。

这故事倒颇有效，男人听到这里，往往敛起笑容，没趣地走了开去；女人们却不独宽恕了她似的，脸上立刻改换了鄙薄的神气，还要陪出许多眼泪来。有些老女人没有在街头听到她的话，便特意寻来，要听她这一段悲惨的故事。直到她说到呜咽，她们也就一齐流下那停在眼角上的眼泪，叹息一番，满足地去了，一面还纷纷地评论着。

——鲁迅《祝福》

【以悟促写】

每个人家里都会有些误会，产生风波，请描述你印象最深刻的一场风波，注意叙述的详略。

晚餐风波

准备吃饭＿＿＿＿＿＿＿＿＿＿＿＿＿＿＿＿＿＿＿＿＿＿＿＿＿＿＿＿＿＿

＿＿＿＿＿＿＿＿＿＿＿＿＿＿＿＿＿＿＿＿＿＿＿＿＿＿＿＿＿＿＿＿＿＿＿＿

＿＿＿＿＿＿＿＿＿＿＿＿＿＿＿＿＿＿＿＿＿＿＿＿＿＿＿＿＿＿＿＿＿＿＿＿

23　抑扬对比起波澜

【精彩语段】

不过为了探求真理，也只好忍受这种考验了。所以，那个星期天，当我带着那群小鸭子在我们园里青青的草上又蹲又爬又叫地走着，而心中正为它们的服从而暗自得意的时候，猛一抬头，却看见园子的栏杆上排了一排人，他们全都脸色煞白。

这自然是一些外地来的观光客，他们大概为眼前的景象吓得呆了，因为他们只看到一个有着一大把胡子的大男人，屈着膝，弯着腰，低着头在草地上爬着，一边不时回头偷看，一边大声地学着鸭子的叫声——至于那些小鸭子，那些叫人一看就明白原委的小鸭子，却完全不露痕迹地藏在深深的草里，你叫那些观光客怎么能相信自己的眼睛呢？

——康拉德·劳伦兹《动物笑谈》

【赏析感悟】

"风乍起，吹皱一池春水。"内容一正一反地进行对比，泾渭分明，既使行文条理清楚，便于读者把握，又可巧妙地运用欲扬先抑的手法，使文章波澜迭起，使人物形象鲜明立体，使文章中心呼之欲出。如《动物笑谈》中，"我"在公园里跟着小鸭子又爬又蹲，"暗自得意"与外来的观光客看到我的奇怪举止而"脸色煞白"形成强烈的对比，突出了"我"专注于动物行为的研究。为了"探求真理"，不顾自己的尊严，与动物打成一片，其他人的惊讶正好体现了"我"对动物研究的疯狂、执着与忘我的精神。

【类文再品】

一向讨厌母鸡，不知怎样受了一点惊恐，听吧，它由前院嘎嘎到后院，由后院再嘎嘎到前院，没结没完，而并没有什么理由。讨厌！有时候，它不这样乱叫，而是细声细气地，有什么心事似的颤颤巍巍地，顺着墙根，或沿着田坝，那么扯长了声如泣如诉，使人心中立刻不快起来。

它永远不反抗公鸡。可是，有时候却欺侮那最忠厚的鸭。更可恶的是它遇到另一只母鸡的时候，它会下毒手，趁其不备，狠狠地咬一口，咬下一撮毛来。

到下蛋的时候，它差不多是发了狂，恨不能使全世界都知道它这点成绩。就是聋子也会被它吵得听不下去。

可是，现在我改变了心思，我看见一只孵出一群小雏鸡的母亲。

不论是在院里，还是在院外，它总是挺着脖子，表示出世界上并没有可怕的东西。一只鸟儿飞过，或是什么东西响了一声，它立刻警戒起来，歪着头儿听，挺着身儿预备作战。看看前，看看后，咕咕地警告鸡雏要马上集合到它身边来！

当它发现了一点可吃的东西，它咕咕地紧叫，啄一啄那个东西马上便放下，教它的儿女吃。结果，每一只鸡雏的肚子都圆圆地下垂，像刚装满了一两个汤圆儿似的，它自己却消瘦了许多。假如，有别的大鸡来抢食，它一定出去，把它们赶出老远，连大公鸡也怕它三分。

它教给鸡雏们啄食，掘地，用土洗澡，一天教不知多少次，它还半蹲着——教它们挤在它的翅下、胸下，得一点温暖。它若伏在地上，鸡雏们有的便趴在它的背上，啄它的头或别的地方，它一声也不哼。

在夜里若有什么动静，它便放声啼叫，顶尖锐、顶凄惨，使任何贪睡的人也得起来看看，是不是有了黄鼠狼。

它负责、慈爱、勇敢、辛苦，因为它有了一群鸡雏。它伟大，因为它是母亲。一个母亲必定就是一位英雄。

我不敢再讨厌母鸡了。

——老舍《母鸡》

【以悟促写】

每一场风波都有波澜起伏，尝试用欲扬先抑的手法描写风波片段。

一场风波

我一直以为 _____

_____

_____

然而 _____

_____

_____

24　渲染场景营氛围

【精彩语段】

我怎么办？该不该喊它一声呢？对了，你听过黄冠大鹦鹉的鸣声没有？假使没有，只要想想用老法子杀猪时猪的嚎声，再用扩音器放大几倍就得了。如果一个人用尽全身之力，把嗓门憋得尖尖的，发出"哦——啊"的叫声，虽说比不上大鹦鹉的气势，听起来也蛮像了。从前我曾试过这样喊它，每次它都听话地回到我的身边，但是它现在飞得这么高，肯不肯听话就不知道了，因为鸟通常不喜欢直直地从上往下飞的。到底叫不叫它呢？那一刻真叫我为难呀，如果我叫了，它竟然理也不理地飞走了，我怎么向旁边的人解释？

不过我到底还是叫了。我四周的人一个个都像生了根似的定在那里。可可伸开了翅膀迟疑了一会儿，然后敛翼俯冲而下，只一下就停在我伸出的手臂上了。真是谢天谢地，我总算松了一口气。

——康拉德·劳伦兹《动物笑谈》

【赏析感悟】

就阅读小说和故事而言，有的时候，我们会读到一些令人印象深刻的优秀作品，让我们的情绪就像过山车一样，随着文章当中的故事情节不断起伏，时而紧张，时而舒缓，时而激情澎湃，时而开怀大笑。

而反过来当我们再来看自己文章的时候，同样的一件事读起来都感觉到平淡如水，这之中的差别可能就在于文章的渲染没有做好。合理且适当的渲染可以为后续的事件做好准备，让情节的发展更加具有合理性。就像是一味调味剂，会增强文章中高潮和低谷带给读者的感觉，塑造气氛，酝酿情绪，增加情节的紧张感，读者的代入感，让他们有一种身临其境的感觉。文章中没有了渲染，故事情节往往就会显得很平，情感上没有很好的波动感，自然对读者来说就没有什么吸引力了。

（1）情景交融。抓住景物的特点进行具体描绘，创设一个与情感相适应的画面，不仅容易激起读者心中的美感，而且能很巧妙地表达感情。

（2）侧面描写、侧面烘托。比如鲁迅的小说《孔乙己》，全文详细地从正面描写了孔乙己第一次出场和最后一次出场的情景，但文中有关孔乙己被丁举人毒打的事是通过顾客交代的，属于侧面描写，这种侧面描写推动了故事情节的发展，使文章过渡得非常自然、巧妙。

（3）反复、层层铺排。将一连串内容紧密关联的景观物象、事态现象、人物形象和性格行为，按照一定的顺序组成一组结构基本相同、语气基本一致的句群。既可以淋漓尽致地细腻铺写，又可以一气贯注、加强语势，还可以渲染某种环境、气氛和情绪。如"爷娘闻女来，出郭相扶将；阿姊闻妹来，当户理红妆；小弟闻姊来，磨刀霍霍向猪羊。"这组句子先说"爷娘"，再说"阿姊"，最后说"小弟"，不仅长幼有序，而且也渲染出亲人们为迎接木兰还乡而做的工作和动人的喜庆气氛。

【类文再品】

晃晃悠悠的他放开了步。走出海甸不远，他眼前起了金星。扶着棵柳树，他定了半天神，天旋地转地闹慌了会儿，他始终没肯坐下。天地的旋转慢慢地平静起来，他的心好似由老远的又落到自己的心口中，擦擦头上的汗，他又迈开了步。已经剃了头，已经换上新衣新鞋，他以为这就十分对得起自己了；那么，腿得尽它的责任，走！一气他走到了关厢。看见了人马的忙乱，听见了复杂刺耳的声音，闻见了干臭的味道，踏上了细软污浊的灰土，祥子想趴下去吻一吻那个灰臭的地，可爱的地，生长洋钱的地！没有父母兄弟，没有本家亲戚，他的唯一朋友是这座古城。这座城给了他一切，就是在这里饿着也比乡下可爱，这里有的看，有的听，到处是光色，到处是声音；自己只要卖力气，这里还有数不清的钱，吃不尽穿不完的万样好东西。在这里，要饭也能要到荤汤腊水的，乡下只有棒子面。才到高亮桥西边，他坐在河岸上，落了几点热泪！

太阳平西了，河上的老柳歪歪着，梢头挂着点金光。河里没有多少水，可是长着不少的绿藻，像一条油腻的长绿的带子，窄长，深绿，发出些微腥的潮味。河岸北的麦子已吐了芒，矮小枯干，叶上落了一层灰土。河南的荷塘的绿叶细小无力地浮在水面上，叶子左右时时冒起些细碎的小水泡。东边的桥上，来往的人与车过来过去，在斜阳中特别显着匆忙，仿佛都感到暮色将近的一种不安。这些，在祥子的眼中耳中都非常有趣与可爱。只有这样的小河仿佛才能算是河；这样的树、麦子、荷叶、桥梁，才能算是树、麦子、荷叶、桥梁。因为它们都属于北平。

——老舍《骆驼祥子》

【以悟促写】

晚饭是一家人一天中团聚的时刻，这一刻无疑是美好的，也有可能是忐忑的，请描写你家一次晚餐前的氛围。

天色渐晚，_____

_____

_____

单元训练　餐桌前的谈话

题目：请以"餐桌前的谈话"为题，写一篇不少于600字的作文。

【佳作欣赏一】

餐桌前的谈话

七（1）班　李维伊

那年，我和父母回乡探亲，刚好赶上了一年一度的传统节日——中秋节。

那天晚上我们在外婆家吃晚饭，因为那天过节，所以外婆做了一大桌子菜。有"汤圆""月饼"等甜点，还有我最喜欢吃的红烧排骨。我喜滋滋地捧起一块排骨对准刚要啃下去，外公阻止说："我要先考考你诗词。今天是中秋节，我和你比比谁说的有'月'字的诗句多，你一句我一句这样对说，你接受我这个挑战吗？"我心想：还好妈妈在我小时候让我背古诗，现在可以派上用场啦。于是我爽快地答应说："好。"

就这样，我们一老一小开战了。

"床前明月光，疑是地上霜。"我抢先说。"春风又绿江南岸，明月何时照我还。"外公不紧不慢地说。"举杯邀明月，对影成三人。"我也不甘落后。"人有悲欢离合，月有阴晴圆缺。"外公优哉游哉地应答说。

"明月别枝惊鹊，清风半夜鸣蝉。"我神气地吟诵。"峨眉山月半轮，秋影入平羌江水流。"外公对答说。"月……月……"我卡住了。"外公我认输了。"我说。妈妈笑着说："外公当年是他所在的那所学校中诗词懂得最多的人，你怎么比得过他。"我垂头丧气地说："怪不得我输了。"

外公摸了摸我的头说："刚才你其实差一点就赢了，这么多年来，我大部分都忘记了，如果你把下一句说出来，我也就没办法接了。"外公顿了顿，接着说："你也不赖，我本想你不敢挑战，没想你接招了。你回去再好好背一下诗词，以后一定能超过我。"我一听信心马上就回来了，说："好，外公，我下次再来找你挑战！"外公说："一言为定。"我说："君子一言，驷马难追。"之后，我们便开始赏月。

那晚的月亮，很亮，很圆，把夜色衬托得格外美丽，皎洁的月光带着我缓缓入梦。

【佳作欣赏二】

餐桌前的谈话

七（1）班　董璐萍

太阳西下，炊烟升起，在外疯的孩子们被出来寻人的长辈一一拎回了家。

餐桌上，堆满了美食佳肴，是团圆的日子啊。一大家子围坐在桌边，热热闹闹，欢欢喜喜。

爷爷拉开了晚饭的帷幕："还干什么？吃饭，吃饭！"笑着夹了一筷子。大家也悉数动手。爸爸挑起了话题："你们这群小家伙，寒假作业写完了没？"我干笑了几声，挠了挠头。表妹嘟着嘴，不满地说："舅舅大坏蛋，干吗提起我的伤心事。"年幼无知的堂弟也跟着骂了一声："臭大伯！"而表弟却跳下座位，站在一边，十分自恋地叉着腰，大笑几声："哈哈哈哈哈，姐姐，你们真是太笨了！我早就写完了，哈哈哈哈哈！我真是太聪明了！"又到一边自我陶醉了。我们都笑了，倒是表妹不高兴了："你个小屁孩，还好意思给我在这吹牛，你几年级我几年级啊？"表弟朝她做个鬼脸。"你！"表妹被气得火冒三丈。

　　"好好吃饭。"严厉的姑姑一发话，表弟表妹立马就乖了，乖乖回到位置上坐好。一会儿，小婶婶抱着小宝宝来串门了。表弟拿个鸭腿，凑到边上说："小弟弟，哥哥喂你吃肉肉。"姑姑也笑了："你吃饭还要我喂，什么时候可以喂别人了？小心点，肉别掉地上了。"

　　小婶婶抱着小堂弟坐在桌边，拿着稀饭喂堂弟，又笑着对表弟说："现在照顾不了弟弟，等以后长大了再来照顾弟弟好不好？"表弟点点头，又跳下来认真地说："我会保护小弟弟的。如果以后谁欺负弟弟，我就几下把他打趴下！""好啊，那你说话要算数哦。"

　　饭后，大家各有各的事情。妈妈和姑姑在帮奶奶洗碗，表妹在和表弟吵架……

　　但这一切的一切都在月光的照耀下，显得如此平和与温暖。

第六单元 写好想象与联想

25 联想想象找相关

【精彩语段】

远远的街灯明了，好像闪着无数的明星。

天上的明星现了，好像点着无数的街灯。

我想那缥缈的空中，定然有美丽的街市。

街市上陈列的一些物品，定然是世上没有的珍奇。

——郭沫若《天上的街市》

【赏析感悟】

运用想象和联想时，要找到有关联度的事情，如《荷叶·母亲》里，雨打荷莲，由荷叶对莲花的保护，想到了母亲对孩子的呵护。荷叶如母亲，荷花如孩子。语段中，地上有星一样的灯，天上有灯一样的星，诗人通过"街灯"与"明星"，将天与地连成一体。"街灯"与"明星"的共同特点是"无数"和"明亮"，无数明亮的灯与星成为美好事物的象征。

【类文再品】

从竹篮里拾来的花，至少可以插一两天，甚至有开到四五天的。每当我把花一一插进瓶里，会兴起这样的遐想：花的生命原本短暂，它若有知，知道临谢前几天还被宝爱着，应该感叹不枉一生，能毫无遗憾地凋谢了。

花的盛放是那么美丽，但凋落时也有一种难言之美。在清冷的寒夜，我坐在案前，看到花瓣纷纷落下，无声地辞枝，以一种优雅的姿势飘散，安静地俯在桌边。那颤抖离枝的花瓣时而给我是一瓣耳朵的错觉，仿佛在倾听着远处土地的呼唤，闻着它熟悉的田园声息。那还留在枝上的花则是眼睛一样，努力张开，深情地看着人间，那深情的最后一瞥真是令人惆怅。

每一朵花都是安静地来到这个世界，又沉默离开。若是我们倾听，在安静中仿佛有深思，而在沉默里也有美丽的雄辩。

——林清玄《把自己变成一朵花，香给这个世界看》

【以悟促写】

仿写《天上的街市》

_____

_____

_____

26　夸张荒诞显深刻

【精彩语段】

"现在请皇上脱下衣服，"两个骗子说，"好让我们在这个大镜子面前为您挽上新衣。"

皇帝把他所有的衣服都脱下来了。两个骗子装作一件一件地把他们刚才缝好的新衣服交给他。他们在他的腰周围弄了一阵子，好像是为他系上一件什么东西似的——这就是后裙。皇上在镜子面前转了转身子，扭了扭腰。

"上帝，这衣服多么合身啊！裁得多么好看啊！"大家都说，"多么美的花纹！多么美的色彩！这真是贵重的衣服。"

"大家都在外面等待，准备好了华盖，以便举在陛下头顶上去参加游行大典。"典礼官说。

"对，我已经穿好了。"皇帝说，"这衣服合我的身吗？"于是他又在镜子面前把身子转动了一下，因为他要使大家觉得他在认真地观看他的美丽的新装。

那些托后裙的内臣都把手在地上东摸西摸，好像他们正在拾起衣裙似的。他们开步走，手中托着空气——他们不敢让人瞧出他们实在什么东西也没看见。

——安徒生《皇帝的新装》

【赏析感悟】

夸张是文学创作的一种表现手法。在创作过程中，作家为了强调和突出事物的某些特点，往往借助艺术想象对它进行放大描写，以引人注目，增强艺术效果。

但必须以客观现实生活为基础，做到夸张其辞而又合乎情理，不失其真。

有了这个心理，作者大胆想象两个骗子夸张的织布技巧，越荒诞越能为后面的孩童赤诚和成人的虚伪做铺垫，达到强有力的讽刺效果。合理的想象离不开人之常情。

【类文再品】

这时候，有一个人忽然失色惊叫起来：

"喂，快来看呀！这个洞究竟是怎么回事呀？"

大家跑过去一看，地面上果真有一个洞，直径大约在一米。人们探着头向里面瞧了瞧，可是洞里黑咕隆咚的什么也看不见。然而，人们却有一种深不可测的感觉，这个洞似乎是一直通向地球球心的。

有一个人怀疑地说："该不是狐狸洞吧？"

一个年轻人对着洞里使劲儿地大叫了一声：

"喂——出来！"

可是，并没有任何回声从洞底下传上来。于是，他就在附近捡了一块小石头准备要扔进洞里去。

一位胆小怕事的老年人颤巍巍地摆着双手，要想劝阻年轻人别这么干。

"这可千万不能扔下去呀，说不定会受到什么可怕的惩罚的。"

但是，年轻人早就抢先一步，把石头扔进了洞里。然而，洞底下仍然没有任何回声传上来。

村里人砍来了许多树枝，用绳子一道一道地缠绕着做成了栅栏，把这个洞围了起来。然后，他们就暂时先回到村庄里去了。

"接下来该怎么办呢？"

——星新一《喂——出来》

【以悟促写】

请用夸张的手法，写一个关于"苹果"的精彩故事。

一个苹果

_____

_____

_____

27 关键句子照中心

【精彩语段】

这种布不仅色彩和图案都分外美观，而且缝出来的衣服还有一种奇怪的特性：任何不称职的或者愚蠢得不可救药的人，都看不见这衣服。

"那真是理想的衣服！"皇帝心里想，"我穿了这样的衣服，就可以看出在我的王国里哪些人不称职；我就可以辨别出哪些是聪明人，哪些是傻子。是的，我要叫他们马上为我织出这样的布来。"于是他付了许多钱给这两个骗子，好让他们马上开始工作。

他们摆出两架织布机，装作是在工作的样子，可是他们的织布机上连一点东西的影子也没有。他们急迫地请求发给他们一些最细的生丝和最好的金子。他们把这些东西都装进自己的腰包，只在那两架空织布机上忙忙碌碌，直到深夜。

——安徒生《皇帝的新装》

【赏析感悟】

《皇帝的新装》处处显露这是一场骗局，但是也交代谎言能够继续的原因。文章开篇，交代了故事继续的一条保证，即"任何不称职的或者愚蠢得不可救药的人，都看不见这衣服"。所以，善良的大臣、诚实的官员、特别圈定的随员、皇帝这些人不可以看不见，因为任何人都不想承认自己傻，尤其是领导者。谎言的泡沫越来越大，直到天真的孩童将其打破。类文也是前面将这个神奇的洞越写越神秘，当人们真的相信这就是个无底洞的时候，文章最后显现了"因果循环"，人们之前在洞里投掷的一切终将还到人类自己身上。

一篇文章，尤其是揭示一定哲思或者讽刺意义的文章，必然会设置一个关键的句子，引领着整篇文章的推进。抑或出现在文章的结尾，与前文照应，让主旨更加突出。

【类文再品】

有一天，一位工人趴在一幢正在施工的大楼顶上工作，他铆完了一颗铆钉之后，便放下工具稍微休息一会儿。忽然，他听到头顶上传来了奇怪的叫声。

"喂——出来！"

　　然而，他抬起头来朝天上看了看，却什么也没有，晴空万里，清澈如洗。他以为是刚才干得有点头晕了，产生了什么错觉。接着，正在他恢复到刚才的姿势，要好好地休息一会儿的时候，从刚才发出声音的那个方向飞过来一块石头，在他面前一掠而过，往地面上掉了下去。

　　可是，他只顾眯着眼睛得意洋洋地眺望着远处的地平线。啊，我们的城市变得越来越美好啦！

　　当然，那块微不足道的小石头根本就没引起他的丝毫注意。

——星新一《喂——出来》

【以悟促写】

写一个故事的开头和结尾

一个苹果

开头：＿＿＿＿＿＿＿＿＿＿＿＿＿＿＿＿＿＿＿＿＿＿

＿＿＿＿＿＿＿＿＿＿＿＿＿＿＿＿＿＿＿＿＿＿＿＿＿＿＿

＿＿＿＿＿＿＿＿＿＿＿＿＿＿＿＿＿＿＿＿＿＿＿＿＿＿＿

结尾：＿＿＿＿＿＿＿＿＿＿＿＿＿＿＿＿＿＿＿＿＿＿

＿＿＿＿＿＿＿＿＿＿＿＿＿＿＿＿＿＿＿＿＿＿＿＿＿＿＿

＿＿＿＿＿＿＿＿＿＿＿＿＿＿＿＿＿＿＿＿＿＿＿＿＿＿＿

28　主题情感引深思

【精彩语段】

开头：

许多年前，有一个皇帝，为了穿得漂亮，不惜把所有的钱都花掉。他既不关心他的军队，也不喜欢去看戏，也不喜欢乘着马车去游公园——除非是为了去炫耀一下他的新衣服。他每一天每一点钟都要换一套衣服。人们提到他，总是说："皇上在更衣室里。"

结尾：

"可是他什么衣服也没穿呀！"一个小孩子最后叫了出来。

"上帝哟，你听这个天真的声音！"爸爸说。于是大家把这孩子讲的话私下里低声地传播开来。

"他并没穿什么衣服！有一个小孩子说他并没穿什么衣服呀！"

"他实在没穿什么衣服呀！"最后所有的百姓都说。皇帝有点儿发抖，因为他觉得百姓们所讲的话似乎是真的。不过他心里却这样想："我必须把这游行大典举行完毕。"因此他摆出一副更骄傲的神气。他的内臣们跟在他后面走，手中托着一条并不存在的后裙。

——安徒生《皇帝的新装》

【赏析感悟】

童话能阐述生命、爱、死亡、权力等主题，哲理思辨意蕴浓厚，这往往需要一个纽带将现实世界与童话世界完美融合，这个纽带是童话里情感主题的体现，同样也能引发读者深刻的思考。

《皇帝的新装》一开始，就写了皇帝的特殊爱好：酷爱穿着打扮。作者运用夸张的手法介绍了主人公皇帝对衣服的偏好程度，到了试新衣成癖的地步。衣服是皇帝最喜欢的，衣服在人世间同样具有重要意义，是人类的遮羞布。而最后最喜欢新衣的皇帝竟然光着身体羞羞地进行了游行。

这样的人为什么会当皇帝？皇帝已经知道了真相为什么不纠正错误？人们为什么没有反抗还让游行继续？

这必然引发读者对时代的思考，对现实的思考：我们的生活中是否存在这样的自欺欺人的现象。一篇好的童话总是能引起读者深入的思考和不由自主的反思。

【类文再品】

"我的天，唱得多么美啊！"他说。但是他不得不去做他的工作，所以只好把这鸟儿忘掉。不过第二天晚上，这鸟儿又唱起来了。渔夫听到歌声的时候，不禁又同样地说："我的天，唱得多么美啊！"

世界各国的旅行家都到这位皇帝的首都来，欣赏这座皇城、宫殿和花园。不过当他们听到夜莺歌唱的时候，他们都说："这是最美的东西！"

这些旅行家回到本国以后，就谈论着这件事情。于是许多学者写了大量关于皇城、宫殿和花园的书籍，那些会写诗的人还写了许多最美丽的诗篇，歌颂这只住在树林里的夜莺。

这些书流行到全世界。有几本居然流到皇帝手里。他坐在他的金椅子上，读了又读：每一秒钟点一次头，因为那些关于皇城、宫殿和花园的细致的描写使他读起来感到非常舒服。

"不过夜莺是这一切东西中最美的东西，"这句话清清楚楚地摆在他面前。

"这是怎么一回事儿？"皇帝说，"夜莺！我完全不知道有这只夜莺！我的帝国里有这只鸟儿吗？而且它还居然就在我的花园里面？我从来没有听到过这回事儿！这件事情我只能在书本上读到！"

于是他把他的侍臣召进来。这是一位高贵的人物。任何比他渺小一点的人，只要敢于跟他讲话或者问他一件什么事情，他一向只是简单地回答一声，"呸！"——这个字眼是任何意义也没有的。

"据说这儿有一只叫夜莺的奇异的鸟儿啦！"皇帝说，"人们都说它是我的伟大帝国里一件最珍贵的东西。为什么从来没有人在我面前提起过呢？"

"我从来没有听到过它的名字，"侍臣说，"从来没有人把它进贡到宫里来！"

"我命令：今晚必须把它弄来，在我面前唱唱歌。"皇帝说，"全世界都知道我有什么好东西，而我自己却不知道！"

"我从来没有听到过它的名字，"侍臣说，"我得去找找它！我得去找找它！"

——安徒生《夜莺》

【以悟促写】

书包里有什么？

我的书包

_____

_____

_____

单元训练　童话故事

题目：请写一篇童话，题目自拟，不少于600字。

【佳作欣赏一】

高价饮料

七（1）班　李伟佳

小狮子的爸爸是个有钱的企业家，所以他经常向他的爸爸要钱买东西。他还经常在他的同学——小鸡、小鸭、小猪等朋友面前炫耀他的东西。

这天，学校对面的商场异常得热闹。小老虎和小豹子迫不及待地想去看看，于是就拉着小狮子一下课就飞奔了过去。到了那里，他们就发现有好多动物也在那儿，于是他们就只能钻过去。他们在墙壁上看到了几个大字"高价饮料"，又看到了"手速饮料（能让你在学习或工作上更胜一筹）"。小狮子看到了心里也跃跃欲试，心想：这下可不用再为罚抄苦恼了。可是小狮子看了一下价格：一万元，"啊！这下糟糕了，"小狮子惊讶地说，"这价格，我恐怕只能等到我的生日了。"

没想到第二天，他的朋友告诉他"手速饮料"被人买走了，小狮子很不高兴。过了几天后，新闻上报道："神童！做作业只需要一分钟！"又过了一天，神童的爸爸要神童参加手速比赛把整瓶饮料都喂给神童吃。结果没想到，当神童开始比赛时，手快得生风，直接飞了起来。从此神童就只能被绑起来，因为他的手已经成了"推进器"。小狮子劫后余生地说："还好我没买！"

又是一天，高价饮料又出了新品"视野饮料（能帮助你看得更多，看得更远）"，小狮子怕再发生那种事所以他不准备买，但他想知道谁会买。"我买了！"一个洪亮的声音喊道，原来是戴着眼镜的大象爷爷。大象爷爷一拿到就猛地往嘴里塞，结果喝完了之后，他发现他竟然看到了微生物，而且他现在就只能看见微生物了。

小狮子看到了他们的结果就再也不敢乱买东西了。

【佳作欣赏二】

获救的黑森林

七（1）班　李易樵

"啊！"凯恩又一次大声尖叫着从噩梦中惊醒，他在寂静的深夜里陷入了沉思。同样的梦境，梦里成片的黑森林和成群的吸血蚊令他疑惑不解，族长蓝迪爷爷走到凯恩的房间，他一边用满是薄茧的手抚摸着凯恩的脸，一边诉说着黑森林的故事。

凯恩的父母亲是守护黑森林的上一代国王和王后，但是五十年前突然有成群的吸血蚊袭击了黑森林，凶猛的吸血蚊吸食了黑森林王国国民的血液，整片黑森林被吸食的鲜血染红了。国王和王后以及侍卫们用自己的鲜血护卫着凯恩及一批孩子逃亡到现在这个大村庄，把他们托付给蓝迪爷爷。

"我想赶走吸血蚊，恢复黑森林王国。"凯恩对蓝迪爷爷说。

"那也是国王和王后的遗愿。可是你必须获得双色石才能让吸血蚊消失，双色石生长在雪山之巅，极难获得。"蓝迪爷爷非常忧虑地告诉凯恩，凯恩却无所畏惧，并计划第二天启程前往雪山。

凯恩没有料想到雪山的路途如此遥远，天气异常寒冷，冷风像刀子一样割在凯恩的脸上，经过九九八十一天的风餐露宿，凯恩终于来到了雪山脚下。

白皑皑的雪山脚下躺着一位气息微弱的老奶奶。凯恩急忙抱起老奶奶向不远处的山洞走去，山洞里家徒四壁，什么都没有，凯恩只好用自己身上唯一的一件披风包裹着老奶奶，试图温暖老奶奶的身体。凯恩的披风是小伙伴们用云锦织的，有冬暖夏凉的功效，老奶奶的嘴唇慢慢恢复了红润，可是凯恩却冻得手脚僵硬，他只得不停地在山洞里走来走去，借运动获得热量。过了一会儿，老奶奶终于醒来了，她上下打量着凯恩，问："小伙子，是你救了我吗？"凯恩看到老奶奶苏醒，很是兴奋，他羞涩地回答道："我也没做什么。"老奶奶问清凯恩在此的缘由后，对他说："我可以满足你一个愿望。你可以选择要一个金碧辉煌的宫殿和很多仆人或是选择立即到达雪山之巅。"

凯恩说："我想恢复黑森林，请您让我到雪山之巅吧。"老奶奶很惊奇："孩子，如果你有豪华的宫殿和用不完的钱，还需要恢复黑森林干吗呢？"凯恩说："恢复黑森林可以让我们王国的所有国民幸福地生活，我们可以在黑森林里种满花草树木，自力更生。如果只是我个人拥有宫殿和财富又有什么用呢？"老奶奶赞许地笑了，只见金光一闪，凯恩的披风又回到了他身上，他已经站到了雪山山顶。

凯恩刚站定，突然面门上掌风袭击，凯恩急忙应招，对他出手是一位白发苍苍的老爷爷，他一边出招，一边对凯恩说："我知道你是为了双色石而来，要想获得双色石，必须先过我三百招。"一百招下来，凯恩有点儿体力不支了，天色渐渐昏暗了，凯恩急忙说："爷爷，今日先到此，明日再接着过招吧！"老爷爷说："不行，你必须得过我三百招。"

"您先前只说三百招，并没有说今日内连续过三百招呀。"凯恩辩解道。

老爷爷停了下来，从鼻子里哼了一声："算你小子有勇有谋。"

凯恩第二天一大早与老爷爷开始过招，直到天色黑了才停下来，终是完成了三百招，凯恩暗自庆幸族长蓝迪爷爷从小教他习武，强身健体，才有机会接这三百招。

捧着老爷爷给的双色石，凯恩星夜兼程直奔黑森林，双色石发射出的绿色和白色双色光芒照耀在黑森林上空。所有吸血蚊消失殆尽，黑森林里的树木全部恢复原样，之前被吸血蚊吸食的国民全部复活。凯恩喜极而泣，拥抱着他的爸爸妈妈，人们将他不停地抛高，欢呼着、赞美着……

七年级下册

第一单元 形神兼备——写出人物的精神

1 人物的对比

【精彩语段】

奥本海默是一个拔尖的人物，锋芒毕露。他二十几岁的时候在德国哥廷根镇做波恩的研究生。波恩在他晚年所写的自传中说，研究生奥本海默常常在别人做学术报告时（包括波恩做学术报告时）打断报告，走上讲台拿起粉笔说："这可以用底下的办法做得更好……"我认识奥本海默时他已四十多岁了，已经是妇孺皆知的人物了，打断别人的报告，使演讲者难堪的事仍然时有发生。不过比起以前要少一些。佩服他、仰慕他的人很多，不喜欢他的人也不少。

邓稼先则是一个最不要引人注目的人物。和他谈话几分钟，就看出他是忠厚平实的人。他真诚坦白，从不骄人。他没有小心眼儿，一生喜欢"纯"字所代表的品格。在我所认识的知识分子当中，包括中国人和外国人，他是最有中国农民的朴实气质的人。

——杨振宁《邓稼先》

【赏析感悟】

奥本海默是一个拔尖的人物，锋芒毕露。佩服他、仰慕他的人很多，但是不喜欢他的人也不少。邓稼先则是一个最不要引人注目的人物，忠厚平实，真诚坦白，从不骄人，人们都绝对相信他。

文段中将奥本海默和邓稼先进行对比。对比，是把具有明显差异、矛盾和对立的双方安排在一起，进行对照比较的表现手法。在这个文段中将奥本海默和邓稼先放在一起做比较，让读者在比较中更明显地看出邓稼先的气质品格和奉献精神。

【类文再品】

每次我恬不知耻地拿着挂满红灯的成绩报告单让家长签名，我妈总是先长叹一口气，再签字，然后一边摸着我的头，一边用一种无比悲悯的眼神望着我。一开始当然很受挫，但后来经常这样，我也渐渐习以为常了。相比之下，我爸要有趣一点，他总是很不以为然，随手就在成绩单上签名，有时会安慰我几句："你爹小学都没毕业，后来自学，不是也成了一个人物吗？没事儿，古人说'成人不自在，自在不成人'，小时候受些挫折是好事。"我父亲是京剧导演，所以他经常说些旧话古文。

——马良《一夜张飞》

【以悟促写】

仿写：运用对比手法写一写你身边熟悉的人。

_____

_____

_____

2 环境的渲染

【精彩语段】

青海、新疆，神秘的古罗布泊，马革裹尸的战场，不知道稼先有没有想起过我们在昆明时一起背诵的《吊古战场文》：

"浩浩乎！平沙无垠，复不见人。河水萦带，群山纠纷。黯兮惨悴，风悲日曛。蓬断草枯，凛若霜晨。鸟飞不下，兽铤亡群。亭长告余曰："此古战场也！常覆三军。往往鬼哭，天阴则闻！""

也不知道稼先在蓬断草枯的沙漠中埋葬同事、埋葬下属的时候是什么心情？

——杨振宁《邓稼先》

【赏析感悟】

环境描写在文章中的作用是多样的：可以交代事情发生的地点；可以渲染气氛，烘托人物心情；还可以深化文章主旨。

这段中引用了《吊古战场文》，描绘戈壁滩的荒凉，渲染了悲凉的气氛，表现了邓稼先工作环境之恶劣、工作条件之艰苦，衬托出邓稼先的工作热情和不畏艰辛、不怕牺牲的精神品质。

【类文再品】

天，灰蒙蒙的，又阴又冷。长安街两旁的人行道上挤满了男女老少。路那样长，人那样多，向东望不见头，向西望不见尾。人们的臂上都缠着黑纱，胸前都佩着白花，眼睛都望着周总理的灵车将要开来的方向。一位满头银发的老奶奶拄着拐杖，背靠着一棵洋槐树，焦急而又耐心地等待着。一对青年夫妇，丈夫抱着小女儿，妻子领着六七岁的儿子，他们挤下了人行道，探着身子张望。一群泪痕满面的红领巾，相互扶着肩，踮着脚，望着，望着……

——吴瑛《十里长街送总理》

【以悟促写】

仿写：运用环境描写，渲染气氛，烘托人物心情。

_____

_____

_____

3 严谨的结构

【精彩语段】

"人家说了再做，我是做了再说。"

"人家说了也不一定做，我是做了也不一定说。"

作为学者和诗人的闻一多先生……

……

做了再说，做了不说，这仅是闻一多先生的一个方面，——作为学者的方面。

闻一多先生还有另外一个方面，——作为革命家的方面。

这个方面，情况就迥乎不同，而且一反既往了。

……

【赏析感悟】

作者用闻一多先生的"说和做"总领全文，上半部分写闻一多先生"做了再说，做了不说"，表现闻一多先生"学者的方面"；后半部分写闻一多先生"说"了就"做"，言行完全一致，表现闻一多先生"革命家的方面"。在上半部分与下半部分之间，用了总承上文和总起下文的句子，使衔接紧密，过渡自然。

文章通过高度概括的话过渡，使文章连缀紧密，脉络清楚，过渡自然。把闻一多先生作为学者和作为革命家方面的情况用极其简明的语言并列地提出来，给读者以深刻的印象。

【类文再品】

最使我难忘的，是我小学时候的女老师蔡老师。现在回想起来，她那时只有十八九岁，是一个温柔美丽的人。

她从来不打骂我们。仅仅有一次，她的教鞭好像要落下来，我用石板一迎，教鞭轻轻地敲在石板边上，大伙笑了，她也笑了。我用儿童的狡猾的眼光察觉，她爱我们，并没有真正要打的意思。孩子们是多么善于观察这一点啊！

在课外的时候，她教我们跳舞，我现在还记得她把我打扮成女孩子表演跳舞的情景。在假日里，她把我们带到她的家里和女朋友的家里。在她的女朋友的园子里，她还让我们观察蜜蜂；也是在那时候，我认识了蜂王，并且平生第一次吃了蜂蜜。

她爱诗，并且爱教我们读诗。直到现在我还记得她教我们读诗的情景，还能背诵她教我们的诗：

圆天盖着大海，黑水托着孤舟，远看不见山，那天边只有云头，也看不见树，那水上只有海鸥……

今天想来，她对我的接近文学和爱好文学，是有着多么有益的影响！像这样的老师，我们怎么会不喜欢她，怎么会不愿意和她接近呢？我们见了她不由得就围上去。即使她写字的时候，我们也默默地看着她，连她握笔的姿势都急于模仿。

——魏巍《我的老师》

【以悟促写】

请以"我的老师"为题，为这篇文章写开头、过渡、结尾三个段落。

_____

_____

_____

4 标志性的特点

【精彩语段】

鲁迅先生的笑声是明朗的,是从心里的欢喜。若有人说了什么可笑的话,鲁迅先生是笑得连烟卷都拿不住了,常常是笑得咳嗽起来。

鲁迅先生走路很轻捷,尤其使人记得清楚的,是他刚抓起帽子来往头上一扣,同时左腿就伸出去了,仿佛不顾一切地走去。

……

人一走,已经是下半夜了,本来已经是睡觉的时候了,可是鲁迅先生正要开始工作。在工作之前,他稍微阖一阖眼睛,燃起一支烟来,躺在床边上,这一支烟还没有吸完,许先生差不多就在床里边睡着了。(许先生为什么睡得这样快?因为第二天早晨六七点钟就要起来管理家务。)海婴这时也在三楼和保姆一道睡着了。

——萧红《回忆鲁迅先生(节选)》

【赏析感悟】

本文作者萧红以女性的细心体察,敏锐捕捉到了鲁迅许多零散的具有特点的生活细节,通过对他日常生活的描写,使他的形象更生活化、真实化,可敬更可亲。

开篇描写鲁迅先生的笑声仅寥寥几句,便让我们感受到了鲁迅先生的乐观爽朗、平易近人。第二段形神兼备地描绘了鲁迅先生走路的轻捷,"刚抓起帽子来往头上一扣,同时左腿就伸出去了",这些动作也让读者看到一个勇往直前、义无反顾的鲁迅先生。

烟,可以说是鲁迅先生的一个标志。在画像里、电影里、文学作品里,都有一个拿着烟的鲁迅。每个人都有自己标志性的动作、语言。抓住人物标志性的特点,更能展示人物的特征,表现人物的细微复杂的感情。

【类文再品】

有一天,先生大概是多喝了两盅,摇摇摆摆地进了课堂。这一堂是作文,他老先生拿起粉笔在黑板上写了两个字,题目尚未写完,当然照例要吸溜一下鼻涕,就在这吸溜之际,一位性急的同学发问了:"这题目怎样讲呀?"

老先生转过身来,冷笑两声,勃然大怒:"题目还没有写完,写完了当然还要讲，没写完你为什么就要问？……"滔滔不绝地吼叫起来，大家都为之愕然。这时候我可按捺不住了。

我一向是个上午捣乱下午安分的学生，我觉得现在受了无理的侮辱，我便挺身分辩了几句。这一下我可惹了祸，老先生把他的怒火都泼在我的头上了。他在讲台上来回地踱着，吸溜一下鼻涕，骂我一句，足足骂了我一个钟头，其中警句甚多，我至今还记得这样的一句：

"×××？你是什么东西？我一眼把你望到底？"

——梁实秋《我的一位国文老师》

【以悟促写】

选取典型细节刻画你的同桌。

_____

_____

_____

单元训练　晒晒我班的牛人

题目：请以"晒晒我班的牛人"为题，写一篇不少于600字的作文。

【佳作欣赏一】

晒晒我们班的牛人

七（1）班　林漫祺

要识我班"牛人"也，请来一班逛逛看。

牛人东哥

说到我们班的音乐组合，不得不提一下东哥和博学的沉默了。之前他们是前后桌，课堂生活可谓是"多姿多彩"啊！默默爱睡觉，还喜好作词；东哥爱唱歌，经常用那种尖尖的声音演唱。

东哥笑声魔性，笑傲江湖！有一次语文老师上作文，讲到人物描写，特别列举了鲁迅先生的笑。然后眉头一舒说："其实我们每个人的笑都是有特点的。我们班有个同学的笑声可谓令人惊悚万分，犹如在沉寂的地底下忽然发出一声让人肃然起敬又想逃之夭夭的笑声！"随之，东哥配合地"哈哈——哇——嘎！"真是把我们逗得前仰后翻。

不仅如此，他还有自己"独特的语言"。发明了的语气词"瞄哇"流行全班！把"来来来"演变成了"哩哩哩～"再次火遍全班。还在每个人的姓名前面加个"麻"字。

但你绝对想不到，东哥会弹吉他；平日里不正经的他，弹着吉他唱小歌的样子是真帅！

呆脑子涵

既然是牛人，怎能不说说咱班的戴子涵同学呢？他为什么是"呆脑"？其中可是大有缘由！无论哭笑以及任何一切表情，在他脸上总显得呆呆的：说话时眼睛迷离，语速缓慢，怎能不让人觉得像个三岁小孩儿？

在语文课上，阳老师（江湖人称丽丽姐）时不时就点他名，以为跑神儿啦？结果，丽丽姐问任何问题，他都能对答如流！丽丽姐一脸疑惑地问他上课在干吗。不用说，他第一反应一定也是一头雾水地反问："啊？什么干吗？我在干吗？我没有干吗？——"然后又一脸呆呆地看着丽丽姐。

但你一定想不到这是一个年级位列前茅神仙学霸吧？戴子涵同学看似呆头呆脑，实际上可聪明着哩！看来天才都不容易被发现，这句话没错了。

睡神窦爷

号称"窦爷"的这位同学，与呆脑子涵并称为我班"两大数学课代表"，哦对了，这个外号还是丽丽姐取的！为什么呢？因为他们俩上课常常让老师误会：人在课堂，心不知道飞哪儿去了。因此，丽丽姐总是无奈地说："你们这两大数学课代表，何时才能上课让我看到你们专注一点啊！"

窦爷好像每天都睡不够，无论什么课，特别是数学课，总是趴在桌子上，好像下一秒就会睡着似的。每天中午的午休从1：00～1：30是睡觉时间，他从12：30就开始睡，睡到下午1：40～1：50是常有的事，我记忆里最深的一次是他从12：20大家还没完全进班就开始睡觉了。"天天睡天天睡，眼睛小恐怕就是这么睡小的！"我心想。

但你一定想不到他在数学方面大有造诣，是我们杨老师（江湖人称小威威）的得意门生！每当数学课上一道难倒了我们全班的数学题出现时，他的精神头儿可就来了！"天空一声巨响，窦爷闪亮登场"这怕不是专门为他所写的句子吧？他每次都能运用简单的办法，条理逻辑清晰地解答出来。

怎么样？这就是我们班N多牛人的其中三个，毕竟我们一班卧虎藏龙，牛人可多着哩！只有你想不到，没有我们做不到的！改天一定要来我们班见识见识哦！

【佳作欣赏二】

晒晒我们班的牛人

七（1）班　黄嘉琪

"不识我班牛人也，只缘不在此班中。"

她拥有一个美好的嗓音，清晰、动听、优雅，她是我们班的牛人：赖嘉茹。

秋色已至，落叶沙沙在飘动。她和她的组员在操场上打扫卫生。她迅速拿起扫把认真地扫起地上的落叶。她一边扫地，一边监督其他人扫地，凉风飘飘，给人带来一丝凉意，风一吹，把刚扫好的落叶又给吹散了，又得再扫一遍，组员们很不耐烦，把扫帚扔在地上头也不回地就背上书包走了，而赖嘉茹却没有说什么，只是望着其他人说先扫吧，只是这样的一句话，其他人又继续扫了起来，别看她好像很和蔼，可是她也有严厉的一面。

窗外乌云密布，天空阴沉沉的。我坐在座位上，拿着英语书读了起来，不久，赖嘉茹面带严肃，大步向前走，走到讲台上，拿起话筒大声说道："今天历史听写不过关的有：李丞睿、陈粤学……这几个人今天留下来把听写内容抄两遍再离开，其余的人背诵知识点，明天准备听写。"话语刚落，班上的同学们就鬼哭狼嚎地叫起来，她一个巴掌就拍到讲台上，之后，同学们就不敢再出声了。不久，天空下起了雨。留在班上罚抄知识点的同学就奋笔疾书地抄写起来，而赖嘉茹呢，就坐在讲台旁边的椅子上写作业，并守着他们罚写，她说要写完了给她检查合格了才可以离开。

时间一分一秒地流逝，七点了，我到班里去拿那一本遗忘在我课桌上的作业，她正好关上灯背着书包走出来，手里拿着我那作业本，她给了我说："本想给你送去，但是你来了就给你吧。"说完，她转头就离开了，我看着她的背影，好想和她说一声谢谢，我也笑着离开了学校，雨小了，也渐渐停了。我走在回家的路上。

就像她自己说的：没办法有点牛的赖嘉茹。

第二单元　学会抒情——抒发故土乡情

5　故乡名片的认识

【精彩语段】

当我躺在土地上的时候，当我仰望天上的星星，手里握着一把泥土的时候，或者当我回想起儿时的往事的时候，我想起那参天碧绿的白桦林，标直漂亮的白桦树在原野上呻吟；我看见奔流似的马群，听见蒙古狗深夜的嗥鸣和皮鞭滚落在山涧里的脆响；我想起红布似的高粱，金黄的豆粒，黑色的土地，红玉的脸庞，黑玉的眼睛，斑斓的山雕，奔驰的鹿群，带着松香气味的煤块，带着赤色的足金；我想起幽远的车铃，晴天里马儿戴着串铃在溜直的大道上跑着，狐仙姑深夜的谰语，原野上怪诞的狂风……

——端木蕻良《土地的誓言》

【赏析感悟】

这一个片段，作者铺陈了许多富于东北生活气息的形象，将白桦林、奔马群、蒙古狗、红高粱、黑土地等东北特有的景物密集地排列在一起，这样选择有特色、有意味的景物组成叠印的一个又一个画面，像电影镜头一样闪现，展现东北大地的丰饶美丽。

通过列举自己故乡的一系列有代表性的物品，将自己对故乡的怀念之情寄寓在这些家乡的物品中，表达自己对故乡深切的思念。

【类文再品】

故乡的密码，隐藏在庄稼地里。春天扬花吐穗的麦子，夏风拂过玉米修长的叶子，秋日的夕阳把上等的胭脂涂抹在苹果、梨子上。一场薄雪过后，落尽叶子的杨柳、榆树，渐渐进入悠远的梦乡。

这一片一片的庄稼地里，长过麦子，长过玉米，长过高粱，也长过辣椒，长过西瓜，长过胡萝卜和大白菜。锄禾日当午，汗滴禾下土。咸涩的汗水，漫长的熬煎，从来都不会一无所获。只有劳动，辛勤的劳动，才会唤醒每一株庄稼，成就每一株庄稼。

故乡的密码，隐藏在枝繁叶茂的林间。麻雀、乌鸦、喜鹊，是乡村的常客。它们时而聚集，叽叽喳喳，像是开一场热闹非凡的辩论会；时而疏离，遗世独立，自成林间淡墨疏痕似的一笔点缀。

花开花落，冬去春来。那些鸟儿，还在破晓的晨曦里醒来，还在渐近的黄昏里，驮着夕阳归去。它们的眼睛，没有沾染世俗的红尘，它们的羽翅，没有背负繁芜的世事。可是人呢？终究被这庸常人间的风雨侵蚀，被不可抗拒的沧桑洗礼，在光阴的河流里，慢慢随水而逝，不见踪迹。

故乡的密码，隐藏在家里。栅栏边、庭院旁、吱吱呀呀的木门里，屋檐下、窗棂间、土炕上……一个个生命在这里呱呱落地，蹒跚而行，步履矫健地走出高高的门槛，走向曲曲折折的远方。一缕缕炊烟在这里袅袅而上，流散在天际。炊烟里，有柴米油盐酱醋茶，有慈爱的母亲、沉默的父亲，有一碗又一碗叫作烟火气息的羹与汤。

——蔺丽燕《故乡的密码》

【以悟促写】

仿写：你的家乡有哪些美丽的风景和物产？请你用一段话描绘你的家乡，寄托你的思念。

_____

_____

_____

6　深情诗意的刻画

【精彩语段】

满天都是星光，火把也亮起来了。从山脚向上望，只见火把排成许多"之"字形，一直连到天上，跟星光接起来，分不出是火把还是星星。这真是我生平没见过的奇观。

……

半夜里，忽然醒来，才觉得寒气逼人，刺入肌骨，浑身打着战。把毯子卷得更紧些，把身子蜷起来，还是睡不着。天上闪烁的星星好像黑色幕上缀着的宝石，它跟我们这样地接近哪！黑的山峰像巨人一样矗立在面前。四围的山把这山谷包围得像一口井。上边和下边有几堆火没有熄，冻醒了的同志们围着火堆小声地谈着话。除此以外，就是寂静。耳朵里有不可捉摸的声响，极远的又是极近的，极洪大的又是极细切的，像春蚕在咀嚼桑叶，像野马在平原上奔驰，像山泉在呜咽，像波涛在澎湃。不知什么时候又睡着了。

——陆定一《老山界》

【赏析感悟】

这两段是穿插在记叙文中的描写，这些描写一方面写出了山势的险峻和翻山的困难，另一方面写出了红军的豪迈情怀。

火把排成"之"字形，连到天上，这形象地写出了山路的陡峭，如此艰险，作者却说这是"奇观"，晚上冷醒了，还把天空的星星当成了宝石，说明红军丝毫没有被这样的艰险吓倒，反而觉得这过程充满了诗情画意。

在叙事中，穿插诗意地描写，刻画写出红军战士在艰难险阻中的英雄气概，人与景都诗意起来。

【类文再品】

奇迹是这般迅速地出现，越数越多，再数亦不可数，一时间，漫天满空，一片闪亮，像陡然打开了百宝箱，灿灿的，灼灼的，目不暇接了呢。我们只知道夜晚天上要有星星，但从没注意到星星是这么出现的。那是雨天的池塘霎时浮了万千水泡，还是无数沉睡的孩子，蓦地睁开了光彩的眼睛？它们真是一群孩子呢，一出现就要玩一个调皮的谜儿啊！这些鬼精灵儿，从哪儿来的？是一个家庭的兄妹，还是从天涯海角集合起来，要开什么盛会呢？

我们都快活起来了，一起站在树下，扬着小手。星星们似乎很得意，向我们挤弄着眉眼，鬼鬼地笑。

过了一会儿，月亮从村东口的那个榆树丫子里升上来了。它总是从那儿出来，冷不丁地，常要惊飞了树上的鸟儿。先是玫瑰色的红，像是喝醉了酒，刚刚睡了起来，蹒跚地走。接着，就黄了脸，才要看那黄中的青紫颜色，它就又白了，极白极白的，夜空就笼上了一层淡淡的乳白色。我们都不知道这月亮怎么啦，却发现那些星星怎么就少了许多，留下的也淡了许多，原是灿灿的笑，变成了弱弱的光。

这竟使我们大吃了一惊。

——贾平凹《天上的星星》

【以悟促写】

仿写：请以"月亮的味道"为题，写一段富有诗意的文字。

_____

_____

_____

7　不同人称的变换

【精彩语段】

没有人能够忘记她。我必定为她而战斗到底。土地，原野，我的家乡，你必须被解放！你必须站立！夜夜我听见马蹄奔驰的声音，草原的儿子在黎明的天边呼唤。这时我起来，找寻天空中北方的大熊，在它金色的光芒之下，是我的家乡。我向那边注视着，注视着，直到天边破晓。我永不能忘记，因为我答应过她，我要回到她的身边，我答应过我一定会回去。为了她，我愿付出一切。我必须看见一个更美丽的故乡出现在我的面前——或者我的坟前，而我将用我的泪水，洗去她一切的污秽和耻辱。

——端木蕻良《土地的誓言》

【赏析感悟】

人称的变化实际上是情感变化的结果。文章开始用第三人称，是因为感情起初比较平稳，但随着情绪逐渐激动，作者不再满足于使用向第三者介绍的人称代词"她"了，于是抛开读者直接与自己所叙述的对象进行对话交流，对土地以"你"相称，情感显得更加直接而迫切。这在修辞上叫作"呼告"，具有强烈的抒情效果。

写作时，为了情感抒发的需要，可以尝试转换人称。

【类文再品】

那座古桥，是我要拜访的第一个老朋友。啊，老桥，你如一位德高望重的老人，在这涧水上站了几百年了吧？你把多少人马渡过对岸，滚滚河水流向远方，你弓着腰，俯身凝望着那水中的人影、鱼影、月影。岁月悠悠，波光明灭，泡沫聚散，唯有你依然如旧。

……

这山中的一切，哪个不是我的朋友？我亲切地和他们打招呼：你好，清凉的山泉！你捧一面明镜照我，是要重新梳妆吗？你好，汩汩的溪流！你吟诵着一首首小诗，是邀我与你唱和吗？你好，飞流的瀑布！你天生的金嗓子，雄浑的男高音多么有气势。你好，陡峭的悬崖！深深的峡谷衬托着你挺拔的身躯，你高高的额头上仿佛刻满了智慧。你好，悠悠的白云！你洁白的身影，让天空充满宁静，变得更加湛蓝。喂，淘气的云雀，叽叽喳喳地在谈些什么呢？我猜你们津津乐道的，是飞行中看到的好风景。

——李汉荣《山中访友》

【以悟促写】

仿写：请你运用呼告的修辞给你喜欢的物体写一段话，表达对这个物体的喜爱之情。

_____

_____

_____

8　两种抒情的表达

【精彩语段】

啊！黄河！

你一泻千里，

浩浩荡荡，

向南北两岸

伸出千万条铁的臂膀。

我们民族的伟大精神，

将要在你的哺育下

发扬滋长！

我们祖国的英雄儿女，

　将要学习你的榜样，

像你一样的伟大坚强！

像你一样的伟大坚强！

——光未然《黄河颂》

　　旦辞爷娘去，暮宿黄河边，不闻爷娘唤女声，但闻黄河流水鸣溅溅。旦辞黄河去，暮至黑山头，不闻爷娘唤女声，但闻燕山胡骑鸣啾啾。

——《木兰诗》

【赏析感悟】

　　抒情方式是指抒发感情的形式，大致分直接抒情、间接抒情两类。

　　直接抒情也叫直抒胸臆，是直接对有关人物和事件表明爱憎态度的抒情方式。直接抒情一般不讲究含蓄委婉，多为毫无遮掩地倾诉，常以真诚、浓烈而动人心弦。

　　间接抒情是言在此意在彼，分别是因事缘情、借景抒情、托物言志、咏史，叙事则因事缘情，写景则借景抒情，咏物则托物言志，记史则咏史抒怀。间接抒情是把感情融于形象之中，借助具体的人、事、物、景，使抽象的主观感情客观化、形象化，使其成为可以被观赏者再体验的对象的写作方法。它的优点是含蓄委婉，耐人咀嚼，引人联想。

　　《黄河颂》中的选段采用的是直接抒情的方式，"啊！黄河！……"这样的句式直接抒发对黄河的热爱之情。

　　《木兰诗》中选段采用的是间接抒情的方式，这里表面写木兰赶赴战场的经过，但实质是写木兰离家越远思亲越切，特别是黄河流水鸣溅溅之声、燕山胡骑鸣啾啾之声更是衬托了木兰的思亲之情。

【类文再品】

我们一同用心捧起晶亮的雨滴

我们一起用手挽住飘逸的长风

我们在春天的原野

默默祝愿生命与永鸿

那云朵的洁白

是我们真挚的过去

那湖水的丰盈

是我们蓄满的深情

那空气里激荡着的是

我们露珠般闪烁的笑声

年轻真好

真好年轻

——汪国真《年轻真好》

【以悟促写】

仿写：请结合使用两种抒情方式写一首诗来抒发你目前的生活。

_____

_____

_____

单元训练　我的故乡

题目：以"我的故乡"为题，写一篇不少于600字的作文。

【佳作欣赏一】

我的故乡

七（8）班　冯雨婷

雾渐渐散了，河边的芦苇摇头晃脑，旭日的光芒照耀着它；野花上的颗颗露珠，闪烁着五色异彩，悄悄滚落，发出柔柔的"滴答"声，似乎在向太阳问好。

回到故乡，真好……

推开门，我来到阳台上。清新的风，我毫不推拒，大大方方地享受，即使刘海被吹得乱七八糟，我也毫不在乎。深呼吸，慢慢地睁开眼——远处，大山连绵起伏，充满了个性。山上，一棵棵柏树精神抖擞，叶子被风吹得"沙沙"作响。远远一看，它们仿佛在与我招手示意。往上看，空中云雾迷蒙，缠绕着山顶，乍一看，还真有些"仙"味。

太阳越来越近，整个乡村像被母亲拥护般，没有一处冰冷，没有一丝灰暗。

我沿着湿润的，温和的田垄一路来到了瓜园。这里的瓜果可热闹了，品种多，一个又一个的，可爱得很。更可爱的是瓜儿四周还有些正在悠闲飞舞的"绅士"。它们仿佛是"信使",穿着洁白的衣裳,从这根藤上又飞到另一根藤上,逗逗这个瓜,弄弄这个果,很是"尽责"呢!那一个个瓜儿,圆乎乎的身子,连着那青绿的藤儿,别有一番趣味。

不知名的鸟儿用婉转的歌声把我领进了它的家园——翠竹林。

凉风迎面拂来。快看!那茂盛的叶子似乎要把竹子压弯,那一簇簇竹叶堆在另一簇竹叶上面,你压我,我压你,大家互不相让。仔细一听,还能听出它们的谈话声哩!

走出美好的翠竹林,已是满天的绚丽!

天空像一盘调色板,颜色混合在一块。暮色中的乡村浸泡在米饭菜香中。辛苦了一天的村民掇起了"乡村必备"——小板凳,三三两两地聚在一起,互相唠叨着。讲着讲着口渴了,主人又去家里拿出茶壶和一袋茶叶,给大家泡茶喝。黄昏洒在人们的肩上,好像为他们披上了一件大衣,人们笑着攀谈着。一群人,一张板凳,一杯茶,一杆烟,每天都在做的事,他们从不厌倦。

小朋友们总不愁没地方玩。这不,几个"小不点"赤足跑到草地上,抓小虫儿、玩"探险游戏"……累了,横着、斜着、趴着……各式各样的躺法,看上去自在又满足。

黄昏为天边穿上一件美丽的衣裳,天底下那一棵棵千年老树,慈祥地看着这个小村里的人们,田里边的麻雀怕老树孤单,成群结队地飞到它宽大的肩膀与它一起看、欣赏着一个又一个的乡村美景。

从春到夏,从早到晚,乡村情味长……

【佳作欣赏二】

我的故乡

七(1)班　董璐萍

借着寒假,我踏上了归途。

故乡的夜空,十分明朗,我与表妹一路说说笑笑,最终踏进了"北昌楼",我的家。

楼里很安静,亲人们的身影融在柔软的月光中,显得温暖熟悉。漫长的车途,加上几次不那么愉快的反胃,早已让我们饥肠辘辘。等到一盘粉蒸肉安静地摆放在我眼前,我便迫不及待地大口吞咽。一入口,粉蒸肉上蘸的粉子,带着浓郁而香甜的清香,直挑你的味蕾,紧接着三层肉恰到好处的热度与软嫩。粉蒸肉底下垫底的红薯也香气浓郁，带着肉的芳香与红薯的甘甜，在你口中散开。兴许是我狼吞虎咽的样子过于引人注目，一旁坐着的母亲微笑着递过来一杯开水，嘴里嘟囔着些什么，酒窝中尽是甜蜜。酒足饭饱之后，我与弟弟妹妹们围坐在茶桌边上，一边泡着清新的铁观音，一边与他们闲聊，聊作业，聊零食。

在老家，我沉醉于这温馨的幸福的味道里，其乐无穷。

一家干净的门面，几张干净的桌椅，店内传出的炒菜声，是我对这家店的第一印象。等那 "海蛎煎" 在盘中时，我更好奇这煎饼的神奇味道。用筷子夹起一块来，能清晰地看到饱满的海蛎躲在蛋皮中，呼之欲出。我咬了一口，顿时，淡的蛋香与直白的海蛎香和着面的柔软充斥口腔，此外再无其他滋味，却叫你觉出一股不同凡响的美味。

回到家，我仍是不得安分。拉上表妹去 "爬公路"。

待我们筋疲力尽地下山，忽然嗅到一股浓香，从家中传来。我们相视一看，走了进去。一盘酸辣鱼摆在桌上，我们急忙而风火地偷吃几口，却被辣得不成样。我们相对而坐，看着对方被辣得面红耳赤的样子，一边又闲扯着几件小事，很是闲适。

在故乡，我沉醉于这惬意熟悉的味道里。

故乡的味道，缠于舌尖，印于记忆。那些丝丝缕缕的美好与温暖，汇成甘露，集成清风，滋润着我的心灵。

我沉醉于故乡的味道，亦沉醉于品味人生之味。

第三单元　凡人小事——抓住细节凸显人物

9　细致观察

【精彩语段】

一到夏天，睡觉时她又伸开两脚两手，在床中间摆成一个"大"字，挤得我没有余地翻身，久睡在一角的席子上，又已经烤得那么热。推她呢，不动；叫她呢，也不闻。

"哥儿，你牢牢记住！"她极其郑重地说，"明天是正月初一，清早一睁开眼睛，第一句话就得对我说：'阿妈，恭喜恭喜！'记得吗？你要记着，这是一年的运气的事情。不许说别的话！说过之后，还得吃一点福橘。"她又拿起那橘子来在我的眼前摇了两摇："那么，一年到头，顺顺溜溜……"

——《阿长与〈山海经〉》

【赏析感悟】

细致观察是实现生动描写的第一步。我们认知这个世界是从观察开始的，我们辨别这个世界也是从观察得来的，观察的对象不仅仅是静态的人、事、物，更是动态的风花雪月、人情冷暖。

在小鲁迅的眼中，长妈妈到底是个什么样的人呢？我们记住了床上的"大"字（外貌描写），看到了粗鲁的阿长；我们记住了阿长郑重其事地交代我福橘的功效（动作、语言描写）；我们记住了大字不识的长妈妈告假回来带的两样新东西——一个是她的蓝布衫，一个就是给我的"三哼经"（外貌、细节描写），透过这些细致观察的信息，让读者感受到一个粗俗、迷信、细心、没文化却又无比简单地关爱着主家少爷的好保姆，好朋友。不得不说，看似被鲁迅看不起甚至痛恨谋杀隐鼠的阿长，她做的每一件事、说的每一句话都深深印在了迅哥儿的童年时代，以至于当我们和鲁迅一起回忆她的音容笑貌的同时不禁希望"仁厚黑暗的地母呵，愿在你怀里永安她的魂灵！"

语言描写一定要符合人物身份和性格特点，比如本文长妈妈的语言就非常符合一个封建妇女的形象。

【类文再品】

200多平方米的四壁颓败的大屋子，低矮、阴暗、天棚倾斜，仿佛随时会塌下来。五六十个家庭妇女，一人坐在一台破旧的缝纫机旁，一双接一双不停歇地加工棉胶鞋鞋帮。到处堆着毡团，空间毡绒弥漫。所有女人都戴口罩。夏日里从早到晚，一天戴八个乃至十个小时的口罩，可想而知是种什么罪。几扇窗子一半陷在地里，无法打开，空气不流通，闷得使人头晕。耳畔脚踏缝纫机的声音响成一片，女工们彼此说话，不得不摘下口罩，扯开嗓子。话一说完，就赶快将口罩戴上。她们一个个紧张得不直腰，不抬头，热得汗流浃背。有几个身体肥胖的女人，竟只穿着件男人的背心，大概是他们的丈夫的。我站在门口，用目光四处寻找母亲，却认不出在这些女人中，哪一个是我的母亲。

......

母亲瘦削的、憔悴的脸，被口罩遮住二分之一。口罩已湿了，一层毡绒附着上面，使它变成了毛茸茸的褐色的。母亲的头发上衣服上也落满了毡绒，母亲整个人都变成毛茸茸的褐色的。这个角落更缺少光线，更暗。一只可能是100瓦的灯泡，悬吊在缝纫机上方，向室闷的空间继续散发热。一股蒸蒸的热气顿时包围了我。缝纫机板上水淋淋的，是母亲滴落的汗。母亲的眼病常年不愈，红红的眼睑夹着黑白混浊的眼睛，目光迟呆地望着我，问："你到这里来干什么？找妈有事？"

——梁晓声《母亲，我不识字的文学导师》

先生姓徐，名锦澄，我们给他上的绰号是"徐老虎"，因为他凶。

他的相貌很古怪，他的脑袋的轮廓是有棱有角的，很容易成为漫画的对象。头很尖，秃秃的，亮亮的，脸形却是方方的，扁扁的，有些像《聊斋志异》绘图中的夜叉的模样。他的鼻子眼睛嘴好像是过分的集中在脸上很小的一块区域里。他戴一副墨晶眼镜，银丝小镜框，这两块黑色便成了他脸上最显著的特征。我常给他画漫画，勾一个轮廓，中间点上两块椭圆形的黑块，便惟妙惟肖。他的身材高大，但是两肩总是耸得高高，鼻尖有一些红，像酒糟的，鼻孔里藏着两桶清水鼻涕，不时地吸溜着，说一两句话就要用力的吸溜一声，有板有眼有节奏，也有时忘了吸溜，走了板眼，上唇上便亮晶晶地吊出两根玉箸，他用手背一抹。他常穿的是一件灰布长袍，好像是在给谁穿孝，袍子在整洁的阶段时我没有赶得上看见，余生也晚，我看见那袍子的时候即已油渍斑斑。他经常是仰着头，迈着八字步，两眼望青天，嘴撒得瓢儿似的。我很难得看见他笑，如果笑起来，是狞笑，样子更凶。

——梁实秋《我的一位国文老师》

【以悟促写】

细致地观察你的老师，补充题目，刻画这个老师的特点。

这个老师有点_____

一般来讲，老师都是_____，可这个老师有点_____。

有一次，_____

_____

不信？还有一次_____

_____

10　以小见大

【精彩语段】

有一年夏天，老王给我们楼下人家送冰，愿意给我们家带送，车费减半。我们当然不要他减半收费。每天清晨，老王抱着冰上三楼，代我们放入冰箱。他送的冰比他前任送的大一倍，冰价相等。胡同口蹬三轮的我们大多熟识，老王是其中最老实的。他从没看透我们是好欺负的主顾，他大概压根儿没想到这点。

——杨绛《老王》

【赏析感悟】

文章讲了"我"和老王交往的几件小事，这是当时社会的缩影，所以作者结尾不止于"我对老王的愧怍"，反而上升到"幸运者"与"不幸者"的思考。杨先生前文铺排了老王待人接物的几件小事，却勾勒出老王这一社会底层人物渺小却也有自己做人原则的高大形象。在作者"有一天傍晚""有一年夏天""有一天"这样随意的回忆中，老王却认真地活着！他没有亲人，他常有失群落伍的惶恐，他居住条件艰苦，他做生意实诚，没钱却为他人着想，他做事吃苦耐劳，就是这样一个朝夕相处的老王，当他去世前一天来到"我"家，想把他能给的最好的东西送给曾经对他好的人，"我"却恐于他的死亡气息，我想，是的。

文章所选的都是生活中很小很小的事情，但是在整个描写中，我们看到老三这个小人物引发的对这一类社会关爱人群的关注，是这篇文章的社会价值。无论表现的人物身份或者品格高或者低，从小事入手，多角度进行铺排渲染，可以增强人物的真实性和立体感。

【类文再品】

劳神父就一面把那个白纸包儿交给我，一面说："这个包包是我给你带回家去的。可是你记住：你得上了火车，才可以打开。"我很懂事地接过了他的包包。

从劳神父处回校后，大姐姐的许多同事——也都是我的老师——都知道我得了这么个包包。她们有的拿来掂掂、摇摇，有的拿来闻闻，都关心地说："包包里准是糖。这大热天，封在包包里，一定化了，软了，坏了。"我偷偷问姐姐："真的吗？"姐姐只说："劳神父怎么说的？"我牢记劳神父嘱咐的话，随她们怎么说、怎么哄，都不理睬。只是我非常好奇，不知里面是什么。

这次回家，我们姐妹三个，还有大姐姐的同事许老师，同路回无锡。四人上了火车，我迫不及待地要大姐姐打开纸包。大姐姐说："这是小火车，不算数的。"（那时有个小火车站，由徐家汇开往上海站。现在早已没有了。）我只好再忍着，好不容易上了从上海到无锡的火车。我马上要求大姐姐拆开纸包。

大姐姐撕开一层纸，里面还裹着一层纸；撕开这层，里面又是一层。一层一层又一层，纸是各式各样的，有牛皮纸、报纸、写过字又不要的废稿纸，厚的、薄的、硬的、软的……每一层都用糨糊粘得非常牢固。大姐姐和许老师一层一层地剥，都剥得笑起来了。她们终于从十七八层的废纸里，剥出一个精致美丽的盒子，原来是一盒巧克力糖！大姐姐开了盖子，先请许老师吃一颗，然后给我一颗，给三姐姐一颗，自己也吃一颗，然后盖上盖子说："这得带回家去和爸爸妈妈一起吃了。"她又和我商量："糖是你的，匣子送我行不行？"我点头答应。糖特好吃，这么好的巧克力，我好像从没吃过呢。回家后，和爸爸妈妈一起吃，尤其开心。我虽然是个馋孩子，但能和爸爸妈妈一家人同吃，觉得更好吃。

——杨绛《劳神父》

【以悟促写】

生活中，有很多的小事，可是却深深地影响着我们，请描写一件对你影响很大的小事。

_____

_____

_____

11　真实典型

【精彩语段】

有一天，父亲挑了一担水回来，噔噔噔，很轻松地跨上了三级台阶，到第四级时，他的脚抬得很高，仿佛是在跨一道门槛，踩下去的时候像是被什么东西硌了一硌，他停顿了一下，才提后脚。那根很老的毛竹扁担受了震动，便"嘎叽"地惨叫了一声，父亲身子晃一晃，水便泼了一些在台阶上。我连忙去抢父亲的担子，他却很粗暴地一把推开我：不要你凑热闹，我连一担水都挑不——动吗！我只好让在一边，看父亲把水挑进厨房里去。厨房里又传出一声扁担沉重的叫声，我和母亲都惊了惊，但我们都尽力保持平静。等父亲从厨房出来，他那张古铜色的脸很像一块青石板。父亲说他的腰闪了，要母亲为他治治。

——李森祥《台阶》

【赏析感悟】

如果还记得父母年轻时候的样子，一定要拍照或者用文字，抑或是某种方式将其记录，不要像我，已然忘记父母年轻时的模样，就像贾玲在电影里说的"从我记事起，母亲就是个中年妇女的样子"。作者李森祥用生动的笔墨在开篇记录了身强力壮的父亲形象，赢了赌注的父亲心里还念念到可惜了一双草鞋，多么节俭、旺盛的乡下人！当父亲勤劳一生拥有了高阶新屋，自己青春不在，又不肯承认自己的衰老，大有一副"不见棺材不落泪"的执拗，不知道大家生活中有没有见到过这样的长辈？不服老，不说老，但已老。

以父亲为代表的乡下人甚至是大部分中国人，都爱"面子"，物质代表阶级，作者的选材本身就是深入中国人的传统观念，刻画了千千万万个追求地位、劳苦耕作、青春不在的劳动阶级的真实形象，同学们，你身边有没有这样的"成年人"呢？

文章选材，选取身边具有代表性的小事，选取有特点的人。比如都是科任老师，哪位老师风格非常明显，你的文字最容易画出他的人物小像？或许，这就是你应该写的东西。

【类文再品】

在我身边的是一位面容姣好的中年妇女，凉鞋露出的脚趾涂着鲜艳的颜色，这样风韵犹存的女人，在我们的电视剧里一般还要在男人怀里撒娇呢。现在，她像是只温顺的猫，眼神有些茫然。不一会儿，我看见一个大小伙子推着行李车，气冲冲地向她走来，没好气地对她嚷嚷道："都是你，让我带，带！都超重啦！"只听见她问："超了多少？"语气小心，好像过错都在自己的小媳妇。"10公斤！"只有儿子对母亲才会这样肆无忌惮。听口音，是南方人。

于是，我看见母亲开始弯腰蹲了下来，把捆箱子的行李带解开，打开箱子。那是一大一小赭黄色的两个名牌箱。儿子也蹲下来，和母亲一起翻箱子里面的东西。首先翻出的是两袋洗衣粉，儿子气哼哼地嘟囔着："这也带！"然后又翻出一袋糖，儿子又气哼哼地嘟囔一句："这也带！"接着把好几铁盒的茶叶都翻了出来："什么都带！"母亲什么话都没说，看儿子天女散花般把好多东西都翻了出来，面前像是摆起了地摊。最后，儿子把许多衣服和一个枕头也扔了出来，紧接着下手往箱底伸，只听见母亲叫了声："被子呀，你也不带了！"我有些看不过去，走了两步，冲那个一直气哼哼嘴噘得能挂个瓶子的儿子说："10公斤差不多了，你东西都不带，到了那儿怎么办？"儿子不再扔东西了，母亲站了起来，一脸忧郁，本来化得很好的妆，因出汗而坍塌显出些许的斑纹。"先去试试再说。"我接着对那个儿子说，他开始收拾箱子，母亲则把茶叶都从铁盒里掏出来，又塞进箱里。儿子推着行李车走了，我问那位母亲，孩子去哪里，她告诉我去英国读书。她脚下的那些东西都散落着，稀泥似的摊了一地。

（行李是牵挂，可儿女总是不懂这份重量，巴不得里面全是富贵铅华。）

——肖复兴《超重的爱》

【以悟促写】

当你知道事情真实的原因时，你会是什么样的？请补充完题目，描写一个场景。

_____那一刻

_____

那一刻，_____

_____

_____

12 生动细腻

【精彩语段】

……尝射于家圃，有卖油翁释担而立，睨之，久而不去。见其发矢十中八九，但微颔之。

……乃取一葫芦置于地，以钱覆其口，徐以杓酌油沥之，自钱孔入，而钱不湿。因曰："我亦无他，惟手熟尔。"

——欧阳修《卖油翁》

【赏析感悟】

寥寥数笔，一位智者形象浮于纸上，"斜眼看""微微点头"表现卖油翁的真实心理——成功的秘密就在于熟能生巧，并没有什么值得骄傲的。对卖油翁舀油灌油的动作连贯、干脆的文字描述，展现了其高超技艺。这让我们想起了"纪昌学射"中的基本功练习。一系列的动作描写让读者按照其描述就可做出当时的动作，我们也应该将动词具体、细节化。

人物描写首先第一步做好白描，比如动作描写先列出一系列连续动词，然后在此基础上根据需要适当运用修辞，这样写出的文章会更具体、生动。

【类文再品】

旅程刚开始，泰迪就跪在马桶前大口呕吐，随着渡轮引擎咔嚓咔嚓的撞击声，他的鼻腔内充斥着汽油和暮夏大海的油腻气味。吐出来的只有小股的液体，然而他的喉咙却不断收缩，胃不停地撞击食道底部，面前的空气也夹着如眼睛般眨动的尘埃快速旋转。

最后的呕吐物之后涌出的是一大股被堵住的气体，当它在嘴里爆发时，似乎把五脏六腑的一部分也带了出来。泰迪仰身坐在金属地板上，用手帕擦着脸，心想谁都不愿意以这样的方式开始一段合作。

（相信大部分人都有这种经历，边读边胃部翻涌。）

——丹尼斯·勒翰《禁闭岛》

【以悟促写】

每个人对"饿"都有深切的体验，请描写一段关于"饿"的文字。

饿

不知道为什么，今天的第四节课如此漫长。＿＿＿＿＿＿＿＿＿＿＿

＿＿＿＿＿＿＿＿＿＿＿＿＿＿＿＿＿＿＿＿＿＿＿＿＿＿＿＿＿＿

＿＿＿＿＿＿＿＿＿＿＿＿＿＿＿＿＿＿＿＿＿＿＿＿＿＿＿＿＿＿

单元训练　人物写真

题目：请选择一个你身边印象最深的人物，自拟题目，写一篇不少于600字的作文。

【佳作欣赏一】

马大姐

七（14）班　李声凯

马大姐是我的邻居。她是一名医生。

马大姐长得不高，一米六左右，她的四肢很奇特，远远地看发现不出什么特别，但是如果近距离看会发现她的手要比腿长那么一点点，如果她学猩猩走路，还真有些地方相似。她的眼睛像两颗杏仁，她最搞笑的还是她的眉毛，因为她左边的眉毛比右边的眉毛粗一二毫米，右边的眉毛比左边的眉毛细二三毫米，使别人看着就感觉有一个是假眉毛。她还有一个闪亮之鼻，在光源下竟然可以反射出比较刺眼的光芒！

不过马大姐有一个坏习惯，就是特别爱占便宜，大大小小，她都爱占，有一次，我买了一盒饼干，我边走边吃，她在旁边看到了，就噌噌地跑过来说："给我吃点呗。"我看着袋子里没有多少了，又看到她那乞求的眼神，就豪爽地让她吃一半，谁知，她居然把每个饼干都咬了一半，还给我时，我简直哭笑不得，但还是咬咬牙把全部都给她吃，谁知她居然说："那怎么行，我都吃了你一半了，不能再吃了，再吃我就太不讲义气了。"结果在半推半就中，马大姐把所有的饼干都收入她圆圆的肚子，还故作生气状："原来你这么嫌弃我啊，我可一点都不嫌弃你的哦。"

马大姐不见了！

几天前，出现了新型冠状病毒，现在人人都在家里等待疫情结束，可是马大姐不见了，如果她到街上去的话会有感染病毒的危险，她到底去哪儿了？我打开电视，想看看疫情的最新情况，这时，我发现了记者采访栏目里有一个熟悉的身影——马大姐！

原来马大姐去支援前线了，齐腰的头发不见了，戴着厚厚的防护镜，穿着厚厚的防护衣，拖着厚厚的防护鞋，看起来像一只笨重的企鹅，穿梭在镜头前。马大姐，选择了最危险的重症监护室。

这就是这么一个可恨可敬的马大姐！

【佳作欣赏二】

我家有个"管家婆"

七（4）班　陈嘉铖

"老爸，快点！都十点了，还赖在床上玩手机，赶紧起来洗衣服！""哥哥，十点了，还不快起来写作业，下午还想不想去打篮球……"周末一大早，我就听到妹妹在屋里发号施令，生怕别人不知道她嗓门大似的。嘿，这个小小的"管家婆"！

我和爸爸无奈地起了床，乖乖地按照妹妹的指示行事。你可别以为她就叫我们起个床而已，"管家婆"的名声可不是这么容易能够得到的。

那是一个周末，爸妈因为忙，脱不开身，就让我和妹妹去买菜。到了菜市场，我一路无视那些新鲜到能掐出水来的蔬菜，直奔水产区，看到新鲜的石头鱼，它们活蹦乱跳地在小小的蓄水池里游动，仿佛知道会有人来抓它们似的，机灵地游走躲避，让我抓不到，可是我的脑海中却出现了一道道让人垂涎三尺的佳肴：水煮鱼、红烧鱼、烤鱼……

"老板，给我称一下这条最肥的。"我直接指着那条大肥鱼对老板说。这时，妹妹赶紧问了价钱，得知一斤要35元后，她斩钉截铁地说："老板，这条鱼我们不买了！"我顿时火冒三丈，恶狠狠地瞪着她。妹妹面目狰狞地说："今天的买菜钱只有五十块，你想买就用你的零花钱！"最后，妹妹只买了一条草鱼。回到家，爸爸妈妈看我垂头丧气的样子，就问我们发生了什么事。妹妹把事情经过告诉了他们，没想到爸爸妈妈听后不仅没有安慰我，反而夸奖妹妹这么小就懂得节约，让我向她多学学。"哼，管家婆，小气鬼……"我恨恨地嘀咕着。

从此，我就叫妹妹"管家婆"，且一向对她不以为然。直到那件事的发生，让我改变了对她的态度。

那一次，我因为考试考得差，在学校的表现也不太好，所以我的零花钱遭到了爸妈的封杀。一天放学，我走到玩具店前，看着透明的玻璃橱窗里面帅气又炫酷的无人机，两眼放光。我心想，要不是因为我表现不好，要不是我不努力学习，要不是上课的时候我跟同学讲话，就不会看着想要的东西而得不到了。"唉，命好苦啊！"妹妹看着我垂涎三尺的样子，竟然毫不犹豫地从口袋里掏出自己的零花钱递到我手上，说："哥哥，你先用我的零花钱把无人机买下来吧，你要好好学习，不要让爸爸妈妈操心，等你表现好了爸爸妈妈就会给你零花钱了。"听到妹妹的话，我不由自主地涨红了脸，觉得很惭愧——我竟然需要妹妹的零花钱来买玩具。

现在，妹妹这个"管家婆"在家里的地位越发牢固了，她不仅管我们起床、做家务这类小事，还管着我们俩的零花钱，有时我对她恨得牙痒痒，有时又觉得时刻有她提醒真好。啊！真是个让人又爱又恨的小丫头！

第四单元　修身养性——体验生活选素材

13　生活中选材料

【精彩语段】

凡是同叶圣陶先生有些交往的，无不为他的待人深厚而感动。前些年，一次听吕叔湘先生说，当年他在上海，有一天到叶先生屋里去，见叶先生伏案执笔改什么，走近一看，是描他的一篇文章的标点。这一次他受了教育，此后写文章，文字标点一定清清楚楚，不敢草率了事。

文字之外，日常交往，他同样是一以贯之，宽厚待人。例如一些可以算作末节的事，有事，或无事，到东四八条他家去看他，告辞，拦阻他远送，无论怎样说，他一定还是走过三道门，四道台阶，送到大门外才告别，他鞠躬，口说谢谢，看着来人上路才转身回去。晚年，记得有两次是已经不能起床，我同一些人去问候，告辞，他总是举手打拱，还是不断地说谢谢。

——张中行《叶圣陶先生二三事》

【赏析感悟】

本文记叙的都是叶圣陶先生日常生活与工作中的小事，表现他的待人宽厚，有文字方面也有日常交往方面，表现他的严于律己，比如写作言文如一、重语文、求完美。作者如何进行选材的呢？在原文第一段其实已有明确地阐述，在此与大家共享。

"参加遗体告别仪式之后，总想写点什么，一则说说自己的心情，二则作为纪念。可是一拖延就三个月过去了。依理，或依礼，都应该尽早拿起笔来。写什么呢？这有困难。一是他业绩多，成就大，写不胜写；二是遗体告别仪式印了《叶圣陶同志生平》的文本，一生事业已经简明扼要地说了；三是著作等身，为人，以及文学、教育、语文等方面，足以沾溉后人的，都明摆着，用不着再费辞。但纪念文是还要写。为了不重复，打算沿着两条线选取题材：一是写与我有关的，二是写不见于或不明显见于高文典册的。"

　　无论是写名人还是普通人，都应该是与自己息息相关的人，写身边人才能活灵活现，写生活事才真实可读。不求可歌可泣，只求点滴记录。

【类文再品】

　　做宫廷桂花糕的老人，天天停在一条路边。他的背后，是一堵废弃的围墙，但这不妨碍桂花糕的香。他跟前的铁皮箱子上，叠放着五六个小蒸笼，什么时候见着，都有袅袅的香雾，在上面缠着绕着，那是蒸熟的桂花糕好闻的味道。

　　老人瘦小，永远一身藏青的衣，藏青的围裙。雪白的米粉，被他装进一个小小的木器具里，上面点缀桂花三两点，放进蒸笼里，不过眨眼间，一块桂花糕就成了。

　　停在他那儿，买了几块尝。热乎乎的甜，软乎乎的香，忍不住夸他，你做的桂花糕，真的很好吃。他笑得十分十分开心，他说，他做桂花糕，已好些年了。

　　我问，祖上就做吗？

　　他答，祖上就做的。

　　我提出要跟他学做，他一口答应，好。

　　于是我笑，他笑，都不当真。却喜欢这样的对话，轻松，愉快，人与人，不疏离。

　　再路过，我会冲着他的桂花糕摊子笑笑，他有时会看见，有时正忙，看不见。看见了，也只当我是陌生的，回我一个浅浅的笑，——来往顾客太多，他不记得我了。但我知道，我已忘不掉桂花糕的香，许多小城人，也都忘不掉。

　　现在，每每看到老人在那里，心里便很安然。像小时去亲戚家，拐过一个巷道，望见麻子师傅的烧饼炉，心就开始雀跃，哦，他在呢，他在呢。

　　麻子师傅的烧饼炉，是当年老街的一个标志。它和老街一起，成为一代人的记忆。

　　卖杂粮饼的女人，每到黄昏时，会把摊子摆到我们学校门口。两块钱的杂粮饼，现在涨到三块了，味道很好，有时我也会去买上一个。

　　时间久了，我们相熟了。遇到时，会微笑、点头，算作招呼。偶尔，也有简短的对话，她知道我是老师，会问一句，老师，下课了？我答应一声，问她，冷吗？她笑着回我，不冷。

　　我们的交往，也仅仅限于此。淡淡的，像路边随便相遇到的一段寻常。

　　我出去开笔会，一走半个多月。回来后，正常上班，下班，没觉得有什么不同。

女人的摊子，还摆在学校门口，上面撑起一个大雨篷，挡风的。学生们还未放学，女人便闲着，双手插在红围裙兜里，在看街景。当看到我时，女人的眼里跳出惊喜来，女人说，老师，好长时间没看到你了。

当下愣住，一个人的存在，到底对谁很重要？这世上，总有一些人记得你，就像风会记得一朵花的香。凡来尘往，莫不如此。

——丁立梅《风会记得一朵花的香》

【以悟促写】

路边摊

_____

_____

_____

14　描写中有详略

【精彩语段】

我同叶圣陶先生文墨方面的交往，从共同修润课本的文字开始。其时他刚到北方来，跟家乡人说苏州话，跟其他地方人说南腔北调话。可是他写文章坚决用普通话。普通话他生疏，于是不耻下问，让我帮他修润。我出于对他的尊敬，想不直接动笔，只提一些商酌性的意见。他说："不必客气。这样反而费事，还是直接改上。不限于语言，有什么不妥都改。千万不要慎重，怕改得不妥。我觉得不妥再改回来。"我遵嘱，不客气，这样做了。可是他却不放弃客气，比如有一两处他认为可以不动的，就一定亲自来，谦虚而恳切地问我，同意不同意恢复。我当然表示同意，并且说："您看怎么样好就怎么样，千万不要再跟我商量。"他说："好，就这样。"可是下次还是照样来商量，好像应该作主的是我，不是他。

——张中行《叶圣陶先生二三事》

【赏析感悟】

关于叶圣陶先生待人宽厚而深受感动这一点，作者在原文列举了不止课文选段这几件事，但都体现了叙述、描写的有详有略。

"详略得当"一是体现在选材上有突出人物主要品质的中心事件，又有体现文章张力的铺排；二是在一件事件的叙述、描写中有重点，为表现人物形象服务。

比如选段中"我"与先生文墨方面的交往体现他的待人宽厚，重点叙述了先生对普通话生疏，但不耻下问，让"我"帮他润色。在这件事的人物描写中语言描写比较具体，外貌、动作、神态省略，因为先生的话语间体现的谦虚和恳切已然了了，最能突出人物性格。在接下来日常交往方面，作者列举了他送客时的动作，尤其是晚年身体抱恙仍"打拱"，不断说谢谢……这些"末节"的动作与上一段的语言描写结合起来，各有侧重，使人物形象丰满而不显重复啰唆，写法上也给人灵活、自然的感觉。

【类文再品】

雨渐渐大起来。后座上的女儿，小脸紧贴着我的后背，右手穿过我的胳肢窝，擎着她那把橘红的小伞。雨砸在伞顶上，嘭嘭直响。有风，车子骑得有些吃力，那小伞也忽嗒忽嗒不甚听话，但女儿努力地擎着它，我能感觉到她的小手在我的腋窝下一次又一次用力。我问道："你在伞里吗？"

"妈妈，在！"女儿的回答响亮而干脆，那语气里的阳光，穿过这晦暗的雨幕感染着我的心。女儿今天是太高兴了——期中考试，她语文、数学都得了一百分，按照考前的承诺，我要请她吃一顿肯德基。

女儿左手攥着的纸袋里，此刻就装着她小小的愿望，热乎乎的，与她热乎乎的小脸一起紧贴着我的后背。车子一颠一颠，女儿的小脸和那纸袋与我的背脊若即若离，那温暖也就一阵一阵——可就是这一阵一阵的温暖，让我寒雨里的心一阵阵颤栗！

肯德基的店铺在这个城市里随处可见，但我的女儿对肯德基却一直保持着向往与好奇。去年她9岁生日那天，我第一次带她去肯德基，她用薯条蘸着番茄酱，放进嘴里小心翼翼地嚼，那满足的眼神让我几乎不敢面对……为了自己的梦想，我辞职来到这座城市快两年了，我不得不节约血汗换来的每一分钱，以应付房租、伙食费以及女儿不菲的借读费。小小的女儿，便也常常受我所累，有时一些小小的愿望都难以实现……

雨没停，风也没停，而我们离租住的小屋还很远。我把胳肢窝里的女儿的小手夹得紧一些，想让她省些力气。与此同时，我又问了一遍："你在伞里吗？"女儿的回答还是那一声响亮而干脆的"在"！

到家了，我用腿撑着车，腾出左手抓住伞柄，好让女儿抽出手来。当我转过脸的刹那，我呆住了——女儿几乎全身湿透！但她微笑着，扯了扯我的上衣，又拍拍那个纸袋，紧紧地抱在胸前："它没湿，还热着呢！"

泪水和着雨水，从我的脸上浇淌下来，一瞬间打湿了我的脸……

——白丽娜《你在伞里吗》

【以悟促写】

一件小事

_____

_____

的确，这就是一件小事，却_____

_____

_____

15　真实中有起伏

【精彩语段】

一座草顶、竹篾泥墙的小屋出现在梨树林边。屋里漆黑，没有灯也没有人声。这是什么人的房子呢？

……

"主人"回来了。我和老余同时抓住老人的手，抢着说感谢的话；老人眼睛瞪得大大的，几次想说话插不上嘴。直到我们不做声了，老人才笑道："我不是主人，也是过路人呢！"

……

我们这才明白，屋里的米、水、干柴，以及那充满了热情的"请进"二字，都是出自那哈尼小姑娘的手。多好的梨花啊！

……

为头的那个小姑娘赶紧摇手："不要谢我们！不要谢我们！房子是解放军叔叔盖的。"

……

原来她还不是梨花。我问："梨花呢？"

"前几年出嫁到山那边了。"

不用说，姐姐出嫁后，是小姑娘接过任务，常来照管这小茅屋。

我望着这群充满朝气的哈尼小姑娘和那洁白的梨花，不由得想起了一句诗："驿路梨花处处开。"

——彭荆风《驿路梨花》

【赏析感悟】

不仅题目有诗意，故事情节也是一波三折——"到底谁是小屋的主人？"

"我"和老余在需要帮助之时遇到了这间温暖的小屋，正在好奇小屋主人是谁，一位瑶族老人来"道谢"，告诉我们他听说小屋主人是一个叫梨花的哈尼小姑娘，我和老余也继续传递这种为人民服务的精神，修缮房屋之时遇到了哈尼族小姑娘，原来是解放军叔叔盖的！她们也是传递者，解放军叔叔当时说"雷锋同志教我们这样做的。"他们都是小屋的主人，他们是具有奉献精神的最可爱的人！"驿路梨花处处开"原指陆游听闻收复失地、恢复中原的喜悦之情，这里不仅指边山遍野的梨花，也不仅仅在说梨花姑娘，是指传递为人民服务精神的每一个人。

作品构思巧妙，又合乎情理，同学们在写作的时候不妨列一个情节提纲，使文章情节结构合理又有起伏。

【类文再品】

她刚把窗户推开，山谷里那冰凉而又潮湿的浓雾就涌了进来，雾腾腾地四散着，好像要把这小屋里的一切都吞没掉、化成水、化成烟。她本来想看看正在劳动的丈夫和几个道班工人在什么地方，但眼前一片白茫茫，山峦、树林、公路，都消失在浓雾里了。她只好赶紧关上窗子。

如果不是她的丈夫——这道班房的班长，一次又一次给她写信，她怎么也舍不得离开自己那傍着大河的美丽的坝子，到这终年被云雾深锁的大山来。这里只有她一个女的，丈夫和他们一出工，连个说话的人也没有。去年春天他们新婚不久，丈夫就来山上道班房工作了，一年难得回家几次，这使她很恼火。这次上山来，她本想劝丈夫回坝子里去。如今，农村在搞责任田，家里又缺劳动力，回去多好！她准备再住几天就回去。

过了一个多小时，丈夫和那些道班工人才回来。看到小伙子们的早饭中只有咸菜，她便拿出从家里带来的小腌鱼。小伙子们也不客气，一会儿就吃掉了半小罐。她轻声劝丈夫回去，但丈夫说要打仗了。看见丈夫那显得消瘦的脸颊，她很心疼。吃过饭，丈夫对自己没能陪妻子深感抱歉。她却决定过几天就回去。

丈夫和工人们走远了，她还痴痴地站在门口想着心事。一点钟左右，当她挑着一桶热茶，晃悠悠地沿着山路走去时，一辆军车迎了上来，车上的战士想喝茶。她赶紧放下担子，亲切地叫同志们喝。参谋拿出一元钱给她，说是茶钱，她生气了。参谋急忙道歉，军车飞速开走了。她又回去烧第二锅开水。这天上午她忙出忙进，心情没有那么寂寞了。

……

这时，清爽明净的山野，一片寂静。白如乳汁的云雾，悄悄沉睡。清澈如洗的明月，向大地倾洒着它那迷人的银光。祖国南部边陲的山谷是那样的美丽，那样的迷人。

（过几天就回去的"她"，回去了吗？）

——彭荆风《今夜月色好》

【以悟促写】

我没错

_____

_____

原来，我没错，_____

_____

_____

16 平常中融趣味

【精彩语段】

我问老余："你猜这家主人是干什么的？"老余说："可能是一位守山护林的老人。"

正说着，门被推开了。一个须眉花白的瑶族老人站在门前，手里提着一杆明火枪，肩上扛着一袋米。

我们把老人请到火塘前坐下，看他也是又累又饿，赶紧给他端来了热水、热饭。老人笑了笑："多谢，多谢，说了半天还得多谢你们。"

看来他是个很有穿山走林经验的人。吃完饭，他燃起一袋旱烟笑着说："我是给主人家送粮食来的。"

"主人家是谁？"

"不晓得。"

"粮食交给谁呢？"

"挂在屋梁上。"

"老人家，你真会开玩笑。"

————彭荆风《驿路梨花》

【赏析感悟】

好看的皮囊千篇一律，有趣的灵魂万里挑一。在哀牢山深处赶路人即将风餐露宿的颓丧中，这场"惊喜"和"偶遇"是那么的温暖和舒心，加上作者情节上的安排、文字上的对比反差，让今晚变得格外有趣。"挂在屋梁上。"这是每一个受到帮助人的自觉，更是服务意识的体现，就是这样不可相信的细节，印证着"解放军"精神的传递，和前文"我们"偶遇的幸福遥相呼应，不可能的热水、饱饭、床铺，在每一个善良的群众的传递下，成为可能。

平常的对话，浓浓的趣味。

【类文再品】

美国航天局让人类离月亮越来越远，离石头越来越近。

我父亲不知道人类的宇航船在天上折腾些什么，我父亲心中的月亮仍是古时候的那个月亮。那神秘的月亮，是嫦娥的月亮，是吴刚的月亮。我不读诗的父亲也知道，李白打捞的就是水里的这个月亮。

我父亲几乎天天都要和月亮会面，在他漫长的一生中，他一直都在打捞水中的那个月亮。

你见过我父亲在月夜里挑水的情景吗？

他望一眼天上的月亮，微笑着低下头来，就看见在井水里等着出水的月亮。我父亲就把月亮打捞上来，两个水桶里，盛着两个月亮，一前一后，猛一看，是父亲挑着月亮；仔细看，就会发现是两个月亮抬着父亲，一闪一闪地在地上行走。

通向月亮的路是多长呢？据美国航天局说是三十多万公里，走了三十万公里，他们发现了一块冰冷的石头。

我丈量了一下父亲用过的井绳，全长三米，父亲通过这三米的距离，打捞起完整的月亮和美丽的月光。

————李汉荣《井绳》

【以悟促写】

灯下会发生什么有趣的事情呢？请描写一段灯下有趣的文字。

灯

单元训练 我的一天

题目：请以"我的一天"为题，写一篇不少于600字的作文。

【佳作欣赏一】

我的一天

七（10）班 谢嘉怡

一天莫过于喜学习，好学习，乐学习罢了。而这一个日子，让我紧张又快乐。

——题记

月如潮水，一天天地向前奔涌。它没有黄河那样的汹涌澎湃，也没有小溪那样的风平浪静。它只不过是伴随着时钟的"滴答"声，缓缓流去。

"丁零零"我又在同一时间、同一地点、同一时刻踏入班级。星期一，意味着开始新的知识旅程，也意味着"大屠杀"——14周数学考试成绩！"噔噔噔"，脚步声让闹哄哄的班级瞬间变得安静。仿佛一根针掉到地上都会听得见。"老天保佑……"祈祷的是我的同桌，正念念有词希望老天保佑他的成绩及格。相比他的慌乱，学霸倒是显得十分沉稳。忽然，一个身穿白色衬衫，拥有灰沉沉的脸和凌乱的发丝的人映入在我眼前。不由得，心速加快。没错，正是数学老师。他手上拿着一沓试卷！

"这次，我们班的成绩不是很理想啊。"老师的话语如同循环播放器一样一直在我脑海里回荡，久久不能消散。我是07号，也就意味着下一个会是我。传来的"07号"一声，让我慌了手脚。

我的心如同小兔子般，在我心房里直跳，如同要跳出来似的。脚如同灌输了铁一般，艰难地走向老师。四目相对，我察觉到老师眼底的锐气，飞快地低下头，静听老师接下来的话语。心里默默寻思："60分不会没有吧？不会很差吧……"回想起前6个同学失魂落魄的样子，头不自觉地往下低，低到只能看见洁白的地板，而那纯洁的地板，却似在嘲笑我的无用。

"07号，92分！"一句话，打破了我的所有思绪，惊讶地抬起头，看向那换去尖锐目光而此时灿烂笑容的老师，颤抖地接过试卷，惊大的"92"写在试卷上……

下课，我趴在教室外的栏杆上，欣赏湛蓝的天空，感受风的轻抚，心里是说不上的喜悦。

这个让我又紧张又快乐的调皮日子，不知在未来道路上还有多少次。学习，是人一生中必不可少的生活伙伴，在我未来中，这些惊险而又有趣的一天很多很多，只希望，岁月不会毫无色彩，而是渲染美好。

一天，来吧，我接受你的挑战！

【佳作欣赏二】

我的一天

七（9）班　章潇月

清晨的第一缕暖阳闯入了屋内，金色的阳光透过窗户照映在地板上，微风从敞开的窗户吹拂了进来，轻纱随着微风轻轻地摆动着。风中仿佛有露水的清香，耳畔边环绕着鸟儿欢快的鸣叫声。

我在这宁静的环境中缓缓地睁开了双眼。如同往日的清晨，吃过早饭后便匆忙地赶去上课，再回到家时，已然是烈日当空。不同于往日的是，午饭过后，我便来到了公园。

此时正值正午，公园里没有什么人，四处静悄悄的，只有荷花独自傲然地挺立着，这让我不禁想到了一个词：出淤泥而不染。池水清澈见底，偶尔能看见几条小鱼游过荷叶下面，只是一眨眼，便不见了，只留下一圈一圈的涟漪轻轻地荡漾着，久久不曾失去。鱼儿跳出水面时迸溅的水花掉落在了荷叶上，水珠为荷叶增添了几分活力。我坐在树荫下的木椅上，望着不远处的池塘，听着不知何处传来的蝉叫声，忽感到了岁月静好。

又坐了一会儿，起了身，散步似的走到了就在不远处的图书馆。图书馆在阳光的照耀下仿佛散发出了一种魅力，在吸引着我。穿梭在书架之间的间隙中，最终一本书吸引住了我的目光，我伸出手将它轻轻地取了下来，找到了一个座位坐了下来。座位的旁边挨着窗户，往下望去就能看见楼下的公园，只见枝叶紧紧地挨在一起，在阳光下彼此推挤着。一眼望过去，只见一种清新的、耀眼的绿色。

翻开了取下的书，那是一本关于历史的书。渐渐的，我沉浸在了文字中，仿佛穿越回了古代，看见了毛泽东笔下的那些皇帝："惜秦皇汉武，略输文采；唐宗宗祖，稍逊风骚。一代天骄，成吉思汗，只识弯弓射大雕。"还看见了王朝背后的那些繁荣强大，抑或是黑暗腐败。

周围静悄悄的，人们各自沉浸在自己的世界里，阅读书籍。

不知过了多久，不经意抬起了头，才发现黄昏已至，这才将手中书不舍地归还了回去，离开了图书馆。

回到家时，夜，已经降临在了大地上。从阳台眺望远方，一条长路两旁的路灯连接成了一条闪亮的长河，灯光闪烁，好像是天上坠下的星辰，在闪耀着。月亮在云层中若隐若现。

夜晚的到来，使世界少了一份白天的妖娆，多了一份宁静与安详。

第五单元　以景寄情——学会双线叙述

17　选择双线——景事同质

【精彩语段】

好多年前的秋天了，我们还是孩子。奶奶从集市上回来，带给了我们一人一颗桃子，她说：都吃下去吧，这是一颗"仙桃"；含着桃核儿做一个梦，谁梦见桃花开了，就会幸福一生呢。我们都认真起来，全含了桃核爬上床去。我却无论如何不能安睡，想这甜甜的梦是做不成了，又不肯甘心不做，就爬起来，将桃核儿埋在院子角落里，想让它在那蓄着我的梦。

——贾平凹《一棵小桃树》

【赏析感悟】

《诗经·卫风·氓》两章的开头通过比兴的手法写到"桑之未落，其叶沃若""桑之落矣，其黄而陨"。用以暗示男女主人公从婚前的浓情蜜意到婚后的情感淡化和女子容颜由润泽娇美到憔悴衰老。将桃核儿种在地里，桃树的成长也是我的成长，桃核开花也是我的梦，桃树和"我"是这篇文章的两条线索。

在写作过程中，若能巧妙构设安排与事件情感相勾连同质的景物事物来借物喻人或托物言志，文章的表现力与感染力必是可以大大增强，且能使文章立意更加深远，语言也能含蓄隽永，意味悠长。值得注意的是，创作时应当明确景物事物与人物事情的共同要点或相似之处，明白自己想要借由什么样的景物事物，去寄托什么样的情思或赞誉什么样的品质人物，否则很难表达文章的中心思想，反而陷入散乱的困境。

【类文再品】

躺椅上的爷爷饶有余味地指着老墙说："这墙啊，是祖宗用水掺和着土灰烧成的土坯，抹上土泥，一个个叠加搭成的。"一九三一年那会儿日本人来中国了，炸村子，袭村子，烧村子。活下来的人就再建个家，墙塌了就再搭，祖先们用泪用血搭成的墙。

"孩子们，这代代传下来的情是不会断的啊！"他站起，蹒跚着向前，轻抚着老墙上一道道的痕，像是触碰着岁岁年年，触碰着祖先的灵。

如今，踏上了归乡之路，寻着家乡的老墙。

长途中，他竟小声哭了起来。躺在爷爷怀里的弟弟摇摇他的手轻声地询问他。

他抹抹泪说，快点睡吧，爷爷只是高兴终于要回家了。

树越来越少，房屋的烟囱冒出几团白烟。满地枯黄的沧桑的有气无力的庄稼守着一方几寸大的水源，田里裂开一道道裂缝。

停了车，跟着爷爷走到了家。

他走在最前，"扑通"一声跪在了地上，号啕大哭起来，我们连忙向前查看情况，几根柱子随意摆放着，"刍"起来堆放着的破砖烂瓦，地上长满了杂草，像是北京至今未重建的圆明园版荒芜。何来的老墙，何来的家？简直是废墟。爷爷猛地站起，有些踉跄，拄起拐杖就上前去扒着瓦堆，大家见了连忙拉起爷爷，弟弟一头撞进了爷爷怀里才使他不再向前。这天，爷爷撕心裂肺的哭喊声响彻了整个村庄。坐回车上，爸爸才小声跟妈妈说："不是跟爸说过了吗，才几天就忘了，总是在意这老旧的东西。"转头看同坐在后车座的爷爷，他终是哭不出声了，只静坐着。见他喉咙急剧地蠕动着，嗓子里发出"呃呃"声，充斥着血丝的眼珠向外凸起，死瞪着车窗外的"家"。我不禁流下泪来……

我难以抑制住自己的泪水，在夕阳中哽咽着。

家乡的旧物是离乡游子情感的寄托。现在，老墙没了，情还会在吗？

——耿娅婷《老屋》

【以悟促写】

请选择"月亮"为意象，以人物和意象两个角度同步进行描写。

残灯如豆月明时

"孤灯一豆一长夜，繁华一季一流年。"又是一个 _____

_____

_____

18 细描景物——突出特点

【精彩语段】

如今，它开了花了，虽然长得弱小，骨朵儿不见繁，一夜之间，花竟全开了呢。我曾去看过终南山下的夹竹桃花，也去领略过马嵬坡前的水蜜桃花，那花儿开得火灼灼的，可我的小桃树儿，一颗"仙桃"的种子，却开得太白了，太淡了，那瓣片儿单薄得似纸做的，没有肉的感觉，没有粉的感觉，像患了重病的少女，苍白白的脸，又偏苦涩涩地笑着。我忍不住几分忧伤，泪珠儿又要下来了。

——贾平凹《一棵小桃树》

【赏析感悟】

当其中一幅幅美丽的图画定格在我们心中，丝丝缕缕的情愫涌动，又如何起于笔下，与读者产生共鸣呢？这就要求我们用心观察景物，尤其在双线叙述描写景物时，紧贴事件人物要点去比对，留心景物的突出特点，有的放矢。景物的突出特点，可以通过抓住景物形状、大小、色彩、声音、动静等方面有所侧重地描写，适当地展开丰富的联想，善于运用比喻、拟人、夸张等多种修辞手法，调动视觉、听觉、触觉、味觉等多感官体悟，妙用生动准确的形容词、动词、副词等词汇。

【类文再品】

我最喜欢的树叶是乌桕树叶，它光洁、娇小、呈心形，风吹来，会左右前后上下地晃动，还带着些躁动似的声响，晨曦和晚霞下光洁的一面会随着晃动发出熠熠的光，斑驳的、晶亮的、闪耀的种种，煞是好看。我家楼窗的对面不到五十米的地方，就有一株大大的乌桕树。我小时候因为常常在窗前做作业的原因，抬眼望去就可以看到它，成为儿时消逝不去的一幅美丽的画图。特别是秋后，随着一阵秋风一阵凉，那乌桕树叶日渐泛红，从清清楚楚的一团绿意到朦朦胧胧的一团暗红，再从羞羞答答的一片潮红到蓬蓬勃勃一片绯红，我知道，乌桕树即将奉献一年精彩的时候了。当盛装褪去，一树的乌桕籽白白的一团，就呈现在小山村狭小的天地间。

后来，我又慢慢感悟到，用什么叶做书签并不重要，重要的是不管什么叶，都有纹理都有颜色都有性情，都要经历春夏秋冬、经历风吹雨打；不管什么叶，都有属于自己的故事，不管谁会去倾听它、去抚摸它。只有大地收藏了数不胜数的落叶，不管落到哪里，或者被风吹到哪里，不管叶子腐烂了，还是被人丢弃了，大地，也只有大地会默默无闻地包容它、吸收它，继而反哺给它的主、它的祖。

我捡起几枚早已落下的曾经与乌桕为邻的板栗树叶，有些损旧、不起眼的色泽，我茫然地转动着叶柄，全然没有乌桕树叶的感觉；转着转着，叶柄断了，叶子飘飘然落地，无声无息。我突然发现落下的这片板栗树叶，虽然叶色早已枯黄，但叶脉深处却仍然鲜亮着发黄的经脉，如同一张发黄的人体经脉图，在条条经脉间，我依稀可看见那些渐渐变浅的年华，又像是烙印在一方丝绢上的浅浅的记忆；那是时光的记忆，那是岁月的痕迹，那是一片树叶留给我的信息……

——何金海《记忆中的乌桕叶》

【以悟促写】

写一段景物描写，突出景物的特点，这段景物描写能反映人物性格的特点。

19　巧妙过渡——双线融合

【精彩语段】

今天的黄昏，雨下得这般儿地大，使我也有些吃惊了。早晨起来，就淅淅沥沥的，我还高兴地说：春雨贵如油；今年来得这么早！一边让雨湿着我的头发，一边吟些杜甫的"随风潜入夜，润物细无声"，甚至想去田野悠悠地踏青呢。那雨却下得大了，全不是春的温柔，一直下了一个整天。我深深闭了柴门，伫窗坐下，看我的小桃树儿在风雨里哆嗦。纤纤的生灵儿，枝条已经慌乱，桃花一片一片地落了，大半陷在泥里，三点两点地在黄水里打着旋儿。啊，它已经老了许多呢，瘦了许多呢，昨日楚楚的容颜全然褪尽了。可怜它年纪太小了，可怜它才开了第一次花儿！我再也不忍看了，我千般儿万般儿地无奈何。唉，往日多么傲慢的我，多么矜持的我，原来也是个屠头儿。

——贾平凹《一棵小桃树》

【赏析感悟】

捧读贾平凹的《一棵小桃树》，我们不难发现文章的明线：小桃树的成长经历，种桃核—桃核萌芽—长高—开花—遭遇风雨—花苞欲绽。与此同时，借由插叙部分的文字，巧妙地把"我"的人生经历融合在了小桃树的成长经历之中，于此，展露文章另一条暗线："我"的人生经历。

而在文章写作处理双线结构的时候，作者应对文章显隐关系胸有成竹，对需显之处尽情挥墨，使得人事物景笔墨酣畅，尽显风采；对隐晦处，则需要含蓄处理，三两点睛，意蕴悠长。

《一棵小桃树》对显隐关系处理极为精妙，因而在巧妙过渡中自然而然完成双线融合，含蓄悠长却又丝毫不拖泥带水。如在文章一开始点明借物喻人关系之时，写现时小桃树风雨哆嗦，孱弱不堪，自然点出"我"不忍再看，思自己原来也是个"孱头儿"。由实景到人物反应，再由人物反应到人物思考，实现了双线之间的精妙融合。

在我们写作过程中，还可以有预设地通过比喻（明喻、暗喻和借喻）、借代、比拟、联想、想象、对比、衬托、烘托、虚实结合、用典等写作手法来达到这样的效果。

【类文再品】

在一个小小的弯角上，我们发现，端坐着一胖一瘦两个垂钓的老人。

胖老人听见脚步声朝我们眨了眨眼算是打了招呼，他回身举起钓竿把他的成果朝我们扬了一扬，原来他的钓绳上挂了六个小小的钓钩，每个钓钩上都是一条小鱼。他把六条小鱼摘下来放进身边的水桶里，然后再次下钩，半分钟不到他又起竿，又是六条挂在上面。就这样，他忙忙碌碌地下钩起钩，我妻子走近前去一看，水桶里已有半桶小鱼。

奇怪的是，只离他两米之远的瘦老人却纹丝不动。为什么一条鱼也不上他的钩呢？正纳闷，水波轻轻一动，他缓缓起竿，没有鱼，但一看钓钩却硕大无比，原来只想钓大鱼。在他眼中，胖老人忙忙碌碌地钓起那一大堆鱼，根本是在糟践钓鱼者的取舍标准和堂皇形象。伟大的钓鱼者是安坐着与大海进行谈判的人类代表，而不是在等待对方琐碎的施舍。胖老人每次起竿摘鱼都要用眼角瞟一下瘦老人，好像在说："你就这么熬下去吧。伟大的谈判者！"而瘦老人只以泥塑木雕般的安静来回答。

两人都在嘲讽对方，两人谁也不服谁。

过了不久，胖老人起身，提起满满的鱼桶走了。快乐地朝我们扮了一个鬼脸，却连笑声也没有发出，脚步如胜利者凯旋。瘦老人仍然端坐着，夕阳照着他倔强的身躯，他用背影来鄙视同伴的浅薄。暮色苍茫了，我们必须回去，走了一段路回身，看到瘦小的身影还在与大海对峙。此时的海，已经更加狰狞昏暗。狗吠声越来越响，夜晚开始了。

妻子说："我已经明白，为什么一个这么胖，一个这么瘦了。一个更加物质，一个更加精神。人世间的精神总是固执而瘦削的，对吗？"

我说："说得好。但也可以说，一个是喜剧美，一个是悲剧美。他们天天在互相批判，但加在一起才是完整的人类。"

确实，他们谁也离不开谁。没有瘦老人，胖老人的丰收何以证明？没有胖老人，瘦老人的固守又有何意义？大海中多的是鱼，谁的丰收都不足挂齿；大海有漫长的历史，谁的固守都是一瞬间。因此，他们的价值都得由对手来证明。

可以设想，哪一天，胖老人见不到瘦老人，或瘦老人见不到胖老人，将会是何等惶恐。在这个意义上，最大的对手也就是最大的朋友，很难分开。

——余秋雨《垂钓》

【以悟促写】

请选择"月亮"为意象，由景及人，景人一致。

残灯如豆月明时

"孤灯一豆一长夜，繁华一季一流年。"又是一个_____

_____

_____

20　情感提升——写出哲思

【精彩语段】

但是我没有摘。我没有摘花的习惯。我只是伫立凝望，觉得这一条紫藤萝瀑布不只在我眼前，也在我心上缓缓流过。流着流着，它带走了这些时一直压在我心上的焦虑和悲痛，那是关于生死谜、手足情的。我沉浸在这繁密的花朵的光辉中，别的一切暂时都不存在，有的只是精神的宁静和生的喜悦。

花和人都会遇到各种各样的不幸，但是生命的长河是无止境的。我抚摸了一下那小小的紫色的花舱，那里满装生命的酒酿，它张满了帆，在这闪光的花的河流上航行。它是万花中的一朵，也正是一朵朵花，组成了万花灿烂的流动的瀑布。

——宗璞《紫藤萝瀑布》

【赏析感悟】

孙犁赞扬宗璞的语言说："宗璞的文字，明朗而又含蓄，流畅而有余韵，于细腻之中注意调节……可以说是字字锤炼，句句经营。"在这样一篇短小精练的文章中，作者将其情感变化通过旧时今日的紫藤萝展现出来：生死谜、手足情带来的焦虑和悲痛，从体会旧花已逝的遗憾，到体会精神的宁静和生的喜悦，苦痛相较生命的短暂渺小，对人生不幸的思考。

中心思想关乎一篇文章的成败，其辩证性、条理性、哲理性也直接决定一篇文章的深度与可读性。那么创作时提前预想在一篇文章中要说明什么样的道理，表达怎样的思想感情，而非无的放矢随意书写。

毛泽东曾说："人的正确思想是从哪里来的？是从天上掉下来的吗？不是，是自己头脑里固有的吗？不是，人的正确思想，只能从社会实践中来。"可见中心思想直接来源就是生活，在日常生活中多多观察留心与感悟，借助一些特殊的人事物进行思想的表达，对我们的创作是大有帮助的。另外，在创作中最忌"无病呻吟"，千万不要"为赋新词强说愁"。

【类文再品】

几度春往秋来，我仍是胖，那随年龄一起蓬蓬生长的爱美之心却一日日刺痛了我的心壁。我何尝不希望，能在夏天里穿上裙子，露出纤细的足踝？我何尝不想像其他的女孩子一样在手腕上系上五彩的丝线？然而无孔不入的自卑把我缠得更紧。作茧自缚的悲哀。

有意或无意嘲笑的眼神，是扎进灵魂的坚冰。小小的悲哀的茧，想用自身的温度来融化它，却无法消除深埋体内的胀痛感。她想，她需要阳光。阳光，是公平的。

"谁念西风独自凉？萧萧黄叶闭疏窗。"一滴泪落在《饮水词》的页角，我想要挣扎，没有阳光，那就自己去推开紧闭的窗！

成虫的太阳蝶，咬破曾经束缚自己的茧，它感受到了阳光的召唤，想要迎风展开灿烂的翅膀。它知道，阳光将公平地普照每一个人。

不再有人在意我的体型，课间，身旁有了谈笑的伙伴；演讲台上，也偶尔会有我的身影。妙语连珠，旁征博引，那就是曾经沉默的我吗？

盈盈回首，原来阳光，也给了自己一双七彩的翅膀。

——《太阳蝶》

【以悟促写】

写一个有哲理的结尾。

残灯如豆月明时

"孤灯一豆一长夜，繁华一季一流年。"又是一个＿＿＿＿＿＿＿＿＿＿＿＿

＿＿＿＿＿＿＿＿＿＿＿＿＿＿＿＿＿＿＿＿＿＿＿＿＿＿＿＿＿＿＿＿＿＿

＿＿＿＿＿＿＿＿＿＿＿＿＿＿＿＿＿＿＿＿＿＿＿＿＿＿＿＿＿＿＿＿＿＿

单元训练　月亮

题目：请以"月亮"为题，写一篇不少于600字的作文。

【佳作欣赏一】

月亮

七（1）班　林漫祺

正月十五，我望着天上的明月停住了脚步。

皎洁的明月倒映在平静的湖面中，四处静悄悄的，只能听见蛙鸣声。月光分外明亮，与穿过树林的微风一齐吸引着鱼儿浮出水面。

一片柳叶落入湖水中，打破了这绝伦的意境，像月亮嚼碎了星星，散落在这闪耀的银河里。它们又慢慢结为一体，掉入在了我的心里。微风嬉笑起来，推动荡漾的湖面，一片片柳叶相继而落，让天上的月亮也像波纹一样缓缓流动。

它越升越高，仿佛这宁静的星空上万千的星辰，此时都只是衬托月亮的装饰品。这颗那颗，都不断拼命地眨呀眨，眨巴着水灵灵的大眼睛。月光像是守护住这万千星辰似的，沉着地发出微黄暖人心的光芒，只是让星星们用力射出光芒，组成美好的画，美好的夜。

抬头视之，她此刻是否也与我一样，在远眺着这一轮暖黄的明月？

忽然之间，随着风儿吹拂来一片乌云，遮盖了光芒，打破了宁静美好的夜空。星星慌乱探着脑袋，好像生怕离开了谁，不见了谁。月亮用力发着光，想让星辰们都看见，告诉他们不要害怕，我一直在这里。

空气有一股浓浓的草木花的清香，好温柔，温柔得将乌云慢慢融化而去。

那朵乌云总算消失了，消失不见了。月亮也不再像从前那样用力散发着刺眼的光，又恢复了原来的暖黄，像天上挂着一颗海底珍珠，或者说是女孩子口袋里的一颗糖。

　　一切都安静下来，渐渐又再一次像从前那样，又是那个宁静而繁星点点的夜晚。

　　而改变的，只是又从另一边悄然快要降落的明月，它也要学着太阳，躲入山边的那头了呀，星星依旧闪烁着光，这夜空闪闪的人间烟火中，显得分外惹人眼球。

　　月亮完全降入山间的那头，星星没有感到害怕，似是一同跟着它、围着它、保护着它。

　　啊，我亲爱的母亲，你又何尝不似那明月，而我与兄弟姊妹又何尝不似那明月，而我与兄弟姊妹们又何尝不似那星辰？当心中的烦恼来临，当您慢慢陷入岁月的轮回，我们又何曾不似它们？

　　夜深了，我不觉在温暖的月光中加快了脚步。

【佳作欣赏二】

月亮

七（1）班　谢泽丰

　　我仰望着夜空。

　　夜晚的星空总是那么美丽，令人陶醉不已。繁星点缀在天空中，漫天的星河，总不见其尽头。

　　月亮出来了。

　　圆圆的月亮，皎洁的月光洒在我的脸上，也挥洒在湖面上，平静湖面上泛着点点银光。"嗒"的一声，一片落叶落入了湖面，平静的湖面荡起了微波粼粼，月亮在湖面上摇晃。

　　今天的月亮格外地明亮，在和星星互相挑逗，零星的星星围罩着月亮，月亮笼罩着星星。

　　月亮到底像什么？

　　弯弯的月亮像小船，这是我儿时常认为的。圆圆的月亮像圆盘，这是古人认为的。可是月儿常常变化，阴晴圆缺。所以月亮到底像什么呢？

　　看着如同琉璃一般闪耀的夜空，我思索了很久。

　　此时，活泼的妹妹跑跳着过来，看着我在河边，笑了，对我说："你怎么对着月亮发呆呢？傻呆呆的，好搞笑哦。"

　　我慢慢地转过头，看了看可爱的她，稚气的脸上，露出了天真无邪的笑容。

　　我问："妹妹，你觉得这月亮像什么啊？"

我心中忽然想起一首诗"小时不识月，呼作白玉盘"，我以为妹妹也会有个像白玉盘和月饼的答案。

妹妹笑着回答："月亮还能像什么啊，月亮就是月亮啊。"

对啊，月亮就是月亮。中秋时，当圆月，其他时，当弦月。想什么样就什么样，不必活成别人所认为的样子，只需随心而活。活出自己的样子，活出自己的光亮。

河中的月亮，被落叶所荡漾。可是过了一会儿。水波不再荡漾了，河面上又呈现出那完整而又明亮的圆月。

人生经历了那么多的曲折，可最终还是还原成最初的样子。你就是你，我就是我，而月亮就是月亮。

做你自己吧，因为别人已经有别人在做了。

皎洁的月光照在我的脸庞上，也照入了我的内心。

第六单元 探险科幻——合理悬疑探未知

21 科学无界，爱国永随

【精彩语段】

千万年来人迹未至，或者说，太古以来从未被世人瞧见过的地球的南极点竟在极短的时间之内即一个月内两次被人发现，这是人类历史上闻所未闻、最不可思议的事。而他们恰恰是第二批到达的人，他们仅仅迟到了一个月。虽然昔日逝去的光阴数以几百万个月计，但现在迟到的这一个月，却显得太晚太晚了，对人类来说，第一个到达者拥有一切，第二个到达者什么也不是。一切努力成了徒劳，历尽千辛万苦显得十分可笑，几星期、几个月、几年的希望简直可以说是癫狂。"历尽千辛万苦，无尽的痛苦烦恼，风餐露宿这一切究竟为了什么？还不是为了这些梦想，可现在这些梦想全完了。"斯科特在他的日记中这样写道。泪水从他们的眼睛里夺眶而出。尽管精疲力竭，这天晚上他们还是夜不成眠。他们像被判了刑似的失去希望，闷闷不乐地继续走着那一段到极点去的最后路程，而他们原先想的是：欢呼着冲向那里。他们谁也不想安慰别人，只是默默地拖着自己的脚步往前走。

——斯蒂芬·茨威格《伟大的悲剧》

【赏析感悟】

"探险过程中的人和艰难险阻，都抑制不住人类探索世界的激情，阻挡不了人类迈向全新领域的脚步。"

挪威人阿蒙森和英国人斯科特各自率领一支探险队，为成为世界上第一批到达南极点的人而进行激烈地角逐。结果阿蒙森队比斯科特队早了近五个星期到达南极点，并顺利返回。而斯科特及其同伴却在归途中永远长眠在茫茫冰雪之中。

斯科特写给英国公众的绝命书片段中写道："仅就我个人来说，我对这次探险毫无悔意，因为它显示出英国人能吃苦耐劳，互相帮助，并一如既往，能以坚忍不拔的伟大毅力去面对死亡的精神……如果我们能够活下来,我本来想把我的伙伴们坚忍不拔、勇往直前的事迹讲给大家听。它一定会深深打动每一个英国人的心。如今不得不让这些潦草的札记和我们的尸体来讲这些事迹了。"

1919年5月4日,中国北京爆发了"五四运动"。1964年10月16日15时,中国第一颗原子弹爆出巨响。2003年10月15日,"神舟五号"载人飞船飞射升空,杨利伟成为我国第一位进入太空的航天员。历史的车轮在这片苦难大地上隆隆碾过,中国青年对于"爱国、进步、民主、科学"的追求却是前赴后继、百年不渝。

科学没有国界,但科学家是有爱国情怀的。探险是为了整个人类的进步,也是为了国家的荣耀。

【类文再品】

尼摩船长首先关心的事是要救活这个不幸的采珠人。

我不知道他是否可以成功。我希望他可以成功,因为这个可怜人浸在水中时间并不很久。但鲨鱼尾巴的打击可能是致命的重伤。

很运气,由于康塞尔和船长的有力按摩,我看见那不幸的人渐渐恢复了知觉。他睁开眼睛,看见四个大铜脑袋弯身向着他,他应该怎么惊奇,甚至于应该怎么骇怕呢!

特别是,当尼摩船长从衣服口袋中取出一个珍珠囊,放在他手中时,他心中会怎样想呢。这位水中人给锡兰岛的穷苦印度人的贵重施舍物,由一只发抖的手接过去了。在他惊奇的眼睛里表示出了救他的性命和给他财产的,一定是不可思议的超人的神灵。

船长点一点头,我们又下到小纹贝的礁石岩脉间,沿着原来跑过的路走去,走了半个钟头后,我们就碰上了挽在水底地面的诺第留斯小艇的铁锚。一上了小艇,各人有艇上水手的帮助,解开了沉重的铜脑盖。尼摩船长的第一句话是对加拿大人说的,他说:

"兰师傅,谢谢您。"

"船长,那是我对您的报答,"尼德·兰回答,"我应该报答您。"

一个轻淡的微笑在船长的嘴唇间露出来,此外并没有一句别的话了。

"回诺第留斯号船上去。"他说。

小艇在水波上飞走。几分钟后,我们碰到浮在海上的那条鲨鱼的尸体。看到那鳍梢现出的黑颜色,我认出这条鲨鱼就是印度海中厉害怕人的黑鲨鱼,真正所谓鲨鱼的一种。它身长二十五英尺,它的大嘴占它全长的三分之一。

这是一条成年的鲨鱼,从它嘴里,在上颚上,有摆成等边三角形的六排牙齿，就可以看出来。

当我注视这个尸体时，十多条饥饿贪食的鲛鱼忽然在小艇周围出现，但这些东西并不理睬我们，全扑到死鲨鱼身上去，一块一块抢着吃。

八点半，我们回到了诺第留斯号船上。

在船上，我把我们在马纳尔一带礁石岩脉间旅行所遭遇到的事故细细回想一下。其中有值得注意的两点一定要提出来。一点是关于尼摩船长的无比勇敢，另一点是关于他对人类、对于逃到海底下去的这一种族的一个代表的牺牲精神。不管他怎么说，这个古怪的人还没有能完全斩断他爱人的心情。

当我把这一点向他提出来的时候，他口气稍微有些激动地回答我：

"教授，这个印度人是一个被压迫国家的人民，我的心还在这个国家，并且，直到我最后一口气，我的心也是在这个国家！"

——凡尔纳《海底两万里》

【以悟促写】

《流浪地球》里每个国家组建的国际空间站，让我们感受到了科学家的魅力，未来地球如果发生巨变，作为中国科学家，你会怎么做？请描写一个小故事。

未来的＿＿＿＿＿＿＿

＿＿＿＿＿＿＿＿＿＿＿＿＿＿＿＿＿＿＿＿＿＿＿＿＿＿＿＿＿＿＿＿＿

＿＿＿＿＿＿＿＿＿＿＿＿＿＿＿＿＿＿＿＿＿＿＿＿＿＿＿＿＿＿＿＿＿

22　前有伏笔，后有照应

【精彩语段】

"什么？您自己还没决定去哪儿？"她看上去很高兴。但我立刻感到两个异样的地方，其一，地面与外太空通信都有延时，即使在月球，延时也有两秒钟，小行星带延时更长，但她的回答几乎感觉不到延时，这就是说，她现在在近地轨道，那里回地面不用中转，费用和时间都不需多少，没必要托别人带眼睛去度假。其二，她身上的太空服，作为航天个人装备工程师，我觉得这种太空服很奇怪：在服装上看不到防辐射系统，放在她旁边的头盔面罩上也没有强光防护系统；我还注意到，这套服装的隔热和冷却系统异常发达。

"她在哪个空间站？"我扭头问主任。

"先别问这个吧。"主任的脸色很阴沉。

"别问好吗？"屏幕上的她也说，还是那副让人心软的小可怜样儿。

"你不会是被关禁闭吧？"我开玩笑说。

——刘慈欣《带上她的眼睛》

【赏析感悟】

《带上她的眼睛》一文记叙了"落日六号"地航飞船失事，领航员小姑娘被困在地心再也无法看见地面世界，在微子通信设备能量耗尽前主任让"我"带上她的眼睛去度假。本文曾获得1999年度第11届银河奖一等奖，其能够获奖的一个重要因素就是伏笔铺设的巧妙构思。

伏笔，指文章或文艺作品中，在前段里为后段所作的提示或暗示。它常常与"照应"配合使用，即所谓前有伏笔，后有照应。伏笔通常比较隐蔽，巧妙的伏笔，在看到"照应"之前，貌似"闲笔"。巧妙地运用伏笔与照应，可以收到虽在意料之外，却在情理之中的效果。

如在文章中埋下伏笔"这个决定对她似乎很艰难，她的双手在太空服的手套里，握在胸前，双眼半闭着，似乎认为地球在我们这次短暂的旅行后就要爆炸了"，在后文照应道"但这种如同生命线的联系不能长时间延续下去，飞船里中微子通信设备的能量最后耗尽，这种联系在两个月前就中断了，具体时间是在我从草原返回航天中心的途中"；又如前文伏笔，小姑娘深呼吸说道："我太怕封闭了。"后文照应"她在地心的世界是那个活动范围不到10立方米的闷热的控制舱"。

运用得当的伏笔可以使文章结构更为严谨，情节发展更为合理。通过巧妙的伏笔照应，也让读者们更加体会到身陷绝境却如此平静的小姑娘强大精神力量从何而来？是她强烈的敬业精神，是为科学献身的精神，从这些笔墨中更是展现了她对生养了自己的这颗美丽星球的无限热爱。

【类文再品】

"你听见吗？"我低声说。"听见！听见！"康塞尔又向空中发出绝望的呼喊。这一次，不可能有错误了！是有一个人在回答我们的呼喊！是被抛弃在大海中的受难者吗？是撞船的另一牺牲者吗？还是战舰上的一只小艇在黑暗中呼唤我们呢？康塞尔用尽最后的力量，托住我的肩膀，我尽力抗拒我最后的一次痉挛，他半身浮出水面望望，然后又筋疲力尽地躺下。

"你看见什么吗？""我看见……"他低声说，"我看见……我们不要说话……我们保留我们剩下的力量吧！……"他看见了什么呢？当时我也不知道为什么忽然想起那怪物来了！……可是那人声究竟……现在并不是约拿躲在鲸鱼肚子里的时代了！不过康塞尔还托着我。他有时抬起头来，直往前看，发出呼喊，回答他的声音越来越近了。我几乎没有听见，我的气力尽了，我的手指都僵了，我的手再不能支持我了：我的嘴抽搐着，一张开就灌满海水冷气侵袭着我。

我最后一次抬起头来，一会儿又沉下去了……就在这一瞬间，我碰到一个坚实的物体。我就紧靠着它。随后，我觉得有人拉我，把我拉到水面上来，我的胸部不胀了，我晕过去了……一定是由于我身体受到有力地摩擦，我才很快苏醒过来。我迷迷糊糊地半睁开我的眼睛……"康塞尔！"我低声说。"先生叫我吗？"康塞尔答。

这个时候，月亮正往西沉，在它的最后光芒下，我看到不是康塞尔的脸孔，但我立即认出是谁了。"尼德·兰！"我喊。"正是他哩，先生，他是来追他的奖金的！"加拿大人答。"您也是在战舰被撞的时候被抛入海中的吗？""是的，教授，但情形比您好些，我几乎是立刻就能站立在一个浮动的小岛上了。""一个小岛吗？""或者更正确地说，是站在你的那只巨大的独角鲸上。""尼德·兰，请你讲清楚吧。""不过，我很快就了解我的鱼叉为什么不能伤害它，为什么碰在它表皮上就碰弯了。""为什么呢？尼德·兰，为什么呢？""教授，因为那个东西是钢板做的！"

——凡尔纳《海底两万里》

【以悟促写】

任何事情的发生都是有伏笔，运用伏笔的手法，描写一个关于未来时空的片段。

未来的＿＿＿＿＿＿

_____

_____

23　创设悬念，层层铺垫

【精彩语段】

也是无意识地，在闲暇时甚至睡梦中，她身处的环境常在我的脑海中出现，那封闭窄小的控制舱，奇怪的隔热太空服……后来这些东西在我的意识中都隐去了，只有一样东西凸现出来，这就是那在她头顶上打转的失重的铅笔，不知为什么，一闭上眼睛，这支铅笔总在我的眼前飘浮。终于有一天，上班时我走进航天中心高大的门厅，一幅见过无数次的巨大壁画把我吸引住了，壁画上是从太空中拍摄的蔚蓝色的地球。那支飘浮的铅笔又在我的眼前出现了，同壁画叠印在一起，我又听到了她的声音：

"我怕封闭……"一道闪电在我的脑海里出现。

除了太空，还有一个地方会失重！！

我发疯似的跑上楼，猛砸主任办公室的门，他不在，我心有灵犀地知道他在哪儿，就飞跑到存放眼睛的那个小房间，他果然在里面，看着大屏幕。她在大屏幕上，还在那个封闭的控制舱中，穿着那件"太空服"，画面凝固着，是以前录下来的。"是为了她来的吧。"主任说，眼睛还看着屏幕。

"她到底在哪儿？！"我大声问。

"你可能已经猜到了，她是'落日六号'的领航员。"

一切都明白了，我无力地跌坐在地毯上。

——刘慈欣《带上她的眼睛》

【赏析感悟】

在阅读《带上她的眼睛》中我们的头脑中似乎总悬挂好几个问号，为什么小姑娘选择目的地时这么困难，似乎认为地球在我们这次短暂的旅行后就要爆炸了。为什么会有这样的看法？为什么她对世界的感情已丰富到不正常的程度？她身处的环境，头顶上失重的铅笔，她到底在哪儿？"我"发了疯似的跑上楼找主任，为什么会这样？……

阅读故事或小说时我们常常会发现，作者为了激发读者的阅读兴趣，除了铺垫和伏笔，最常使用的应该就是悬念。通过这些写作手法，文章才会一波数折，高潮迭起。

悬念借助语言表达手段，让读者的头脑中产生问号，并积极思考这个问题。作为文章一大亮点，可以紧紧抓住读者的心，引起读者对文章情节发展、变化的关切，使文章更为精彩。

一般而言，伏笔和悬念的区别有三：一是伏笔常常三两笔点到即止，而悬念则视情况而定，不做要求；二是"前有伏笔，后有照应"，没看到照应之前伏笔往往看似信手闲笔，而悬念则相反，往往较为醒目；三是伏笔是对后文出现的人或事作提示或暗示，而悬念则是力求情节曲折和故事起伏。

【类文再品】

我不想把自己遇到的种种困难说给读者听了。总之，我花了十天的时间，制作了几把桨，然后把小船划进了布莱夫斯库的王家码头。那里人山人海，都在等着我的到来，见这么一艘大船，人们不禁万分惊讶。我对国王说，上天赐我这条船真是我的运气，它能载着我去别的地方，说不定从那里我就可以回到自己的祖国了。我请国王下令供应材料让我把船修好，也请他发给我离境许可证。国王先是好心劝了我一番，接着就同意了。

这些日子里我一直纳闷，为什么没有听到我们国王关于我的事情给布莱夫斯库朝廷来过什么紧急文书呢？后来有人悄悄告诉我，国王陛下没想到我会知道他的计划，以为我只是按照他的许可，到布莱夫斯库践约去了，而此事朝廷上下都清楚，几天以后仪式结束我就会回来的。但是我的迟迟不归终于让他痛苦起来，经过和财政大臣以及那一小撮阴谋家商量后，他派遣一名要员带着对我的弹劾状来到布莱夫斯库。这位使臣被引见给布莱夫斯库国王，他申明他的主人的宽宏大度，只不过判了刺瞎我双眼的刑罚，而我却逃脱正义的审判；如果我两个小时之内不回去，将剥夺我"那达克"的称号，宣布我为叛国贼。使臣接着说，为了保持两国之间的和平友好，他的主人希望布莱夫斯库王兄下令将我的手脚捆绑起来遣送回利立普特，以叛国罪受到惩罚。

——乔纳森·斯威夫特《格列夫游记》

【以悟促写】

发挥想象，设置悬念，描写一个扣人心弦的小故事。

　　　　　　未来的————

————————————————————————

————————————————————————

24　合理想象，填补空白

【精彩语段】

凶猛的暴风雪像狂人似的袭击着薄薄的帐篷，死神正在悄悄地走来，就在这样的时刻，斯科特海军上校回想起了与自己有关的一切。因为只有在这种从未被人声冲破过的极度寂静之中、他才会悲壮地意识到自己对祖国、对全人类的亲密情谊。但是在这白雪皑皑的荒漠上，只有心中的海市蜃楼，它召来那些由于爱情、忠诚和友谊曾经同他有过联系的各种人的形象，他给所有这些人留下了话。斯科特海军上校在他行将死去的时刻，用冻僵的手指给他所爱的一切人写了书信。

斯科特海军上校的日记一直记到他生命的最后一息，记到他的手指完全冻住，笔从僵硬的手中滑下来为止。他希望以后会有人在他的尸体旁发现这些能证明他和英国民族勇气的日记，正是这种希望使他能用超人的毅力把日记写到最后一刻。最后一篇日记是他用已经冻伤的手指哆哆嗦嗦写下的愿望："请把这本日记送到我的妻子手中！"但他随后又悲伤地、坚决地划去了"我的妻子"这几个字，在它们上面补写了可怕的"我的遗孀"。

——茨威格《伟大的悲剧》

【赏析感悟】

历史往往钟情于胜利者，为他们奏响许多赞歌，茨威格不同凡响地以敏锐的眼光捕捉到了斯科特探险队的精神价值，赞扬了他们不畏艰难，勇于探索，为科学事业而献身的精神。《伟大的悲剧》是严格按照探险队所留下的日记等材料去还原科斯特等人的经历，又通过合理的想象，表现人物的内心世界，塑造人物形象展现其虽败犹荣的英雄气概。丰富的想象联想是这篇课文在写作手法上的一大亮点，凝结着作者超群的写作智慧和写作才华。

如文中写斯科特道："最后一篇日记是他用已经冻伤的手指哆哆嗦嗦写下的愿望：'请把这本日记送到我的妻子手中！'但他随后又悲伤地、坚决地划去了'我的妻子'这几个字，在它们上面补写了可怕的'我的遗孀'。"应是根据日记笔迹合理想象；又如文中写"奥茨突然站起身来，对朋友们说：'我要到外边去走走，可能要多待一些时候。'其余的人不禁战栗起来。谁都知道，在这种天气下到外面去走一圈意味着什么。但是谁也不敢说一句阻拦他的话，也没有一个人敢伸出手去向他握别。他们大家只是怀着敬畏的心情感觉到：劳伦斯·奥茨这个英国皇家禁卫军的骑兵上尉正像一个英雄似的向死神走去"。其中的"战栗""敬畏"等心理描写，其实都是奥茨无私无畏行为下旁者自然的心理反射，想象代入斯科特探险队伍中探险队员们的反应，情节饱满，五味杂陈的心理想象也是非常合理的。

需要注意的是写作过程中，尤其是传记类文体需要想象，但没有依据的"想象"是不合理、不真实的，应当尽量避免。

【类文再品】

"这里有一种强大的、顺手的、迅速的、方便的原动力，它可以有各种用处，船上一切依靠它。所有一切都由它造出来。它给我光，它给我热，它是我船上机械的灵魂。这原动力就是电。"

"电！"我惊异地叫起来。

"是的，先生。"

"但是，船长，您这只船移动的速度这么快，这跟电的力量不太符合。到目前为止，电力还是很有限的，只能产生相当有限的力量！"

"教授，"尼摩船长回答，"我的电不是一般的电，这就是我可以对您说的一句话。"

"先生，我不想再追问，我只是对于这样一种效果感到十分奇怪。不过有一个问题我要提出来，如果是不应该问的，那您可以不答复。您用来生产这种出奇原动力的物质当然是很快就要用完的。例如锌，既然您跟地上没有什么联系，用完了，您怎样补充呢？"

"您这个问题可以得到答复。"尼摩船长回答，"首先，我对您说，海底有锌、铁、银、金等矿藏，开发并不是不可能的事。但我并不借助于陆地上的这些金属，我只是要大海本身来供给我生产电力的原料。"

"要海来供给？"

"是的，教授，我的方法多着呢。譬如我可以把沉在不同深度下的金属线连结成电路，金属线受到的不同热度就产生电，但我通常采用的，是另一种比较方便而实用的方法。"

"是哪种方法呢？"

"海水的成分您是知道的。一千克的海水有百分之九十六点五是水，百分之二点七左右是氯化钠，其余就是小量的氯化镁、氯化钾、澳化镁、硫酸镁、硫酸和石炭酸。由此您可以看出，氯化钠在海水中含有相当大的分量。而我从海水中提出来的就是钠，我就是用这些钠制造我所需要的物质。"

"钠吗？"

"是的，先生。钠跟汞混合，成为一种合金，代替本生电池中所需要的锌。汞是不会损失的，只有钠才要消耗，但海水本身供给我所需要的钠。此外我还可以告诉您，钠电池应当是最强的，它的电动力比锌电池要强好几倍。"

"船长，我很明白您在这种情形中获得钠的优越性。海水中含有钠6对。不过还要把它制出来，就是说，要把它提出来。您是怎样做的呢？当然您的电池可以做这种工作，不过，如果我没有说错，电动机器消耗的钠的数量，恐怕要超过提出来的钠的数量。那么结果您为生产而消费的钠。实际上比您所能生产的钠数量要多！"

"教授，我并不用电池提取，我简单地用陆地上煤炭的热力就是了。"

"陆地上的？"我着重地说。

"就说是海底的煤炭吧。"尼摩船长回答。

"您可以在海底开采煤旷吗？"

"阿龙纳斯先生，您将会看到我开采。我只请您忍耐些时候，因为您有时间，可以等待一下。我单单请您注意这点：我什么都是取自海洋，利用海洋发电，供给诺第留斯号热、光、动力，简单一句话。电给诺第留斯号生命。"

——凡尔纳《海底两万里》

【以悟促写】

运用补白的手法，写一段未来时空的心理描写。

　　　　　未来的_____

单元训练　未来的_____

题目：请写一篇科幻小说，题目自拟，不少于600字。

【佳作欣赏一】

"灯"神

七（4）班　林榆坤

主人，我是灯神，我可以帮您实现三个愿望！

——题记

我叫夏禹，是一名平凡的高三学生。但是，从那天开始，我的生活渐渐变得不平凡了！

"啊～"我打了一个哈欠，伸了一下懒腰，准备去刷牙。可刚下床，我就踢到了一个东西——"咣当"一声，那个东西便倒了下去。

我揉了揉惺忪的眼睛，再缓缓地睁开，我看到了一幅令我终生难忘的画面——被我踢倒的那个小铜管子里流出一些会发光的金色液体；然后，液体突然往中间聚拢，堆成了一个发光的小金人。

小金人张开口对我说："主人，我是灯神，我可以帮您实现三个愿望！"只见小金人对我笑了笑，脚下踩着的毯子就这样悬浮了起来。我的眼睛瞪得像铜铃一样大，看着眼前这犹如瓷质娃娃一样的小金人，心里还没有反应过来。我就对着这个自称灯神的小金人"随口"说了一句："我要两年不上学！""好的，主人！"灯神利索地回答道。这时门外响起了母亲的声音："儿子，校长发信息来说学校被陨石给砸了，估计可能两年不用上学！"我的脸上流露出了那种难以掩盖的兴奋，这一切只能用三个字来形容——撞大运！

我对着灯神再说："我要我的银行卡里有10亿元，不，是100亿。再让我想想，嗯……好了！是1000亿元！"

"好的，主人。"灯神又回答道。

"儿子，"爸爸叫道，"快出来看，有一条重大的新闻！"

"好，我来了。"我回答道。

我对着灯神说："回去吧！"

话音刚落，灯神便化作一道光"嗖"地进了那个小铜管子里。我拿起小铜管子揣进裤兜里，便去刷牙了！

刷完牙后，爸爸说："快点！"我乖乖地坐到了爸爸的旁边，看着电视。只见荧幕上写着：一分钟内中国邮政储蓄银行1000亿元资金被转走！或许我天生就是当演员的料儿，作为"凶手"的我自言自语地说道："这是谁干的啊？竟然那么大胆！"爸爸附和道："嗯，说得有道理。但是现在科技那么发达，凶手肯定很快会被抓住的！"

爸爸刚说完没有两秒，电视上又插播了一条信息：警方已全力缉查凶手，可凶手依旧没有下落。

"爸，我想出去一下。"我说道。"好吧，早点回来。"爸爸回答道。我先去了一趟超市，将那里所有东西都买下来了，然后再跑去4S店买了一部豪车。我握着金属管子，感到十分满足！当走到一位算命先生的跟前时，他拦住了我。说道："小伙子，你命不久矣！"

我听了他的话后十分生气，问道："我还好好的，哪里快要死了啊？"

他说："你手上的东西是妖怪赐的。不可要！不然你很快就会变老。"

"净说胡话！"我头也不回地走了。

第三天……

"哎呀，我的头发怎么白了？"照着镜子的我惊叹道，这让我想起了前两天的那位算命先生对我说的话。我想：这肯定是那个算命先生咒的，可能过几天就会好了。

第四天……

我刚起床后想下床走几步，突然我就感到有一点力不从心。心想：也许他说的是真的，我应该信他！想到这里，我拿起那根金属管子就往窗外丢。可刚丢出去，下一秒，那根金属管又出现在我兜里。如此几次，我已经累得没有力气了。我对着金属管子说了一声："出来！"只见，灯神就出来了。我对他说道："我要你永远离开我。"这次他没有答应我，而是说："对不起主人，请恕我不能做到！"说完，他又像来时一样"嗖"地一下回去了。我实在没有办法了。

我决定去找那位算命先生！

找到他后，他只对我说了一句话："日月逆流，复归于朴。"我问了一句："什么意思？"他没有回答我，只是说："欲望。"我顿时有一种"山重水复疑无路，柳暗花明又一村"的感觉，掏出金属管子，对他说："出来！"又是金光一闪，灯神又出来了。我说道："我要回到四天前。""好的，主人。"灯神回答。

我只感觉到眼前一花，就又躺在床上了。

我照了照镜子，一头白发不见了，又变成了一头黑发！我悬着的一颗心终于落了下来。我长舒一口气，准备去刷牙。可刚下床，我就踢到了一个东西——"咣当"一声，那个东西便倒了下去。接下来又出现了戏剧性的一幕：小铜管子里流出一些会发光的金色液体；然后，液体突然往中间聚拢，堆成了一个发光的小金人。小金人张开口对我说："主人，我是灯神，我可以帮您实现三个愿望！""哦，不！"

【佳作欣赏二】

另一个地球

七（1）班　覃志达

生存，还是毁灭？

——题记

二〇一五年，天文学家表示，迄今发现最接近"另一个地球"的系外行星名称为Kepler 452b。这是至今为止发现的最接近地球的"孪生星球"，有可能拥有大气层和流动水。十个世纪转瞬即逝，转眼已经到了三〇一五年……

电视再也没有了所谓的节目，除了《新闻联播》二十四小时不停地直播唯一的一件新闻："南北极冰川融化，预计不出一年地球将被海洋吞噬，哪里才是人类的立足点，人类该何去何从？"

世界再没了喜悦、欢乐、微笑，有的只是恐慌？恐慌！恐慌……

"每当失去，才学会珍惜！"人类陷在了懊悔的旋涡，不断自责。但，这有用吗？有人选择了放弃，愿平稳度过这一年的生命。

一阵哭声从医院传来，一个婴儿诞生了，他的亲人并没有欢笑，满脸沮丧。"孩子，是母亲害了你，就算获得了生命，也只有那短短一年……"一位母亲哭着对她怀中嗷嗷待哺的孩子忏悔。

今年，各国首脑齐聚英国伦敦，他们将在这里商讨人类的生死存亡。经各国商讨决定——不惜巨大财力、物力汇集世界顶尖科学家研制一艘巨型"宇宙飞船"。

全球人类认识到了自己的错误，不顾一切，全员参与制造巨型"宇宙飞船"。终于，十一月后，人类感动了上帝，上帝助人类完成了巨型"宇宙飞船"。人类仿佛看到了希望的曙光……

三〇一六年启程，人类望着地球全部被海洋覆盖，泪流满面。数年后，人类来到另一个地球，延续了不一样的生命……"这个地球不会被海洋覆盖了吧！"被海洋覆盖的地球望着另一个地球发笑……

一阵铃声，我醒了，盘坐在床上沉思人类的罪孽……

八年级上册

第一单元　校园记者

1　反角色写消息

【精彩语段】

英勇的人民解放军二十一日已有大约三十万人渡过长江。渡江战斗于二十日午夜开始，地点在芜湖、安庆之间。国民党反动派经营了三个半月的长江防线，遇着人民解放军好似摧枯拉朽，军无斗志，纷纷溃退。长江风平浪静，我军万船齐放，直取对岸，不到二十四小时，三十万人民解放军即已突破敌阵，占领南岸广大地区。

——毛泽东《我三十万大军胜利南渡长江》

和中路军所遇敌情一样，我西路军当面之敌亦纷纷溃退，毫无斗志，我军所遇之抵抗，甚为微弱。此种情况，一方面由于人民解放军英勇善战，锐不可当；另一方面，这和国民党反动派拒绝签订和平协定，有很大关系。国民党的广大官兵一致希望和平，不想再打了，听见南京拒绝和平，都很泄气。

——毛泽东《人民解放军百万大军横渡长江》

【品读赏析】

开头导语简短清晰地交代了时间、地点、人物和事件。"英勇""已有"两个词暗示出解放军的一往无前和国民党党军的不堪一击。第二、三句补充介绍具体战况。作者以敌方"经营了三个半月的长江防线"与实际作战时的不堪一击对比，表现出国民党军的虚弱和解放军的英勇。最后一句"风平浪静"暗示我军占有天时，"齐"字更是点出解放军战役准备之充分。作者通过精准客观的描写展现了解放军风卷残云的作战态势。

任何的新闻报道，都是有自己的立场。对于同样一个事件，因为不同的立场，就会有不同的表述。

【感悟提升】

消息报道，既清晰概要地交代事件要素，又要在不违背新闻真实性的前提下，通过精短客观的描写和修辞词的运用，准确传达作者的写作意图和思想情感。

【类文再品】

日本降书签字　典礼昨晨完成和平实现

［本报特派员二日美战舰米苏里号上发专电］本报记者于国人经八年英勇抗战之后，今日于此亲见由日外相重光葵及日本前驻津司令官现任日本陆军参谋总长梅津美治郎率领之日本代表团登美国战舰米苏里号签下日本投降条款。在九十年内轻易建成的日本帝国，几乎毫无间断地从事侵略，现在根本垮台了。中国代表徐部长永昌，继美代表之后签字于日本降书。

这一历史的际会系自二日上午九时开始，时日本代表登米苏里号，各代表排列在此战舰上，立于威力的十六寸大炮筒旁边，同盟国各代表穿着不同的制服，由徐永昌上将前导，立于日本代表的对面。签字桌覆以绿色台布，放在两行代表的中间。麦克阿瑟将军从战舰将官室中步出，随着出来的是尼米兹元帅，海赛上将。麦克阿瑟先到签字桌旁停立定，以缓慢的音调责令日本代表签字，重光苦痛的扶拐杖前行，坐在桌旁的椅子上，脱掉帽子和手套，用他自己的笔签了字。梅津接着他站在桌旁签字。之后，麦克阿瑟很舒适地坐在对面的椅子上用六支笔签字，九个国家的代表按序签字，首为尼米兹元帅代表美国，继之徐永昌上将安详地走到桌前以中文签字。其他各国代表相继签字。签字完毕后，麦克阿瑟将军宣布典礼完成。即行离去，其他盟国代表鱼贯而出，日本代表最后退出。全部典礼约共费时三十分钟。

——李恒整理1945年9月3日重庆《大公报》报道

【以悟促写】

假如你是国民党下属中央日报的一名记者，你会如何报道解放军横渡长江这一新闻？请以国民党的名义发一则共产党大军南渡长江的消息。

【佳作欣赏一】

我70万国民大军坚守长江

（一九四九年四月二十二日）

静思社长江前线22日电顽强的国民军队自20日起坚决抵抗人数众多的农民反动军队，无奈寡不敌众，安全撤离后固守各个城镇。坚守战斗于20日午夜开始，地点在芜湖、安庆之间，我军积极备战，只是农民反动军队人数众多，军资充足，百万乱民一拥而上，冲开了我军防线。我军大部分奋勇杀敌，其余则保存实力，安全撤往繁昌、青阳诸城，继续听从汤伯恩将军的督战指挥，英勇坚守我军阵地。

——八（10）班 熊得智

【佳作欣赏二】

敌少部突破我防线

（一九四九年四月二十二日）

国民社长前线二十二时二时电叛军二十一日已有少部突破长江防线。长江保卫战于二十日午夜开始，地点在芜湖，安庆之间。我党经营了三个半月的长江防线，化解了叛军一次次的攻势。不到二十四小时，叛军已损失大部分人马，无力再组织进攻。除少部分叛军逃窜入我境，其余尽阻于长江北岸。窜入我境的叛军现正向繁昌、铜陵、青阳、获港、鲁港诸城逃窜。如若遇见，不要惊慌，因为其后必有我党之追兵。

——八（10）班 刘心成

2 镜头特写

【精彩语段】

她站在十米高台的前沿，沉静自若，风度优雅，白云似在她的头顶飘浮，飞鸟掠过她的身旁。这是达卡多拉游泳场的八千名观众一齐翘首而望、屏声敛息的一刹那。

轻舒双臂，向上举起，只见吕伟轻轻一蹬，就向空中飞去。有一瞬间，她那修长美妙的身体犹如被空气托住了，衬着蓝天白云，酷似敦煌壁画中凌空翔舞的"飞天"。

紧接着，是向前翻腾一周半，同时伴随着旋风般地空中转体三周，动作急如流星，又潇洒自如，一秒七的时间对她似乎特别慷慨，让她从容不迫地展示身体优美的线条，从前伸的手指，一直延续到绷直的足尖。

还没等观众从眼花缭乱中反应过来，她已经又展开身体，笔直得像轻盈的箭，"哧"地插进碧波之中，几股白色的气泡拥抱了这位自天而降的仙女，四面水花悄然不惊。

　　　　　　　　——夏浩然　樊云芳《"飞天"凌空——跳水姑娘吕伟夺魁记》

【品读赏析】

作者极有层次地描绘了一幅美丽的"飞天"画卷。从"轻轻一蹬"到"凌空翔舞"，由"轻盈的箭"到"插进碧波之中"，跳水姑娘轻盈似箭、潇洒自如的身姿就让人尽收眼底。作者选取精彩一瞬，将其逐一摄下、定格、放大，如"轻舒双臂，向上高举""轻轻一蹬""向前翻腾一周半""空中转体三周""插进碧波之中"等。把跳水动作分解成一连串特写镜头、慢镜头，描摹出吕伟刹那间精彩具体形象，让读者产生深刻的印象，这就是典型的特写形态。同时，文中运用比喻、拟人、对照等多种修辞手法，增强了作品的形象性、生动性，调动了读者丰富的想象力。精彩的比喻不但增加了特写的文采，而且让动作更加可视可感，突出最有表现力的瞬间。

【感悟提升】

新闻特写要截取新闻中能反映事件特征的场面或片断给予放大，配以形象化的描写来再现典型的人物或事件。特写镜头要有声有色地再现新闻现场的情景和气氛，抓住报道对象的个性、特色以及本质特征进行传神、动感的描写，营造出使人如临其境、如闻其声、如见其人的现场感。使受众产生视觉、听觉、触觉、味觉等感官冲击和心灵感应，从而获得鲜明而深刻的印象。

【类文再品】

"红色闪电"横空出世——刘翔百米跨栏夺冠记

刘翔凶狠地大叫！刘翔高举"V"手型迅跑！！刘翔在以12秒91的成绩，平了男子110米栏世界纪录后，身披五星红旗，兴奋地连声吼叫！！！

大家做梦也没有想到，甚至刘翔自己也被这个极限数字所惊到：12秒91。这是自有人类以来，历史上最快的110米跨栏成绩。今晚，红色的刘翔、红色的闪电，在雅典奥运会田径场七万名观众和数十亿电视观众眼前，一路怒吼，一路狂飙，如同挟裹着上万吨黄色炸药，将欧美人百年来坚不可摧的"黑色碉堡"炸得土崩瓦解！

激情在长天燃烧，刘翔在胜利慢跑。让我们压抑住心头的狂喜，再一次回味刘翔这场横空出世的大战。

距离比赛开始10分钟，刘翔静静地坐在起跑线前，目光投射在眼前十道高高的栏架上。110米外，是那道醒目的终点线；身旁，是七个如狼似虎的强悍对手。其中著名的有法国人"一条狼"多库里，美国奥运亚军特拉梅尔，古巴的奥运冠军加西亚，以及拉脱维亚名将奥里加斯。

巅峰对决，天下超一流"剑手"血拼雅典，是"中国闪电"炸碎欧美堡垒，还是欧美豪强封阻"黄色闪电"？一场恶战将拉直这天大的问号。

激战即将开始，爆满的七万观众寂静下来。

各就各位。刘翔蹲下后，抬头望着眼前的十道栏架，目光中陡然射出浓浓的"杀气"。

发令。起跑。

一声枪响，炸裂长空。刘翔疾如炸雷，快如电光，起跑反应速度第一快。第一个栏，刘翔已经领先。前三栏历来是刘翔的"软肋"，但今晚，刘翔快如闪电，第四跑道上，已经形成了一支红色箭头。

奥里加斯并不示弱，拼命地追赶。第四栏时，他和刘翔的差距似乎有所缩小。多库里也在狂追，第五栏时，他和刘翔仅差半米。但是，刘翔不给他们任何机会。慢镜头中，刘翔表情凶狠得令人恐怖。他一栏一吼，像是要把栏架踏个粉碎。红色的刘翔，在红色的跑道上，再现着《火的战车》的激情，80米之后，优势惊人。

最后一栏后，刘翔已经遥遥领先。红色的刘翔，黄色的面孔，高喊着撞向胜利之线！

12秒91！全场人惊呆了。刹那间，全场爆发出震耳的欢呼声……

刘翔赛后恢复了平静和往日的谦虚："我今天的起跑非常好，我没有想到自己能跑出这么好的成绩。我把这块金牌归功于祖国和人民。"

——新闻网雅典2004年8月27日体育专电特写

【以悟促写】

在学校运动会中，肯定会有一些比赛镜头让你难以忘怀，请你仿照本文写一篇作文，把运动员参加比赛时的精彩瞬间描绘出来。要求：（1）自拟题目。（2）定格画面，进行传神细致的描写。

3 环境渲染

【精彩语段】

渤海某海域，海风呼啸，海浪澎湃。辽阔的海面上，我国第一艘航空母舰——辽宁舰斩浪向前。舰岛的主桅杆上，艳红的八一军旗迎风招展。

2012年11月23日上午8时，顶着凛冽的寒风，身着不同颜色马甲的甲板工作人员在战位就位。阻拦索安全观察员手持专业工具，一丝不苟地对阻拦索做最后一次检查。

飞行塔台内的广播响了："歼—15飞机552号已于×××起飞，预计×××临空！"

着舰指挥员从容地走上甲板指挥平台。"刀尖上的舞蹈"就要开始了，现场所有的人都捏着一把汗。

塔台内，时钟指针的每一次跳动，都在揪着人心。

"航向××，航速××节……"口令声中，辽宁舰官兵娴熟地操纵着航空母舰，舰艉留下一道宽阔笔直的航迹。

×时××分，远方的天空中传来舰载机的低吼声。循声望去，记者看到，湛蓝的天幕上，一架歼—15舰载机正向辽宁舰飞来。

飞行塔台内，一双双布满血丝的眼睛，紧盯着监视屏幕上不断跳动的参数和曲线，密切跟踪正在空中调整飞行姿态的舰载机。

塔台起降指挥监控台，不时传来着舰指挥员和飞行员的对话声——

飞行员："请示下降高度！"

着舰指挥员："可以下降高度至×××！"

着舰指挥员："航向××，航速××……"

飞行员："明白！"

——蔡年迟蒲海洋《一着惊海天——目击我国航母舰载战斗机首架次成功着舰》

【品读赏析】

语段通过对渤海海域以及辽宁舰上的环境进行简略地描写，展现出一种庄严、紧张而又有条不紊的气氛。从身着不同颜色马甲的工作人员，到飞行塔台内的着舰指挥员与飞行员的连续对话，整个试验过程都做了完整的记叙。作者用一连串短的段落，将舰上的广播、口令，航母与舰载机的航行、飞行姿态与舰上人员的动作、表情交织在一起，仿佛一串连续闪现又稍作定格的镜头，将舰载机降落前的一段时间变成一个个小场景、小细节，进一步强化了紧张的氛围，为下文描写成功着舰铺垫蓄势。

【感悟提升】

为了突出主要的人物或事物而铺叙另外的人物或事物以做衬垫，能增强抒发情感的力度和感人的强度，能使故事情节引人入胜。通过反复地渲染、蓄势，营造氛围，让读者透过文字感受从期待到紧张再到彻底释放的心理过程。

【类文再品】

心随飞翔——中国首次载人航天飞行北京航天指挥控制中心现场目击

王光荣

2003年10月15日，北京时间上午9点。一个将永远载入史册的时刻！历史将在这里定格——中国首次载人飞行任务正式实施。

这一刻，我们期待得太久太久；这一刻，我们激动的心狂跳不停！

凌晨4点，记者驱车走进了中国北京航天城。这里是中国载人飞船的飞控中心，也是中国载人航天测控的神经中枢，担负着中国载人航天工程试验任务的指挥调度、信息交换、监控显示、分析计算和飞行控制等任务。

宽敞、明亮的现代化指控大厅里，最引人注目的是4块巨幅液晶大屏幕。上面显示着从我国西北大漠载人航天发射场传来的壮观画面：高大的发射塔架，拥抱着乳白色的巨型运载火箭，火箭上端承载着中国航天的新生代——"神舟"五号飞船。大屏幕上还清晰地标示着不断变化的北京时间、任务时间和飞行时间，排成五个阵势的数百台终端机上不断地跳跃着各种飞行控制理论参数。指控大厅里传来的各测控站（船）洪亮、准确的报告声此起彼伏，发射前的各项准备工作正在紧张有序地进行。

指挥控制台上，指挥决策者、工程技术专家正密切关注着发射前的各种状态。据北京航天指挥控制中心席政介绍，在今天的参试阵容中，绝大部分是近几年毕业的博士、硕士和学士，他们的平均年龄在30岁左右。

时间正一秒一秒地向前推移，我们的心也随之怦怦直跳，8时59分，飞船发射进入一分钟读秒。指控大厅里的气氛非常紧张。

"10、9、8、7、6……"扬声器里传来最后的读秒声。

"点火！"

"起飞！"

巨型运载火箭喷射出一团橘红色的烈焰，托举着"神舟"五号载人飞船拔地而起，直刺苍穹。

这一刻，我的心也随之飞翔！

这一刻，所有的语言是那样苍白！

喜悦与胜利的泪水夺眶而出！

就在飞船进入苍穹的瞬间，描绘出我国西北地区版图和火箭飞行理论曲线的大屏幕上随即闪现一个小小的红色亮点，标示着船箭实际飞行的曲线也在缓缓地向前延伸——

"发现目标！"

"跟踪正常！"

来自地面测控站和远望号测量船的测控数据开始源源不断地汇集到指挥控制中心。

记者从大屏幕显示的画面上看到：火箭正常起飞后，位于火箭顶部的逃逸塔和船箭进行了正常分离。

9时03分，整流罩正常分离。

此刻，位于指控大厅后侧的计算机终端机房内，科技人员正全神贯注地收集从各测控站发来的数据，紧张地进行飞船遥测数据和轨道数据处理，密切监视着船箭的飞行状态，适时对飞船注入控制指令。

发射后约10分钟，大厅里又清晰地传来了杨利伟的报告："船箭正常分离！"

此时，担任这次飞行试验任务总调度申敬松果断地下达了帆板展开的口令。从"神舟"一号飞船首次飞行试验任务开始，今年才29岁的他已是第五次坐在这个关键岗位上。随即，遥控机房内年龄不足30岁的欧余军用鼠标迅速地点击了发令键，向飞船发出了入轨指令，这是北京航天指挥控制中心采用透明控制方式向"神舟"五号飞船发送的第一个极其关键的指令。从这里发出的指令，1秒钟就可以到达飞船。

稍顷，大厅里就传来航天员的报告声："帆板已经展开！"

而与此同时，在计算机主机房内，科技人员正一个个目不转睛地监视、处理着计算机显示屏上一组组流动的数字，手指在飞速敲击着微机键盘计算着飞船实时轨道。船箭分离8分钟时，轨道专家组综合技术人员的计算结果，进行了轨道根数选优，得出了飞船入轨参数。

9时20分，"神舟" 五号飞船准确进入预定轨道。顿时，指控大厅里掌声雷鸣。

9时25分，指控大厅的技术人员再次与航天员杨利伟进行了沟通：

"'神舟' 五号，我是北京，下面由医监医生与你通话。"

"'神舟' 五号明白！" "'神舟' 五号，我是医监医生。地面观察你的状态很好，你自我感觉如何？"

"感觉良好，完毕！"

此时，指控大厅大屏幕蔚蓝色的背景上，相互交织而又排列有序的飞船飞行曲线，犹如一幅色彩斑斓的优美画卷，真实而又形象地展现在人们面前。在北京航天指挥控制中心技术人员的精心指挥和准确控制下，"神舟" 五号飞船仿佛矫健的雄鹰，在太空中尽情地飞翔……

【以悟促写】

1. 多彩缤纷的校园生活中，你肯定也经历过这样让人激动人心的时刻。请你以 "难忘的" 为题，运用环境渲染，写一个片段。

_____

_____

_____

2. 你是学校记者站的小记者，请写一篇新闻，题目自拟，不少于600字。

【佳作欣赏】

赛道飞驰

八（10）班　黄卓新

他站在跑道上，镇静自如，蓄势待发，完全看不出半点的紧张。

裁判将手举起，准备鸣枪。他弯下腰，目视前方，右腿在前，左腿伸直在后方，肌肉紧绷，聚精会神，好似下一秒将要爆发出惊人之势。这一刻全场顿时安静下来了，观众们屏息凝神，紧紧注视着选手们。

"呼！" 随着一声枪声响，200米决赛开始，选手们都拼尽全力向前冲去。只见他如离弦之箭，一下子抓住了所有人的眼球，跑出几米就追上了前面几跑道的运动员，我仿佛看见了别的运动员吃惊地望着他。还未等大家反应过来，他已迈入他占据优势的弯道。随后他压下身形，放低重心，双臂快速挥动，如猎豹般切换步距，让人眼花缭乱，不到五秒，他就已进入最后100米冲刺。

观众们纷纷站了起来，目不转睛地盯着他，有的人扯着嗓子喊着"加油！""志鹏永远的神！"有的人甚至激动得直接尖叫了出来……

时间仿佛在这一刻定格了。他高举双臂迈出一大步，然后在观众们目瞪口呆的注视下奋力一跃，两手指天，飞过了终点线。

事后我们到主席台看成绩，听到有的班级同学在惊呼，"（10）班这个刘志鹏也太强了！200米居然能拉开第二名近五秒！"

跑道上，一树树玉兰开得正好，溢出的香气混入空气，揉杂进喜悦的味道。这一天是10月30日，坪山实验学校第十一届麒麟体育节，八（10）班刘志鹏获得了男子200米决赛冠军。

第二单元 人物传记

4 典型的外貌

【精彩语段】

东京也无非是这样。上野的樱花烂熳的时节，望去确也像绯红的轻云，但花下也缺不了成群结队的"清国留学生"的速成班，头顶上盘着大辫子，顶得学生制帽的顶上高高耸起，形成一座富士山。也有解散辫子，盘得平的，除下帽来，油光可鉴，宛如小姑娘的发髻一般，还要将脖子扭几扭。实在标致极了。

从此就看见许多陌生的先生，听到许多新鲜的讲义。解剖学是两个教授分任的。最初是骨学。其时进来的是一个黑瘦的先生，八字须，戴着眼镜，挟着一叠大大小小的书。一将书放在讲台上，便用了缓慢而很有顿挫的声调，向学生介绍自己道：

"我就是叫作藤野严九郎的……"

那坐在后面发笑的是上学年不及格的留级学生，在校已经一年，掌故颇为熟悉的了。他们便给新生讲演每个教授的历史。这藤野先生，据说是穿衣服太模胡了，有时竟会忘记戴领结；冬天是一件旧外套，寒颤颤的，有一回上火车去，致使管车的疑心他是扒手，叫车里的客人大家小心些。

他们的话大概是真的，我就亲见他有一次上讲堂没有戴领结。

——鲁迅《藤野先生》

【品读赏析】

抓住人物典型特征，细致描写外貌，让我们在《藤野先生》这篇文章中看到了鲜活的"清国留学生"和藤野先生。

在"清国留学生"的外貌描写上，作者着重于他们最具有特点的发髻。在对"清国留学生"发髻的描写上，作者运用的词语"高高耸起""盘得平的""油光可鉴""扭几扭""标致"极具揶揄和讽刺，除此之外，作者还运用了比喻的修辞的手法，将盘在头上的辫子比作"富士山""小姑娘的发髻"，尽显"清国留学生"的丑态。"清国留学生"应该是清朝人才的代表，然而，在外留学，却呈现如此丑态，可见鲁迅后来的弃医从文的选择的明智。

对于藤野先生的外貌描写，作者抓住了藤野先生的外貌特征，从整体到局部，从上到下，选取藤野先生最有特点的地方，用最淳朴的语言展示出来。"黑瘦""八字须""戴着眼镜""大大小小的书""穿衣服太模糊了""不戴领结"。作者抓住了藤野先生外貌的特点，将其最具特点的地方展现出来，让我们看到了一个憨厚、博学、不拘小节的学者形象。他并不像"清国留学生"一样注重自己的外表，而是更多地关注在学问上。

【感悟提升】

观察人物典型特征，从整体到局部，从头到脚，细致找出这个人物身上独有的特征，将其运用简短、精准的语言展现出来，呈现出鲜活的人物形象。

【类文再品】

我的老师

苏叔阳

春天又到了。

柳枝染上了嫩绿，在春风里尽情飘摆，舒展着自己的腰身。迎春花举起金黄的小喇叭，向着春天吹奏着生命之歌。蓝天上，一架架风筝在同白云戏耍，引得无数的人仰望天穹，让自己的心也飞上云端。

这时候，我就会情不自禁地想起我的刘老师，想起他放入天空的风筝。

刘老师教我们历史课。他有一条强壮的右腿，而左腿从膝以下全部截去，靠一根被用得油亮的圆木棍支撑。有一次，他讲课讲到女娲造人的时候，笑着对我们说："女娲用手捏泥人捏得累了，便用树枝沾起泥巴向地上甩，甩到地上的泥巴也变成人。由于女娲甩的力量太大了，有的人甩丢了腿和胳膊。我就是那时候被她甩掉了一条腿的。"教室里自然腾起一片笑声，但笑过之后，每个学生的心头都泛起一股酸涩的感情，同时更增添了对刘老师的尊敬。

他只靠着健壮的右腿和一根木棍，一天站上好几个小时，为我们讲课。写板书的时候，他用木棍撑地，右腿离地，身体急速地一转，便转向黑板。写完了粗壮的粉笔字，又以拐杖为圆心再转向讲台。一个年过半百的老师，一天不知道要这样跳跃旋转多少次。而他每次的一转，都引起学生们一次激动的心跳。

他的课讲得极好。讲到历代的民族英雄，他慷慨陈词，使我们激动得落泪。

讲到祖国近代史上受屈辱的岁月，他常常哽咽，使我们沉重地低下头去。后来，我考入大学历史系，和刘老师的影响有极大的关系。

他喜欢在课堂上让学生们述说自己学习的心得。倘若有同学说得流畅、深刻，他便静静地伫立在教室一角，微仰着头，眯起眼睛，细细地听，仿佛在品味一首美妙的乐曲。然后，又好像从沉醉中醒来，长舒一口气，满意地在记分册上写下分数，大声地说："好！满分！"倘若有同学说得不好，他便瞪大眼睛，关切地瞧着同学，一边细声说："别紧张，想想，想想，再好好想想。"一边不住地点头，好像那每一次点头都能给学生一些鼓励。这情景，今天想起来，依旧那么清晰，那么亲切。

然而，留给我印象最深的，还是刘老师每年春天放风筝的情景。

当一天的功课做完，暮色还没有笼罩校园上空的时候，常常有成群的学生到操场上来看他放风筝。他的腿自然不便于奔跑，然而，他绝不肯失去亲手把风筝送入蓝天的欢乐。他总是让学生远远地擎着风筝，他喊道："起！"便不断扯动手中的线绳，那纸糊的燕子便抖起翅膀，翩翩起舞，直窜入云霄。他笑着，叫着，拄着拐杖，仰望白云，看那青黑的小燕在风中翱翔盘旋，脸上飘起得意十足的稚气，仿佛他的心也一齐跃上了蓝天。那时候，我常常站在他旁边，看着他的脸，我觉得他不是一位老人，而是一个同我一样的少年。年过五十的有残疾的老师，对生活有着那样纯朴、强烈的爱与追求，一个活泼的少年又该怎样呢？

离开他已经近三十年了，但他仍在我的记忆里行走、微笑，用那双写了无数个粉笔字的手，放飞一架又一架理想的风筝。那些给了我数不清的幻梦的风筝永远陪伴着我的心，在祖国的蓝天上翱翔。

【以悟促写】

在我们现在的生活中，请你细致地观察自己的亲人或朋友，写一段外貌描写。

_____

_____

_____

5 典型的性格

【精彩语段】

母亲在家庭里极能任劳任怨。她性格和蔼，没有打骂过我们，也没有同任何人吵过架。因此，虽然在这样的大家庭里，长幼、伯叔、妯娌相处都很和睦。母亲同情贫苦的人——这是朴素的阶级意识，虽然自己不富裕，还周济和照顾比自己更穷的亲戚。她自己是很节省的。父亲有时吸点旱烟，喝点酒；母亲管束着我们，不允许我们染上一点。母亲那种勤劳俭朴的习惯，母亲那种宽厚仁慈的态度，至今还在我心中留有深刻的印象。

人手少了，又遇天灾，庄稼没收成，这是我家最悲惨的一次遭遇。母亲没有灰心，她对穷苦农民的同情和对为富不仁者的反感却更强烈了。母亲沉痛的三言两语的诉说以及我亲眼见到的许多不平事实，启发了我幼年时期反抗压迫追求光明的思想，使我决心寻找新的生活。

我应该感谢母亲，她教给我生产的知识和革命的意志，鼓励我以后走上革命的道路。在这条路上，我一天比一天更加认识：只有这种知识，这种意志，才是世界上最可宝贵的财产。

——朱德《回忆我的母亲》

【品读赏析】

"勤劳一生"是母亲的一生的写照。这一典型性格影响了朱德的一生。岁月的蹉跎、生活的贫苦，并没有打败母亲，母亲用勤劳书写了宝贵的诗篇，给予孩子世界上最宝贵的财富。全文以母亲的勤劳为主线，透过不同事件，展现母亲在不同境遇下的意志与品格。

作者运用日常生活小事展现母亲的性格特点。在母亲与亲人、邻人们的相处中，我们看到了母亲的和蔼、勤劳质朴、温暖大度；在最悲惨境遇面前，母亲积极乐观，反抗压迫，追求光明；在面对大是大非，母亲高瞻远瞩，永远支持自己的儿子；在家信中，虽年迈，依旧热爱生产，坚持劳动……这样的母亲教会了"我"与困难作斗争的经验，让我有了强健的体魄和勤劳的习惯，让我有生产的知识和革命的意志。

【感悟提升】

小事成就习惯，习惯塑造性格，性格决定命运。母亲是个平凡人，每个人都是平凡的人，平凡微小，力量巨大。

【类文再品】

我十七岁离开母亲，到远方求学。临行的时候，母亲眼睛里发出严肃的光辉，诫我待人接物求学立身的大道；口角上表出慈爱的笑容，关照我起居饮食一切的细事。她给我准备学费，她给我置备行李，她给我制一罐猪油炒米粉，放在我的网篮里；她给我做一个小线板，上面插两只引线放在我的箱子里，然后送我出门。

放假归来的时候，我一进店门，就望见母亲坐在西北角里的八仙椅子上。她欢迎我归家，口角上表了慈爱的笑容，她探问我的学业，眼睛里发出严肃的光辉。晚上她亲自上灶，烧些我所爱吃的菜蔬给我吃，灯下她详询我的学校生活，加以勉励，教训，或责备。

我廿二岁毕业后，赴远方服务，不克依居母亲膝下，唯假期归省。每次归家，依然看见母亲坐在西北角里的椅子上，眼睛里发出严肃的光辉，口角上表现出慈爱的笑容。她像贤主一般招待我，又像良师一般教训我。

我三十三岁时，母亲逝世。我家老屋西角里的八仙椅子上，从此不再有我母亲坐着了。然而每逢看见这只椅子的时候，脑际一定浮出母亲的坐像——眼睛里发了严肃的光辉，口角上表出慈爱的笑容。她是我的母亲，同时又是我的父亲。她以一身任严父兼慈母之职而训诲我抚养我，我从呱呱坠地的时候直到三十三岁，不，直到现在。陶渊明诗云："昔闻长者言，掩耳每不喜。"我也犯这个毛病；我曾经全部接受了母亲的慈爱，但不会全部接受她的训诲。所以现在我每次想象中瞻望母亲的坐像，对于她口角上的慈爱的笑容觉得十分感谢，对于她眼睛里的严肃的光辉，觉得十分恐惧。这光辉每次给我以深刻的警惕和有力的勉励。

——丰子恺《我的母亲（节选）》

【以悟促写】

在生活中，观察自己的母亲，选取发生在你生活中的一件小事，为我们介绍下你的母亲的性格。

_____

_____

_____

6 典型的特征

突然，客人惊奇地屏住了呼吸，只见面前的小个子那对浓似灌木丛的眉毛下面，一对灰色的眼睛射出一道黑豹似的目光，虽然每个见过托尔斯泰的人都谈过这种犀利目光，但再好的图片都没法加以反映。这道目光就像一把锃亮的钢刀刺了过来，又稳又准，击中要害。令你无法动弹，无法躲避。仿佛被催眠术控制住了，你只好乖乖地忍受这种目光的探寻，任何掩饰都抵挡不住。它像枪弹穿透了伪装的甲胄，它像金刚刀切开了玻璃。在这种入木三分的审视之下，谁都没法遮遮掩掩。——对此，屠格涅夫和高尔基等上百个人都做过无可置疑的描述。

这种穿透心灵的审视仅持续了一秒钟，接着便刀剑入鞘，代之以柔和的目光与和蔼的笑容。虽然嘴角紧闭，没有变化，但那对眼睛却能满含粲然笑意，犹如神奇的星光。而在优美动人的音乐影响下，它们可以像村妇那样热泪涟涟。精神上感到满足自在时，它们可以闪闪发光，转眼又因忧郁而黯然失色，罩上阴云，顿生凄凉，显得麻木不仁神秘莫测。它们可以变得冷酷锐利，可以像手术刀、像X射线那样揭开隐藏的秘密，不一会儿意趣盎然地涌出好奇的神色。这是出现人类面部最富感情的一对眼睛。可以抒发各种各样的感情。高尔基对它们恰如其分的描述，说出了我们的心里话："托尔斯泰这对眼睛里有一百只眼珠。"

——茨威格《列夫·托尔斯泰》

眼睛是心灵的窗户，眼睛往往折射出一个人的心灵世界。抓住人物最有特点的部位——眼睛，进行细致的描写。

作者运用比喻和夸张的手法细致地描写了托尔斯泰的眼睛，"一对灰色的眼睛射出一道黑豹似的目光"，作者运用了比喻的修辞手法，写出托尔斯泰眼睛的犀利，在此基础上，作者循序渐进，"这道目光就像一把锃亮的钢刀刺了过来，又稳又准，击中要害。令你无法动弹，无法躲避。"将眼神的犀利程度加深。"它像枪弹穿透了伪装的甲胄，它像金刚刀切开了玻璃。"这样精彩的比喻与夸张，激发我们对托尔斯泰眼睛的无限联想与想象。这双眼睛里有一百只眼珠，极尽夸张，却让我们知道托尔斯泰这犀利的目光，这一百只眼珠，既有深度，又有广度，可以看清真相，支配整个世界及知识财富。这展现出了托尔斯泰作为"天才灵魂"的深邃、伟大，进而展现出我对托尔斯泰的仰慕与崇敬。

——茨威格《列夫·托尔斯泰》

【感悟提升】

一双眼睛，可以窥探一个人的内心世界，对眼睛的细致观察与描写，是我们触摸、感受他内心世界的钥匙。托尔斯泰的眼神给我们留下的是深邃与伟大。比喻与夸张手法的运用可以为钥匙增色。生活中，我们会遇到形形色色的人，透过观察形形色色的眼睛，你会有着不一样的发现。

【类文再品】

小叶是个十分苗条的姑娘，显得纤弱，她一头乌发，老束着一只紫红色的发箍，发箍上还缀满了白色的小花，两个深深的酒窝，一双眼睛像一汪清澈的湖水，长长的睫毛像道纱幕，使那双眼睛有时显得神秘、深沉。

（李兴叶《"氓"》）

这是位十分秀丽的江南姑娘：二十三四岁模样，中等个儿，苗条但并不瘦削；长圆型丰腴白皙的脸蛋上长着一对乌亮乌亮的大眼睛，晶莹澄澈得宛如两潭秋水；她的睫毛长长密密，柔软地覆盖在眼睑上，不时随着眼睑的启合微微眨动，使人感到一种纯女性的脉脉含情的妖美。

（卢群 李牧《心曲》）

瞧她那黑亮的头发，瞧她那头发上的柔美的波纹，瞧她那得体的轻纱连衣裙，瞧她那黄金的胸针，高跟鞋使她的身量更显颀长苗条了。然而这一切的美，似乎都只是为了衬托她那俏丽的面庞，水泉映月般的眼睛，和她那天生动人的眉线！

（安徒生《海的女儿》）

【以悟促写】

看过托尔斯泰的眼神非常具有特点，相信你熟悉的每一个人都有他典型的特点，选取一个角度（眼神、头发、笑……），写出关于他/她的片段。

7 典型的点睛

【精彩语段】

几个月以来使比埃尔和玛丽入迷的镭的真相，实际上比他们以前天真地希望着的样子还要可爱。镭不只有"美丽的颜色"，它还自动发光！在这个黑暗的棚屋里没有柜子，这些零星的宝贝装在极小的玻璃容器里，放在钉在墙上的板子或桌子上；它们那些略带蓝色荧光的轮廓闪耀着，悬在夜的黑暗中。

——艾芙·居里《美丽的颜色》

【品读赏析】

这篇文章选取了居里夫人发现镭的代表性的主要事件。选取典型事件进行叙事。居里夫人这篇文章选材巧妙，文章大量引用居里夫人自己的话，仿佛让我们亲临他们夫妻二人实验的现场，让我们对实验的过程与细节有了更深入地认识。同时，也知道他们取得如此成就的艰难过程，"英勇"一词似乎概括了他们全部的艰苦与辛劳，然而，却不仅仅如此，"在十分可怜的棚屋里笼罩着极大的宁静"物质资源的匮乏，已不是最大的敌人，真正的敌人，是在实验过程中这种宁静的等待。在这种枯燥的生活中，我们感受着他们生活的贫苦，却也相信着他们那份坚持，看到了他们在实验中积极乐观的心态，看见他们生活中的点滴温馨。一杯热茶足以让人舒服的真实生活质感，让我们为之动容，那是努力过程中的一点慰藉。就在这样的情境下，平静、专注，用着自己的科学兴趣和工作热情一点点填充他们在实验过程中的枯燥与等待。真实而又美好的亲身讲述，补充了历史细节，让我们看到他们作为实验人的忙碌，发现科学，追求真理的过程在居里夫人的话语中是那么美好，当"美丽的颜色"自动发光的那一刻，一切的辛劳都不算什么，一切的事物是那么熠熠生辉。

【感悟提升】

一篇文章的震撼在于作者的点题的精妙。《美丽的颜色》这篇文章让我们真切感受到居里夫妇实验的整个过程，其中最引人注意的便是在叙事中多次引用居里夫人的话，真人讲述，情景再现，感情真挚而又饱满。在文章的最后，用"蓝色荧光"点明居里夫妇身上闪烁着绚丽的色彩，使得人物更加深刻。

【类文再品】

王几何

马及时

从小学跨进初中校园，一切都是新鲜的，特别是几何那门全新的功课。所以，我们初一上第一节几何课时，大家睁圆了眼睛，认真而安静地坐在教室里，心中充满了好奇和渴望。

几何老师会是怎样一个人呢？

铃声一响，全班42双黑眼睛一齐望向教室门。须臾，一个头方耳大、矮胖结实的中年人夹着一本厚书和一个大圆规、一个大三角板挤进门，眨眼工夫就站到了讲台上。胖人能走这么快？全班同学大吃一惊，教室里更安静了，静得只听见周围深重的呼吸。

可是，一分钟过去了，那矮胖老师一句话不说，像一尊笑面佛一样，只是站在讲台上哑笑。眉梢、眼角、鼻孔、嘴巴、耳朵，可以说。他脸上的每一个器官，每一条皱纹，甚至每一根头发都在微笑！

矮胖老师足足又哑笑了两分钟。

太神奇了，他该不是聋哑学校的老师吧？全班同学再也忍不住了，大家弯腰，摇头，挤眉，弄眼，一齐哄堂大笑！

矮胖老师依然不说一句话，但却渐渐收起了笑容，用黑板刷轻轻敲击着讲台上的课桌，待全班同学安静下来，他突然面向课堂，反手在背后的黑板上徒手画了一个篮球大的圆，紧接着，又反手画了一个等边三角形。

那生动地站在黑板上的圆和等边三角形，又标准又好看，于是全班同学都呆呆地想：用圆规和三角板画，恐怕也不过如此吧？

矮胖老师站在讲台上，双目含笑，右嘴角微微斜翘，胖脸上一副得意扬扬的表情。待全班42双黑眼睛惊讶得每一双都放大半公分后。他突然转过身去，面向黑板，挥手写下了排球大的三个字：王玉琳。

"这就是我的大名！"他说，声音出奇的洪亮。

全班男女同学被他那金属般的声音镇住了，大气也不敢出，一个个睁大双眼，屏息静听。

"上几届的同学。承蒙他们的特别关爱，私下里给本老师取了个绰号。"矮胖老师缓缓转过身去，挥手在黑板上优雅地又写了三个大字：王几何。

真是太幽默了，全班又是哄堂大笑。

王老师却毫不理会满教室的笑声，继续用他那金属般的声音说："这就是那些老同学给我取的绰号。天啦，本人太喜欢这美妙的绰号了！可惜，从来没有一个同学当面喊我王几何……"

老师在黑板上公布自己的绰号，并且希望大家以绰号相称，在那些做什么事都严肃认真、呆板教条的年代，这样的稀奇事不是太离谱了吗？但少年时代总是充满了叛逆，越离谱的事大家越喜欢，于是全班同学兴趣高涨。

一个个洗耳恭听这矮胖幽默的绰号叫"王几何"的老师到底还要说些什么有趣的话。

矮胖老师继续用黑板刷轻敲课桌，以镇住教室里的嘈杂声。"上几届有的同学说：王老师你画的那圆圈有啥了不起？我们也会画！"

胖得像弥勒佛一般的王老师，站在讲台上眉开眼笑："现在，我就请同学们一个个上台来，用不着反手，只是正面徒手画圆和三角形……"

简直要让人笑破了肚子，几何课竟变成了图画课！

如此喜剧的事大家岂肯放过？转眼间，只见男女同学轮番走上讲台。

可是，大家哪里是用粉笔在黑板上画圆和画三角形？笑得双手发抖的同学们，一个个变得笨手笨脚，画的全是鸡蛋、鸭蛋、苹果、梨和丑陋的三角架！

人人都笑得满脸泪水，喉咙发肿。

几十年后，我依然可以对天发誓：这是我这辈子笑得最得意忘形、最舒畅、最厉害的一次。

几何老师在同学们快乐得泪流满面的大笑中结束了第一堂课。

王老师下课前的结束语是："请注意，我并不是要大家死板地学我画圆、画三角形。我教了20多年中学几何，是一个一辈子热爱几何教学的教书匠，我反手画圆，只是向大家说明一个简单朴素的道理——只要功夫深，铁杵可以磨成针！我要大家牢记的是一种热爱知识和持之以恒的学习精神……"

【以悟促写】

在日常生活中，每个人生活中都有他独特的一面，找寻他们最闪光的地方，选取典型素材，写一篇人物传记，不少于700字。

【佳作欣赏】

我的母亲

八（1）班　谢泽丰

从小到大，听过母亲问过最多的问题，莫过于"想吃什么了"吧。

做饭——似乎应该是母亲的职业。

在童年时期，家中排行居中的她，却做着最重要的活儿，吃过不少的苦。

"背着妹妹，干农活，打扫卫生，煮菜做饭……"母亲开始叙述着她的故事。那时的她就已经开始做饭了。

"待到舅舅和小姨都已经上初中了之后，我也开始工作了。"

母亲参加工作的第一份工作就是——做饭。

"来到了人生地不熟的城市，语言未免有些冲突。我完全不会听粤语，可偏偏这么不巧，这儿的人家都是讲粤语的。那儿有个小孩子，很可爱，刚开始学讲话，于是我也跟着他一起学。就这样，我也就学会了粤语。他们都很喜欢我的厨艺呢。"母亲是笑着说这段故事的。

我想：母亲应是喜欢做饭的。

"后来，我辞去了这份工，不甘如此，便继续奔波，来到了深圳，遇见了许许多多到现在都还有交集的人，也在这里找到了爱情。尽管长辈的反对，还是结了婚，生了孩儿。我便没有工作了，专心在家带娃儿。为姐弟俩洗衣做饭。"

母亲以厨房为舞台，围裙为道具，锅碗瓢盆为乐声。日复一日，年复一年。

我一直固执地认为母亲非常喜欢她的职业——做饭。

"妈妈，你是不是特别喜欢做饭？"曾经，我天真地问过母亲。

母亲却不说话，只是微微一笑，用手轻轻地摸着我的头。

在母亲日复一日地做饭生活中，我和姐姐都长大了。姐姐上了高中，我上了初中，姐姐住校，我也在学校吃中饭，父亲因为工作也很少回家吃饭。母亲忽然空闲下来，空闲下来的母亲忽然很是不适应。

有一天晚上，母亲忽然说："我也应该去找一份工作，可是，我又能做点什么呢？"她不停地重复着这几句话。那一刹那间，我看到了母亲头上冒出的丝丝白发，还有几条深深的皱纹肆意爬上了母亲的额头。

"这么多年来，母亲真的喜欢做饭吗？"我不由自主地怀疑。

终究，母亲还是出去工作了，她的工作仍然是——做饭。不过由给我们做饭，变成了给小区的一户人家做饭。

"这个工作很轻松，这家人对我很好，尤其是他家的孩子特别喜欢吃我做的饭菜。"

母亲在谈起这份工作时，脸上依旧荡漾着笑容。也许是因为被需要，也许是觉得自己的工作有价值，也许是因为喜欢做饭吧。

可是，母亲，你真的喜欢做饭吗？

第三单元 景物描写

8 抓住景物的特点

【精彩语段】

自三峡七百里中，两岸连山，略无阙处。重岩叠嶂，隐天蔽日。自非亭午夜分，不见曦月。

至于夏水襄陵，沿溯阻绝。或王命急宣，有时朝发白帝，暮到江陵，其间千二百里，虽乘奔御风，不以疾也。

春冬之时，则素湍绿潭，回清倒影，绝多生怪柏，悬泉瀑布，飞漱其间，清荣峻茂，良多趣味。

每至晴初霜旦，林寒涧肃，常有高猿长啸，属引凄异，空谷传响，哀转久绝。故渔者歌曰："巴东三峡巫峡长，猿鸣三声泪沾裳。"

——丽随元《三峡》

【品读赏析】

这是一篇美文，作者用凝练俭省的文字描绘了三峡不同季节的不同景致，让人感受到三峡多样的美。夏水的浩大，水流的湍急。江水满溢，一泻千里，给人以惊心动魄之感。春天和冬天时水流和缓，潭深水碧的景象，景色优美、雅致。秋景，万物萧条，凄清哀婉，引人感伤。

【感悟提升】

描写景物，首先要抓住景物的特征。景物的特征，常常表现在形状、色彩、声音等方面，如本文的"重岩叠嶂""素湍绿潭""高猿长啸"等。为了突出景物的特征，我们要学会细化景物。比如本文将"三峡"的景物细化为"山""水"之景，细化为"夏""春""冬""秋"之景等。

【类文再品】

告别白帝城，便进入了长约200公里的三峡。在水路上，200公里可不算一个短距离。但是，你绝不会觉得造物主在作过于冗长的文章。这里所汇聚的力度和美色，铺排开去2000公里，也不会让人厌倦。

瞿塘峡、巫峡、西陵峡，每一个峡谷都浓缩得密密层层，再缓慢的行速也无法将它们化解开来。连临照万里的太阳和月亮，在这里也挤捱不上。对此，1500年前的郦道元说得最好：

两岸连山，略无阙处。重岩叠嶂，隐天蔽日，自非亭午夜分，不见曦月。

——《水经注》

他还用最省俭的字句刻画过三峡春冬之时的"清荣峻茂"，晴初霜旦的"林寒涧肃"，使后人再难调动描述的词章。

过三峡本是寻找不得词汇的。只能老老实实，让嗖嗖阴风吹着，让滔滔江流溅着，让迷乱的眼睛呆着，让一再要狂呼的嗓子哑着。什么也甭想，什么也甭说，让生命重重实实地受一次惊吓。千万别从惊吓中醒过神来，清醒的人都消受不住三峡。

僵寂的身边突然响起了一些"依哦"声，那是巫山的神女峰到了。神女在连峰间侧身而立，给惊吓住了的人类带来了一点宽慰。好像上天在铺排这个仪式时突然想到要补上一个代表，让蠕动于山川间的渺小生灵占据一角观礼。被选上的当然是女性，正当妙龄，风姿绰约，人类的真正杰作只能是她们。

人们在她身上倾注了最瑰丽的传说，好像下决心让她汲足世间的至美，好与自然精灵们争胜。说她帮助大禹治过水，说她夜夜与楚襄王幽会，说她在行走时有环珮鸣响，说她云雨归来时浑身异香。但是，传说归传说，她毕竟只是巨石一柱，险峰一座，只是自然力对人类的一个幽默安慰。

当李白们早已顺江而下，留下的人们只能把萎弱的生命企求交付给她。"神女"一词终于由瑰丽走向淫邪，无论哪一种都与健全的个体生命相去遥遥。温热的肌体，无羁的畅笑，情爱的芳香，全都雕塑成一座远古的造型，留在这群山之间。一个人口亿众的民族，长久享用着几个残缺的神话。

——余秋雨《三峡（节选）》

【以悟促写】

"谁不说俺家乡美。"时间隔得越久，距离隔得越远，我们对家乡便越是怀念，怀念故乡水，怀念家乡人，怀念与家乡有关的一切。在你的记忆中，也一定有对家乡风景最深的回忆。请写一篇不少于700字的文章。要求：以某一特定景物为描写对象，细化景物，写出它在不同季节的不同特征。

【佳作欣赏】

家乡的那条小溪

八（1）班　冯宸楷

家乡有一条小溪，不可知其源，不知何处去，只是流淌，不舍昼夜。

春天，小溪像是刚刚睡醒的小姑娘，懒懒的。溪水缓缓地流动，水中的鱼儿、小虾感受到春回大地、万物复苏的气息，也开始频繁游动，不时把头浮出水面，看看四周的风景。小溪周边的草木正在焕发春意，芽儿在萌发，似乎都想让水中的鱼虾早点儿看到自己新绿的肌肤。而小溪恬静安然，偶尔被风吹皱，荡漾出一圈圈好看的涟漪。

夏天，小溪成了韵味十足的美少妇，柔柔的。小溪周围已是树木葱茏，绿树成荫，一片青翠欲滴，广阔无际的模样。为了避暑，鸭子们迫不及待地跳到水里，洗洗澡，扑腾扑腾翅膀，顺便散去身上的暑气。或是潜入水中，追逐鱼虾，过一会儿才又把头露出水面。到了傍晚，村民纷纷挑了水桶，到小溪边盛水浇菜。小溪就是这样，任鸭子嬉戏，任村民取水，不言不语，默默奉献。

秋天，小溪又像中年的妇女，难以捉摸，阴晴不定。台风来临，暴雨来袭，小溪溪水暴涨，浑浊不堪，也将周边的草木淹没。风雨过后，三五天的时间，这些草木才又慢慢直起腰身，继续陪伴小溪。溪水渐渐减退，渐渐澄清，又恢复往日的水声潺潺。晴天时节，小溪两岸菊花盛开，秋风一吹，花的芳香扑鼻而来，让人忍不住多吸入几口空气。女孩子们常常会摘下两三朵，别到自己的鬓边，娇羞地一笑。还有小孩子摘了大大的野芋叶子，戴在头上当帽子；或是蹲在小溪边，往叶子上洒几滴水，看水滴在叶子里滚来滚去，欢喜不已。

冬天，小溪就是步入晚年的老奶奶，温和而安定。冬天的溪水冰凉透骨，但从来不结冰。周围的花儿已经枯萎，草儿已经枯黄，树儿已经光秃，水中的鱼虾也不见了踪影，可能是躲到哪个石洞冬眠了起来，但小溪依然静静地流淌，给曾经长时间陪伴过自己的伙伴们以优美的乐声。太阳出来，小溪用美丽的太阳光的倒影表示感谢，感谢太阳给予自己冬日的温暖。

家乡的小溪就这样流过昨天，流过今天，流过我记忆里的每一天。

9　选择观察的角度

【精彩语段】

高峰入云，清流见底。两岸石壁，五色交辉。青林翠竹，四时俱备。晓雾将歇，猿鸟乱鸣；夕日欲颓，沉鳞竞跃。

——陶弘景《答谢中书书》

庭下如积水空明，水中藻、荇交横，盖竹柏影也。

——苏轼《记承天诗夜游》

【品读赏析】

语段一：作者首先运用仰视、俯视两种视角，描写山之高耸、水之清澈；接着用平远的视角极目远眺，青翠的树木与五彩的山石相映衬，有一种色彩配合之美；再用视觉与听觉相结合的手法，写出晨昏变化和动静结合之美，传达出蓬勃的生命气息。

语段二：月光洒满庭院，如同积水充满庭院，清澈透明，竹柏的影子，倒映在地面上，如水藻、荇菜交错纵横，清丽淡雅。庭中景物，浑然一体，不知是月光化为积水，还是积水反射月光。作者运用比喻的修辞手法，仅用18个字，就点染出一个空明澄澈、疏影摇曳、似真似幻的美妙境界。

【感悟提升】

为了使景物描写更加丰满、生动，对某一个景物，可以仰视、俯视、近视、远观，可以写静态、动态，还可以描述人的视觉、听觉、嗅觉、触觉等多种感受。此外，描写景物，还可以运用联想，运用修辞手法，把景物的特征生动形象地表现出来。

【类文再品】

壬戌之秋，七月既望，苏子与客泛舟，游于赤壁之下。清风徐来，水波不兴，举酒属客，诵明月之诗，歌窈窕之章。少焉，月出于东山之上，徘徊于斗牛之间。白露横江，水光接天。纵一苇之所如，凌万顷之茫然。浩浩乎如冯虚御风，而不知其所止；飘飘乎如遗世独立，羽化而登仙。

于是饮酒乐甚，扣舷而歌之。歌曰："桂棹兮兰桨，击空明兮溯流光。渺渺兮予怀，望美人兮天一方。"客有吹洞箫者，倚歌而和之。其声呜呜然，如怨如慕，如泣如诉，余音袅袅，不绝如缕。舞幽壑之潜蛟，泣孤舟之嫠妇。

苏子愀然，正襟危坐，而问客曰："何为其然也？"客曰："'月明星稀，乌鹊南飞。'此非曹孟德之诗乎？西望夏口，东望武昌。山川相缪，郁乎苍苍。此非孟德之困于周郎者乎？方其破荆州，下江陵，顺流而东也，舳舻千里，旌旗蔽空，酾酒临江，横槊赋诗，固一世之雄也，而今安在哉？况吾与子渔樵于江渚之上，侣鱼虾而友麋鹿。驾一叶之扁舟，举匏尊以相属。寄蜉蝣于天地，渺沧海之一粟。哀吾生之须臾，羡长江之无穷。挟飞仙以遨游，抱明月而长终。知不可乎骤得，托遗响于悲风。"

苏子曰："客亦知夫水与月乎？逝者如斯，而未尝往也；盈虚者如彼，而卒莫消长也。盖将自其变者而观之，则天地曾不能以一瞬；自其不变者而观之，则物与我皆无尽也，而又何羡乎？且夫天地之间，物各有主。苟非吾之所有，虽一毫而莫取。惟江上之清风，与山间之明月，耳得之而为声，目遇之而成色，取之无禁，用之不竭，是造物者之无尽藏也，而吾与子之所共食。"

客喜而笑，洗盏更酌。肴核既尽，杯盘狼籍。相与枕藉乎舟中，不知东方之既白。

——苏轼《赤壁赋》

【以悟促写】

你留意过自家窗外的景物吗？或许是车水马龙的道路，或许是花木茂盛的园圃，或许是小伙伴们玩耍的场地……请以"窗外"为题，写一篇不少于700字的作文。要求：选取一个主要的观察视角，再辅以其他角度灵活描写。还要注意调动多种感官，使景物描写更加生动。

【佳作欣赏】

窗外

八（9）班　覃姿

深秋，一阵阵秋风吹拂着我的脸庞，吹拂着我的发梢，吹拂着我的心灵。我疲倦不堪地瘫在椅子上，脑袋微倾，目光透过那敞开的窗户，落到了窗外。

窗外，目光所及之处，远远近近的都是高高低低的楼房，或高耸入云、色彩鲜艳，或矮小老旧、朴实无华。一模一样的建筑群，一模一样的绿化带，乏味而单调。

我的心情更为烦躁，愈发觉得这样的环境非我所想。

但在移走目光的那一刹那，一抹艳丽的红闯进了我的眼中。我心生疑惑，走到窗前仔细地去寻找在这灰色世界中那唯一的一抹亮色。原来,是一户住户在阳台放了一排月季。在满天的粉尘中,在轻微的凉风中,那一盆盆娇艳欲滴的月季花轻轻飘舞着,仿佛听到了什么极好笑的事,笑得花枝乱颤,抖动得愈发猛烈起来。纯白的花瓣上又有玫红色帮忙点缀,像极了一位透红着脸的小姑娘。嫩绿而饱满的叶子衬得月季更显美好,也为这盆月季增添了另一份美丽,让人即使身处这灰色的世界也会不觉眼前一亮,燃起对生活的渴望,对生命的期盼。月季的香味很淡,但恍惚间,我却似乎闻到了一缕似有若无的宜人的芳香,这香味儿被秋风裹挟着向我袭来,沁人心脾,令人深醉其中。

或许月季的花瓣上已经沾满了灰尘,但它们却仍然挺立着胸脯,在这瑟瑟秋风中傲然挺立,为这个世界增添一分别样的美丽,为像我这样抱怨生活的人指点前方的路。

我的心境豁然开朗。

月季身处与我相同的世界,但它们却怡然自得,活出了生命最美的样子。我却时常抱怨,变成了一个我最不想变成的样子。在这样的环境中养了这几盆月季的人,想必是个热爱生活、乐观的人吧,他一定是希望自己能够在这个繁忙的世界为自己留下一个小小的私人空间,累了便躺下,休息一番再整装前行吧!

在这个繁华的都市,哪怕环境有多不理想,生活有多不如意,我也要像那盆月季和月季的主人一样,在喧嚣中,为自己留一片清净,傲然于世,活出生命最美的样子!

10　写出景的情趣

【精彩语段】

奇山异水,天下独绝。

水皆缥碧,千丈见底。游鱼细石,直视无碍。急湍甚箭,猛浪若奔。

夹岸高山,皆生寒树,负势竞上,互相轩邈,争高直指,千百成峰。泉水激石,泠泠作响;好鸟相鸣,嘤嘤成韵。蝉则千转不穷,猿则百叫无绝。鸢飞戾天者,望峰息心;经纶世务者,窥谷忘反。

——吴均《与朱元思书》

【品读赏析】

《与朱元思书》一文是吴均写给友人的信中节选的一部分，也是一篇精美的写景散文。作者用生花妙笔，为友人描绘出富春江明净的江水、富有动感的山势和天籁的和谐悦耳，既写出自己对自然美景的欣赏，也意在劝友人放下争名夺利之心，忘情于天地大美之中。

【感悟提升】

"天地有大美而不言"。美丽的自然风景，往往能给人以精神的慰藉或有助于净化人的心灵。尘世中充满喧嚣与忙碌，紧张的生活之余，走进自然，怡情悦目，获得心灵的短暂休憩，有利于更好地生活，也有益于高雅的审美情趣的培养。

【类文再品】

故鄣县东三十五里，有青山，绝壁千尺，孤峰入汉；绿嶂百重，清川万转。归飞之鸟，千翼竞来；企水之猿，百臂相接。秋露为霜，春罗被径。"风雨如晦，鸡鸣不已。"信足荡累颐物，悟衷散赏。

——吴均《与施从事书》

【以悟促写】

压力大的时候，心情不好的时候，我们常常喜欢出去走走，去看一看风景，看一看人们的生活。走着走着，压力神奇地变小，心情悄悄地变好。这就是景物所具有的治愈力量。你是否有过类似的经历？请你分享，写一篇不少于700字的文章。

【佳作欣赏】

感谢一棵树

八（2）班 赖子萱

粗壮的枝干上突兀地断了一截，在那上面竟然抽出了新芽。生机……希望……垂头丧气的我不由得停下了脚步。

在百货超市对面，有一棵大树。它曾是那样的郁郁葱葱，枝繁叶茂，个头比它身后的房子还高。小时候的我每天都站在它的臂膀下，等校车送我去上学。夏天它为我们遮阴，雨天它助我们避雨，给过我们很多的温暖。可惜，一场台风使它受到了重创——树的上半部分被硬生生折断，地面的泥土被暴雨淋得泥泞不堪。自那以后，它只留下孤零零的枝干，像一根木棍般立在百货超市对面。

而我，已有好长一段时间没有在那棵树下等车了。繁重的学习任务和紧张的学习生活，使我没有时间停下来等待。但这一天，为了不让父母看到我由于考试失利而沮丧的样子，我故意晚回家，在家的外围兜起了圈子。

一个人走在巷子里，失败感再次袭来。为什么又在二选一时选了错误的那个选项？同学们那么聪明……题目那么难，都没学过……我明明已经很努力了，为什么还是不如人……走着走着，我迎面遇上了那棵大树，不自觉地驻足。

因为，在光秃秃的主干上，突破树皮，有青绿色的芽儿长了出来，一个又一个芽儿已经长成了一片又一片鲜绿的叶子。走到另一边，也有类似的一簇长势良好的树叶。多么令人惊喜！经历了那样一场大灾难，也没有人给它施肥、打理，甚至还不时被过路人往树下扔烟头、吐口水，这些小树叶竟然还能再长出来，而且长得这样好看。这究竟是多强大的生命力量啊！而我呢，明明有那么多关心我、帮助我的老师、同学和家人，却还是考不好，而且怨这个怪那个，从自身找原因不才是我最应该做的事吗？再说，树没有因暴风雨的摧残而放弃生长，反而凭借自己的力量获得再生。我有这么多优秀资源，这么多支持我的力量，当然更应该从失意中奋起！我怎么可以连一棵树都不如！

我忍不住伸手摸了摸树叶，然后默默地跟树告别。往家的方向走去，我脚步轻快，脸上笑意盈盈。

11　把握景与情的关系

【精彩语段】

树树皆秋色，山山唯落晖。牧人驱犊返，猎马带禽归。

晴川历历汉阳树，芳草萋萋鹦鹉洲。

大漠孤烟直，长河落日圆。

几处早莺争暖树，谁家新燕啄春泥。乱花渐欲迷人眼，浅草才能没马蹄。

——《唐诗五首》

【品读赏析】

这五首唐诗都有优美的写景语句，营造出或闲适，或清新，或雄壮的艺术氛围。

夕阳西下，每一棵树，每一座山，都呈现出浓浓的秋意；放牧的人赶着牛回家，猎人骑着马带着猎获的禽鸟归来。树、山、人、牛、马共同构成一幅和谐图画。好一派闲适的田园风光！在和煦的阳光的照耀下，长江对岸的汉阳平野中那一棵棵葱翠树木，清晰可辨；江中的鹦鹉洲上，芳草如茵，长得非常茂盛。那一轮落日，又大又圆，孤悬于地平线上，更衬托出大漠之苍茫。诗句意境雄浑，壮阔深邃，被王国维誉为"千古壮观"。早莺争暖树，新燕啄春泥，都是早春景象，生机盎然。乱花初放，在为盛放时使人眼花缭乱蓄势；芳草才生，尚未长高，仅能没过马蹄。好一派春光明媚、清新自然景象！

【感悟提升】

"唐代是诗的时代。"诗歌流派众多，山水诗、田园诗、边塞诗、送别诗数量可观。专就诗歌中的景物描写而论，我们除了要读懂景物的特点，还要体会景物描写于整首诗的意义，如营造氛围（意境），如此才能更好地把握景与情的关系。

【类文再品】

春风过处

王畔政

没有一种风比春风更令人陶醉。虽看不见，却无处不在。山川丘陵、江河湖海、田野森林、城市村庄，她都用温柔的手抚摸过。春风过处，万物葳蕤，生机勃勃。

北方四季泾渭分明，季节的风吹向大地，让人感受到时令的变迁、植物的荣枯。每当春风到来时，整个大地总会为之一振，苏醒，返青，拔节，生长。

春风是一寸一寸地来到的，她边走边为大地褪去寒衣，然后一点一点着上春色，直至冬衣褪尽，春色满园。

燕子每到春天便会跟随春风按时返回村庄，寻找它曾经的家园。它们打扫干净亲手营造的巢房，白天在野外觅食，傍晚在村街上游戏。春风中，家雀在墙头嬉闹，鹁鸪鸟在屋脊上追逐，斑鸠在柳树枝头上下翻飞，上百只灰喜鹊在杨树、梧桐树的枝丫上安营扎寨，远远望去，一个个喜鹊的家在春风中摇曳。

麦田脱去叶片上的灰白，伸展开蜷缩的腰肢，将深绿色在田野里铺展。紫叶李花团锦簇，红玉兰含苞待放，连翘灿烂，碧桃俏丽，紫荆花争艳……村庄的册页里，赤橙黄绿青蓝紫，一股脑儿展示。

流水潺潺，小河是系在村庄胸前的绸带，更是大地的血脉。这里是鹅鸭的天堂，它们在河中觅食、嬉戏，还在河面上唱着"鹅鹅鹅""嘎嘎嘎"的歌。河边垂柳依依，那鹅黄色的芽苞，将河水映绿染黄。

柳笛一声天下春。孩子们争先恐后地折柳、做柳哨，然后吹着柳笛喇叭比赛。笛声嘹亮，或细腻婉转，或粗犷高亢，春天就这样被吹得绿意盎然。

草长莺飞三月天，正是纸鸢翻飞的好时候。找一片空旷的场院，逐渐放开牵线，"蝴蝶""蜈蚣"迎风展翅，越飞越高，越飞越远。天上的风筝飞着，地上的大人和孩子们站在春天里,尽情地享受着十里春风、万里春光。

刚从坡里回家的邻家大伯,背上的蜡条筐里盛着刚割下的鲜嫩韭菜。走在大街上,只听他远远地喊着,头刀子韭菜——无公害的!上前一闻,泥土的气味弥漫开来,正好可做晚饭的菜肴。隔壁院子里两棵香椿的枝丫上,早已冒出红绒绒的芽头。女主人轻轻掰下几枝嫩芽,用刀切成碎末,再打上鸡蛋搅匀,热油烧锅,下锅翻炒,香椿芽炒鸡蛋的香味飘向四方。

一片云彩在村庄的上空盘旋,一会儿春雨便下起来,斜风细雨,不疾不徐。春雨贵如油,老天知道村庄的心事。拾掇完农具刚从坡里回家的村民,也不急于赶路避雨,直让那细雨淋头,从头到脚仿佛在享受甘霖。春风细雨,浇灌着干渴的大地,浇灌着村庄的根系。根系滋润,才会枝繁叶茂,蓬勃生长出一个丰盈的村庄。

傍晚的村庄安详静谧。春风向晚,袭来暖暖春意。远处西山落日,霞光万道,近处炊烟袅袅,白云悠悠。小街整洁一新,小院氤氲着浓郁的烟火气息。晚饭后,乡邻们打开微信,聊会儿天,再看一看天南海北的信息。鸟归巢,鸡上宿,牛羊归圈。真是一派人间好景致。

【以悟促写】

本文所选的五首唐诗自然明朗,格调清新,营造了美好的氛围,抒发了美好的情感。请你选择其中的一首诗,发挥想象,改写成一篇800字左右的白话散文。要求:细致写景,着力描绘诗句所营造的氛围。

【佳作欣赏】

钱塘湖春行

八(10)班　官鑫露

如果你问我最喜欢什么季节,那么我将毫不犹豫地告诉你,是早春。

如果你继续问我哪里的早春景色最美,我依然会毫不犹豫地告诉你,是钱塘湖。

春到人间。虽是乍暖还寒时候,但出门信步赏景心情不减。何不到钱塘湖游览一番?

北边,在西湖的里湖与外湖之间,孤山寺面湖而立;西边,在西湖之旁,贾公亭安静地等待过往的游客。站在远处眺望西湖,湖水稍稍上涨,水面刚刚与湖岸齐平。清风徐来,吹皱一池春水,一圈又一圈的涟漪荡漾开来,将倒映在水中的贾公亭碎成一块又一块。碧波荡漾千里,湖面无边无际,一眼看不到尽头,只看到极远处,白云重重叠叠,与湖面上的波浪连成一片。江阔云低,水天相接,让人疑心那儿是不是就是天的尽头。迎风而立,吸上几口伴有钱塘湖的潮湿气息的空气,身心立即舒泰了起来。

打破这一派寂静的，是几只莺鸟。几棵向阳的树纷纷抽芽，树叶还很稀疏、鲜嫩，不难发现，鸟儿们飞蹿其间，互相争夺居住权。有一只鸟儿独居一树的，也有鸟儿结伴同居的，找到立足点后，它们或站在枝头沐浴阳光，或与同伴愉快地聊天，不时唱出动听的歌曲。也有的鸟儿看到陌生的燕子飞过，嘴里衔着春泥，在猜想："这是谁家的燕子？要飞去哪儿筑巢呢？"猜不出来便不再猜，继续站在高处看风景。

树下，是三三两两过往的行人，行色并不匆匆，反倒是闲适自在得很。吸引人注意力的，是一朵朵五颜六色的小花。没有经过特意的种植和修剪，这些不同颜色的花朵聚集在一起，好似约好了一起到人间来看看一般。只是它们不知道，自己也成了人们眼中的风景。再过半个月，这些花儿应该就能开得更加绚烂，让人目不暇接，驻足流连吧。当然，有花的地方肯定有小草。不知是因为春天刚到人间，还是因为草儿常被踩踏，这儿的小草长得不高，才长到刚刚能没过马蹄的高度。花儿草儿都在努力着，向阳而生，积蓄力量，点缀人间。

吹着湖风，缓缓地走在遍植杨柳树的白沙堤上，看柳树萌芽，听鸟儿叽喳。我最喜欢这样漫步，即使走上一整天也觉得不够满足。

第四单元 散文写作

12 真实的刻画与真挚的感情

【精彩语段】

我说道："爸爸，你走吧。"他望车外看了看，说："我买几个橘子去。你就在此地，不要走动。"我看那边月台的栅栏外有几个卖东西的等着顾客。走到那边月台，须穿过铁道，须跳下去又爬上去。父亲是一个胖子，走过去自然要费事些。我本来要去的，他不肯，只好让他去。我看见他戴着黑布小帽，穿着黑布大马褂，深青布棉袍，蹒跚地走到铁道边，慢慢探身下去，尚不大难。可是他穿过铁道，要爬上那边月台，就不容易了。他用两手攀着上面，两脚再向上缩；他肥胖的身子向左微倾，显出努力的样子。这时我看见他的背影，我的泪很快地流下来了。我赶紧拭干了泪，怕他看见，也怕别人看见。我再向外看时，他已抱了朱红的橘子往回走了。过铁道时，他先将橘子散放在地上，自己慢慢爬下，再抱起橘子走。到这边时，我赶紧去搀他。他和我走到车上，将橘子一股脑儿放在我的皮大衣上。于是扑扑衣上的泥土，心里很轻松似的，过一会儿说："我走了，到那边来信！"我望着他走出去。他走了几步，回过头看见我，说："进去吧，里边没人。"等他的背影混入来来往往的人里，再找不着了，我便进来坐下，我的眼泪又来了。

——朱自清《背影》

【品读赏析】

《背影》中，父亲为我买橘子的背影深深印在"我"的心里。父亲去买橘子的一举一动牵动着"儿子"的心，牵动着我们每一个读者的心。在细节描写的处理上，一方面作者在人物的每一个外貌、动作、心理描写得淋漓尽致，在每一个名词前面加入恰当的形容词，使人物样态更鲜活、更立体，如作者在描写父亲外貌时，"一个胖子""黑布小帽""黑布大马褂""深青色棉袍""努力的样子"等简单的词语却将父亲的笨拙、憨态可掬的形象展现得淋漓尽致。除此之外，作者在父亲动作描写上，注重人物动作的连贯性，加入副词修饰，如父亲爬月台时的动作"蹒跚地走""两脚再向上缩""身子向左微倾"，父亲买完橘子再次爬月台的"先将橘子散放""慢慢爬下""抱起橘子走""一股脑儿放"这些细致的动作描写，都能看得出父亲对儿子朴实的用心，没有任何华丽的辞藻，只是一些质朴的文字，一个普通的买橘子的场景，却将一个父亲对儿子的爱真挚地表达出来。

在细节描写上，作者注重情感主体的相互配合，不仅透过细节描写展现父亲对儿子的爱，也展现出儿子隐藏着对父亲的心疼与不舍。看到父亲对"我"默默做的一切，看到父亲背影"我的泪很快地流下来了""我赶紧拭干了泪，怕他看见"，这是作为一个孩子对父亲爱的反馈，无言而力透纸背。"我走了，到那边来信""进去吧，里面没人。"在细节描写上，还要注意语言在细节描写上的作用，形象而又生动地写出父亲对我的爱。

【感悟提升】

细腻的细节描写是一篇文章的精华所在。细节描写应注重人物的外在的刻画，外貌、动作，注重动作的生动性、连贯性，注重对形容词、副词的巧妙运用，注重语言描写的穿插，除此之外，细节描写也应注重对情感主体的双向描写。

【类文再品】

最后的背影

张秀超

父亲在我尚没有真正踏上人生旅途的时候就离我而去，已经20年了。

父亲走后的多年里，我在生活的海里沉浮飘荡，他不怎么入我的梦，昨日夜里，我忽然见到了他。父亲身穿青袄，坐在地头的榆树下，口中叼着烟袋，我似乎知道他已是隔世之人，问他："你还好吗？"

"我在那边还种地。"说罢，转头向田里走去，留给我的是若有若无、缥缥缈缈的影子。

我撵他，可腿迈不开步子，叫他，却喊不出声。在惊悸中醒来，秋夜正浓，半轮月儿在天，四边一片寂静。我不能再入睡了。

悄声走进书房，默然地坐在书桌前，耳边还想着那句话：我在那边还种地。我的眼里流出泪来，父亲生前的影像便浮现在眼前。

那年，父亲近60岁了，又患了肝病，他骨瘦如柴，虚弱无力。那时，我的几个哥哥姐姐都已成家了，只有刚结婚的小哥同我和父母一起，小哥的媳妇看到父母年老又有病，不能做活，我又读书，觉得同我们一起过是吃亏的，故此，对供我上学是颇不情愿的。父亲为了证明我们仨人不全是吃闲饭的，就硬撑着下地。

那年秋天收土豆，嫂子说忙不过来，执意要我回家收秋，我不敢违拗，只好请假回去，我怕落的功课太多，做活的间隙，看几眼书，哥嫂不愿意了，怨我的心事不在做活上，有气的哥哥抡起鞭子使劲儿地打那头拉犁的年迈老牛，眼看鞭子就要落到牛的身上。父亲脸色青黄，大口喘着气，他从哥哥的手中拿过鞭子，扶着犁向着地的那头走去，父亲被犁杖带着跟跟跄跄往前跑。瘦削的父亲跑了两垄，就一头栽倒在地上了，此后许久起不了床。

深秋的时候，学校放了几天假，让我们回去拿换季的衣服和准备冬天烧炉子的柴火。

回到家，我的眼里涌动着泪水，我说："我不想读书了，你也别再受这累了。"

"不算啥，只要我能动，就能供你。"他又说，"人说天生我才必有用，你那么爱读书，学得又好，咋也得把书念下去！"

这次上学走的时候，我难以启齿地告诉父亲，学校要交冬天烧炉子的柴火，交钱也行。父亲说，不犯愁，过几天送柴去。初冬一天的下午，父亲来了，他赶着牛车，拉了一车的柴火。都是一小捆一小捆的。后来，母亲告诉我，那是父亲一捆捆从山上扛回来的，他没力气，每次只能背两小捆。老师看父亲吃力的样子，招呼一些男同学，帮助我把车卸了，父亲蹲在墙角，灰黄的脸上挂着感激的笑。

卸完车，父亲让我跟他到镇上去一趟。他送柴火，也把那些草穗拉来了。

到镇上的货站，卖了草穗。我看父亲脸色已冻得发白了，我说去吃碗馄饨，暖暖身子吧。父亲说不用，一会儿就到家了，他把卖草穗的18元钱全给了我，又从青棉袄里襟的小兜子里，掏出一个小布包，里面是21元钱，他叮嘱我一定要拿好，并告诉我这钱是悄悄地给我攒下的，不要跟别人说。我的心苍凉而沉重，有说不出的酸楚，我把父亲送出小镇，过了白水桥，就是通往家乡的山路了。

父亲站住了，他说："你照管好自己，以后遇事要往前想，就总有奔头！"父亲说这话的时候并没有看我。说罢，他转过身，手牵着牛的缰绳往前走，父亲与黑牛并肩走在空旷的山路上。

寒冬的风呼呼地刮动着，父亲只穿一件黑棉袄，外边没有皮袄大衣之类遮寒，他弓着身子，一只手牵着牛，一只手遮在额前挡风，吃力地往前走。我望着他一步步走远，后来我站在一块大石头上眺望，视线里那凄寒的背影，渐渐变成一个黑点儿，一会儿融进苍茫的暮色里了。

不想，这背影竟是父亲留给我的最后的记忆。父亲回去不到十天就去世了。

我那时总觉得，当时的父亲就如淋在深秋田野里的一棵枝枯叶落的老玉米秸，而我就像十月的小阳春里，不合时令茫然冒出来的一株小花。父亲临近生命的大限，而我这颗渴望开花结果的小花，要生存下去，在没有父亲这座山的护佑下，景况该是何等的艰难！

父亲死后不久，我的书就没有办法念下去了，我被命运沉入生活的海中，上下漂浮，受尽了风霜浪打，可在漫长的求索旅途上，眼前总有个影子，耳边总有个声音对我说："天生我才必有用"，是这影子、这声音使我在任何艰难的境遇下，永不言弃，百折不挠，坚定地向着心中的目标远行。

生活不辜负我，我终于实现了用文字铸造事业的梦想。

今天，父亲入梦，勾起了我点点滴滴的忆念。可父亲留给我的记忆仍旧是模糊的：他的笑容是模糊的，他的喜怒是模糊的，就连他的面庞似乎都是模糊的；而留在记忆中最深切的仍是那身着黑衣的、踉跄而凄寒的背影！

【以悟促写】

生动的细节描写成就了朱自清笔下的经典，让我们为之动容。在我们的生活中，有哪些背影让你为之动容呢？请以"背影"为题写一篇不少于700字的作文。

【佳作欣赏】

背影

八（1）班　吴顺意

每当我望向窗外，我总会想起那个被太阳晒得黝黑的背影。

小时候，有一次父母因事外出，留下我孤身一人待在家中。我只身一人坐在空旷的阳台上，欣赏着夕阳的余晖带来的美丽。夕阳的余晖洒在了山间的河流，耸入云端的摩天大楼，及绿油油的草地之上。目光所及之处，皆被笼上一层金黄色。眼前的这番景色，也不禁让我联想到了唐代诗人李商隐写的"夕阳无限好，只是近黄昏"。

当我沉醉于眼前的这番美景之时，一个身影忽然出现在我的窗前。

定睛一看，这个大叔是顺着绳索向下降落停在我的窗前。我无比震惊，问道："你是蜘蛛侠？"他面带笑容，不紧不慢地说道："我可不会吐丝哟！"

我将他从头到脚考量了一遍，他头戴黄色安全帽；他那黝黑的手臂上的几点白色油漆显得十分突兀；他那看起来粗糙不堪的双手上布满了各式各样的新茧老茧；他的裤腿被墙壁磨得发亮显得十分破旧，脚上穿着一双既过时又老旧的帆布鞋。原来，他是外墙补漆工——传说中，行走在墙上的"蜘蛛侠"。

他往旁边继续刷漆，我伸出脑袋，只能看见他工作的半个背影。

他提起手中的油漆桶，拿起刷子规律地在墙壁上来回刷上一层洁白的白色，绳索在他的用力下，一会儿往左，一会儿往右。我的心也随着绳索一左一右地摇晃："小心点哈。"他背上的衣服已经全部被汗水浸湿，布上了一层深深浅浅的白灰印，石灰汗水散乱在背上，分不清哪里是汗水，哪里是灰尘。终于，粉刷完毕，他脱下身上的反光背心，将他那被汗水浸湿了的T恤衫往兜里一塞，又接着向下继续工作。

夕阳的余晖散下来，整个大楼沐浴在金色的阳光之中。他的布满灰尘的头发在太阳下闪闪发光，我轻轻说道："注意安全。"他抬起头，憨憨一笑："谢谢，快读书吧。"然后留给我一个弯曲俯身的背影。

每次我望向窗外，那个坚毅的辛苦的背影就会浮现在我的眼前。

13　环境背景与精神象征

【精彩语段】

当汽车在望不到边际的高原上奔驰，扑入你的视野的，是黄绿错综的一条大毯子。黄的是土，未开垦的荒土，几百万年前由伟大的自然力堆积成功的黄土高原的外壳；绿的呢，是人类劳力战胜自然的成果，是麦田，和风吹送，翻起了一轮一轮的绿波——这时你会真心佩服昔人所造的两个字"麦浪"，若不是妙手偶得，便确是经过锤炼的语言的精华。黄与绿主宰着，无边无垠，坦荡如砥，这时如果不是宛若并肩的远山的连峰提醒了你（这些山峰凭你的肉眼来判断，就知道是在你脚底下的），你会忘记了汽车是在高原上行驶。这时你涌起来的感想也许是"雄壮"，也许是"伟大"，诸如此类的形容词；然而同时你的眼睛也许觉得有点倦怠，你对当前的"雄壮"或"伟大"闭了眼，而另一种的味儿在你心头潜滋暗长了——"单调！"可不是，单调，有一点儿吧？

它没有婆娑的姿态，没有屈曲盘旋的虬枝。也许你要说它不美。如果美是专指"婆娑"或"旁逸斜出"之类而言，那么，白杨树算不得树中的好女子。但是它伟岸，正直，朴质，严肃，也不缺乏温和，更不用提它的坚强不屈与挺拔，它是树中的伟丈夫！当你在积雪初融的高原上走过，看见平坦的大地上傲然挺立这么一株或一排白杨树，难道你就觉得它只是树？难道你就不想到它的朴质，严肃，坚强不屈，至少也象征了北方的农民？难道你竟一点也不联想到，在敌后的广大土地上，到处有坚强不屈，就像这白杨树一样傲然挺立的守卫他们家乡的哨兵？难道你又不更远一点想到，这样枝枝叶叶靠紧团结，力求上进的白杨树，宛然象征了今天在华北平原纵横决荡，用血写出新中国历史的那种精神和意志？

——茅盾《白杨礼赞》

【品读赏析】

我们说环境往往会是影响一个人成长的重要因素，然而，在一个极其平凡的环境却成长着一棵不平凡的树。一望无际的平原，黄绿错综的大毯子坦荡如砥，这样未开垦的黄土，这样粗糙的环境为白杨树的出现设计出很好的环境背景。就是这样的一个环境孕育成长了这样一棵有骨气的白杨树。就是在这样的环境下成长出的白杨树才会更加令人敬佩和敬仰。

白杨树没有婀娜多姿，有着笔直的躯干，让人想到它的正直、它的质朴、它的不屈、它的傲岸，作者在上文描写了白杨树的样态，自然流露出白杨树身上的品质，将白杨树赋予人的性格，将其用词语展现出来，我们不光看到了白杨树它的品格，更看到了它作为象征事物所代表的含义，作者在这里用了四个"难道"反问句，句句铿锵有力，将白杨树与其所象征的意义展现出来。第一个难道与树相连，总说，其次，作者分为三组由浅入深反问说出了白杨树的象征意义。朴质、严肃、坚强不屈的白杨树象征了北方的农民，在敌后傲然挺立的白杨象征着守卫的哨兵，枝枝叶叶靠紧团结，力争上进的白杨，象征了华北平原纵横决荡的精神和意志，象征了整个民族团结与斗争。

【感悟提升】

象征手法是用具体事物表现某些抽象意义，是在作文中非常重要的手法，用明月代表思乡，根据事物抽象意义的不同，具体的象征对象也会有所变化，比如文中白杨树朴质、严肃象征了北方的农民，白杨树在敌后傲然挺立象征了守卫的哨兵，枝叶紧靠团结象征了华夏民族团结的精神和意志。选择你要象征的事物，根据具体事物的特征将其描述出来。此外，环境背景的烘托也很重要。

【类文再品】

春雨梨花

张统

每当梨花盛开的时候，梨乡都要举办梨花节。每年的梨花节前，都会有一张素洁得如同梨花一样的请柬飞到我的案头，传达着梨花对我的召唤。

我在一个飘雨的日子，踏上了去梨乡的路途。一路风雨，心中默念着李清照的"知否知否"，却全然没有女词人那种洒脱和悠然。"梨花一枝春带雨"，美倒是美，可那柔弱的梨花，能经得住几番风吹雨打？记得当年秋末，大丰收后销不出去的雪梨堆得像小山，压得人们心里透不过气来，梨农们的眼里噙满了泪水。去年夏天，梨乡的朋友捎来一箱他们自己生产的雪梨汁，细细地品上一品，那甜丝丝和凉幽幽的浸润，又让人闻到了梨花的芬芳。我想，今年梨农们该不会为销梨发愁了吧。

细雨霏霏，春意阑珊。路旁是一片片青绿色的麦田，阡陌间的农人披着雨衣，烟雨中，一望无垠的绿一直铺上西边山影朦胧的太行群峰。干旱的北方原野，此时竟有了一种江南水乡的气息和韵味。

车到梨乡，只见蒙蒙细雨之中，地上一层落花如雪；再看枝上，千树万树，依旧如雪，只是有些稀薄。地上的白与树上的白浑然一体，冷香接天，梨花如海，俨然一片银装素裹的冰雪世界，让人整个身心都变得清纯而宁静。

拨开横陈的枝桠，迎着甜丝的细雨，我小心翼翼地走进树林，去亲近梨花。枝头上，或一丛丛一簇簇，或星星点点，或密或疏，或浓或淡，一色的浅素嫩白，有着一种令人心颤的圣洁的美。越往深处，枝与花越稠密，不时拂面擦身，留下一片水痕一抹暗香。那些可爱的梨花在雨中浸润着，花托、花瓣、花蕊、花蕾上，都挂满了晶莹的雨滴，颗颗粒粒如散珠碎玉，悬坠欲滴。丛丛梨花，在风雨中相互依偎，绽放着少女般清纯的笑靥，深情地贪看着这雨中的春光，让人不忍去触摸它们，生怕惊动了一个个美丽的梦。

细雨还在飘着，天空中似有千万条飞舞着的丝线，北国的雨竟然也像江南的雨一样的缠绵。身旁的花枝在雨中簌簌抖动，不时有一阵雨珠和花瓣掉落，一层素馨飘零，如同一曲缥缈而伤感的弦乐。花浓雨密，香雾迷离，分不清哪是花哪是雨。这雨中的花，这花中的雨，这清凉的芬芳，这芬芳的清凉，花香水色，似梦非梦。啊，这美丽而圣洁的陶醉与洗礼，竟会是如此的刻骨铭心。不由得想起一些古人吟咏梨花的诗文，李重元的"杜宇声声不忍闻，欲黄昏，雨打梨花深闭门"；秦少游的"梨花满地不开门"，还有洪升的"天涯谁品梨花雪"等。这花与诗，浇上这缠绵的细雨，营造出一片忧伤的美丽，让人深切地体味到人类古今相通的一种美好情感，那就是对真善美的向往和钟爱，虽年华暗替，终也不改。

一年一度，花开花落。梨花的花期虽短，留给人的美却永恒。更何况花落过后，还有果实的生长，还有秋天的希望。遥望中秋时节，这片片梨园当是枝叶葱茏，黄金万点，雪梨飘香。到那时，人们就又会想起这些洁白的，在细雨中飘落的梨花。

【以悟促写】

每个事物都是有灵性的，它们的与众不同可以让事物绽放不一样的光彩，请你选用一种事物，运用象征手法，写出它的礼赞。以"……的礼赞"为题，写出一篇不少于700字的作文。

【佳作欣赏】

梅花礼赞

八（1）班　林漫祺

"风雨送春归，飞雪迎春到。已是悬崖百丈冰，犹有花枝俏。俏也不争春，只把春来报。待到山花烂漫时，她在丛中笑。"梅，是从古至今的各大文豪所喜的一种花。

我和外婆也都喜欢梅花。

雪滴滴答答地从空中落下，一颗接一颗，随后越来越大；我看着屋外的秃树枝从棕色的枝木到覆盖上一层厚厚的白雪。思绪渐渐随着大雪凝冻起来，专心写作业。这是今年下得第多少场雪了，可是让我期待的院子里的梅花还是没有露面，像个害羞的小姑娘似的；什么时候可以再脸红一点点，让我发现你呢？

发黄枯萎的老藤树经历不起被大风雪这般折腾，弯弯曲曲地倒下去了，陆陆续续地，藤条也被大雪渐渐掩埋。

时间一点点地流逝，不知不觉间已经到了傍晚时分。天黑得特别早，大概是因为昼短夜长吧。太阳在西边的山渐渐落下，它没有带走这场寒冷的白雪，而是让月亮起来代替它看着雪的降落。

不久后，庭院的墙角边仿佛冒出了几个小红点，我激动地走在窗边，随手拿起一根树枝便往雪里捅。"果然是梅花！"我心里窃喜。此时此刻哪儿顾得上什么作业呀，早就被我抛到后脑勺去了。我随手抓起爷爷的军大衣就往外跑，差点从窗户直接翻出去，好在窗外的黑暗和寒冷制止了我的脚步。

外面漆黑一片，天寒地冻；这一点也阻挡不了我的步伐。凑近梅花骨朵儿（原谅我这么形容，可是它实在是太小、太小了）我用手轻轻为它拨开了上边的雪，轻轻抚摸它的腰肢，"根很硬，是颗好苗子！"外婆突然在后面这么跟我说了一句，把我吓坏了；我还以为梅花成精会说话了呢。

"闻闻。"外婆把它往我这边掰，让我把鼻子凑过去吸一口。嗯，一股淡淡的芳香的确扑面而来；它不像桃花是那样甜甜的味道，不是桂花那样几百米外都闻得到的浓香味儿，更不是烈焰的香。而是一种清冷的香，幽幽的香，让人感觉心旷神怡，心神宁静。

梅花在这样铺天盖地的白雪里显得那样不同！枯黄的落叶、干脆的树枝仿佛都是它的背景，它是红的，红得那样鲜艳，那样耀眼，让人不得不注意它，即便是孤芳自赏。它带来了春天即将到来的喜讯吗？应该是的。

我赞扬梅花，因为它的谦逊。

我赞扬梅花，因为它的坚韧。

在严寒的酷冬，它非但没有倒下，反而逆行地生长起来；它是那样的惹人眼球。梅花有骨气，它是有灵魂的品种。像多年以来在重振国兴的中国人；无论多苦多难，都这样扛过来了，永远迎难而上，永远保持热血，永远在路上。

"墙角数枝梅，凌寒独自开。遥知不是雪，为有暗香来。"

我赞扬这坚韧不拔的梅！

14 意象意境与生命哲思

【精彩语段】

人们却不应该为此感到悲观。我们没有时间悲观。我们应该看到生命自身的神奇，生命流动着，永远不朽。地面上的小草，它们是那样卑微，那样柔弱，每个严寒的冬天过去后，它们依然一根根从土壤里钻出来，欢乐地迎着春天的风，好像那刚刚过去的寒冷从未存在。一万年前是这样，一万年以后也是这样！在春天，我们以同样感动的眼光看着山坡上那些小牛犊，它们跳跳蹦蹦，炫耀它们遍身金黄的茸毛。永远的小牛犊，永远的金黄色茸毛！

我的伙伴们，我们的心应该感到舒畅。那些暴君们能够杀害许多许多人，但是他们消灭不了生命。让我们赞美生命，赞美那毁灭不掉的生命吧！我们将要以不声不响的爱情来赞美它。生命在那些终于要凋谢的花朵里永存，不断给世界以色彩，不断给世界以芬芳。

——严文井《永久的生命》

【品读赏析】

什么是"永久的生命"？我们为什么而活着呢？生活该是什么样子的呢？严文井和罗素给了我们答案，他们对于人生有着的感悟与体验，散文往往蕴含着深刻的哲理，语言凝练，让人能从中领悟到生活的真谛，感受到生活的赤诚，让人获得思想的启迪。

《永久的生命》让我们看到了生命的奇迹。作者借助小草、小牛犊这样的意象向我们传达出生命要在柔弱中不断坚强，在悲观中不断寻找希望。"野火烧不尽，春风吹又生。"小草经历了苦难，经历了寒冷，经历了卑微，虽柔弱，却很顽强。"欢乐地迎着春天的风"，"欢乐地"一词用了拟人的修辞手法写出了小草的坚强和它的乐观。小草如此，人亦如此，在柔弱中坚强，在悲观中寻找希望。

经历了生活的蹉跎与洗礼，两位作者对生命、对我们一生追求都是有所经历、有所思考、有所感悟，只要将你心底最深切的感悟传达出来，它会影响很多人。

【感悟提升】

散文注重形散而神不散，每篇散文都会有一个核心精神。我们在写作文过程中，深刻的哲理往往是提升一篇文章档次的重要手段。而在散文学习中，我们要学会用意象去传达我们所想要表达的哲理，要学会布局文章，可采用总分总的形式，同时，要将自己内心深处最真诚的感悟传达出来。

【类文再品】

生命赋

孙荪

我常常在司空见惯的自然现象中，看到种种生命的奇观。

挺拔的巨树，葱茂的森林，绿色的草原，成熟的庄稼，盛开的鲜花，望着它们，或徜徉其中，那种洋溢着的博大生命力，常常催发我爆发出一种激情，在我周身漫布，升腾，飞越。

但是，有一些更细微更不显眼的现象，往往特别作用于我的心尖和神经末梢，引起我的一种轻微然而却是异常深刻的震颤。

早春，当冰尚未完全消融，万物尚未苏醒的时候，柳树的枝条还是铁灰色，可如小米粒般的新芽已经顶着严寒冒出来，它就是报春的最早的使者。万木峥嵘的自然之春就是从它开始的。

当枣芽发出不久，在播种过的棉花地里，可以看见棉芽冲破柔韧而疲软的壳子，一个个钻出地面，遍地都写着两个字：突破。

麦收过后，在麦茬地里新播种上的大豆，不几天工夫，从薄薄的透明的外衣中露出苗壮的一点胚芽，探头顶破地表，满地像是用五线谱写成的生命第一乐章。它预示着，也开始演奏着一部生命交响乐：活泼泼的胖乎乎的豆苗，无边际的宜人眼目的豆绿色波浪，成熟的金黄色的小山。

我害怕见花蕾。特别是那种已露出一点亮色，将要绽开的花蕾。我一见到它，就如醉如痴，它能一下子把我原来的思路打乱、斩断，重新引诱我不顾一切地去做生命瑰丽峰巅的想象：经过长久地默默不响地经营、吮吸、积累，所蓄积的全部精华、神采、光辉，就要在一刹那展现，这是怎样激动人心的时刻！恰如刚刚构思好一篇十分得意的文章，将要展纸挥笔的当口，也恰如对初恋情人迷恋时的慌乱，我有时有一种喘不过气来的感觉。

面对花蕾，我的思路空前地奇特、活跃。有一次我竟然呼啦一下忆起了几前的一场玩笑话。那是我和朋友在街头漫步，一群迎面而来的幼儿园小班的小朋友叽叽喳喳乱钻乱闹，我们被挤得无路可走。可我的那位朋友说，别急别气，说不定未来共和国的总理、部长、文坛巨星、科学泰斗就在这里。

真的，我不是为了写这篇文章而寻找比喻象征，我常常在花蕾前想起这位朋友有点幽默的预言。

我还有一个执拗的习惯：好在贫瘠的荒凉的山间沙漠流连。岩间石缝中生长的斑痕累累千扭百弯的怪柏奇松，荒漠中的一株或一丛"沙打旺"或骆驼草，石板上的一片黄绿浅灰的苔藓，我都向它们注目。这些景象剥落了我热烈的情感，凸现出严峻的理性，我不是可怜它们，我是敬仰它们！

这是怎样坚韧不拔的生命追求！在极端恶劣的条件下，它们全都生长得很顽强，很自信，很精神！外在的温度、湿度、肥沃度等条件，对它们都不重要；它们几乎全靠自己内在的生命力。如果条件再恶劣一点，别的葱茂的一切可能化为死亡的尘埃，而它们仍可能依然故我，生机盎然；如果条件好一点，那它们该是一副怎样的葱茂！

还有比生命现象更瑰丽更丰富的吗？

生命，就是开始，就是突破，就是希望，就是创造，就是追求。

有幸获得一次生命，那就让生命像那么回事地展示一下吧。

【以悟促写】

不管是生命还是生活、学习，你一定有很多的感触，运用这节课学习到的意象、哲理表达以及结构，以"……赋"为题写一篇不少于500字的作文。

【佳作欣赏】

大爱赋

八（10）班　朱淑涵

午后，我宅在家盯着窗外发呆，消磨无聊的时光。

看着本该车水马龙的街道上的人流变得寥寥，我忍不住用心爱的摄像机记录下这凄凉的一刻。

回看一年前同一时刻拍摄的一张极其相似的照片，不禁心生许多感动。

这本该是一年中最热闹的时刻：家家户户走亲访友、外出旅行、吃喝玩乐，但是病毒的肆虐使我们不得不度过一个极其特殊的春节。

国家有难，人人有责。作为公民，我们唯一能做的就是听从指挥，好好待在家里，不随便外出，为国家做贡献。

即使我们所有人都待家里，犹如被锁在牢笼里的鸟儿，但我们依然有一颗充满爱的炽热的心，心心相连，组成一张爱的大网，使原本人心惶惶的社会变得温暖。

即使宅在家，我们也可以关注时事新闻，时刻了解疫情的发展。不忘"先天下之忧而忧，后天下之乐而乐"。

于是，小小的电视机成了我们"爱的纽带"，虽然隔着屏幕，但是我们的心紧紧相连：有病人痊愈出院了，我们一定为之高兴；有不幸的人因肺炎离开了，我们也会心情低落；看着医护人员憔悴的面容，我们会倍感感动；火神山、雷神山医院快速建成，让我们为祖国感到自豪。

一场突如其来的新冠肺炎疫情，使我们懂得了珍惜亲友团聚的时光；使我们学会保护动物；使我们领悟了生命的真谛。

作为时代的接班人，我们应该牢记使命，勇于承接历史的接力棒，把这种博爱一代代地传承下去。

我相信：爱，永远比病毒传播得更远。

15　散文三美——言美景美情美

【精彩语段】

　　雨季的果子，是杨梅。卖杨梅的都是苗族女孩子，戴一顶小花帽子，穿着扳尖的绣了满帮花的鞋，坐在人家阶石的一角，不时吆唤一声："卖杨梅——"，声音娇娇的。她们的声音使得昆明雨季的空气更加柔和了。昆明的杨梅很大，有一个乒乓球那样大，颜色黑红黑红的，叫做"火炭梅"。这个名字起得真好，真是像一球烧得炽红的火炭！一点都不酸！我吃过苏州洞庭山的杨梅、井冈山的杨梅，好像都比不上昆明的火炭梅。

　　莲花池边有一条小街，有一个小酒店，我们走进去，要了一碟猪头肉，半市斤酒（装在上了绿釉的土磁杯里），坐了下来，雨下大了。酒店有几只鸡，都把脑袋反插在翅膀下面，一只脚着地，一动也不动地在檐下站着。酒店院子里有一架大木香花，昆明木香花很多。有的小河沿岸都是木香，但是这样大的木香却不多见。一棵木香，爬在架上，把院子遮得严严的。密匝匝的细碎的绿叶，数不清的半开的白花和饱涨的花骨朵，都被雨水淋得湿透了。

——汪曾祺《昆明的雨》

【品读赏析】

　　昆明的雨，表在写雨，重在思物、思人，苗族小姑娘的"卖杨梅——"使昆明的雨更增添了一份生气和柔和，小姑娘的纯洁与美好是昆明的雨的象征，柔和而又温暖，人与人之间，在吃杨梅的季节，互赠杨梅，增添了人情美。而在昆明的生活上，小酒店里的生活惬意，为作者营造了别样的思乡氛围，家就应该是有烟火气的，有温暖的，而在木香花的描写上，"密匝匝的细碎的""数不清的半开的""饱涨的"透过拟人的手法，让我们看到了不一样的木香花，别具特色，而又生机勃勃，借着情调，让我们感受到景物美的同时，更富有语言美。

【感悟提升】

　　《昆明的雨》是汪曾祺先生的写景抒情散文。本文具有"三美"：语言美、景物美、人情美。我们在写写景散文时，可以学习汪曾祺先生的手法，选择具有地域特色的景、用修辞从不同的感官去摹写形和神、温暖人和事增其味、对比手法融其情。

【类文再品】

雨

巴金

窗外露台上正摊开一片阳光，我抬起头还可以看见屋瓦上的一段蔚蓝天。好些日子没有见到这样晴朗的天气了。早晨我站在露台上昂头接受最初的阳光，我觉得我的身子一下子就变得十分轻快似的。我想起了那个意大利朋友的故事。

路易居·发布里在几年前病逝的时候，不过四十几岁。他是意大利的亡命者，也是独裁者墨索里尼的不能和解的敌人。他想到他没有看见自由的意大利，在那样轻的年纪，就永闭了眼睛。1927年春天在那个多雨的巴黎城里，某一个早上阳光照进了他的房间，他特别高兴地指着阳光说，这是一件了不起的可喜的事。我了解他的心情，他是南欧的人，是从阳光常照的意大利来的。见到在巴黎的春天里少见的日光，他又想起故乡的蓝天了。他为着自由舍弃了蓝天；他为着自由贡献了一生的精力。可是自由和蓝天两样，他都没有能够再见。

我也像发布里那样的热爱阳光。但有时我也酷爱阴雨。

十几年来，不打伞在雨下走路，这样的事在我不知有过多少次。就是在1927年，当发布里抱怨巴黎缺少阳光的时候，我还时常冒着微雨，在黄昏、在夜晚走到国葬院前面卢梭的像脚下，向那个被称为"18世纪世界的良心"的巨人吐露一个年轻异邦人的痛苦的胸怀。

我有一个应当说是不健全的性格。我常常吞下许多火种在肚里，我却还想保持心境的和平。有时火种在我的腹内燃烧起来。我受不了熬煎。我预感到一个可怕的爆发。为了浇熄这心火，我常常光着头走入雨湿的街道，让冰凉的雨洗我的烧脸。

水滴从头发间沿着我的脸颊流下来，雨点弄污了我的眼镜片。我的衣服渐渐地湿了。出现在我眼前的只是一片模糊的雨景，模糊……白茫茫的一片……我漫无目的地在街上走来走去。转弯时我也不注意我走进了什么街。我的脑子在想别的事情。我的脚认识路。走过一条街，又走过一条马路，我不留心街上的人和物，但是我没有被车撞伤，也不曾跌倒在地上。我脸上眼睛看不见现实世界的时候，我的脚上却睁开了一双更亮的眼睛。我常常走了一个钟点，又走回到自己住的地方。

我回到家里，样子很狼狈。可是心里却爽快多了。仿佛心上积满的尘垢都给一阵大雨洗干净了似的。

我知道俄国人有过"借酒淹愁"的习惯。我们的前辈也常说"借酒浇愁"。如今我却在"借雨洗愁"了。

我爱雨不是没有原因的。

【以悟促写】

仿照《昆明的雨》三美，以"深圳的雨"为题，写一篇不少于700字的作文。

【佳作欣赏】

深圳的雨

八（1）班　李潇洋

我喜欢深圳的雨。

深圳的雨是多彩的、快活的、热烈的，使人动情。

深圳的雨，有时候像一个邻家的小妹妹，轻悄悄地敲打你的窗户，等你探头出去，它又巧笑嫣然地走了；有时候，它又像一个莽撞的懵懂少年，横冲直撞，八匹马也拉不回来的样子。最恼人的是梅雨季节的雨，像含着轻愁的少妇，阴沉沉的脸，没有一点笑颜。

深圳的雨季还是挺长的，从四季到九月，时不时就来那么一场，猝不及防。春季的雨多是缠绵的，雨一来，墙壁、玻璃窗上都爬满了水珠，人走到路上，都感觉泡在水里一样，闷闷的，任何接触到空气的事物都是润润的，唯一让人欣喜的就是火红的木棉花开了，艳丽的花朵在枝头燃烧，为这灰暗的背景添加一抹亮丽的色彩。每到天晴，从远处观望，树冠上如云似霞，树底下也好像铺着一层鲜红的锦缎。木绵花可以入药，幼时，我常常流鼻血，母亲便带着我到附近长有木绵花树的地方，拾一袋新鲜的木绵花回家煲汤，看着母亲在厨房忙活，我最大的乐趣就是在一旁玩母亲不要的花蕊，这种记忆，让沉闷的雨季也变得快活起来。

到了夏季，雨忽然就变得热烈起来，每天不来造访一下，仿佛都对不起这个季节一样。所以主妇们晒被子就变得小心翼翼，发现天气稍有不对，必须飞一般地冲下去把被子收回来，稍迟一点就会淋得湿透。当然，过了一会儿，雨又会若无其事地掉头走了，火辣辣的日头又晒起来，让人哭笑不得。

雨后，就是荔枝成熟的时候了。壮元红是最早成熟的，红彤彤的一串串绑好，堆在街头小贩的手推车上，散发着诱人的香气。接着就是"妃子笑"，这个名字应该是来自"一骑红尘妃子笑，无人知是荔枝来"。可想而知，这个品种的荔枝应该十分尊贵了，并且特别甘美可口。但是我最喜欢吃的却是桂味，这种果子的外皮是绿色的，并不起眼儿，但是它们核小、肉多，一口咬下去，果汁在唇齿间流动，甜到了心里。

深圳的雨到了九月就渐渐地少了，天空变得高起来，堆积起来朵朵白云，风也变得舒爽。早晚洗了脸都得在脸拍点水，不然就太干燥了。每到这个时候，我突然又有点想念起台风天的雨来，一大早，就打开电视机盯着暴雨黄色的信号，等着它变成红色。

嘿嘿，这是每个深圳孩子的小秘密。

我喜欢深圳的雨。

第五单元　学写说明文

16　把握对象，厘清顺序

【精彩语段】

（1）石拱桥的桥洞成弧形，就像虹。

（2）石拱桥在世界桥梁史上出现得比较早。

（3）我国的石拱桥有悠久的历史。

（4）赵州桥横跨在洨河上，是世界著名的古代石拱桥，也是造成后一直使用到现在的最古的石桥。

（5）赵州桥非常雄伟，全长50.82米，两端宽9.6米，中部略窄，宽9米。

（6）永定河上的卢沟桥，修建于公元1189年到1192年间。桥长265米，由11个半圆形的石拱组成，每个石拱长度不一，自16米到21.6米。桥宽约8米，路面平坦，几乎与河面平行。每两个石拱之间有石砌桥墩，把11个石拱联成一个整体。由于各拱相联，所以这种桥叫做联拱石桥。永定河发水时，来势很猛，以前两岸河堤常被冲毁，但是这座桥却极少出事，足见它的坚固。桥面用石板铺砌，两旁有石栏石柱。每个柱头上都雕刻着不同姿态的狮子。这些石刻狮子，有的母子相抱，有的交头接耳，有的像倾听水声，有的像注视行人，千态万状，惟妙惟肖。

（7）早在13世纪，卢沟桥就闻名世界。

（8）卢沟桥在我国人民反抗帝国主义侵略战争的历史上，也是值得纪念的。

（9）为什么我国的石拱桥会有这样光辉的成就呢？

（10）两千年来，我国修建了无数的石拱桥。

【品读赏析】

本文每一段的首句，不仅对段落内容有概括作用，也能够帮助读者又快、又好地把握整篇文章的说明顺序。

文章从石拱桥的基本特点（概括），说到它在世界桥梁史上的地位和主要优点（概括），然后再说到中国石拱桥的特点（概括），接下来以赵州桥、卢沟桥为例具体解说（具体）。在具体解说赵州桥和卢沟桥的过程中，作者先大体介绍桥的一般情况，再着重介绍桥梁结构设计的主要特点，最后介绍桥的审美特征、历史文化意义等。

最后两段运用从现象到原因的说明顺序：古代石拱桥的光辉成就→取得这些成就的原因；当代石拱桥的"飞跃发展"→飞跃发展的原因。

总体来看，本文遵循从一般到特殊，先概括后具体的顺序，符合人们认识事物的规律，使读者对说明对象的认识不断深化、细化。

【感悟提升】

为了将说明对象介绍清楚，解说到位，在写作时我们要安排好整篇文章的说明顺序（空间顺序、时间顺序、逻辑顺序），同时也要注意段落内部结构的清晰、有序。一是认清说明对象，分析说明顺序。说明对象的特点决定了说明顺序的选择。二是把握语言标志，"读"出说明顺序。说明文语段中往往借助一定的词句表明层次和顺序，连接内容，组织材料。三是分清主次，综合归纳。有时一篇文章不止采用一种说明顺序，而是将几种方式糅合起来，交叉使用几种说明顺序，从而达到说明透彻的效果。

【类文再品】

故宫博物院

黄传惕

在北京的中心，有一座城中之城，这就是紫禁城。现在人们叫它故宫，也叫故宫博物院。这是明清两代的皇宫，是我国现存的最大最完整的古代宫殿建筑群，有五百多年历史了。

紫禁城的城墙十米多高，有四座城门：南面午门，北面神武门，东西面东华门、西华门。宫城呈长方形，占地72万平方米，有大小宫殿七十多座、房屋九千多间。城墙外是五十多米宽的护城河。城墙的四角上，各有一座玲珑奇巧的角楼。故宫建筑群规模宏大壮丽，建筑精美，布局统一，集中体现了我国古代建筑艺术的独特风格。

从天安门往里走，沿着一条笔直的大道穿过端门，就到午门的前面。午门俗称五凤楼，是紫禁城的正门。走进午门，是一个宽广的庭院，弯弯的金水河像一条玉带横贯东西，河上是五座精美的汉白玉石桥。桥的北面是太和门，一对威武的铜狮守卫在门的两侧。

进了太和门，就到紫禁城的中心——三大殿：太和殿、中和殿、保和殿。三座大殿矗立在七米多高的白石台基上。台基有三层，每层的边缘都用汉白玉栏杆围绕着，上面刻着龙凤流云，四角和望柱下面伸出一千多个圆雕鳌头，嘴里都有一个小圆洞，是台基的排水管道。

太和殿俗称金銮殿，高28米，面积2380多平方米，是故宫最大的殿堂。在湛蓝的天空下，那金黄色的琉璃瓦重檐屋顶，显得格外辉煌。殿檐斗拱、额枋、梁柱，装饰着青蓝点金和贴金彩画。正面是12根红色大圆柱，金琐窗，朱漆门，同台基相互衬映，色彩鲜明，雄伟壮丽。

大殿正中是一个约两米高的朱漆方台，上面安放着金漆雕龙宝座，背后是雕龙屏。方台两旁有六根高大的蟠龙金柱，每根大柱上盘绕着矫健的金龙。仰望殿顶，中央藻井有一条巨大的雕金蟠龙。从龙口里垂下一颗银白色大圆珠，周围环绕着六颗小珠，龙头、宝珠正对着下面的宝座。梁枋间彩画绚丽，有双龙戏珠、单龙翔舞，有行龙、升龙、降龙，多态多姿，龙身周围还衬托着流云火焰。

三大殿建筑在紫禁城的中轴线上，这条线也是北京城的中轴线，向南从午门到天安门延伸到正阳门、永定门，往北从神武门到地安门、鼓楼，全长约八公里。

太和殿是举行重大典礼的地方。皇帝即位、生日、婚礼和元旦等都在这里受朝贺。每逢大典，殿外的白石台基上下跪满文武百官，中间御道两边排列着仪仗，皇帝端坐在宝座上。大殿廊下，鸣钟击磬，乐声悠扬。台基上的香炉和铜龟、铜鹤里点起檀香或松柏枝，烟雾缭绕。

太和殿后面是中和殿。这是一个亭子形方殿，殿顶把四道垂脊攒在一起，正中安放着一个大圆镏金宝顶，轮廓非常优美。举行大典，皇帝先在这里休息。

中和殿后面是保和殿。雍正后，这里是举行最高一级考试——殿试的地方。

从保和殿出来，下了石级，是一片长方形小广场，西起隆宗门，东到景运门。它把紫禁城分为前后两大部分。广场以南，主要建筑是三大殿和东西两侧的文华殿、武英殿，叫"前朝"。广场北面乾清门以内叫"内廷"，是皇帝和后妃们起居生活的地方，主要建筑有乾清宫、交泰殿、坤宁宫和东六宫西六宫。

乾清宫是皇帝处理日常政务，批阅各种奏章的地方，后来还在这里接见外国使节。

乾清宫后面是交泰殿，交泰殿后面是坤宁宫。坤宁宫是皇后宫，也就是皇帝结婚的地方。

乾清宫、交泰殿、坤宁宫称"后三宫"。布局和前三殿基本一样，但庄严肃穆的气氛减少了，彩画图案也有明显的变化。前三殿的图案以龙为主，后三宫凤凰逐渐增加，出现了双凤朝阳、龙凤呈祥的彩画，还有飞凤、舞凤、凤凰牡丹等图案。

后三宫往北就是御花园。御花园面积不很大，有大小建筑二十多座，但毫无拥挤和重复的感觉。这里的建筑布局、环境气氛，和前几部分迥然不同。亭台楼阁、池馆水榭，掩映在青松翠柏之中；假山怪石、花坛盆景、藤萝翠竹，点缀其间。来到这里，仿佛进入苏州园林。

从御花园出顺贞门，就到紫禁城的北门——神武门，对面就是景山。景山是明代修建紫禁城的时候，用护城河中挖出的泥土堆起来的，现在成了风景优美的景山公园。站在景山的高处望故宫，重重殿宇，层层楼阁，道道宫墙，错综相连，而井然有序。这样宏伟的建筑群，这样和谐统一的布局，不能不令人惊叹。

【以悟促写】

请以"家乡的……"为题，以某一建筑物为说明对象，写一段400字左右的说明性文字。要求：在题目上补充建筑物的名字；合理安排说明顺序。

【佳作欣赏】

家乡的小桥

八（8）班　伍健聪

我的家乡有一座小桥，朴实无华，但让我印象深刻。

小桥没有名字，自我记事起它就在那儿了。小桥的外貌也普普通通，没有任何装饰，颜色是素朴的青灰色。纯粹是钢筋混凝土做成的，完全无法跟宏伟、坚固、美观的猎德大桥相提并论。小桥宽2.5米，全长只有8米，成人走上10步就能从这头走到那头。小桥很"小"，但自有一种简单朴素的美。小桥全桥只有一个大拱，是独拱桥。桥洞成弧形，像月牙，因而大拱上面的桥面很平坦，大体与河面平行，方便车辆的行驶。跟很多的桥一样，为了安全起见，小桥的两边也有简易的护栏，护栏头上刻有花纹，是缩小版的"拱"的形状。一个个同样形状的小"拱"合拢在一起，首尾相连，使护栏的头部与主体分隔开来。站在桥上看风景的人们自然而然地用手抓着护栏的头，不会战战兢兢。有时候，为了与小桥合影，人们随手把身上的包包往护栏的头上一挂，就这样不经意地"开发"出了小桥的新用途。

小桥不美，也不宏伟，但小桥经历了风风雨雨，其上走过一代又一代人，至今屹立不倒。

17 运用方法，写出特点

【精彩语段】

苏州园林栽种和修剪树木也着眼在画意。高树与低树俯仰生姿。落叶树与常绿树相间，花时不同的多种花树相间，这就一年四季不感到寂寞。没有修剪得像宝塔那样的松柏，没有阅兵式似的道旁树：因为依据中国画的审美观点看，这是不足取的。有几个园里有古老的藤萝，盘曲嶙峋的枝干就是一幅好画。开花的时候满眼的珠光宝气，使游览者感到无限的繁华和欢悦，可是没法说出来。

——叶圣陶《苏州园林》

【品读赏析】

本段写"花草树木的映衬"。先用摹状貌的说明方法说花草树木的栽种既讲究树木的错落，又照顾到季节的变化；再说花草树木的修剪"取法自然"。以"像宝塔那样的松柏""阅兵式似的道旁树"作比较，以"古老的藤萝"做例子来打比方，说明苏州园林花草树木的栽种与修剪"着眼在画意"。

【感悟提升】

《苏州园林》运用作比较、打比方、摹状貌、分类别、举例子等多种说明方法对苏州园林进行介绍，写出了苏州园林的动态美、谐和美和映衬美。为了使读者有一种如同身临其境的美的感受，作者运用多种说明方法将每一处景象都描绘得生动逼真。所以，在介绍建筑物时，我们可以运用多种说明方法，多角度说明，从而使之尽可能地生动和富于美感。

【类文再品】

南州六月荔枝丹

贾祖璋

幼年时只知道荔枝干，壳和肉都是棕褐色的。上了小学，老师讲授白居易的《荔枝图序》，读到"壳如红缯，膜如紫绡，瓤肉莹白如冰雪，浆液甘酸如醴酪"时，实在无法理解，荔枝哪里会是红色的！荔枝肉像冰雪那样洁白，不是更可怪吗？向老师提出疑问，老师也没有见过鲜荔枝，无法说明白，只好不了了之。假如是现在，老师纵然没有见过鲜荔枝，也可以找出科学的资料，给有点钻牛角尖的小学生解释明白吧。

白居易用比喻的笔法来描写荔枝的形态，的确也有不足之处。绡是丝织物，丝织物滑润，荔枝壳却是粗糙的。用果树学的术语来说，荔枝壳表面有细小的块状裂片，好像龟甲，特称龟裂片。裂片中央有突起部分，有的尖锐如刺，这叫做片峰。裂片大小疏密，片峰尖平，都因品种而不同。

成熟的荔枝，大多数是深红色或紫色。生在树头，从远处当然看不清它壳面的构造，只有红色映入眼帘，因而把它比做"绛囊""红星""珊瑚珠"，都很逼真。至于整株树以至成片的树林，那就成为"飞焰欲横天""红云几万重"的绚丽景色了。荔枝的成熟，广东是四月下旬到七月，福建是六月下旬到八月，都以七月为盛期，"南州六月荔枝丹"指的是阴历六月，正当阳历七月。荔枝也有淡红色的，如广东产的"三月红"和"挂绿"等。又有黄荔，淡黄色而略带淡红。

荔枝呈心脏形、卵圆形或圆形，通常蒂部大，顶端稍小。蒂部周围微微突起，称为果肩；有的一边高，一边低。顶端叫果顶，浑圆或尖圆。两侧从果顶到蒂部有一条沟，叫做缝合线，显隐随品种而不同。旧记载中还有一些稀奇的品种，如细长如指形的"龙牙"、圆小如珠的"珍珠"，因为缺少经济价值，现在已经绝种了。

荔枝大小，通常是直径三四厘米，重10多克到20多克。20世纪60年代，广东调查得知，有鹅蛋荔和丁香大荔，重达四五十克。还有四川合江产的"楠木叶"，《四川果树良种图谱》说它重19克左右，《中国果树栽培学》则说大的重60克。

所谓"膜如紫绡"，是指壳内紧贴壳的内壁的白色薄膜。说它"如紫绡"，是把壳内壁的花纹误作膜的花纹了。明代徐𤊹有一首《咏荔枝膜》诗，描写吃荔枝时把壳和膜扔在地上，好似"盈盈荷瓣风前落，片片桃花雨后娇"，是夸张的说法。

荔枝的肉大多数白色半透明，说它"莹白如冰雪"，完全正确。有的则微带黄色。从植物学的观点看，它不是果肉，而是种子外面的层膜发育而成的，应称做假种皮。真正的果肉倒是前面说的连同果壳扔掉的那一层膜。荔枝肉的细胞壁特别薄，所以入口一般都不留渣滓。味甜微酸，适宜于生食。有的纯甜。早熟品种则酸味较强。荔枝晒干或烘干，肉就变成红褐色，完全失去洁白的面貌。

荔枝不耐贮藏，正如白居易说的："一日而色变，二日而香变，三日而味变，四五日外，色香味尽去矣。"现经研究证实，温度保持在1℃到5℃，可贮藏30天左右。还应进一步设法延长贮藏期，以利于长途运输。因为荔枝不耐贮藏，古代宫廷想吃荔枝，就要派人兼程飞骑从南方运送长安或洛阳，给人民造成许多痛苦。唐明皇为了宠幸杨贵妃，就干过这样的事，唐代杜牧诗云："长安回望绣成堆，山顶千门次第开。一骑红尘妃子笑，无人知是荔枝来。"就是对这件事的嘲讽。

【以悟促写】

学生时代，学校是我们除了家之外待得最久的地方。学校的一景一物，对我们来说都不陌生，即使离开多年，我们还是会时常想起。

请你"画"一幅学校的局部分布图，并以小导游的身份写一段解说词。要求：运用多种说明方法，景物描写要生动、鲜活。

【佳作欣赏】

我的母校

八（4）班　黄绮雯

读书十年，辗转三所学校。其中，最令我魂牵梦绕的，是我的小学母校。

走过"北门迎辉"，来到"集美滴翠"。这儿的小草，嫩嫩的、绿绿的；桂花树与玉兰树挺立，新鲜的叶芽接二连三地萌发、长大，绿意渐浓。伴着仍有些许凉意的春风和风中吹来的泥土的气息，一抹抹鲜妍让人眼前一亮。远看，一朵朵玫红色的三角梅像一颗颗红宝珠，在阳光的照耀下更加鲜艳。近看，三五个还是花骨朵儿，耷拉着脑袋；六七个"小公主"眯缝着眼睛，不愿醒呢；八九个绽开了花瓣，似乎想早点来到这个世界；还有的则全开了，露出一个个灿烂的笑颜。每每来到这里，我都忍不住驻足良久，与这里的花草树木一同沐浴在阳光下。

穿过"牌坊古韵"，来到"绿茵逐梦"。人工青草嫩嫩的、绿绿的，铺满了整个足球场。沿着跑道，一路种植草木。娇柔的花瓣，优美的身形，纯真的纱衣，构成了一朵朵圣洁而美丽的兰花。蜜蜂穿梭其中，来回采蜜，说不清是兰花引来了蜜蜂，还是蜜蜂唤醒了兰花。一盆盆排列得整齐有序的盆花，就好似英姿飒爽的卫兵，在守卫着校园的一方宁静。一棵棵高大的皂荚树并列而生，有皂荚高挂枝头，也有皂荚掉落树下，硬硬的、黑黑的，让人觉得这是一株株充满了生命的力量的树。

踏着"卵石小径"，去往"风荷画廊"。画廊清幽雅致，笔直悠长，两边的墙壁每隔一米便饰以柚木色的镂空屏障，隔而未隔，界而未界，增加了景致的美感度。为了充分利用空间，天花板也不再是空无一物的白墙，而是代之以一幅幅彩绘的艺术画。艺术画以"荷文化"为主题，分高洁、优雅、同心、和美四个段落，不仅与荷花的品质相符，也与和谐、和美的校园氛围相通。在画廊尽头，凭栏东望，公园湖面上各色荷花盛开，清风徐来，暗香弥漫，两处美景相映成趣。

母校之美，难以尽述。假以时日，定当故地重游。

18 准确生动，富有情趣

【精彩语段】

蝉的隧道大都是深十五六英寸，下面较宽大，底部却完全关闭起来。做隧道的时候，泥土搬到哪里去了呢？为什么墙壁不会塌下来呢？谁都以为蝉的幼虫用有爪的腿爬上爬下，会将泥土弄塌了，把自己的房子塞住。其实，它干起活来简直像矿工或铁路工程师。矿工用支柱支撑隧道，铁路工程师利用砖墙使地道坚固。蝉同他们一样聪明，在隧道的墙上涂上灰泥。它身子里藏有一种极黏的液体，可以用来做灰泥。地穴常常建筑在含有汁液的植物根须上，是为了可以从根须取得汁液。

接着，它表演一种奇怪的体操。在空中腾跃，翻转，使头部倒悬，折皱的翼向外伸直，竭力张开。然后用一种几乎看不清的动作，尽力翻上来，并用前爪钩住它的空皮。这个动作使尾端从壳中脱出。总的过程大概要半点钟。

鱼形幼虫一到孔外，皮即刻脱去。但脱下的皮自动形成一种线，幼虫靠它能够附着在树枝上。幼虫落地之前，就在这里行日光浴，踢踢腿，试试筋力，有时却又懒洋洋地在绳端摇摆着。

——法布尔《蝉》

【品读赏析】

本文主要介绍蝉的习性，在说明的同时兼用文学的笔法，既具有科学性，又具有文学性，语言生动传神，大量运用拟人、比喻等修辞手法，富有感情色彩。

语段一：写蝉构建地道的方法，将蝉比作矿工、铁路工程师，生动形象地写出了蝉的幼虫聪明、能干。

语段二、三：运用拟人的修辞手法，生动细致地描写"蝉脱壳"的过程，增强了文章的可读性。同时，我们也会想到，这是作者长时间细致观察所得。

【感悟提升】

说明文的语言力求准确、严密、平实，但并不意味着不可以运用文学笔法。相反，在说明文中，适当地使用修辞手法，能够使文章免于枯燥乏味，而变得富有趣味性。

【类文再品】

蝉与蚁

施蛰存

拉封丹以蝉与蚁为寓言，说蝉终日咏歌，不知储蓄粮食，遂至身先蒲柳而亡，蚁则孜孜矻矻，有春耕夏耨、秋收冬藏的能耐，卒岁无虞，避寒有术。终论是把人教训一顿，应学学蚂蚁的勤劳，而不可学蝉的耽于逸乐。

小时读了这则寓言，就对蚂蚁的辛劳起了尊敬之心，对于只顾享乐的鸣蝉，认为它们是自作孽，是不值得可怜的。今天走过一株大柳树下，恰好有鸣蝉在柳叶间聒噪。夕阳红红地照耀在西天，阵阵微风吹拂，也不觉得燠热，何况我只穿上了短裤，还有手中的大葵扇。渐渐地我非但不再觉得它们烦乱，甚至竟听出一些意思来。

倘若蝉不唱歌，它是否能活到蚂蚁那样的寿命？反过来说，若蚂蚁效蝉的懒惰，是否会和蝉同死生？从这两种昆虫的生命来说，它们并不觉得谁比谁活多了几年，"朝菌不知晦朔，蟪蛄不知春秋"，彼此都过了一生。

不会歌唱的蝉不见得能活过严冬；懒惰蚂蚁的寿命也不见得比勤劳的同伴短。然则蚂蚁储藏粮食，未必就是美德，而蝉的高歌，也就不是甚么罪过了。更进一步言，蝉但求吃饱喝饱，便在酷热的阳光下努力讴歌，虽然我们不懂它在唱甚么，但无论是吟风弄月，或是悲天悯人，它多少已唱了出来，令它一生除了吃喝外，还有一点旁的意义。蚂蚁呢？吃饱了，喝饱了，还得忙着。孜孜功利，为的就是延续生命，而它的生命实质并未延长，它所储藏的粮食，也许自己也吃不完，徒然留下一副守财奴相，生命对它们来说还有什么意义？

今人终日辛劳，营营役役，只知歌颂辛勤的蚂蚁，却不识欣赏热情歌唱、享乐人生的鸣蝉。自诩聪明的人类，不忒笨了点！

【以悟促写】

读了这篇课文，我们发现蝉的生命历程原来如此丰富多彩，对这小小的生灵也有了全新的认识。请你以某一动物为探究对象，将自己的探究所得写成一篇不少于700字的说明文。要求：语言兼具科学性和生动性。

【佳作欣赏】

蜜蜂

八（3）班　朱禹钢

有人喜欢色彩斑斓的七星瓢虫，有人喜欢团结合作的蚂蚁，有人喜欢慢条斯理的蜗牛，还有人喜欢翩翩起舞的蝴蝶。而我，独独偏爱蜜蜂。

提及蜜蜂，我们总会不由自主地想到"采得百花成蜜后，为谁辛苦为谁甜"这句诗。确实，这句诗非常精练地概括了蜜蜂采花酿蜜的习性和苦己为人的美好品质，也是我喜爱蜜蜂的原因之一。

在老家，伯伯养了好几箱蜜蜂，每年会在春冬"摇"两次蜂蜜，蜂蜜清香又甜美。小时候闲来无事的时候，我就喜欢站在蜂箱旁边，看蜜蜂飞进飞出，为此还被蜜蜂蜇过呢。

蜜蜂小巧玲珑，有一张清秀的面孔，一对想飞就飞的翅膀，身上穿着一件黑色和黄色相交的风衣，身后有着一根又长又尖的刺。

蜜蜂喜欢群居，祖祖辈辈一起建造、经营着一个家。蜜蜂的家——蜂房呈椭圆形，颜色是金黄色的，在这样的"水晶宫"里住着，想必是非常舒服的。然而，蜜蜂绝不恋家。它们每天都会外出，不是为了游玩，却是为了采蜜。无惧于跨越千山万水，无惧于烈日暴晒或风狂雨骤，它们似乎"不达目的不罢休"，非采着蜜不可。所以，我常常看到，一只只蜜蜂往外飞去，走时两手空空，回来的时候却是两翼带蜜。走进家门后，蜜蜂不急于休息，而是将身上的花蜜注入家中的合适位置。一天又一天，蜜蜂的家就这样一点点地发展壮大。

我曾经为自己被蜜蜂蜇肿了手指而咒骂过它们，曾为个别蜜蜂一无所获地回家而批评它们，也曾为蜜蜂三天两头地在蜂箱外面成群结队地嗡嗡叫而心烦，但当我喝到纯美清甜的蜂蜜时，我才发现，蜜蜂真的很了不起！它们风雨无阻地外出采蜜，常常收获满满地归来酿蜜；有时半天甚至几天都采不到蜜，或者采到蜜后被风雨剥夺一空，回到家后遇到"刽子手"螳螂，死于非命……面对这一切，它们不退缩、不畏惧，依然默默地做着自己的本职工作。它们用自己的辛苦，酿成香甜，不为自己，只为人类。这种毫不利己，专门利人的动物，着实令我钦佩！

以上就是我对蜜蜂的全部赞誉。

19 布局可视，再现历史

【精彩语段】

画面开卷处描绘的是汴京近郊的风光。疏林薄雾，农舍田畴，春寒料峭，赶集的乡人驱赶着往城内送炭的毛驴驮队。在进入大道的岔道上，是众多仆从簇拥的轿乘队伍，从插满柳枝的轿顶可知是踏青扫墓归来的权贵。近处小路上骑驴而行的则是长途跋涉的行旅。树木新发的枝芽，调节了画面的色彩和疏密，表现出北国早春的气息。画面中段是汴河两岸的繁华情景。汴河是当时南北交通的孔道，也是北宋王朝国家漕运的枢纽。巨大的漕船，舳舻相接，忙碌的船工从停泊在河边的粮船上卸下沉重的粮包，纤夫们拖着船逆水行驶，一片繁忙景象。汴河上有一座规模宏敞的拱桥，其桥无柱，以巨木虚架而成，结构精美，宛如飞虹。桥的两端紧连着街市，车水马龙，热闹非凡。一艘准备驶过拱桥的巨大漕船的细节描绘，一直为人们所称道：船正在放倒桅杆准备过桥，船夫们呼唤叫喊，握篙盘索。桥上呼应相接，岸边挥臂助阵，过往行人聚集在桥头围观。而那些赶脚、推车、挑担的人，却无暇一顾。这紧张的一幕，成为全画的一个高潮。后段描写汴梁市区的街道。在高大雄伟的城楼两侧，街道纵横，房屋林立，茶坊、酒肆、脚店、肉铺、寺观、公厕等一应俱全。各类店铺经营着罗锦布匹、沉檀香料、香烛纸马。另有医药门诊、大车修理、看相算命、修面整容，应有尽有。街上行人摩肩接踵，络绎不绝，士农工商，男女老少，各行各业，无所不备。

——毛宁《梦回繁华》

【品读赏析】

作者运用空间顺序，分三层介绍《清明上河图》这一国宝级画作的主体内容：首先是"画面开卷处"汴京近郊的风光，然后是"画面中段"汴河两岸的繁华情景，最后是画作"后段"汴京市区的街道。

画作描摹了北宋时期繁华的市井风情，丰富了人们对当时社会风貌的认识，激发了人们对古代生活的想象。这幅长卷人物众多，场景复杂，但作者介绍得条理分明、细腻具体，并且挖掘出画面背后的社会历史内涵。同时，作者大量使用四字短语，使文章的语言典雅而富有韵味。

【感悟提升】

文学艺术源于现实，又高于现实。《清明上河图》便是如此。此画作取材于现实，高度再现北宋时期的繁华图景，又具有丰富的社会历史内涵。作为后人，我们所要做的是，借由画作，认识历史，思索历史，传承文明，壮大文明。

【类文再品】

中国画的骄傲——《清明上河图》

黎孟德

《清明上河图》描绘了北宋汴河两岸的景物和清明节这一天人们的生活场景，内容繁而不杂，场面多而不乱，无论状物写人，都合情合理。

画卷以萧疏的郊外为开端，一片春风和煦的田园景色。农夫在田间耕作，两个商贩赶着驮炭的驴群姗姗而来，一列行旅，有车骑仆从，正匆匆向城里进发，轿顶上插满了杨柳，一看就知是城里富贵人家扫墓而来。作者在此巧妙地交代了时间、风俗，展开了序幕。

画面渐进，路边酒肆、茶摊渐多起来，汴河也繁忙起来。沿河有许多粮仓，靠岸的船只，搭着跑板在卸货。满载货物的船只吃水很深，水面几乎接近船帮，而卸完货的船只，则吃水较浅。河心一艘大船，尾部有八名船夫合力摇桨；河对岸，五名纤夫在拉着船艰难前行。

画卷再展，一片宏伟木质拱桥宛如飞虹，横跨河面，以拱桥为中心形成了全图的高潮。一艘大船逆流而上，将要过桥，它高高的桅杆却被桥头挡住了。船上的人有的七手八脚忙着收杆，有的奋力划桨，有的用篙竿撑住桥洞顶端。桥上岸边挤满了热心观众，帮着出主意。桥的另一边又有一只船迎面驶来，船夫们都站在船尾焦急张望，为双方能否顺利过桥捏一把汗。围绕这一紧急事件，作者远近照应，将这一复杂场面处理得合理有序又扣人心弦。

桥上车水马龙，人声鼎沸，热闹非凡。两岸挤满摊贩，店铺林立，百业兴旺。两商贩在街心争夺顾客，而那位顾客则左顾右盼，身子朝右，头却向左望，不知所从。桥上一官员骑马过桥与一小轿相遇，双方奴仆各不相让，旁边有人在看热闹。桥上下来一辆驴车，载满货物的车子惯性下冲，车夫弯腰拱背，奋力抵住；而驴子则松了一把力，摇头晃脑，漫不经心，缰绳也晃悠着，观者注意到此，多会心一笑。临河的茶肆中，茶客们或房间闲谈，或临窗眺望，好不闲适。

画的前头是巍峨的城门横断画面，这在绘画创作中是很忌讳的，安排不当就会使画面出现割裂。但见城门前后左右广植树木，使高大的城门不显单调，最妙的是用正在进城的骆驼商队衔接城内外，过渡自然。进城后，画面节奏放缓，城内道路纵横交叉，沿街店铺鳞次栉比，人物举止从容舒缓，或结伴而行，或揖让为礼，有官绅士兵、和尚乞丐、说书卖艺人……城里有官府宅第，有酒楼当铺，铺面上的招牌显示出各行各业："香醪""孙羊店"等，一派繁荣有序的都市景象！

《清明上河图》运用中国传统"散点透视"法，将几十里风光人情尽收卷中。远近人物，几笔勾勒就神情兼具，大有城楼房屋，小见铺内刀剪，无不刻画清晰，而又不给人比例失调之感，如此头绪众多、人物繁杂而无一处败笔，真可让人叹为观止！

这幅生动地记录了中国12世纪城市生活风貌的风俗画，在我国乃至世界绘画史上都是独一无二的，堪称中国绘画的骄傲。

【以悟促写】

中华历史源远流长，中华文明博大精深。回首历史，春秋、战国、两汉、魏晋南北朝、唐、宋、元、明、清……哪一个朝代不令人向往？如果给你一部时光机器，你最想回到哪个朝代？

请以"梦回……"为题，写一篇不少于700字的文章。要求：将题目补充完整；运用说明文写作的方法，对历史文明有一定的感知和认识。

【佳作欣赏】

梦回大唐

八（4）班 陈锦

"贞观之治""盛唐气象""李白杜甫"……说到唐朝，我们总是如数家珍。唐朝给了我们太多太美好的印象，以至于常常有人说："如果给我一部时光机器，我会回到大唐。"

大唐有贤德的长孙皇后，有女皇武则天，有凄美的爱情故事，而我唯独对大唐的"气度"感受最深。

又是一日午后，翻开历史书，映入眼帘的是阎立本的《步辇图》。众所周知，这幅图讲的是吐蕃王松赞干布派使者禄东赞向大唐求亲，唐太宗将文成公主嫁给松赞干布的故事。整个图片是和谐的黄红色调，与祥和、喜庆的气氛相协调。图中左边三人里面中间的那个人，头发和装饰不同于其余两人，就是使者禄东赞，诚挚谦恭、持重有礼。图片的右边，有十个装束相同的娇小、稚嫩的侍女。有两人一前一后手执厚大的屏风扇，而且举得高高的；最后方有一人手持一面旌旗；有四人抬辇，还有三人也在队伍中间。她们或侧或正、或趋或行，环绕在一个男人的周围。辇上端坐的男人身着皇袍，面目俊朗，目光深邃，神情庄重，这便是大唐皇帝唐太宗。于是，多重对比之下，大唐的雍容华贵之气尽显。

当时的大唐国力强盛，唐太宗是公认的"天可汗"，国势和国君都首屈一指。面对吐蕃王的求亲，唐太宗大可以不答应。然而，历史事实却是，唐太宗答应让自己的女儿文成公主入藏，而且带去了大批丝织品和典籍，还有许多树木、果蔬的种子，将中原地区的先进文化和生产技术带进了青藏高原，促进了藏族政治、经济、文化的发展。这让我想到，历史上，汉族人常常有一种优越感，常常称少数民族为"鞑子""蛮夷"，要让汉族人与少数民族联姻，那几乎是不可能的。唐太宗能站在国家民族的立场，忍痛让自己的女儿远嫁高寒之地，如果没有广阔的胸襟和气度，是万难做到的。汉藏联姻，使民族友好往来，百姓能够免于战争的侵害，安居乐业，文化因此交流与融合，都由大唐"气度"而来。

唐朝因其包容、开放的"气度"让人神往。若有机会，我选择梦回大唐。

第六单元　化古为文

20　诗歌扩写

【精彩语段】

雁门太守行　李贺

黑云压城城欲摧，甲光向日金鳞开。

角声满天秋色里，塞上燕脂凝夜紫。

半卷红旗临易水，霜重鼓寒声不起。

报君黄金台上意，提携玉龙为君死！

【品读赏析】

　　黑云压城，甲光向日，角声满天，燕脂夜紫，这是何等悲惨壮烈、浴血奋战的场面。作者从听觉和视觉两方面渲染战斗的残酷。一般写悲壮惨烈的战斗场面不宜使用表现浓艳色彩的词语，而李贺这首诗几乎句句都有鲜明的色彩，如金色、胭脂色和紫红色。它们和黑色、秋色、玉白色等交织在一起，构成色彩斑斓的画面。诗人以色示物，以色感人，借助想象给事物涂上各种各样新奇浓重的色彩，有效地显示了它们的多层次性。这种色彩斑斓的奇异画面却准确地表现了特定时间、特定地点的边塞风光和瞬息变幻的战争风云，又显得很妥帖。惟其奇诡，愈觉新颖；惟其妥贴，则倍感真切；奇诡而又妥帖，从而构成浑融蕴藉富有情思的意境。这是李贺创作诗歌的绝招，他的可贵之处，也是他的难学之处。

【感悟提升】

　　诗歌中，无论是写景状物，或者写史咏怀，往往都有深意，都有所寄托的。如何将诗歌改成现代文，需要注意一下四个方面：1.要准确理解原诗内容；2.确定记叙要素；3.不能改变原诗的主题思想。再现情景，填补空白，要发挥想象对原诗进行合理的增、扩；4.可采用第一人称或第三人称写。

【类文再品】

雨打梨花深闭门

周颖

一场绵绵的梨花雨，自遥远的大明，吹至今朝。

那位女子道："雨打梨花深闭门，忘了青春，误了青春！"

一忘，一误，几乎断去了她对一人那深深的情思与念想。

犹记得当年，狼烟漫漫。伊人在水一方，郎在沙场。

临行前，信誓旦旦的诺言，情意绵绵的诀别，最终，眼里剩下离去的英姿与一骑红尘，还有渐渐被风拂落的一树梨花。

许久，她缓缓合眸，似银线般轻淌的泪，也渐干了。一瓣梨花掠过如玉如脂的脸庞，仅触一下，便纷纷零落。一声无奈的叹息诉说着落寞，一抹清瘦的背影诠释着凄凉。闺房深处，时时敞开的院门，终于重重地关上了。

深闭的门，隔绝了春秋，隔绝了风雪。自此之后，便赏心乐事共谁论，花下销魂，月下销魂。

她陷入盲目的等待中。空间的阻隔，无情地拉开了两人的距离，使她在一次次雨打梨花，春来春去中更加加重往昔的惆怅，加重往昔曾有"赏心乐事"的失落感。

时间的流逝，空间的凝滞，都未能等回梨花树下那个熟悉的身影。有人叹她痴情，告诉她"他早已战死沙场"；有人羡她坚守真情，安慰她"他将要大胜而归"；还有人笑她无知，劝告她"别等了，他回不来了"。

她一笑奈何，再不愿听到这些悲伤的谣言，任凭风雨中的梨花纷飞，再次重重地闭上院门。

人生，终将在这般等待中渐渐消逝。正如"君看今年树上花，不是去年枝上朵"，昔日再美的花也抵不住流年，光阴从未关注过谁。

可又能如何？只能终日"愁聚眉峰尽日颦，千点啼痕，万点啼痕"。年复一年，她再不风华如初；今年枝上的梨花，也不再是去年的朵儿了。

嘲她不值，竟将最好的年华来等待一不归人。但也要佩她深挚，在岁月的折磨下也没有改变初心。

"行也思君，坐也思君。"卷帘深闭重门，只是相思不敢问。

无端而辜负了的年华。

不觉间，多年前真挚的少年，已随岁月远去。或许，真的等不到了。

因了等待，青丝等到了白头，泪痕难拭。

朝朝暮暮，心头竟没了一丝怨恨。

路途漫漫，或许他已找到了归宿。

为接受这梦境般的现实，她再一次掩下卷帘，在梨花中，紧紧地闭上了院门，屋门，还有心门。

落日熔金，夕阳尽数撒在雪白的花瓣上，说不尽的美丽，道不尽的凄凉。此刻，人间风景恍若也因她而憔悴。

不如在岁月中长醉，春光里幻灭，化一只，无关风月的蝶。

梨花雨中，这扇木门，终是扣不开了。

【以悟促写】

俗话说：诗言志，诗言情。请你选择一首或多首诗，写一写诗中的志与情。

_____

_____

【佳作欣赏】

藏在心里的诗

八（10）班　谢嘉怡

吹去时间落在你身上的尘，拾起你，藏在心里。

——题记

越过时间的栅栏，击碎时代的枷锁，透过埋藏在心中的诗，遇见了你。

藏在心里，你的孤寂迷离。

睡梦里听了一夜的雨打芭蕉，醒在处处可闻的啼鸟声中，又看见经了昨夜的雨疏风骤、因而绿肥红瘦的海棠。幽深庭院。一位荆钗布衣的女子正在对镜梳妆。一瀑青丝，难掩曾经的清丽。只是时间洗白了双鬓，又蹉跎了脸颊。双眸目若秋水，朱红一唇娇艳动人，惊艳世人。或许她也曾在午后庭中的秋千上伴随着青云朵朵，轻轻荡漾着她的岁月。只是这位女子在经历了家破人亡的悲痛后，只能幽叹"我报路长嗟日暮，学诗漫有惊人句。"乱世中的一朵绝代佳丽，且歌且行，直至帘卷西风，人比黄花瘦。

藏在心里，你的壮志难酬。

一支折断了的铁戟独自在水底沙中沉没了六百多年，还未销蚀掉。岁月无情流逝，物依旧，人已非。假如东风不与周郎方便，那结局恐怕便是曹操取胜，美艳无双的二乔便只能被关进铜雀台默默流泪哭泣。遥想公瑾当年，雄姿英发，羽扇纶巾，豪气冲天。可怜如你，虽有满腔热血，却只能对着这折断的铁戟，默默哀叹。灵修浩荡兮，终不察夫吾心。奈何满腔热血，可惜无地可用。奈何炽热爱国，可惜深处晚唐。奈何才华过人，可惜只能没于茫茫人海，即使曾梦于云涛，穿过星河，抒发自身的惆怅和怀才不遇也只得将一腔悲愤交予酒肆。

藏在心里，你的沉郁思民。

安史之乱结束了一代盛世。又是一年春天到，但昔日的繁华不再。帝国飘摇，锦绣河山遭践踏，国家将灭亡。你看着春日的乱花，纷乱的燕啼，最终也只能哽咽吟咏，"感时花溅泪，恨别鸟惊心。"那无边际的烽火，世间的哀号，连绵三月不断。你捧着一封家书，细细翻看，只得与山河一起落泪。"今春看又过，何日是归年。"是对故园的念，是对家国的思。

诗中看到了你的凄凉宝剑篇，羁泊欲穷年。再品一品诗中的愁、思、怨，一曲同情到心头。

21 辩证思维

【精彩语段】

北山愚公者，年且九十，面山而居。惩山北之塞，出入之迂也。聚室而谋曰："吾与汝毕力平险，指通豫南，达于汉阴，可乎？"杂然相许。其妻献疑曰："以君之力，曾不能损魁父之丘，如太行、王屋何？且焉置土石？"杂曰："投诸渤海之尾，隐土之北。"遂率子孙荷担者三夫，叩石垦壤，箕畚运于渤海之尾。邻人京城氏之孀妻有遗男，始龀，跳往助之。寒暑易节，始一返焉。

河曲智叟笑而止之曰："甚矣，汝之不惠。以残年余力，曾不能毁山之一毛，其如土石何？"北山愚公长息曰："汝心之固，固不可彻，曾不若孀妻弱子。虽我之死，有子存焉；子又生孙，孙又生子；子又有子，子又有孙；子子孙孙无穷匮也，而山不加增，何苦而不平？"河曲智叟亡以应。

——《愚公移山》

【品读赏析】

"残年余力，曾不能毁山之一毛"，智叟看到的是愚公"残念余力""山高万仞"。"子子孙孙无穷匮""而山不加增"，愚公看到的是自己"子又生孙，孙又有子"，子孙无限，山却不会增长。智叟鼠目寸光，用静止眼光看待事物；愚公大智若愚，用发展的眼光看待事物。《愚公移山》是一篇具有朴素的唯物主义和朴素的辩证法思想的寓言故事。它借愚公形象的塑造，表现了中国古代劳动人民有移山填海的坚定信心和顽强毅力，说明了"愚公不愚，智叟不智"。只要认识客观事物发展的规律，充分发挥人的主观能动性，只要不怕困难，坚持斗争，定能获得成功。

【感悟提升】

愚公移山的精神在当今社会依旧具有普遍意义。但如果要从辩证的观点看愚公移山，我们也能从中探得许多道理。一方面，愚公之愚在于不懂变通。解决问题的办法不止一种，我们应该懂得辨识并挑选其中简单易行、节省成本的方法。另一方面，愚公想法同人与自然和谐共处的理念相冲突。生活在现代社会，我们应具备懂得变通的灵活机敏，又保有不畏艰难，踏实专注的质朴品质。更要具有辩证思想，以发展的眼光看待事物。

【类文再品】

所有的结局，都是新的开始

阳丽丽

古代的愚公出行不便，于是开家庭会，统一了"毕力平险"的思想；"叩石垦壤"，亲自劳动，赢得了邻人的支持；"寒暑易节，始一反焉"，不惧辛苦，克服困难；"子子孙孙无穷匮"，挖山不止，最终感动天帝。天帝派两个神仙"负二山，一厝朔东，一厝雍南"，给愚公让出一条路来。

愚公移山的故事是结束了，他和村民们可以"指通豫南，达于汉阴"，世世代代过上了耕种自足，交易自由，来去方便，睦邻友好的幸福生活。

但是好景不长，历史演进到20世纪40年代，愚公的子孙们，也就是当时的中国人民，又遇到了新的问题，有两座新的大山压在他们的头上，一座叫作帝国主义，一座叫作封建主义。中国人民想过"耕种自足"的生活而不能得到，于是中国共产党人，这些现代的新愚公，统一意见，"下定决心，不怕牺牲，排除万难，去争取胜利"。然后自己投身到挖平两座大山的运动中去；仅仅这样还不够，要发动群众，唤醒群众的觉悟，让他们甘心情愿和我们一起奋斗，一起加入民族解放斗争的队伍中来。

毛泽东同志说："我们一定要坚持下去，一定要不断地工作，我们也会感动上帝的。这个上帝不是别人，就是全中国的人民大众。全国人民大众一齐起来和我们一道挖这两座山，有什么挖不平呢？"1949年，历经十年的浴血奋战，他领导的中国人民推翻了两座大山，把日本帝国主义赶出了中国，把专制独裁的国民党反动派赶到了中国台湾，在中国大地上建立了新中国。

历史上对愚公精神的认识只限于"知山之大，人之心亦大。愚公移山之既成，在于愚公之道行，体道以通神，人天同心，最终获得有成"。这个认知是不够全面的，只有共产党人才真正懂得愚公精神的实质是用自己的亲身劳动，感天动地，聚拢人心。

新中国的第二代愚公走改革开放的劳动路线，让中国人民富起来；第三代愚公喊出发扬"工匠精神"，走民族复兴之路，要让中国人民强起来。

我们今后的发展路上，或许还会出现两座大山、三座大山，但是只要我们像愚公一样不怕困难，敢于奋斗，持之以恒，最终一定会赢得最后的胜利。

【以悟促写】

班级读书会上，大家围绕"愚公移山"的意义和价值展开讨论。有的同学认为愚公移山破坏了自然环境、人与自然和谐共处，这种遇到山就觉得它挡了自己的路的行为，显然是不环保的。有同学则认为："愚公移山原意在于打破世人急功近利眼光，应像愚公那样忘怀以造事，无心而为功。"对此，你又有何看法呢？请结合你的感受和思考写一篇文章。

要求：结合材料，选好角度，确定立意，明确文体，自拟标题。

【佳作欣赏】

愚公移山

八（1）班　谢泽丰

"愚公是愚还是智？"

"我想：也许是愚吧。"

"为什么？"

"若没有上帝的帮忙，愚公的结局就是劳劳碌碌直至死亡。山，自开天辟地以来，就屹立于此，祖祖辈辈与它共存至今。而年近九十的愚公在一天，却突然挺直了腰板，也挺直了志气，提出来移山。移山？可是山方七百里，高万仞，愚公已年近九十了……一开始，愚公勤勤恳恳，铲石、运石、倒石。可烈日炎炎，晒黑了愚公的皮肤，也晒伤了愚公想要移山的坚定信念。海水无情拍打着几块零零散散的石块，仿佛在告诉愚公：'远远不及。'这也拍打了愚公的信心。'没关系，'愚公安慰自己，'自己有子孙，子孙有子孙，这山是不会增加的，而子子孙孙一代代的努力，定能把山铲除！山移了，生活也便捷了，我就是造福子孙后代的人！'现实可会像他想象得如此顺利地进行浩浩荡荡的移山运动吗？"

"也许吧!"

"我想更大的可能是不会吧,理想很丰满,现实很骨感。子子孙孙一定愿意劳劳碌碌为了移山吗?子孙香火一定不会断吗?子子孙孙认可移山吗?又或者,愚公的祖宗也进行过移山,但没能坚持下来呢!愚公已经忙碌了大半辈子,在享受清福的年纪却将自己置于劳动中,有种麻木的踏实,却丧失了实际。"

"可是这是造福后代的方法。"

"山,也不完全是障碍,生存环境,用之不觉,失之难存。若此山,意义微小,也不只有移山这一方法能够造福后代,还可以选择搬家。"

"搬家?"

"搬家无须依赖于后代,仅靠当代人就能够完成。搬到一处交通便利,有蔚蓝的天,清澈的水的绝好地段,这也是造福后代。这是实实际际地造福后代,在下一代就能享受到,甚至自己后半生都能够过上更好的生活。社会是赖于上一代人的创造而得以进步,而不是一代又一代人盲目的劳动中得以生存。"

"那是不是都不能依靠后代呢?"

"当然不是,我们能以当代的能力做的事,又何需将它复杂化,使无数个后代来完善。"

在飘渺的大雾中,也许我们不必要将大雾驱散,我们不妨大胆闯出大雾,去获得光明,去拥抱阳光。

22 心理补白

【精彩语段】

上自劳军。至霸上及棘门军,直驰入,将以下骑送迎。已而之细柳军,军士吏被甲,锐兵刃,彀弓弩,持满。天子先驱至,不得入。先驱曰:"天子且至!"军门都尉曰:"将军令曰:'军中闻将军令,不闻天子之诏。'"居无何,上至,又不得入。于是上乃使使持节诏将军:"吾欲入劳军。"亚夫乃传言开壁门。壁门士吏谓从属车骑曰:"将军约,军中不得驱驰。"于是天子乃按辔徐行。至营,将军亚夫持兵揖曰:"介胄之士不拜,请以军礼见。"天子为动,改容式车。使人称谢:"皇帝敬劳将军。"成礼而去。

既出军门，群臣皆惊。文帝曰："嗟呼，此真将军矣！曩者霸上、棘门军，若儿戏耳，其将固可袭而虏也。至于亚夫，可得而犯邪！"称善者久之。

——司马迁《周亚夫军细柳》

【品读赏析】

文章记述的是汉文帝后元六年，匈奴大举入侵边境，周亚夫驻扎在细柳营，汉文帝刘恒去慰问军队的事。从结构上讲，文章以文帝布兵防备匈奴始，以文帝称赞周亚夫为"真将军"终。以文帝始，以文帝终，前后呼应，结构完整。从写法上讲，作者正面描写和侧面描写结合，是用对比和衬托的手法凸显人物的特点。文章通过霸上棘门戒备松弛与细柳军纪严明作对比，表现了周亚夫治军严明。通过在霸上及棘门军"将以下骑送迎"与在细柳军周亚夫"军礼见"作对比，表现将军周亚夫的刚正不阿、恪尽职守的"真将军"形象。结尾细写皇帝和群臣的反应，表现了文帝的贤明、识大体，也从侧面烘托了周亚夫的形象，使得人物形象更加丰满、立体。故事情节层层推进，逐渐加强，环环相扣，引人入胜。

【感悟提升】

文章中语言描写、动作描写等正面描写能够生动地展现人物形象，凸显人物的心理。通过对比、衬托等侧面描写也能够更加深化读者对人物的理解，使得人物形象更加丰满。因此，我们在阅读写人文章的时候，都要重视对人物言行背后心理活动的揣摩、品读，借以走进人物内心，把握人物特点。

【类文再品】

是岁也，大将军（指卫青）姊子霍去病年十八，幸，为天子侍中，善骑射，再从大将军，受诏与壮士，为剽姚校尉，与轻勇骑八百直弃大军数百里赴利，斩捕首虏过当。

其秋，单于怒浑邪王居西方数为汉所破，亡数万人，以骠骑之兵也。单于怒，欲召诛浑邪王。浑邪王与休屠王等谋欲降汉，使人先要边。是时大行李息将城河上，得浑邪王使，即驰传以闻。天子闻之，于是恐其以诈降而袭边，乃令骠骑将军将兵往迎之。骠骑既渡河，与浑邪王众相望。浑邪王裨将见汉军而多欲不降者，颇遁去。骠骑乃驰入与浑邪三相见，斩其欲亡者八千人，遂独遣浑邪王乘传先诣行在所，尽将其众渡河，降者数万，号称十万。既至长安，天子所以赏赐者数十巨万。封浑邪王万户，为漯阴侯。

骠骑将军为人少言不泄，有气敢任。天子尝欲教之孙吴兵法，对曰："顾方略何如耳，不至学古兵法。"天子为治第，令骠骑视之，对曰："匈奴未灭，无以家为也。"

由此上益重爱之。然少而侍中，贵，不省士。其从军，天子为遣太官赍数十乘，既还，重车余弃粱肉，而士有饥者。其在塞外，卒乏粮，或不能自振，而骠骑尚穿域蹋鞠。事多此类。大将军为人仁善退让，以和柔自媚于上，然天下未有称也。

骠骑将军自四年军后三年，元狩六年而卒。天子悼之，发属国玄甲军，陈自长安至茂陵，为冢象祁连山。谥之，并武与广地曰景桓侯。子嬗代侯，嬗少，字子侯，上爱之，幸其壮而将之。居六岁，元封元年，嬗卒，谥哀侯。无子，绝，国除。

太史公曰：苏建语余曰："吾尝责大将军至尊重，而天下之贤大夫毋称焉，愿将军观古名将所招择选贤者，勉之哉。大将军谢曰："自魏其、武安之厚宾客，天子常切齿。彼亲附士大夫，招贤绌不肖者，人主之柄。人臣奉法遵职而已。何与招士。"骠骑亦效此意，其为将如此。

——司马迁《史记·卫将军骠骑列传》

【以悟促写】

一个在君主专制下如此特殊的见面仪式，当中的人物心理该是如何丰富多彩呢？请你补白《周亚夫军细柳》中人物的心理，改写这篇文言文。

【佳作欣赏】

周亚夫军细柳

八（1）班　谢泽丰

汉文帝后元六年，朝廷动荡不安，匈奴大规模入侵汉朝边境。

朝廷任命宗正官刘礼为将军，驻军在霸上；祝兹侯徐厉为将军，驻军在棘门；委派河内郡太守周亚夫为将军，驻军细柳，以防备胡人侵扰。

一日，汉文帝亲自去慰劳军队，想通过这种方式，抚慰将士们的心灵，为他们加油打气，寄予他们守卫国家安全的厚望。

汉文帝在路途中暗暗地想：或许会有一些不凡与意外，毕竟灾难面前，总会有人得担当起国家的脊梁，而民族英雄又怎会甘于平凡？到了霸上和棘门的军营，本想有点惊喜的路上却畅通无阻，汉文帝的军队直接奔驰进入军营，军营中从将军到下属军官都骑马迎进送出。或许是对于权威的畏惧，也许是朕不够亲近吧，汉文帝内心安慰到。

不久文帝到达细柳军营，内心有些失望，同时也期望周亚夫能够脱颖而出。军中的将士都被挂铠甲，手拿锐利的兵器，张开弓弩，拉满弓弦。将士们内心惶恐，因为天子将至，而将军却要求与往常一样穿着，与匈奴将至一样的戒备心和状态来面对天子的到来。士兵们心想：这会不会落下一个与天子作对的罪名，那我的家人，我的族人会不会殃及？……

天子的先导跑到军营，气势昂扬，却没想到不能进入。先导气愤地说："天子就快到了！"把守军门的都尉不被气势所逼退，铿锵有力地说："将军命令说'军中只听将军的命令，不听天子的诏令。'"

过了不久，文帝内心五味杂陈，到达军营，又不能进入。还好，还好，总算有我心目中的真将军了，汉文帝心中这样想着，乐开了。于是文帝就派使臣持符节诏令将军说："我要进营慰劳军队。"周亚夫内心坚如磐石，军营是军营，军纪是军纪，打仗的兵就得听打仗的将。周亚夫传令打开军营大门。守卫营门的军官对文帝的随从车骑人员说："将军有规定，军营中不准车马奔跑。"天子很是认同，于是天子便就拉紧缰绳缓慢行进。

天子等人到了军营中心，将军周亚夫手拿武器拱手说："穿铠甲、戴头盔的将士不能跪拜，请允许我用军礼参见皇上。"周亚夫雄厚的声音表示出他坚定的决心。天子深受感动，面容变得庄重，靠在车前横木上向官兵致敬。派人向周亚夫致谢说："皇帝敬重地慰劳将军。"慰劳礼仪结束后离去。

出了细柳营军门，群臣都很惊讶。群臣们不住地耸肩，慌张极了，心中想到：这周亚夫这么对待皇上，皇上不会诛他九族吗？那血腥，到时会不会掀起一番风波，唉！百姓或许又得生活在水深火热之中了。

群臣们没想到文帝却说："啊，这才是真正的将军呀！以前在霸上、棘门军营看到的，简直像儿戏，他们的将军可能会遭受袭击而被俘虏；至于周亚夫，怎么可能冒犯他呢！"不停地称赞周亚夫。

军队有信仰，国家才会有力量，民族才会有希望，周亚夫或许是我们面对此次匈奴入境的最强的力量了吧。

八年级下册

第一单元 乡土民俗

1 故乡美景——景美

【精彩语段】

两岸的豆麦和河底的水草所发散出来的清香，夹杂在水气中扑面的吹来；月色便朦胧在这水气里。淡黑的起伏的连山，仿佛是踊跃的铁的兽脊似的，都远远地向船尾跑去了，但我却还以为船慢。他们换了四回手，渐望见依稀的赵庄，而且似乎听到歌吹了，还有几点火，料想便是戏台，但或者也许是渔火。

那声音大概是横笛，宛转，悠扬，使我的心也沉静，然而又自失起来，觉得要和他弥散在含着豆麦蕴藻之香的夜气里。

——鲁迅《社戏》

【品读赏析】

"清香"从嗅觉角度写出了豆麦和水草的清新的气味美。"扑"字，既形象地点染出江南水乡浓郁袭人、沁人心脾的清新气息，又烘托了"我"沉浸在这清新的水世界中轻松欢快的心情。"朦胧"从视觉的角度描绘了月夜景致的清幽神秘，表现出月光和水色浑然一体的美，增强了表达效果。"起伏""踊跃的铁的兽脊""跑"运用以动写静的手法，写出了连山的动态美，侧面烘托出行船的速度之快。"但我却还以为船慢"反衬出我渴望看社戏的迫切之情。"似乎、料想、或者、也许"联系下文可知这是两次误认，也从侧面烘托出我的急切心情。

作者以清新、明快的语言，从嗅觉、视觉、触觉等方面着笔，生动地描绘了沿岸的景色，把一幅春夏之交江南水乡美丽醉人的夜景呈现在我们面前。寥寥几笔，写"清香"，写"水气"，写"月色"，充满了诗情画意。神韵飞扬，景中寓情，很好地烘托了"我"想看社戏的急切心情，使人如临其境。这处景物描写还有一个作用，就是设下伏笔，使情节发展的脉络更加分明。

【感悟提升】

本文的景物描写极具特色。作者采用写意笔法，从色彩、气味和声响等方面，描绘了月夜行船、船头看戏、午夜归航这几个画面，情景交融，充满水乡特色。色彩如豆麦的"碧绿"，远山的"淡黑"，月光的"皎洁"，渔火、灯光的"红"，航船的"白"；气味如豆麦和水草的"清香"等；声响如船行的"潺潺"声，孩子们的笑声，横笛的"宛转，悠扬"，诸方面写得简洁干净，生动传神。作者还运用各种比喻、拟人等手法。如表现船行之快，用远山来陪衬，"淡黑的起伏的连山，仿佛是踊跃的铁的兽脊似的，都远远地向船尾跑去了"；直接描写船，"那航船，就像一条大白鱼背着一群孩子在浪花里蹿"，化静为动，增强了景物描写的效果。

【类文再品】

余秋雨在《乡关何处》中写道，思乡往往可以具体到一个河湾，几棵小树，半壁苍苔。之前我并未觉得一个游子能思乡思到如此真切，但近日来由于乡愁过浓，不禁又想起这句话来。只是我的乡思没有落脚在河湾、小树或苍苔，而是无数个乡村日暮的灯火。

灯火，是一个村落一个村落最为亮堂的眼睛，黑暗中的无声对话者。晚曦殆尽，乡野渐渐被黑幔吞噬，这时一村落的某个人家便会亮起第一盏灯火，于是另一家也亮了，另一村落也亮了，一盏再一盏，全亮了。它们相互欣赏着，相互安抚着，相互守护着，直到一个小村落安然眠睡，直到一个大村落高枕无忧。子夜的乡村常是万籁俱寂，很容易就被一声突兀的狗吠刺破天地，刺破酣卧在天地的村落。一盏灯火赫然醒来，在狗吠中也赫然有了起床声，赫然有了开门声，一个村落苏醒了；透过门窗的灯火穿过黑色热烈地奔向远方，于是又一盏灯火醒来，又一个村落醒来。透过门窗的万家灯火穿过黑色依旧热烈地奔向远方，一个接连着一个，大大小小左邻右舍的村落齐刷刷的全醒了。

村落与村落似乎真的很近，近的只要这有意无意的一盏灯火，整个乡村便在注目；却又好像真的很远，远的让乡人们循了灯火总要趟着黑走上个千折百回，完结一个焦虑一个心事，收获一次喜悦一次乡情。

——陈夫《灯火》

【以悟促写】

美丽的江南水乡、让人温暖的偷豆情趣、令人难忘的朋友深情，故乡的一切总是那么美好，这一切都永远停留在了"迅哥"和我们每一个人的心中。你的心中保留着故土乡情的哪些美景，请写一个300字左右的片段。

2　趣人趣事——情美

【精彩语段】

"阿阿，阿发，这边是你家的，这边是老六一家的，我们偷那一边的呢？"双喜先跳下去了，在岸上说。

我们也都跳上岸。阿发一面跳，一面说道，"且慢，让我来看一看罢，"他于是往来的摸了一回，直起身来说道，"偷我们的罢，我们的大得多呢。"一声答应，大家便散开在阿发家的豆田里，各摘了一大捧，抛入船舱中。双喜以为再多偷，倘给阿发的娘知道是要哭骂的，于是各人便到六一公公的田里又各偷了一大捧。

我们中间几个年长的仍然慢慢地摇着船，几个到后舱去生火，年幼的和我都剥豆。不久豆熟了，便任凭航船浮在水面上，都围起来用手撮着吃。吃完豆，又开船，一面洗器具，豆荚豆壳全抛在河水里，什么痕迹也没有了。双喜所虑的是用了八公公船上的盐和柴，这老头子很细心，一定要知道，会骂的。然而大家议论之后，归结是不怕。他如果骂，我们便要他归还去年在岸边拾去的一枝枯桕树，而且当面叫他"八癞子"。

"豆可中吃呢？"

我又点一点头，说道："很好。"

不料六一公公竟非常感激起来，将大拇指一翘，得意地说道："这真是大市镇里出来的读过书的人才识货！我的豆种是粒粒挑选过的，乡下人不识好歹，还说我的豆比不上别人的呢。我今天也要送些给我们的姑奶奶尝尝去……"

——鲁迅《社戏》

【品读赏析】

本段的重点是表现儿童偷豆的野外趣味。出主意的是聪明的桂生，指挥的是老练的双喜，奉献的是憨厚无私的阿发，大家都很实在地"各摘了一大捧，抛入船舱中"。豆偷来后，孩子们便很自觉地"各尽所能"：该摇船的摇船，该生火的生火，该剥豆的剥豆，配合得和谐、默契！还有那个淳朴善良的六一公公，因自己的豆被夸，而开心得不得了。

【感悟提升】

清新的风景美、淳厚的人情美、曲折的叙事美、活泼的语言美。在这里，有一群可爱的小伙伴，有着淳朴的民风，大家和谐、友爱、淳朴、热情，让这一夜的豆成了记忆里最好吃的豆。

【类文再品】

"布谷！布谷！"漂泊他乡以后，难得回老家小住。布谷鸟兴奋地欢叫着，撒欢地欢迎远归的故人。

晚上，月光从浓密的竹林里一丝一缕地透过来，撒在院落上。小院，如同蹲在墙角的古稀老人，一声不吭地思索着。或许是在思索曾经的嬉戏热闹，或许是在思索过往的风风雨雨，或许是在思索一个又一个这样的月夜，像一条有形而又无形的路，把我带回儿时夏天的夜晚——

夜幕慢慢降临，天渐渐黑了下来，月亮缓缓升起。父亲背着背篼，提着笆篓，带着我，动身去露滩河夜渔了。

我和父亲沿着蜿蜒崎岖的田间小路朝羊丫子沟走去。月亮徐徐地穿过轻烟似的白云，洒在大地上，柔光氤氲，覆盖在山坡上，山巅和大树在轻纱笼罩中若隐若现，静谧安详。一路上，青草如毯，玉米如众，青蛙和蝈蝈的弹奏曲伴随着脚步节奏此起彼落；布谷鸟惊起，拖着声音，展翅向广袤田野掠去；炊烟萦绕，和着淡淡青草的味道，把村子装点得灵动生韵。

到达羊丫子沟。父亲并不着急抛撒饵料，继续朝下游走了约2千米再折返回来。放下背篼，蹲下身子，点燃叶子烟，吧嗒吧嗒猛吸几口，倒插于河岸，俯下身子面向露滩河作揖叩首。嘴里喃喃低语，不知念叨着什么。叶子烟火星一闪一闪地跳动，给羊丫子沟增添了几丝神秘和幽深。

父亲抬头看了一下月亮的位置，从背篼里取出麻叶和饵料，将背篼藏在岸边的玉米地里，转身走向河岸。打开饵料，风懒洋洋地吹过，裹挟着炒黄豆面和炸油条的香味，弥漫在羊丫子沟，驱散心中恐惧。

"夜渔，从抛出第一坨饵料到最后一个饵料点收网需要大约3小时。这期间要保证饵料在水中不散团又香味持久，除了现用现炒之外，制作程序和火候把握都有各自的讲究。"父亲告诉我，夜渔能否捕获鱼，饵料制作特别关键。

父亲将饵料揪成小团，搓成圆形，每间隔一段距离抛出一坨饵料。我紧紧跟在他身后，在抛出饵料的位置用麻叶做好标记。我们沿着先前确定的路线，顺利在第一次折返处完成抛饵。父亲蹲下身子，坐在青草地上，搓掉残留在手上的饵料，点燃叶子烟，吧嗒吧嗒抽起来，火星一闪一闪地跳动，燃烧着夏夜的漫长。

"太浪费时间了！"

"万事皆有学问，夜渔藏着许多门道与讲究，需要视饵料分量测距和定位，不能走到哪儿天黑就在哪儿歇息；观察周边环境，静待时机。现在差不多晚上10时许，下河洗澡的人走了，赶嘴的鱼儿来了，火候刚刚好。"父亲解释道，语气中充满了收获的喜悦。

父亲提起渔网，轻轻抖开网衣，均匀分散在双手和双肩，抡起双臂，由左至右呈半弧形侧撒出去，渔网在空中旋转开来，飘落在河面，溅起无数银珠，撩起收获的喜悦。约莫等了几分钟，轻轻潜入河中绕渔网蹚一圈回到岸上，屏住喘息，拉紧牵绳，收缩网身，徐徐拉上岸。屈膝清理网兜，将大鱼装入笆篓，小鱼丢入河中。

"油炸小鱼儿，安逸哟！"父亲似乎察觉出了我心中的不舍，于是边打理渔网边说："该放弃的还是要放弃，我可不想被困在羊丫子沟……"我后背一阵一阵发凉，再不敢言语，紧紧跟在他身后，继续朝下一个饵料点出发。

忙碌的几小时过后，布谷鸟叫声变少了。月亮栖在山坳间，月光越来越清冷，大地已经沉睡了，除了风轻轻地吹着，除了偶尔几声犬吠，四处寂静无声。我们折回到第一个饵料点取出背篓，起身回家了。

我望着满满一笆篓鱼儿，兴奋不已地说："今晚收获不错，待会儿回家煮些吃了再睡？"父亲点头同意了。

回到家后，父亲将鱼轻轻倒入木盆，大小分装。大的天亮前送到15公里外的镇上卖掉补贴家用，小的留下打牙祭改善生活。父亲拣出几条鱼剖开洗净，撒上盐和姜末腌制片刻后下锅清烧。母亲生起了火，锅里放入少许猪油溶化烧沸，寥寥青烟，放进鱼煎至两面金黄色，倒入清水焖煮10分钟，再撒上葱花即可。起锅时，灶台上顿时飘荡着一层热腾腾的白气儿，鱼香四溢，葱味袭人，穿过时光的帷幕抵达舌尖，湮没了惊悚的故事，唤醒了屋里屋外的情绪，倦意全无，馋涎欲滴。

我拿起碗筷，夹起鱼肉送入嘴中，鲜嫩适口，连鱼骨都不忍心丢掉。

"城上斜阳画角哀，沈园非复旧池台。"小院民国时期建造的木楼垮的垮、拆的拆、搬的搬，往日的阜盛不复。通往羊丫子沟的田间小路上，长满了齐腰的野草，早已荒芜，面目全非，分不清是田是路，只留下小路弯弯、小路长长的儿时记忆。仿佛只见那寂静的村子被布谷鸟叫醒，流水潺潺，新月娟娟。父亲悠然地撒下渔网，大大小小的青鲢红鲤，跳荡半河波起，撩起收获的喜悦。母亲生起了火，灶台上飘荡着热腾腾的白气儿，在灶屋盘桓。我坐在灶台前，火光照在身上，暖暖的……

———朱于云《布谷声声鱼味浓》选自《西安晚报》有删减

【以悟促写】

鲁迅说："一直到现在，我实在再没有吃到那夜似的好豆，——也不再看到那夜似的好戏了。"真的是豆难寻，戏难遇到？诚然是作者心底的情难觅。美丽的江南水乡、令人难忘的朋友深情、让人温暖的偷豆情趣，童年的一切总是那么美好，这一切都永远停留在了"迅哥"和我们每一个人的心中。你的心中保留着故土乡情的哪些情愫，请以"故乡的_____"为题，写一篇文章，不少于700字。

【佳作欣赏】

故乡的味道

八（1）班　陈依婷

傍晚的落日是家乡与城市最不同，却也最美丽的风景。

天空已经开始泛黄，一种热烈而不宣扬的黄，肆意地挥洒着。这使原本绿泱泱的田地也披上了一层金甲，仿佛万物都是金黄的，让人心生暖意。

这时候，几乎每家每户都是吃过晚饭的了。老人们都是坐在自家门口拿着蒲扇不紧不慢且不停地扇啊扇，最有趣的是，他们都有同一种坐姿——跷二郎腿！哈哈，别提多悠然自得了。

赤红的火焰在黄色的泥土里旋转跳跃，"扑哧扑哧"它好像急着要把泥土吞噬，嗷鸣张开血盆大口，一下子就把高高的堆泥给包围住了，熊熊地燃烧着，把原本是黄色的泥土染成了黑色。此时，原本狂傲不羁的火焰渐渐地平稳了下来，逐渐变成了一个红透了脸的小姑娘，低着尖脑袋，轻哼着歌谣。再慢慢地，火焰消失了，留下的只有半空中飘着的零零火星。最后，就连这点火星也没了，只剩下半空中的白烟。它没有火的不羁，也没有平稳下来的火的羞涩，它更像是隐居在深山老林的诗人，透露出一些稠胀来。没过多久，这位诗人便隐去了……

火灭了，这时候，土里的鸡自然也焖熟了，我也已经垂涎三尺了。

把包裹着鸡的锡纸一层层地剥开，随着锡纸清脆的滋滋声，我的心也跟着怦怦地跳动着。锡纸每剥开一层，我就跟着激动。

"哇——"

这只鸡裹了身金黄，皮上流动着一层晶莹剔透的油。浓郁的香味醇醇钻入鼻腔，在鼻腔里循循回荡，这香气仿佛成精了，勾着食指对着我微笑，一下子就把我的魂勾去了。

我 "首当其冲" 抓起了一个大鸡腿，猛地往嘴里塞，哇塞！实在是太好吃啦！鸡肉弹性十足，轻轻咬一口，齿下的肉便会深深地陷下去，把整块鸡肉含在嘴里，香气就会淘气地在嘴里窜来窜去，整个嘴巴都萦绕着香味。咀嚼肉时，便会充分地感受到肉质的滑嫩。吃到嘴里初时感到咸并隐隐泛甜，如果加了盐和辣椒粉的话，最后就会感受到鸡肉本身的香味和辣椒结合的美味。

最后一块鸡肉已经被我咽下肚了，可香味还调皮地待在我的舌尖不肯走掉。

唉，时间过得如此快啊，希望下次还能欣赏到金黄的天空，金黄的窑鸡！

3　一咏三叹——结构美

【精彩语段】

好一个安塞腰鼓！

好一个安塞腰鼓！

好一个痛快了山河、蓬勃了想象力的安塞腰鼓！

——刘成章《安塞腰鼓》

【品读赏析】

因地域和民族的不同，安塞腰鼓是黄土高原的 "绝活儿"，它的粗犷、雄浑、动力十足的风格正与当地自然环境、地理风貌、民风民情等浑然一体。另外它是人、鼓合一的，没有一种乐器能够像它这样要求人和乐器的结合必须达到这样的高度。人的表演和乐器的 "表演" 完整地糅合在一起，二者相辅相成，相得益彰。所以成功的表演是人借鼓势、鼓借人威、酣畅淋漓，精、气、神无阻无碍，一脉贯通。

全文用三个 "好一个安塞腰鼓"，分别赞叹了安塞腰鼓的场面、声音和朝气蓬勃的后生，动静结合，将黄土高原的腰鼓的魅力展示在读者面前。

【感悟提升】

文章讲究结构美，从不同的角度，调动一切手段映衬安塞腰鼓的表演，作者刻意安排了两次动与静的转换，分处散文的开头与结尾，使文章一咏三叹，层次分明，独具动静映衬之美，结构之美。

【类文再品】

境出南山

郭玉和

有一种境界，它游离于世俗标准之外；游离于金钱权位之外；游离于声色犬马之外。它仿佛飘渺不定，仿佛似有若无，甚至仿佛无关紧要。但是，它撑起了一个人的脊梁。

它，出于南山。

那位彭泽县令该是只愿待在自己的南山之下了。当他决绝地说出不为五斗米折腰时，便开启了南山脚下的一方境界。

陶渊明穷困潦倒，甚至连沽酒的钱也囊中羞涩，只得寄望于友人的馈赠。可是，他不仅没有颓然消沉，反而自得其乐得很。因为他结庐的那个人境，没有车马之喧，只有日夕佳美的山气，只有相与返还的飞鸟，只有东篱边的那捧菊花，和那一抬头便慢慢显现的南山。

于是，那就足够了。

精神既已为之舒展，万钟于我又有何加焉？

然后，这方境界出乎南山，进了一个人的酒杯，摇曳生姿。

青莲本是可以在那金碧辉煌的宫殿中呆下去的，可是他偏不，他偏偏要高力士为之脱靴，要贵妃为之捧砚。他不在乎天子之宫，固执地不上天子之船，固执地酒家眠。

于是他离开了，离开了那歌舞升平的皇宫大殿，那个物质极其丰富而精神极其匮乏的地方。

他仰天大笑甩门长扬，何等疏放！他写安能摧眉折腰事权贵，使我不得开心颜！岂不正脱胎于陶潜所鄙夷的五斗米吗？

率意如李白，无钱时他说五花马，千金裘，呼儿将出换美酒，与尔同销万古愁！

于是，那也就足够了。

失之者财物，得之者岂止一坛美酒而已？这更是一种精神的张扬啊！

再后来，这方境界出乎于酒觞，进了一位女子的青袖之中，暗香浮动。

清照不算是大富大贵家的女儿，却与夫婿心心相印，收集金石字画，不亦快哉！

为了金石，他们在集市上脱衣易之，为了金石，他们相对惋惜，只恨钱少。

他们爱财，为了研究金石而爱。为了研究，他们倾囊而出，生活简朴，因为清照心中，一直有一位敬者，否则她不会取他《归去来兮辞》中的容膝之易安而自号，也不会把酒只在东篱。

于是，那真正够了。

将毕生之精力财力寄托在毕生的事业之上，是何等乐哉？又是精神何等的享受！

他们共同追求一种境界，这境界来自南山，犹如日，犹如月光，照亮人前行的方向；犹如杖，犹如指南，坚定人前进的步伐。

这境界，告诉我们物质为何，精神又是什么。

它去向无穷远方。

【以悟促写】

安塞腰鼓热烈的击鼓场面强烈地震撼着我们，请选择一项活动，仿照《安塞腰鼓》一咏三叹的结构写一篇文章，不少于700字。

【佳作欣赏】

绿茵足球

杨镇宁

一群风华正茂的少年。

他们的身后是一片绿茵草地，他们青涩得就像那片绿草。

淅沥沥的小雨浸湿了绿草叶子也浸湿了他们的球衣。

他们的神情既沉稳而又略显激动。紧踩在他们脚下的足球，仿佛从来不曾动过。

但是：

看！——

一踢起来就优美了，感动了，窒息了！二十二个发力踢球的青年，就如二十二台火炮台一样，一发重炮在你面前。燕子一样，是轻盈的身姿，暖风一样，是舒适的传球，猛虎一样，是勇敢的射门。绿茵草地上，爆出一场多么行云流水，多么激情澎湃的运动啊——足球！

这足球，使沉静的心变得狂热了，使孤独的心灵变得温暖了，使烦恼的琐事立即烟消云散了。

使人想起春日里的暖风。

使人想起夏日里的绿茵。

使人想起冬日里的暖阳。

容不得争吵，容不得失误，容不得抢断。是挣脱了，冲破了，撞开了的那么一股劲儿！

好一个绿茵足球！

二十二个球员随着助威声踏地碰撞在一片长着绿草的场地上，绿茵草地变成观众了，只听见加油，加油，加油！

加油加油的豪壮气势，加油加油的勇猛攻势，加油加油的严密防守，加油加油的感动和兴奋……

好一个绿茵足球！

青年的胳膊、腿、全身，有力地搏击着，迅速地搏击着。它震撼着你、感动着你、吸引着你。它使你从来没有如此鲜明地感受到青年的存在，活力和强劲，它使你惊异于那青年球衣包裹着的躯体，那消化着粗茶淡饭的躯体，居然可以释放出那么强劲有力的能量！

绿茵草地啊，你生养了这些活跃强盛的青年，也只有你才能承受着磅礴壮阔的搏击。

多戏的戏台是易碎的玻璃，在那儿踢不得这样的足球。

除了绿茵草地，哪里有这么青、这么嫩的草地啊！

好一个绿茵草地，好一个绿茵足球！

每一脚传球都充满了力量，每一脚射门都呼呼作响，每一个扑救都能赢得赞赏，每一场球都能使人享受着足球的行云流水，使人叹为观止。

好一个痛快了球迷，鼓舞了士气的绿茵足球。

越传越准，传球成了一种享受，越射越准，情感中不存在任何沮丧！越抢越准，进球与失球，欢喜与沮丧，加速和急停，都在这足球和加油中，交织，旋转！凝聚！奔突，过人，射门，进球 人成了茫茫一片；声，成了茫茫一片……

当鸣哨结束的时候，球场出奇的安静，以致使人感到对它十分陌生了。

简直像来到空无一人的球场。

耳畔是几声渺远的"加油"。

4 家国情怀——文化美

【精彩语段】

乡俗还愿，唱戏，挂神袍而外，常在村头高挑一挂红灯。仿佛灯柱上还照例有些松柏枝叶作点缀。挂红灯，自然同盛伏舍茶，腊八施粥一样，有着行好的意思；松柏枝叶的点缀，用意却不甚了然。真是，若有孤行客，黑夜摸路，正自四面虚惊的时候，忽然发现星天下红灯高照，总会以去村不远而默默高兴起来的吧。

最壮的是塞外点兵，吹角连营，夜深星阑时候，将军在挑灯看剑，那灯笼上你不希望写的几个斗方大字是霍骠姚，是汉将李广，是唐朝裴公吗？雪夜入蔡，与胡人不敢南下牧马的故事是同日月一样亮起了人的耳目的。你听，正萧萧班马鸣也，我愿就是那灯笼下的马前卒。

——吴伯箫《灯笼》

【品读赏析】

祖父夜行、母子情深、乡俗还愿、元宵张灯、朱红描字、献帝灯笼、灯下马前卒，本文融叙事、写景、抒情为一体，体现了作者对往昔生活的怀念，同时借灯笼展示了乡情民俗，及其对民族的意义。灯笼是作者情感的寄托，是民族文化的承载，把个人的命运同祖国的命运紧密地联系在一起，体现了作者强烈的家国情怀。

【感悟提升】

如何在文中寄托我们的家国情怀？我们可以从《灯笼》里得到一些启示：选取寄托情感的常见物品；利用叙事、写景、抒情多种表达方式；丰富的联想，从个人生活的回忆到历史故事等。

【类文再品】

笛

牛资管

虽不像竹管中的空气，振动着奏出悠扬余音，便成为在吹口徜徉的灵动思绪，伴着跃动的音符。在山坡上惊慌迷路的几头牛儿，听到了笛声就寻到了牧童的方向。春风拂面，用初长成的手指按压孔隙，口中缓缓吐出均匀气流，或是听着母亲不知名的乐章，是江南坡上少有例外的事。尽管大人们担心着孩童们随意吹笛扰乱清净，但有时还要在寂静无人的黑夜吹起自己最喜欢的调子。

连牧人们的山歌算着，一切音律之中，我爱村口响着的二胡，庙里回荡的木鱼，同一支溪流边牛儿背上的笛。提起笛，就会想起江南林的簌簌，云边鸟儿长鸣的声音；就会想起草垫在赤足下的酥痒，村中老人下象棋的自语；想起伙伴麦色的皮肤，同活泼调皮的嬉笑；坡野里想起氤氲的湿雾，枝叶下想起躺在树杈间粗糙的感受，弹弓，诗书；树下的喊叫，玩闹，抓青蛙。真的，笛的缘结得太多了，记忆的河里激荡着的就都是。

记得，那时一同玩耍的伙伴，清晨每每被迫起床诵读背诵诗文，一背一早晨。过了先生的考核后总是要到了晌午。凑巧若是下着微雨的天，他们和我便爬上牛背，吆喝着走向常去的那个矮坡。伴着我们的除了朋友们的打闹，便是一个逮虫子的小罐，一支竹笛。对面赵家妹妹遥遥向笛招手了，认得了是大哥的笛声，过桥来却央求着再来一曲。到了竹雀坡已是巳时时分。不是当风吹动春苗，笛声就自然地流淌起来的吗？那种溅水般音色伴着风声的静谧，是一辈子思慕着的。

"再来一曲！就一曲！"

自从远离江南，为了前程在北方孤独求学，像这样伙伴们口中的喊叫也很久听不到了。每每想起小时候在村里放牛，靠在牛背上望着青天，吹起祖母或更早之前流传下来的小曲，便深深感到怅惘。草地上捉到的蚱蜢便都是在耳边漾着微微颤动的笛声时张开手指放出的。每个人都拥有的一支小竹笛，样子也还清清楚楚地记在心里。虽然人早已迈进青春茂盛时期，孩子们也早已成熟了。

乡俗赶集，采买、玩耍而外，常有路边一位卖艺人摇晃着身体，奏着一支朴素长笛。仿佛旁边还有稀稀拉拉的听众做点缀。吹笛，自然同社戏台上的咿咿呀呀一样，有着趁集会挣得钱财的意思；观众稀拉的点缀，艺人却不甚了。真是，若有人多走失的孩童正四面虚惊的时候，忽然听到心间萦绕的一股溪流般圆润悠长的音色，总会以离家不远而欣喜蹦跳起来的吧。

桓伊在涌河岸边无意吹笛伫立，偶然遇见王徽之的故事太古远了，恨无缘聆听。庙会晚上的百笛齐奏壮阔爽畅，却曾于围观者的长衫后凑过热闹：抓住父亲的衣袖瞪大发光的双眼，望着点点灯火下一支支微微颤抖的笛，还要迫不及待地扑上前细看，却被一把抓住衣领掳回人群。家来睡，不是还能听到窗外几个闲来无事的人偷偷对着浩瀚星空吹曲子吗？梦都随了乐声开花。

想起来，朋友远行，曾一同带上各自的笛，在遥远的山头上，对着月亮互相吹起同一首曲子；过程中虽不像古文里记载的"心有灵犀"和以音乐心神交汇，但悠扬笛声已够肃穆了。那时仿佛自制的不少笛子，而那支月夜里渗透进思念的最喜爱的笛却早已不知所踪了。用红绳在刚刚得到的笛上绑绣包，从前很引起过自己的兴趣；现在想当时该并不是传统思想，或羡慕什么好运顺风，而是根本就爱那玩意，如同给自己的女儿过年绑红头绳一样。自然，若是绣包里有十几年前母亲收藏的小物件，即使廉价平常，也会觉得不凡的；但普普通通一支光秃秃的手工笛，可也未始勾不起爱好来。

玉笛，还没见过；总该有"散入春风满洛城"的余音绕梁之感吧。假定是四月芳菲的夜晚，城中游子趁着星河无目的地游荡，忽而耳边飘飞起一阵笛声，细腻清澈，引领思绪回往故园，意味应是深长的。虽然"事往无人共说，愁闻玉笛声长"的无名也许因笛落泪，但玉笛之愁就怕数不着长了。

最美是一年之末，有大红在戏台点缀着，杜丽娘跪倒父亲脚边哭诉之时，那笛你不希望响的是幽远苍茫，是婉转凄凉，是悲痛感伤吗？无月之夜重回人间，窗边思索杜柳之情的故事是同笛鸣一样带动了数代人的思绪的。你听，牡丹亭圆满了，我愿就是那笛前颤动的音浪。

唉，壮，于今耳畔再无笛声了。应该数军号，数唢呐，数草地上空翻飞的狂风！

【以悟促写】

窗花、中国结、长笛、蓑衣……你喜欢什么中国常见的古朴的物件，请选一种，仿照《灯笼》的手法（从第三段开始仿写），发挥你的想象和联想，寄予一定的文化内涵，写一篇不少于700字的文章。

【佳作欣赏】

中国结

八（1）班 鞠蔓

中国历史年代悠久，漫长的时间中积累了深厚的文化底蕴。其中"绳"与"神"谐音，中国文化在形成的阶段，曾经崇拜过绳子。据文字记载，"女娲引绳在泥中，举以为人"，绳又似蛇龙，中国人是龙的传人。在史前时期，人们以绳结计数，后随时间推移，绳结成了中国一大特色。

记得每逢过年，我就趴在奶奶身旁，看她满是褶皱的手，灵巧地编织着毛衣。每一件毛衣都织着一个个中国结。奶奶说，这结呀能保佑着你们，每天平平安安，吉祥如意，可是好东西呢。于是，春节前后，我和妹妹身上都揣着鲜红的中国结，爱不释手。

"挂着中国结，团圆又美好。"

每个家里搬新家，都会在大门口和阳台上挂一个大大的红红的"福"结，父亲说，这"结"作为凝聚着神秘宗教观念的护身符、镇凶纳吉、祛阴护阳等功效。鲜红的"福"结，让新家充满了喜庆，充满了幸福。鲜红的"福"结，映着父亲有些花白的头发，让我的泪也不觉涌出。

宋代词人张先写过，"心似双丝网，中有千千结"，形容的是失恋后的女子，思念故人，心是纠结的样子。在古典文学中"结"，一直象征着青年男女的缠绵情思。我的脑海里总是浮现一对穿着火红的唐装的男女，两人一起拿着一个大大的同心结，向对方表达最真挚的誓言"结发为妻，永结同心"。

在中华服饰5000多年历史，"结"也是步步发展。从先民用绳结盘曲成"S"形饰于腰间始，历经了周的"绶带"，南北朝的"腰间双绮带，梦为同心结"到盛唐的"披帛结绶"、宋的"玉环绶"直至明清旗袍上的"盘扣"。"结"是服饰最好的点缀，千回结衣襟，既是装饰，更是情思。

中国结，它身上所显示的情致与智慧，正是中华古老文明中的一个文化面，它有着复杂曼妙的曲线，却可以还原成最单纯的二维线条。它有着飘逸雅致的韵味，出自泰始年间人类生活的基本工具，它是炎黄子孙们心连心的象征。

美，于中国结之形；美，于中国结之意。

第二单元　奇妙的自然

5　逻辑顺序——推理严谨

【精彩语段】

例如，在一些地方已经发现了斯石英，而且有证据显示，这些地区曾经受到巨大陨石的撞击。撞击所产生的巨大压力形成斯石英。另外，在进行过原子弹爆炸实验的场地也发现了斯石英，它是由膨胀火球的巨大压力形成的。

似乎可以肯定地说，斯石英也应该出现在压力极高的地壳深处。在这种情况下，它可通过火山喷发被携带到地表。然而，喷发温度极高，岩石会被熔化，任何由火山携带而来的斯石英都被转化为普通的二氧化硅。事实上，在火山活动地区至今没有发现过斯石英。

那么，你可能会说在斯石英出现的地方肯定发生过撞击，而且肯定没有发生过火山活动。

【品读赏析】

普通的沙子在超高压的状态下变成为致密的"斯石英"，在曾经发生巨大陨石撞击的地方发现了斯石英。至今，在火山活动地区没有发现过斯石英。那么，造成恐龙灭绝的原因不是火山活动，而应该是撞击。这是一个相当严谨的逻辑推理过程。

【感悟提升】

逻辑顺序按照事物、事理的内在逻辑关系，由个别到一般、由具体到抽象、由主要到次要、由现象到本质、由原因到结果等一一介绍说明。在说明文写作中，采用哪种说明顺序，要看内容而定，有时会以一种顺序为主，兼用其他顺序。

【类文再品】

死海不死

刘兵

在亚洲西部，巴勒斯坦和约旦交界处，有一个"死海"。远远望去，死海的波涛此起彼伏，无边无际。但是，谁能想到，如此浩荡的海水中竟没有鱼虾、水草，甚至连海边也寸草不生？这大概就是"死海"得名的原因吧。

然而，令人惊叹的是，人们在这无鱼无草的海水里，竟能自由游弋；即使是不会游泳的人，也总是浮在水面上，不用担心会被淹死。真是"死海不死"。

传说大约两千年前，罗马统帅狄杜进兵耶路撒冷，攻到死海岸边，下令处决俘虏来的奴隶。奴隶们被投入死海，并没有沉到水里淹死，却被波浪送回岸边。狄杜勃然大怒，再次下令将俘虏扔进海里，但是奴隶们依旧安然无恙。狄杜大惊失色，以为奴隶们受神灵保佑，屡淹不死，只好下令将他们全部释放。

那么，死海海水的浮力为什么这样大呢？因为海水的咸度很高。据统计，死海水里含有多种矿物质：135.46亿吨氯化钠（食盐）；有63.7亿吨氯化钙；有20亿吨氯化钾；另外还有溴、锶等。把各种盐类加在一起，占死海全部海水的23%～25%。这样，就使海水的密度大于人体的密度，无怪乎人一到海里就自然漂起来，沉不下去。

死海是怎样形成的呢？请先听一个古老的传说吧。远古时候，这儿原来是一片大陆。村里男子们有一种恶习，先知鲁特劝他们改邪归正，但他们拒绝悔改。上帝决定惩罚他们，便暗中谕告鲁特，叫他携带家眷在某年某月某日离开村庄，并且告诫他离开村庄以后，不管身后发生多么重大的事故，都不准回过头去看。鲁特按照规定的时间离开了村庄，走了没多远，他的妻子因为好奇，偷偷地回过头去望了一眼。哎哟，转瞬之间，好端端的村庄塌陷了，出现在她眼前的是一片汪洋大海，这就是死海。她因为违背上帝的告诫，立即变成了石人。虽然经过多少世纪的风雨，她仍然立在死海附近的山坡上，扭着头日日夜夜望着死海。上帝惩罚那些执迷不悟的人们：让他们既没有淡水喝，也没有淡水种庄稼。

这当然是神话，是人们无法认识死海形成过程的一种猜测。其实，死海是一个咸水湖，它的形成是自然界变化的结果。死海地处约旦和巴勒斯坦之间南北走向的大裂谷的中段，它的南北长75公里，东西宽5至16公里，海水平均深度146米，最深的地方大约有400米。死海的源头主要是约旦河，河水含有很多的矿物质。河水流入死海，不断蒸发，矿物质沉淀下来，经年累月，越积越多，便形成了今天世界上最咸的咸水湖——死海。

几十年前，死海还是一片荒凉。为了开发利用它的资源，而今死海旁边已出现了一些工厂，同时修建了一些现代化的游泳池、高级旅馆和游乐场所。死海上空艳阳高照，海面空气清新，含氧量高，海水治病的功能不逊于温泉，吸引着许多游客。这样一来，就使它出现了不少生气。

但是，由于死海的蒸发量大于约旦河输入的水量，造成水面日趋下降。据专家统计，最近十年来，每年死海水面下降40到50厘米。长此下去，在不久的将来，南部较浅的地方，海水将会消失；较深的北部，数百年后也可能干涸。那时，死海真的要死了。

【以悟促写】

这几年，你觉得周围的环境有了哪些变化？原因是什么？以"我周围的环境"为话题，写一篇事例说明文，题目自拟。

【佳作欣赏】

我身边的环境

八（4）班　谭鑫

我们每个人都生活在周围的环境当中，或永久居住，或时常迁居。那么，你真的了解你身边的环境吗？

许多人都可能会固执地认为环境就是身边的景物啊，天空啊，花啊，草啊。实则不然。环境既包括以空气、水、土地、植物、动物等为内容的物质因素，也包括以观念、制度、行为准则等为内容的非物质因素；既包括自然因素，也包括社会因素；既包括非生命体形式，也包括生命体形式。我们通常所说的环境是指围绕人类的外部世界。

综上所述，影响环境的因素有很多，不仅仅是生物的活动，也包括非生物的变化。

那么，环境有何重要意义呢？首先，环境是我们生活的依托，如果失去环境，后果不堪设想，我们将无法生存。其次，适应环境有利于人类的发展，人们只有适应环境，才能更好地利用环境给我们提供的资源，从而推动人类社会的发展。最后人类可改变环境，使人类主观上更加适应环境。这就是为什么如今人类应建设环境，适应环境。

这么看来，环境对我们十分重要。那么我们可以确信地说，我们应该保护我们赖以生存的环境。但在当今社会，人类却在开采利用环境时对环境造成了严重的污染。各种水污染、大气污染、光污染、白色污染……对伤害环境的方式层出不穷。

以水污染为例，我向大家讲解一下污染对环境的危害。水污染是由有害化学物质造成水的使用价值降低或丧失，污染环境的水。这些有害的化学物质，大部分都是来自人类活动，这些化学物质污染了仅剩不多的水。中国水资源总量28000亿立方米，人均2300立方米，只占世界人均拥有量的1/4，居121位，为13个贫水国之一。中国640个城市有300多个缺水，2.32亿人年均用水量严重不足。而这些人的饮水可能仍是受污染的水源。中国有82%的人饮用浅井和江河水，其中水质污染严重细菌超过卫生标准的占75%，受到有机物污染的饮用水人口约1.6亿。这严重地危害了人们的健康。我家乡的一条河流，如今水质就不如以往那么好了——人们活动遗留下来的废物往往被丢进河里。这也间接危害了河中的生物和人们的健康，也免不了有不少人因此患病的。

为了不失去赖以生存的环境，或者是更好地生存下去。人类必须加大力度保护环境了，刻不容缓。那我们该怎么做呢？首先，我们不应持续过度开发环境，要把握一个度，坚持可持续化发展。其次，国家方面应该加强相关立法和监督，防止"黑工厂"乱排放。我居住的地方深圳坪山附近也正着手推进绿化建设，同时也出台了相关政策来减排。最后，人们的保护环境意识才是最重要的，所以政府方面应加强宣传，使保护环境观念深入人心。有的地方的宣传海报已贴满大街小巷，电视上也常有相关的公益广告。

"如果人人献出一点爱，世界将变成美好的人间。"如果我们坚持保护环境，我们的生活会变得越来越好。为了自己，也为了大家。

6 生动语言——对比拟人

【精彩语段】

如果一只主红雀对着暖流歌唱起春天来，却发现自己搞错了，它还可以纠正自己的错误，继续保持它在冬季的缄默；如果一只花鼠想出来晒太阳，却遇到了一阵暴风雪，也可以再回去睡觉；而一只定期迁徙的大雁，下定了在黑夜飞行200英里（1英里≈1609.34米）的赌注，它一旦起程再要撤回去可就不那么容易了。

三月的大雁则不同。尽管它们在冬天的大部分时间里都可能受到枪击，但现在却是休战时刻。它们顺着弯曲的河流拐来拐去，穿过现在已经没有猎枪的狩猎点和小洲，向每个沙滩低语着，如同向久别的朋友低语一样。它们低低地在沼泽和草地上空曲折地穿行着，向每个刚刚融化的水洼和池塘问好。在我们的沼泽上空做了几次试探性的盘旋之后，它们白色的尾部朝远方的山丘，终于慢慢扇动着黑色的翅膀，静静地向池塘滑翔下来。

——利奥波德《大雁归来》

【品读赏析】

《大雁归来》全文多处用到了对比和拟人。

语段一将主红雀、花鼠与大雁进行对比，主红雀歌唱，纠正错误，保持缄默，大雁下定赌注，"歌唱""纠正错误""缄默""赌注"等词，拟人化的手法，突出大雁对春天的感应最为准确，也生动形象地写出了大雁迁徙的坚定不移。

语段二把大雁在冬天和春天的不同表现进行对比，突出了大雁对自己的敌人的了解，"拐来拐去""低语""问好""试探"，拟人的手法描绘出大雁机敏、活泼、警觉的特点。

语段三将大雁去玉米地觅食和返回时进行对比，"高而有趣的辩论""试探性的盘旋""低语""讨论价值"，将大雁人格化，生动形象地写出大雁熟悉了环境之后的欢快。

语段四将大雁的鸣叫也当作一场辩论，旁边还有观战者，像人类一样具有社会性，定期集会，组织辩论，各自发表意见，还有观众呼叫，表现大雁的聪明和社会性的特点。

对比和拟人的手法，更是生动形象地写出了大雁的习性和作者对大雁的喜爱。所以文章结尾将大雁的迁徙比作一首"野性的诗歌"。因为人与鸟的和谐相处，心中有情，所以大自然就具有人的灵性，是一幅美丽的画卷。

【感悟提升】

如何在说明文中，写好对比和拟人？首先对自然要有敬畏之心，珍爱之情，把动植物当做我们的朋友；然后要仔细观察，了解动植物的习性和性情；最后抓住动植物的特点，与周围动植物的关系，形神兼备。

【类文再品】

青草地

利奥波德

有些画之所以闻名于世，且传颂至今，是因为它们经受住了时间的考验，持续被多代人看到，并且，每一代中都会出现懂得欣赏它们的人。

我知道有一幅画，它很容易消逝，而除了在这幅画上走过的鹿，几乎没有人见过它。创作这幅画的"画家"是一条河流，我和我的朋友们还没来得及去观赏那幅画呢，河流就已经把它的杰作收藏起来了。于是，我只能利用我的大脑和心灵来储存那幅画了。

艺术家们一个个都是喜怒无常的，那条河流也不例外。它什么时候才有兴致作画？它的兴致能坚持多长时间？你根本无法获知。不过，在八月，当天空的白云像帆船一样漂流时，你可以去沙洲悠闲地散步，到那时候，就算只是看看河流是不是在作画，你也会感到非常有意思，觉得没有白来一趟。

当河流开始作画时，只见它现在河滨沙子上，薄薄地刷上一道宽阔的淤泥缎带，然后等着这条缎带在阳光下变干，接下来借助鹿、苍鹭、双领鸻、浣熊和龟的足迹为它镶上花边。到了这个阶段，你根本猜不出它下一步要画什么。

不过，当淤泥缎带上长出荸荠变成绿色的时候，因为这是河流处于作画心情的信号。几乎在一夜之间，淤泥缎带上的荸荠就变成了青翠茂密的草地。青草地被附近的高地上的田鼠看见了，这下可不得了，田鼠一家全体出动，高高兴兴地跑到青草地上，像是赶集一样，热闹极了。它们在青草地上一呆就是好几个晚上，让天鹅绒般的青草为它们抚摸身体。没多久，田鼠们的足迹就在青草地上画出了一个迷宫。鹿们也赶过来了，它们欢快地跑来跑去，享受着青草的柔软和芬芳。就连平时不爱出门的鼹鼠，也在干燥的沙洲里挖了一条地道，偷偷地来到青草缎带上。如果你们看见青草地上有一堆堆隆起的草皮，那肯定是鼹鼠的杰作！

就在这个时候，绿色缎带下潮湿的沙土里，有无数个小幼苗在发芽，它们是那么小，小得无法用肉眼分辨。

如果你们还想知道这幅画到底是什么样子，那么你们得给河流三个星期的时间，让它独自慢慢作画。等过了三个星期，在一个阳光明媚的早晨，当太阳公公把大雾驱散以后，你再来拜访沙洲。那时候，河流已经把所有的颜色都涂在了画面上，并且把透明的露水喷洒在五彩缤纷的颜色上。此时，更加青翠的荸荠草地上，闪耀着蓝色的沟酸浆、粉红色的青兰，以及乳白色的慈姑花。山梗菜的红色长矛朝着天空四面延伸，沙洲顶部的紫色斑鸠菊和淡粉色的泽兰依偎着柳树，像是亭亭玉立的少女，挺拔地站着。你怀着无比谦虚的心情，安安静静地欣赏着河流大师的作品，可能一不小心惊动了一只站在画面里的赤鹿，那是一只全身狐红色、和你的膝盖一样高的鹿！

你离开沙洲之后，如果还想再次去欣赏河流大师的话，那你肯定是看不到了。因为那幅画很快就消失了，要么是因为太干燥了，要么是因为高涨的水把它冲走了。于是，河滨的沙子又恢复了往日的朴素和干净。不过，你可以把那幅画永远刻在你的心里，然后期盼着明年夏天的到来，到那时候，河流会再次找到画面的灵感！

【以悟促写】

我们身边有很多的动物，可爱的燕子、聒噪的蝉、忠诚的小狗、雨后的蜗牛……处处都有生趣，对于它们的习性，你了解多少呢？

选一种自己喜欢的动物，写一篇说明文。要求：文章中要多用到对比和拟人，不少于700字。

【佳作欣赏】

蚂蚁

八（1）班 彭诗颖

一只蜻蜓的低飞说明不了春天，当看到一大群蚂蚁忙着搬家时，雨就要来了。蚂蚁是一种具有社会行为且极团结的昆虫。

向人们宣告要下雨的蚂蚁，它们会一个接一个地向"新家"进发，整齐的队伍没有一只蚂蚁掉队，身上背着大包小包，急而不乱地向前走。即使它们旁边有它们最爱吃的面包屑，它们也会视之不理的。就连以"不达目的不罢休"为名的蜗牛，与坚定不移的蚂蚁大队来比，却也不足为奇。

而平日里的蚂蚁则是更加不同。当它们组队出发觅食时，当发现大块食物的小蚂蚁，会立马掉头，与后面的蚂蚁点点头，它们便会合力将食物搬运回去。可别看它们小小的，却像大力士一样，一下就能不费吹灰之力，举起一个比它们身体还大的食物，兴冲冲地搬回家去与兄弟姐妹一同分享。

蚂蚁还有一个"特异"功能。

当它们排好队时，你会发现风吹不散它们。曾经做过一个实验，将一队蚂蚁分开后，后面一段蚂蚁仍然会找到路线跟上前一只蚂蚁的脚步。第二次，将它们走过的路清扫干净，而蚂蚁有点急得像无头苍蝇般团团转。终于，有一只蚂蚁勇敢地走出了第一步，兴高采烈地与后面的蚂蚁点点头，立马排成一队列前进。找到回家的路，他们都兴奋地摇着触角，用着我们不懂的语言，激昂地讨论着，掩饰不住的快乐。

蚂蚁是一个大家庭，内部分工明确，而它们也有着它们特有的贡献。

在遇到一些不可猜测的灾难，蚂蚁的行为常会让人眼眶湿润。例如，一次大火来临时，弱小的蚂蚁在熊熊大火中，如同大海的一片叶子一般渺小。这时蚂蚁们会非常自觉地抱在一起，像球一般。它们将蚁后和小蚂蚁包裹在里面，老弱病残的工蚁很自觉地在最外面滚动着黑球，带着它们的家人逃出去了，自己却与大火融为了一体。

小小的身体却对生态系统的物质循环起着重要的作用。例如，他们可捕食害虫，清除动物尸体，是生态系统中的分解者。

它们是生态系统中，弱小又极其伟大的小巨人。

7 巧用段落——单独成段

【精彩语段】

（段落+句子）

第1段：时间一年一年地过去。

第5段：岩石是怎样记录时间的呢？

第7段：真的是"海枯石烂"的时候。

第11段：水和空气还能够进入岩石内部的孔隙中造成破坏。

第13段：地面上和地下的生物，也没有放弃对岩石的破坏。

第18段：经过长期的重压和胶结，那些碎石和泥沙重新形成了岩石。

第22段：岩石保存了远比上面所说的多得多的历史痕迹。

第24段：从"死"的石头上，我们看到了地壳活动。

第27段：化石是历史的证人，它帮助我们认识地球历史的发展过程。

第30段：瞧！大自然给我们保留了好多的记录。实际上，地球上的记录比这篇文章所介绍的还要丰富得多，这里不过是拉开了帷幕的一角而已。

——陶世龙《时间的脚印》

【品读赏析】

独句成段是指以一个句子构成自然段，它的作用有：显示文脉、调整结构、突出强调、呼应开头、写出寓意。本文用了大量独立成段的单句，标示层次结构等作用，使文章脉络清晰。

从精彩语段中，可以看出文章的两层结构。

第一层：时间一年一年地过去—岩石记录时间—石头变烂—形成岩石—这个变化的过程记录历史活动—大自然记录的意义。

第11段、第13段，是说明石头被破坏的因素，第24段、第27段是说明岩石保存了哪些痕迹。

把这些单独成段全部组合在一起，基本就是一个小小的文章，基本就了解全文的内容。

【感悟提升】

在写作中，可以先将文章的思路列成这样一个个小段，再将具体内容细化进去，这样，说明文的脉络就会非常清晰。

【类文再品】

地表形态的塑造

NASH KRAMER

地表形态是指地球表面的起伏状态，又称地形或地貌，是我们可以直接感受到的地球表面特征。

内力和外力是塑造地表形态的主要作用力。

内力作用的能量来自地球内部，主要表现为地壳运动、岩浆活动和变质作用。变质作用一般发生在地壳深处，不能直接塑造地表形态，而岩浆只有在喷出地表时才可直接影响地表形态。因此，在内力作用中，地壳运动是塑造地表形态的主要方式。地壳的运动以水平运动为主，垂直运动为辅。水平运动是指组成地壳的岩层沿平行于地球表面的方向运动，它使岩层发生水平位移和弯曲变形，常在地表形成绵长的断裂带和巨大的褶皱山脉；垂直运动是指组成地壳的岩层作垂直于地球表面方向的运动，即上升或下降运动。它使岩层发生大规模的隆起和凹陷，引起地势的起伏变化和海陆变迁。内力作用在地表形成大陆与洋底、山脉与盆地等，奠定了地表形态的基本格局，总的趋势是使地表变得高低不平。

外力作用是指地球表面的风、流水、冰川、生物等引起地表形态的变化。其能量来自地球外部，主要是太阳辐射能。它对地表形态的塑造主要有风化、侵蚀、搬运和堆积四种方式。在温度、水以及生物等的影响下，地表或接近地表的岩石发生崩解和破碎，形成碎块或砂粒，这种作用叫风化作用。水、冰川、空气等在运动状态下对地表岩石及其风化产物进行破坏，称为侵蚀作用。外力通过风化、侵蚀作用不断破坏地表，并把破坏了的物质从高处搬运到低处堆积起来，总的趋势是使地表起伏的状况趋向于平缓。

在地表形态塑造过程中，内力和外力同时起作用，其结果也往往交织在一起。

地表形态的塑造过程也是岩石圈物质的循环过程，它们存在的基础是岩石圈三大类岩石——岩浆岩、变质岩、沉积岩的相互转化。在地球内部压力作用下，岩浆沿着岩石圈的薄弱地带侵入岩石圈上部或喷出地表，冷却凝固形成岩浆岩。裸露地表的岩浆岩在风吹、雨打、日晒以及生物作用下，逐渐崩解成砾石、沙子和泥土。这些碎屑物质被风、流水等搬运后沉积下来，经过固结成岩作用，形成沉积岩。同时，这些已经生成的岩石又在一定温度和压力下发生变质作用，形成变质岩。岩石在岩石圈深处或岩石圈以下发生重熔再生作用，又成为新的岩浆。岩浆在一定条件下再次侵入或喷出地表，形成新的岩浆岩，并与其他岩石一起再次接受外力的风化、侵蚀、搬运和堆积。如此，周而复始，使岩石圈的物质处于循环转化之中。

我们今天看到的山系和盆地，以及流水、冰川、风成地貌等，是岩石圈物质循环在地表留下痕迹。

山地是陆地的主要组成部分之一。山地有多种类型，如褶皱山、断块山、火山等，它们的形成和发展都与内力作用有关。

……

河流地貌也是自然界常见的地貌之一。它们的形成和发展主要与外力作用有关。

河流地貌分为侵蚀地貌和堆积地貌。河流在流动过程中，会破坏和搬运地表物质，形成侵蚀地貌。在河流发育初期，河流落差大，流速快，能量集中，河流侵蚀作用以向下和向源头侵蚀为主，使河谷不断加深和延长。这时的河谷深而窄，谷壁陡峭，横剖面呈"V"形。"V"形河谷形成后，河流落差变小，河流向下的侵蚀作用减弱，向河谷两岸的侵蚀作用加强。河流在凹岸侵蚀，在凸岸堆积，使河流更为弯曲，河谷拓宽。经过漫长的过程，河谷展宽，横剖面呈宽而浅的槽型。

被河流搬运的物质，在河流搬运能力减弱的情况下，会沉积下来，形成沉积地貌。冲积平原是比较典型的一种河流堆积地貌，包括洪积—冲积平原、河漫滩平原和三角洲三种类型。

地表形态与人类生活非常密切。

山地相对高度大，地形崎岖，对交通运输方式的选择、交通运输线路的分布和延伸方向影响较大，山地地区的交通运输线主要以公路为主，主要分布在山间盆地和河谷地带。河流地貌对聚落分布影响深远，世界上一些主要河流的两岸，常常布满大大小小的城市；越往河流中下游，城市也越密集。多数乡村的分布也与河流有关。河流的冲积平原为聚落的分布提供了多方面的有利条件。

【以悟促写】

根据文章中的单独成段，概括内容，写一篇《时间的脚印》的科普说明文。

【佳作欣赏】

时间的脚印

八（1）班 蔡思婷

时间一年一年的过去。

时间无形，但人类总想方设法记录它。岩石就是其中一种重要的记录。

岩石是怎样记下时间的呢？

不要认为岩石是坚固不坏的。它无时无刻不经受着从各方面来的"攻击"。炎热的阳光烘烤着它，严寒的霜雪冷冻着它，风吹着它，雨打着它。

空气和水中的酸类腐蚀了岩石中的一部分物质。水和空气还能够进入岩石内部的空隙中造成破坏。地面上和地下的生物也没有放弃对岩石的破坏。大块的石头破碎成小块的石子，小块的石子再分裂成细微的沙粒泥土。狂风吹来了洪水，冲来了冰河，碎石、沙粒、泥土被它们带着开始了旅行。

一年过去了，两年过去了……泥沙越积越厚。堆得厚了，对下层泥沙的压力也逐渐加重，泥沙中的水分被压出了许多，颗粒与颗粒之间压得很紧，甚至可以有分子间的引力。经过长期的重压和交接，那些碎石和泥沙又重新形成了岩石。

岩石保存了远比上面所说的多的历史痕迹。

从这些死的岩石上，我们看到了地壳的活动。石头颜色的不同，也常常说明了地球上的变化。红色的岩石意味着当时天气非常炎热，而灰黑色也常常是寒冷的表示。古代生物的状况，在岩石中更有着丰富的记录。

化石是历史的证人，它帮助我们认识地球历史的发展过程。

例如，很多地方都发现了一种海洋生物三叶虫的化石，它告诉我们，在6亿多年前到5亿多年前的那个叫作寒武纪的时代，地球上的海洋是多么广阔。大自然给我们保留了好多好的记录，实际上，地球上的记录比这篇文章所介绍的还要丰富，这里不过是拉开了冰山一角。

如果我们熟悉了这些石头的历史，便有可能踏着历史的脚印，一步一步走向地下的宝库。

第三单元　精神家园

8　心灵家园

【精彩语段】

忽逢桃花林，夹岸数百步，中无杂树，芳草鲜美，落英缤纷。

复行数十步，豁然开朗。土地平旷，屋舍俨然，有良田美池桑竹之属。阡陌交通，鸡犬相闻。其中往来种作，男女衣着，悉如外人。黄发垂髫，并怡然自乐。

——陶渊明《桃花源记》

【品读赏析】

文章开端，先以美好闲静、"芳草鲜美，落英缤纷"的桃花林作为铺垫，引出一个质朴自然的化外世界。在那儿，一切都是那么单纯，那么美好。那里土地平坦，房屋整齐，有肥沃的土地、美好的池塘，有桑树竹子，小路交错相通，鸡和狗的叫声此起彼伏。那里没有税赋，没有战乱，没有沽名钓誉，没有勾心斗角。人与人之间的关系也是那么平和、热情。

作者的简净笔触，恰如其分地表现出桃花源的气氛，使文章更富有感染力。当然，这种理想的境界在当时现实中是不存在的，只是作者通过对大同社会的构想，艺术地展现了大同社会的风貌，是不满黑暗现实的一种精神寄托。

【感悟提升】

每个人都有自己心中的桃花源。或平和，或绚烂；或宁静，或热烈。心中有爱，世界每个角落都是桃花源。心中若有桃花源，处处都是水云间。每个人都有自己的心灵家园。

【类文再品】

生命是一树花开

余秋雨

生命，是一树花开，或安静或热烈，或寂寞或璀璨。

日子，在岁月的年轮中渐次厚重，那些天真的、跃动的，抑或沉思的灵魂，在繁华与喧嚣中，被刻上深深浅浅，或浓或淡的印痕。

很欣赏这样一句话：生命，是一场虚妄。其实，经年过往，每个人何尝不是在这场虚妄里跋涉？在真实的笑里哭着，在真实的哭里笑着，一笺烟雨，半帘幽梦，许多时候，我们不得不承认：生活，不是不寂寞，只是不想说。

于无声处倾听凡尘落素，渐渐明白：人生，总会有许多无奈，希望、失望、憧憬、彷徨，苦过了，才知甜蜜；痛过了，才懂坚强；傻过了，才会成长。

生命中，总有一些令人唏嘘的空白，有些人，让你牵挂，却不能相守；有些东西，让你羡慕，却不能拥有；有些错过，让你留恋，却终生遗憾。

在这喧闹的凡尘，我们需要有适合自己的地方，用来安放灵魂。也许，是一座安静宅院；也许，是一本无字经书；也许，是一条迷津小路。只要是自己心之所往，便是驿站，为了将来起程时，不再那么迷惘。

红尘三千丈，念在山水间。

生活，不总是一帆风顺。因为爱，所以放手；因为放手，所以沉默；因为一份懂得，所以安心着一个回眸。

也许，有风有雨的日子，才承载了生命的厚重；风轻云淡的日子，更适于静静领悟。

深深懂得：这世界上，并不是所有的东西都符合想象。有些时候，山是水的故事，云是风的故事；有些时候，星不是夜的故事，情不是爱的故事。

生命的旅途中，许多人走着、走着，就散了；许多事看着、看着，就淡了；许多梦做着、做着，就断了；许多泪流着、流着，就干了。人生，原本就是风尘中的沧海桑田，只是，回眸处，世态炎凉演绎成了苦辣酸甜。

喜欢那种淡到极致的美，不急不躁，不温不火，款步有声，舒缓有序；一弯浅笑，万千深情，尘烟几许，浅思淡行。于时光深处，静看花开花谢，虽历尽沧桑，仍含笑一腔温暖如初。其实，不是不深情，是曾经情太深；不是不懂爱，是爱过知酒浓。

生活的阡陌中，没有人改变得了纵横交错的曾经，只是，在渐行渐远的回望里，那些痛过的、哭过的，都演绎成了坚强；那些不忍遗忘的、念念不忘的，都风干成了风景。

站在岁月之巅放牧心灵，山一程，水一程，红尘、沧桑、流年、清欢，一个人的夜晚，我们终于学会了：于一怀淡泊中，笑望两个人的白月光。

盈一抹领悟，收藏点点滴滴的快乐，经年流转，透过指尖的温度，期许岁月静好，这一路走来，你会发现，生活于我们，温暖一直是一种牵引，不是吗？

于生活的海洋中踏浪，云帆尽头，轻回眸，处处是别有洞天，云淡风轻。

有一种经年叫历尽沧桑，有一种远眺叫含泪微笑，有一种追求叫浅行静思，有一种美丽叫淡到极致。

给生命一个微笑的理由吧，别让自己的心承载太多的负重；给自己一个取暖的方式吧，以风的执念求索，以莲的姿态恬淡，盈一抹微笑，将岁月打磨成人生枝头最美的风景。

心中若有桃花源，何处不是水云间？

【以悟促写】

每个人对桃花源都有自己不同的认识和见解，请根据你自己的理解，改写或续写《桃花源记》，不少于700字。

【佳作欣赏】

再寻桃花源

八（1）班　谢泽丰

渔人有一子，俊俏聪慧。

渔人找了桃花源十八年，可都没有结果。"为什么？我明明去过，我明明做了标记，为什么找不到？"渔人一直对桃花源念念不忘。

十八年后，窗外的花开了又谢，谢了又开。可渔人根本无心顾暇其他事情，终日沉迷于寻找桃花源。他一次次划船去那片落英缤纷的桃花林，一次次失败而归。又一次次整装待发，又一次次落寞而返。日日、月月、年年，周而复始。

这是十八年里，他忘记了自己还有一个儿子，忘记了自己是个父亲，忘记自己是个丈夫。他不知道儿子何时已经会走路了，他不知道儿子何时已经不再和他说一句话，他不知道妻子一个人是如何耕种田地，他不知道曾经那个貌美如花的女子已疲惫成什么样子。

他错过了儿子成长的点点滴滴，他错过了自己家窗外桃花的一次又一次地绽放。

他只知道，他要找到那个桃花源，那个去过一次的桃花源。

夏天过去了，窗外已落英缤纷。

儿子离家出走了。

妻子从早上到傍晚，一直寻找。纵使山路泥泞，纵使满头大汗，妻子也仍在寻找，因为儿子是她的一切，是她再苦再累也要守护的人。

花瓣飘落至渔人头上。

渔人顿时大梦初醒，妻子如此深爱儿子，而身为父亲的他却用了大把时间，来寻找那个若隐若现的桃花源，因此错过了儿子的成长，没能给他足够的父爱，同时错过了窗外的花的绽放，浪费了美好年华，失去了陪伴儿子成长的机会。

夕阳为世间万物披上金色的衣裳，将渔人的窗照得像火一样红。

渔人看着落日，满腹忧伤地说："难道我们的亲情，我的生命会像这落日的余晖一样暗淡消失吗？可是我还没有好好陪我的妻子和孩子，我还没好好赏窗外的花，我还没好好感受世间的美好，我还没找到桃花源……"

月亮已悄悄爬上了柳树枝头。

儿子回来了，渔人抱着儿子痛哭。他辜负了儿子太多太多，无以偿还。

失而复得，这是世界最美好的感觉了吧，这也让渔人懂得了，面对生活最好的态度便是不辜负了吧！渔人辜负了太多，只为那个不确定的桃花源，可这值得吗？快乐活在当下，不辜负每一个阶段，不辜负每一个人，不辜负每一场花开，不要等失去了，再去惋惜，不要错过了，再去热爱，那将无济于事。

用心去热爱值得爱的人，用心去欣赏每一场花开，生活处处都是桃花源。

9 移步换景

【精彩语段】

从小丘西行百二十步，隔篁竹，闻水声，如鸣珮环，心乐之。伐竹取道，下见小潭，水尤清冽。全石以为底，近岸，卷石底以出，为坻，为屿，为嵁，为岩。青树翠蔓，蒙络摇缀，参差披拂。

潭中鱼可百许头，皆若空游无所依，日光下澈，影布石上。怡然不动，俶尔远逝，往来翕忽，似与游者相乐。

潭西南而望，斗折蛇行，明灭可见。其岸势犬牙差互，不可知其源。

坐潭上，四面竹树环合，寂寥无人，凄神寒骨，悄怆幽邃。以其境过清，不可久居，乃记之而去。

——柳宗元《小石潭记》

【品读赏析】

这篇小品文的语言非常精练优美。

移步换景与定点观察相结合。第一段，西行、隔篁竹、闻水声、伐竹取道、下见小潭，用移步换景的手法，把发现小石潭的过程写得饶有情趣。然后采取定点观察的方式，由近及远，写出了小石潭及周围景物的特点。

由面到点，动静结合。"空游无所依"，从整体的面，来写潭水与鱼，然后特写鱼的动作。"影布石上""俶尔远逝"，一静一动，勾画出一幅生动活泼的游鱼图。

比喻拟人，细致描绘。"似与游者相乐"，拟人的手法写出这群憨态可掬又活泼伶俐的小鱼好像挑逗游人。"斗折蛇行""犬牙差互"，比喻，生动形象地写出了溪流逶迤曲折之状，山石嶙峋之势。

情景交融，景中传情。小石潭的曲径通幽，游鱼的悠然自得，潭水的空明清澈，环境的清冷幽寂，或暂时的喜，或喜后的忧，都是有作者被贬后内心终究无法摆脱的落寞。

【感悟提升】

一切景语皆情语，用景物来表达心情，在大自然中寻找慰藉。细致的观察，移步换景，抓住特征，有点有面，有动有静，融入自己的情感；有画，有诗，有色彩，有声音，有浓厚的感情。情景交融构成诗意，构成作者的内心。

【类文再品】

自西南行不能百步，得石渠。民桥其上。有泉幽幽然，其鸣乍大乍细。渠之广，或咫尺，或倍尺，其长可十许步。其流抵大石，伏出其下。逾石而往有石泓，昌蒲被之，青藓环周。又折西行，旁陷岩石下，北堕小潭。潭幅员减百尺，清深多鲦（tiáo）鱼。又北曲行纡馀，睨若无穷，然卒入于渴。其侧皆诡石怪木，奇卉美箭，可列坐而庥（xiū）焉。风摇其巅，韵动崖谷，视之既静，其听始远。

予从州牧得之，揽去翳朽，决疏土石，既崇而焚，既酾（shī）盈，惜其未始有传焉者，故累记其所属，遗之其人，书之其阳，俾后好事者求之得以易。

元和七年正月八日蠲（juān）渠至大石，十月十九日逾石得石泓、小潭。渠之美于是始穷也。

——柳宗元《石渠记》

【以悟促写】

每个人的心中都有一处美景，那是大自然给我们的慰藉。请仿照《小石潭记》的手法，写一篇现代文版"＿＿＿＿记"。

【佳作欣赏】

林月记
八（1）班　林漫祺

从屋后北行一二十步，隔跳水林，闻澳水，如鸣银铃，心乐之。赤脚而去，下见碧湖，水为见底。全石以为底，近岸，鱼嬉耍之，不畏生。桃松红蜡鸣，随风摇荡，随铃同奏乐。

湖中倒映天月与星，毕若散落湖面，月光下澈，影晃岸边。傲尔游动，往来轻若翼羽，似担惊乎星月。

绿枝东北而望，漫天繁星，迷离醉月。其黑夜似为黎明，焕发灿光。

坐湖旁，手指与湖鱼亲吻。寂寥无人，碎落星月；波光鳞粼，散于水面，好不悠然自得！其浪漫之境，缺小酒，缺故人：夜寐，却不知酒醉了月，月醉了我。

同游者：清风，竹林及趣蛙。隶而从者，家中一爱猫，一爱犬，曰未矛，曰玖明。

10　朦胧意境

【精彩语段】

蒹葭苍苍，白露为霜。所谓伊人，在水一方。溯洄从之，道阻且长。溯游从之，宛在水中央。

蒹葭萋萋，白露未晞。所谓伊人，在水之湄。溯洄从之，道阻且跻。溯游从之，宛在水中坻。

蒹葭采采，白露未已。所谓伊人，在水之涘。溯洄从之，道阻且右。溯游从之，宛在水中沚。

——《蒹葭》

【品读赏析】

两首诗，重章叠句，句式对仗工整。而在我们现在写作中，排比，往往就有换字的需要，往往通过"字"的不同，来抒发自己不同的情感。此外，句子的短小精悍，朗朗上口，更增加了文章的韵味。

文章结构伴随情感的层层递进，求，不得，辗转，友，乐，这些词语的变化看出作者对美好爱情的向往和追求。《蒹葭》从水中央到水中坻再到水中沚，三个不同地点的变化，爱情的求而不得。

运用比兴，以所咏之物抒发所颂之情。《关雎》借助"参差荇菜"写出自己对美好爱情的向往和追求。而《蒹葭》借助"蒹葭"来抒发爱而不得的忧伤。比喻的恰当运用，可以让自己的文章更增色，让自己的情感更真挚。

【感悟提升】

生活中的事物纷繁复杂，我们期待美好，向往美好，而生活的美好就在点滴中待我们去发现。一花物语，一叶生机都会让我们看到生命的美好、生活的美好。

【类文再品】

盘在心头的事，终受不起负荷的沉压，生造了失落的结果。也许是这样，或许绝非如此。曾安然不动的我，尔刻却浮躁不堪。我不再属于铁石般心肠，萌出一朵心动的有刺的玫瑰。

回不去了。我极力控制，以防沦陷；可是我制不住翻动的浪波。矛盾孤立在十字路口，"我不知道风是在哪一个方向吹。"熙攘的人流，千万点中，我停下了前行的步伐。只因找到了方向，那神秘纯洁的光，照在了我的黑暗狭窄的荆棘遍地的小径上。

原来，"我希望逢着/一个丁香一样地/结着愁怨的姑娘。"路在脚下，心在前方，却找不到捷径的路子。犹豫了，心潮翻滚了；徘徊了，欲罢不能了。一副清纯的模样，柳眉纤腰，肩若削成。若为草木，存在只需成长；若为孩提，生活毫无虑忧。究竟不是草木，孰能无情乎？爆发了，踌躇了，前进了，后退了。心在遥望，滚出长久等待的苦涩的雨水。鼓起勇气，当为一次不小的进步。

彼岸伊人，我在这头，岸在那头。我只想纵身一跃，跨过如天的江水。江中无行舟，凄凉遥望。似火之心，传出激越加速的声响。无奈无奈，哪有夸父逐日的决心。眼神迷离，神醉痴儿强烈。心如惊涛拍岸，行为踟蹰退缩。翻腾的江水，江中无行舟，无奈仁头。心在咆哮，山在怒号，一尊石像，顶多算作一尊石像。

噫嘻悲哉，噫嘻悲哉！柜隔一条江，四方万重山。江上无过客，岸上的人啊，心悠悠。山中回声荡，只听见："蒹葭苍苍，白露为霜。所谓伊人，在水一方。溯洄从之，道阻且长。溯游从之，宛在水中央。"

———— 河泉《蒹葭》

【以悟促写】

品读古诗，相信你也有些许感触，将所思所感写成一篇文章，不少于500字。

【佳作欣赏】

荷香记

八（9）班 杨倩

"接天莲叶无穷碧，映日荷花别样红。"

———— 荷香记

我对于荷花最初的记忆，都是在天真无邪的童年时代。

在榆邑东麓，有口五龙池，清水潺潺，甘甜无比。

池旁有荷塘百亩。明嘉靖进士褚鈇曾作诗诵之："闲来访胜出城东，争道源池景不穷。十里芙蓉香馥馥，一湾汤沐暖融融。叶浮圆盖琉璃碧，华竖长籍锦绣红。他日致君尧舜携，月月此地吸荷筒。"极力赞颂此美景。这就是盛名的榆邑八景之一：源池荷花。

盛夏时节，满塘的花红叶碧，满塘的碧绿挥洒，满塘的红荷婷婷。

风从清凉的水面上吹过来，轻抚着全身，朦胧之中似乎是驾着荷叶编织的小舟，在水面上漂浮，凉茵茵的感觉即便是盛夏酷暑也不觉得热。那篇最著名的《爱莲说》"予独爱莲之出淤泥而不染，濯清涟而不妖，中通外直，不蔓不枝，香远益清，亭亭净植，可远观而不可亵玩焉"。荷，花之君子者也。荷之爱，同予者何人？不论是在辽阔的湖水中，还是房前屋后、大小不一的水塘里，都可以看到它娇美的身影。荷生长在最平凡的民间，不亢不卑，遵循着自然的脚步，萌生、开花、结实，贴近着滋养着最卑微的生命，无怨无悔！

荷不仅优雅、洁白、细腻，更显示一种高贵，不染。那幽幽花香，它不浓郁，却长远。它是汩汩的，不知从哪儿来，也不知去何方，只是一个劲儿地向人们沁来。

清清荷塘边人微醉，千娇流，百媚淌，亦粉亦素争艳碧波上。

鱼儿水下游，花蜓落花间。向来心美荷花出淤泥而不染，濯清涟而不妖。它的风姿不输梅红傲雪，青竹碧绿，牡丹富贵，蔷薇娇鲜，水仙淡雅，菊花凌霜，月季多姿，杜鹃蒸霞，桂花飘香。荷花是夏季池塘中的仙子，它的荷叶前后交错，顾盼掩映，像亭亭玉立舞女的裙，像刚出浴的美人。它在传统文化中被誉为出污泥而不染，象征着廉洁的洁身自好。藕寓意为藕断丝连和思念情偶，并蒂莲为恩爱夫妻。

荷花一年四季各具风韵：春有凝翠、夏有娇艳、秋有厚重、冬有凄美。一岁一枯荣的只是荷的枝叶，永远不死的是荷的精神。

我喜荷，赞荷，叹荷。喜荷红，白，碧各色多姿。赞荷品格高上，意寓深刻。

叹荷，花能百日红？月无几多玥。

第四单元　演讲与口才

11　观点鲜明，思路清晰

【精彩语段】

今天，这里有没有特务？你站出来！是好汉的站出来！你出来讲！凭什么要杀死李先生？（厉声，热烈地鼓掌）杀死了人，又不敢承认，还要诬蔑人，说什么"桃色事件"，说什么共产党杀共产党，无耻啊！无耻啊！（热烈地鼓掌）这是某集团的无耻，恰是李先生的光荣！李先生在昆明被暗杀，是李先生留给昆明的光荣！也是昆明人的光荣！（鼓掌）

————闻一多《最后一次演讲》

【品读赏析】

最后的讲演，是生命的呼喊与吟唱。闻一多先生在用他生命的力量为我们争取光明，驱走阴霾。慷慨激昂的话语，义愤填膺的态度无疑向我们展示出作为。他一开始就告诉他的态度：特务是无耻的，李公朴先生是光荣的。他用李先生的牺牲精神，告诉我们要有不怕牺牲英勇的斗争精神，他告诉我们要用我们自己力所能及的力量守护正义，守护民主与和平。

【感悟提升】

演讲词要具有针对性和条理性。要了解听众的层次和演讲的场合，确定明确的观点，从头到尾贯穿一条主线，条理清晰，层次分明地进行演讲。

【类文再品】

一百年前，一位伟大的美国人签署了解放黑奴宣言，今天我们就是站在他的灵魂安息处集会。这一庄严宣言犹如灯塔的光芒，给千百万在那摧残生命的不义之火中受煎熬的黑奴带来了希望。它之到来犹如欢乐的黎明，结束了束缚黑人的漫漫长夜。

　　然而一百年后的今天，我们必须正视黑人还没有得到自由这一悲惨的事实。一百年后的今天，在种族隔离的镣铐和种族歧视的枷锁下，黑人的生活备受压榨。一百年后的今天，黑人仍生活在物质充裕的海洋中一个穷困的孤岛上。一百年后的今天，黑人仍然萎缩在美国社会的角落里，并且意识到自己是故土家园中的流亡者。

　　朋友们，今天我对你们说，在此时此刻，我们虽然遭受种种困难和挫折，我仍然有一个梦想，这个梦想是深深扎根于美国的梦想中的。

　　我梦想有一天，这个国家会站立起来，真正实现其信条的真谛："我们认为这些真理是不言而喻的，人人生而平等。"

　　我梦想有一天，在佐治亚的红山上，昔日奴隶的儿子将能够和昔日奴隶主的儿子坐在一起，共叙兄弟情谊。

　　我梦想有一天，甚至连密西西比州这个正义匿迹，压迫成风，如同沙漠般的地方，也将变成自由和正义的绿洲。

　　我梦想有一天、我的四个孩子将在一个不是以他们的肤色，而是以他们的品格优劣来评价他们的国度里生活。

　　我今天有一个梦想。我梦想有一天，亚拉巴马州能够有所转变，尽管该州州长现在仍然满口异议，反对联邦法令，但有朝一日，那里的黑人男孩和女孩将能与白人男孩和女孩情同骨肉，携手并进。

　　我今天有一个梦想。

　　我梦想有一天，幽谷上升，高山下降；坎坷曲折之路成坦途，圣光披露，满照人间。

　　这就是我们的希望。我怀着这种信念回到南方。有了这个信念，我们将能从绝望之岭劈出一块希望之石。有了这个信念，我们将能把这个国家刺耳的争吵声，改变成为一支洋溢手足之情的优美交响曲。

　　有了这个信念，我们将能一起工作，一起祈祷，一起斗争，一起坐牢，一起维护自由；因为我们知道，终有一天，我们是会自由的。

　　在自由到来的那一天，上帝的所有儿女们将以新的含义高唱这支歌："我的祖国，美丽的自由之乡，我为您歌唱。您是父辈逝去的地方，您是最初移民的骄傲，让自由之声响彻每个山岗。"

　　如果美国要成为一个伟大的国家，这个梦想必须实现。让自由之声从新罕布什尔州的巍峨的崇山峻岭响起来！让自由之声从纽约州的崇山峻岭响起来！

　　让自由之声从科罗拉多州冰雪覆盖的落基山响起来！让自由之声从加利福尼亚州蜿蜒的群峰响起来！不仅如此，还要让自由之声从佐治亚州的石岭响起来！让自由之声从田纳西州的瞭望山响起来！

让自由之声从密西西比的每一座丘陵响起来！让自由之声从每一片山坡响起来。

当我们让自由之声响起来，让自由之声从每一个大小村庄、每一个州和每一个城市响起来时，我们将能够加速这一天的到来，那时，上帝的所有儿女，黑人和白人，犹太教徒和非犹太教徒，耶稣教徒和天主教徒，都将手携手，合唱一首古老的黑人灵歌："终于自由啦！终于自由啦！感谢全能的上帝，我们终于自由啦！"

—— 马丁·路德·金《我有一个梦想（节选）》

【以悟促写】

对于3·15爆出来的有些商家使用地沟油的事情，请你确定一个主题，写一段300字左右的演讲词。

12　多角度论证，突出观点

【精彩语段】

实验的过程不是消极的观察，而是积极的、有计划的探测。比如，我们要知道竹子的性质，就要特别栽种竹子，以研究它生长的过程，要把叶子切下来拿到显微镜下去观察，绝不是袖手旁观就可以得到知识的。

—— 丁肇中《应有格物致知精神》

【品读赏析】

《应有格物致知精神》文章脉络清晰，通过举例论证、道理论证、对比论证等方式来论证自己关于重视实验精神的格物致知的道理。通过传统教育的弊病和王阳明的观点不适用于当今世界的反面论证，以及自己的亲身经验正面论证更深刻地揭露了传统教育的弊病，也说明了重视实验精神的重要性。

【感悟提升】

不断探索，不断发现，自己动手去做的事情，才会发现有意想不到的美好。学会运用对比论证、举例论证、比喻论证、道理论证等方式来论证自己的观点，让自己的演讲更具说服力，激起听众的共鸣。

【类文再品】

我们说有成就的人有"学问"，既然是"学问"，那么就要既"学"且

"问"。"问"从何而来？从疑而来。只有多疑、善疑、探疑，才能获得渊博的知识，用之于人民的事业。清朝学者陈宪章认为，学贵有疑，小疑则小进，大疑则大进；疑者，觉悟之机也。所以，我们说：学贵质疑。

人们常常把知识比作海洋，海洋是无边无际的，知识是无止境的。一个人，无论他有多大的学问，总会有无知的地方，而多疑、善疑、质疑、探疑则是获取新知识的途径。正是基于这一点，法国伟大作家巴尔扎克说："打开一切科学的钥匙都毫无疑义地是问号，而生活的智慧，大概就在于逢事都问个为什么。"的确如此，如果达尔文没有对"特创论"的怀疑，就不会有"自然选择学说"的确立。所以说，只有疑才能使我们的智慧之树开出艳丽的花，结出丰硕的果。

但是，我们必须明白，疑是建立在丰富的知识和认真思考之上的，绝不是无端的猜疑或随便的怀疑。达尔文对"特创论"的怀疑，并不是一时的心血来潮，而是在于他随"贝格尔"号帆船环球旅行五年，观察和采集了大量的动植物标本，考察和研究了无数的地质资料，经过综合探讨之后，才向根深蒂固的"特创论"发出了强有力的挑战。这是一场真理对谬误的挑战，其结果自然是真理胜利。可见，任何有效的怀疑，都依赖于对事实的仔细分析和对理论的深入研究。

可是我们有许多青年，他们不善于怀疑，不善于发现。他们相信，凡是书上写的便是正确的，凡是前人说的便是真理。他们迷信书本，崇拜前人，不敢越雷池一步。这样的人，自然不会有什么发现，更不可能有什么创见。他们对于社会的进步没有什么贡献，还可能成为社会前进的绊脚石，阻碍人类文明的发展。这样的人多了，我们的社会就不会进步，人类的文明就会停滞不前。所以我们必须提倡怀疑精神。半个多世纪以前，鲁迅先生就曾通过《狂人日记》倡导这一精神。如今，历史的车轮已转过了一周又一周，我们也早该拿起反向思维这把钢枪，作为我们向科学进军的武器了。

地质学家李四光曾对他的学生说："不怀疑就不能见真理。"这句话对我们也同样适用。我们要增长知识、寻求真理，就必须多疑、善疑，而且质疑、探疑，这才是我们打开知识大门的金钥匙。年轻的朋友们，勇敢地拿起这把钥匙，去打开科学的大门吧！

——黄菊《学会质疑》

【以悟促写】

选用对比论证方法，论证"学与思"的关系，写一个300字左右的演讲词。

13 语言具特色，富有感染力

【精彩语段】

我发现，在人们认为我是权威这个事情上，我真正是权威的时候，不被承认，反而说我在玩弄骗人的数学游戏；可是我已经脱离第一线，高峰过去了，不干什么事情，已经堕落到了靠卖狗皮膏药为生的时候，（笑声）却说我是权威。所以有人讲："前两天电视上又看到你了。"我说："一个人老在电视上露面，说明这个科技工作者的科技生涯基本上快结束了。"（笑声，长时间的掌声）在第一线努力做贡献的，哪有时间去电视台做采访。所以1992年前电视台采访我，我基本上都拒绝了。年轻人如果老上电视台，老卖狗皮膏药，这个人我就觉得一点出息都没有。

——王选《我一生中的重要抉择》

我心里想，这些无耻的东西，不知他们是怎么想法，他们的心理是什么状态，他们的心怎样长的！（捶击桌子）其实简单，他们这样疯狂地来制造恐怖，正是他们自己在慌啊！在害怕啊！所以他们制造恐怖，其实是他们自己在恐怖啊！特务们，你们想想，你们还有几天？你们完了，快完了！你们以为打伤几个，杀死几个，就可以了事，就可以把人民吓倒了吗？其实广大的人民是打不尽的，杀不完的！要是这样可以的话，世界上早没有人了。

——闻一多《最后一次演讲》

【品读赏析】

《我一生中的重要抉择》语言幽默诙谐，把自己的演讲比作"狗皮膏药"，以此自嘲，也一次激励年轻的追梦人。《最后一次演讲》语言激昂犀利，一连串的排比，一连串的反问，愤怒之情溢于言表。

【感悟提升】

演讲词的语言不仅要通俗简洁易懂，还要有适当的感情色彩，让语言具有感染力。首先要掌握听众的心理，根据听众的需要，"上口""入耳"，恰当地表达情感。或幽默风趣，如《我一生中的重要抉择》；或义正言辞，如《最后一次演讲》；或严谨认真，如《应有格物致知精神》。

【类文再品】

一场疫情，让许多人的"原形毕露"。

有的尚未坚持一个月，口袋中的银子已花个精光，下面的日子还不知如何去过；有的人尚未等待复工的决定，便已得到失业的通知，下一步还不知到哪里上班，上什么班……

面对一筹莫展的生活，也许你会后悔，后悔之前的不努力。但后悔解决不了任何问题，尤其是眼前的问题。人生如果总是后悔，等待你的或许是一辈子的苦闷。

重要的是行动。行动是治愈后悔的最好良药。

一个人一生总有后悔的时间。现在努力，以后不会后悔。现在不努力，以后一定会后悔。

选择什么样的人生路全在于你自己。

人生最好的选择，就是努力。不努力，肯定不会失败，但也肯定不会成功。努力，尽管会面临许许多多的泥泞、荆棘、曲曲折折，但总有成功的希望与可能。人生有了希望，还有什么可怕的事，还有什么做不了的事。身陷泥泞，依然仰望星空才是最好的人生。

一个对自己失望的人，才是人生最大的失败。

生命中最伟大的光辉，不在于永不坠落，而是在坠落后总能升起。

努力不一定成功，但成功一定离不开努力。

人生最大的收获也不是仅有成功与失败两个方面，更多的是曾经用心为之努力走过的历程。人生只要努力了，尽力了。成功了是喜悦，失败了也是财富，无怨无悔。

不努力，过早地向生活投降，那才是最失败、最郁闷、苦恼的人生。努力逼自己狠一把，说不定就成功了。

世上没有随随便便的成功。只有千辛万苦努力的收获。

一个人努力，不是为了打败别人，而是为了自己及家人更好的生活，拥有更多选择生活的权利。

人生可怕的不是你不努力，而是比你聪明的人还在努力，你还犹豫什么。

天上不会掉下馅饼。

每一次收获都是长期日积月累的结果。人生努力的每一步都算数，都会在适当的时候给你予以恰当的回报。

努力不一定成功，但不努力一定不会成功。这是亘古不变的真理。

生活虽然没有想象中的美好，但也不会像想象中的糟糕。

人生努力，任何时候都不晚。努力，遇到更好的自己。

——孙延兵《人生最好的选择，就是努力》

【以悟促写】

来来往往的人群中，总有着对我们有着至关重要影响的人和事，让你对这个世界有着新的认知角度，曾经有没有一个瞬间，你认为做了最正确的选择，选择一种语言方式，写一段演讲稿，300字左右。

14 特色结语，提升效果

【精彩语段】

目前的形势，依然严峻。狂风骤雨之后，我们迎来破晓的黎明。待到中午时分，湛蓝的天空必将万里无云；收获者的双臂，捧满沉甸甸的金黄麦穗。

——顾拜旦《庆祝奥林匹克运动复兴25周年》

最后我送给大家一个公式，来结束我的这场"狗皮膏药"式的演讲，这是美国心理学家荣格的一个公式，我非常赞赏，就是"I plus We equals to FullI"，大家很强调要体现自我价值，体现自我价值，需要把自己溶在"We（我们）"这个大集体里面，最终完全体现自我价值。我非常赞赏这个公式，把这个公式奉献给大家——"I plus We equals to FullI"，谢谢。

——王选《我一生中的重要抉择》

我们不拍死，我们有牺牲精神！我们随时像李先生一样，前脚跨出大门，后脚就不准备再跨进大门！（长时间热烈的掌声）

——闻一多《最后一次演讲》

【品读赏析】

自信与平和是奥林匹克精神的内核，肌肉压迫不仅带来的是肉体与心理的压力，同时，也是一种精神愉悦，那种为强健体魄的自由呼喊，那种为赢得荣誉的骄傲与自豪，民主与完美，让我们收获沉甸甸的果实。

在结尾处，作者点睛之笔，利用环境描写，狂风骤雨后的破晓的黎明，更有饱经风霜的沧桑之感，它带来的是满满的成就感，同时也会带来万里晴空，收获金灿灿的果实。一段环境描写点题、平实、简短、精彩而意味深长，道出奥林匹克精神的最大意义所在。

【感悟提升】

结尾是演讲内容的自然结束。言简意赅、余音绕梁的结尾能够震撼听众，促使听众不断地思考和回味。演讲稿结尾没有固定的格式，可以是对演讲全文要点进行简明扼要的小结，也可以是号召性、激励性的口号，也可以是名人名言以及幽默的话。结尾的重要原则是：一定要给听众留下深刻的印象。

【类文再品】

同学们，大家有没有想过一个问题：四大文明古国，为何现在只有中国文化没有消亡？告诉大家吧，这个功劳全靠文言文，文言文是中国老祖宗留给炎黄子孙最宝贵的财富，所以我们应该用感恩的心对待我们的经典文化，我们要学好课本里的每一篇古文，古人的智慧比我们现代人要高得多，因为古人读书志在做圣贤人，而现在很多人读书是志在赚好多钱。其实，最珍贵的遗产是进步文化和高尚的德行而非房子金钱。古语说得好：积金以遗子孙，子孙未必能守；积书以遗子孙，子孙未必能读；不如积阴德于冥冥之中，以为子孙长久之计。现在有些高学历的读书人由于没有好的品德而变成高科技犯罪的罪犯，那些制造冰毒、毒奶、毒肉的人哪个没有高学历？

说到我们的文化经典，"四书五经"（《大学》《中庸》《论语》《孟子》《诗》《书》《礼》《易》《春秋》）让我自豪，《四大名著》让我兴奋，《弟子规》让我反思。我们常听老师说"积善之家必有余庆，积不善之家必有余殃"，原来这句话出自《易经》，这句话提醒我们要日行三善：存好心、说好话、做好人。"弟子规、圣人训、首孝悌、次谨信、泛爱众、而亲仁、有余力、则学文"让我明白孝顺是做人的根本，学会做人才能成就一生。

亲爱的同学们，让我们协手共努力！以祖先千百年来永恒不变的梦想为己任，让我们的校园充满和谐与文明的芬芳！

细节决定成败，行为体现修养。人类的文明成果大部分依赖于学校传承，而读书又是传承文明的主要方式。所以我们要值着佛山创建文明城市的机遇，努力修养自己的高尚人格，做一个有信仰、有教养的文明人！

——平安《缅怀先辈、传承文明》

【以悟促写】

以"我的梦想"为题，写一篇演讲稿。不少于700字。

【佳作欣赏】

我的梦想

八（9）班　章满月

知道为什么天空那么高吗？因为长着翅膀的云朵载着天空越飞越高。

——题记

梦想，这个遥远而又令人憧憬的两个字，在我眼里，像是生了翅膀的云朵，载着你飞往更高的天空，看到不同的风景。

爱因斯坦说过：每个人都有一定理想，这种理想决定着他努力和判断的方向。

如果将我们前方的道路比作布满阴霾的泥泞小路，那么梦想就是这条看不见尽头的道路上空的一轮暖阳。暖阳不炙热，也不寒冷，就像是一杯温水。这轮太阳温暖着这条充满未知而冰冷的人生之路，拂去雾霭，将希望的种子播种在这片泥土中，等待着它的萌发。

梦想对于现在的我们来说是遥远而触不可及的，但对于未来的我们来说，梦想可能不再是幻想，它会成为我们未来道路上遇到困惑和犹豫时最好的指引，如同在茫茫大海中的那一座灯塔所发出的光芒给予船只的引路。

梦想还是要有的，万一实现了呢？

实现自己的梦想成了许多人为之奋斗的目标。孩童时期的我们大概是一生中最不怕受挫的了，那个时候我们的梦想各种各样，有的想当导演，有的想说相声，有的想做翻译，有的想当设计师，各种各样新奇的想法第一次出现在我们的脑海中。然而随着年龄的不断增大，见识的不断增加，我们渐渐意识到，梦想不是我们单纯靠想象而能实现的。

梦想可大可小，可远可近，它是我们对未来生活寄托的无限遐想，是一份我们的热爱与坚持。在追寻梦想的道路上是不会一直风平浪静的，我们会遇到波涛汹涌，会遇到阴天与雨天，而这时我们要做的就是撑起一把伞，静待风雨过后的那束穿过层层乌云的阳光。挫折，只会让我们越挫越勇，因为我们必须奔跑。在这一切过后，我们会发现所有的付出与坚持和所得到的收获是成正比的，所有的坚持在最后的那一刻是值得的，是带着光的。

每个人的梦想好像是浩瀚银河中那微小的一粒尘埃，微小到甚至看不见，但正是这些千千万万个或平凡或伟大的梦想汇聚在了一起，才成了宇宙之中一个庞大的物体。

梦里的世界落雨，开花，起风，挂霜，愿每个人心中有梦，随梦而行。

第五单元　美丽山河

15　多种修辞

【精彩语段】

河水从五百米宽的河道上排排涌来，其势如千军万马，互相挤着、撞着，推推搡搡，前呼后拥，撞向石壁，排排黄浪霎时碎成堆堆白雪。

当河水正这般畅畅快快地驰骋着时，突然脚下出现一条四十多米宽的深沟，它们还来不及想一下，更一齐跌了进去，更闹，更挤，更急。

当然这么窄的壶口一时容不下这么多的水，于是洪流便向两边涌去，沿着龙槽的边沿轰然而下，平平的，大大的，浑厚庄重如一卷飞毯从空抖落。不，简直如一卷钢板出轧，的确有那种凝重，那种猛烈。

尽管这样，壶口还是不能尽收这一川黄浪，于是又有一些各自夺路而走的，乘隙而进的，折返迂回的，它们在龙槽两边的滩壁上散开来，或钻石觅缝，汩汩如泉；或淌过石板，潺潺成溪；或被夹在石间，哀哀打旋。

——梁衡《壶口瀑布》

【品读赏析】

《壶口瀑布》全文写景细腻，主要运用比喻、拟人、夸张和排比等修辞手法，抓住景物特征，多方面描写瀑布，给人以身临其境之感。

本文比喻、拟人、夸张和排比等多种修辞手法并用，鲜明地呈现"壶口瀑布"浊浪奔腾、前呼后拥的夺人气势，让人读来心魄震撼。与此同时，作者在最后一段发议论时用"博大宽厚，柔中有刚；挟而不服，压而不弯；不平则呼，遇强则抗；死地必生，勇往直前"这样写人的语言来诠释黄河的个性和自己对"黄河精神"的理解，使文章富有理性色彩。

【感悟提升】

写游记时，如何抓住最富有特征或代表性的景物，运用多种修辞手法，写出其独特、令人难忘之处？

【类文再品】

只见云气氤氲来，飞升于文殊院，清凉台，飘拂过东海门，西海门，弥漫于北海宾馆，白鹅岭。如此之漂泊无定；若许之变化多端。毫秒之间，景物不同；同一地点，瞬息万变。一忽儿阳光普照；一忽儿雨脚奔驰。却永有云雾，飘去浮来；整个的公园，藏在其中。几枝松，几个观松人，溶出溶入；一幅幅，有似古山水，笔意简洁。而大风呼啸，摇撼松树，如龙如凤，显出它们矫健多姿。它们的根盘入岩缝，和花岗石一般颜色，一般坚贞。它们有风修剪的波浪形的华盖；它们因风展开了似飞翔之翼翅。从峰顶俯视，它们如苔藓，披覆住岩石；从山腰仰视，它们如天女，亭亭而玉立。沿着岩壁折缝，一个个的走将出来，薄纱轻绸，露出的身段翩然起舞。而这舞松之风更把云雾吹得千姿万态，令人眼花缭乱。这云雾或散或聚；群峰则忽隐忽现。刚才还是倾盆雨，迷天雾，而千分之一秒还不到，它们全部停住、散去了。庄严的天都峰上，收起了哈达；俏丽的莲蕊峰顶，揭下了蝉翼似的面纱。阳光一照，丹崖贴金。这时，云海滚滚，如海宁潮来，直拍文殊院宾馆前面的崖岸。朱砂峰被吞没；桃红峰到了波涛底。耕云峰成了一座小岛；鳌鱼峰游泳在雪浪花间。波涛平静了，月色耀眼。这时文殊院正南前方，天蝎星座的全身，如飞龙一条，伏在面前，一动不动。等人骑乘，便可起飞。而当我在静静的群峰间，暗蓝的宾馆里，突然睡醒，轻轻起来，看到峰峦还只有明暗阴阳之分时，黎明的霞光却渐渐显出了紫蓝青绿诸色。初升的太阳透出第一道光芒。从未见过这鲜红如此之红；也未见过这鲜红如此之鲜。一刹那火球腾空；凝眸处彩霞掩映。光影有了千变万化；空间射下百道光柱。万松林无比绚丽；云谷寺毫光四射。忽见琉璃宝灯一盏，高悬始信峰顶。奇光异彩，散花坞如大放焰火。焰火正飞舞。那暗鸣变色，叱咤的风云又汇聚起来。笙管齐鸣，山呼谷应。风急了。西海门前，雪浪滔滔。而排云亭前，好比一座繁忙的海港，码头上装卸着一包包柔软的货物。我多么想从这儿扬帆出海去。可是暗礁多，浪这样险恶，准可以撞碎我的帆樯，打翻我的船。我穿过密林小径，奔上左数峰。上有平台，可以观海。但见浩瀚一片，辽无边际，海上蓬莱，尤为诡奇。我又穿过更密的林子，翻过更奇的山峰，蛇行经过更险的悬崖，踏进更深的波浪。一苇可航，我到了海心的飞来峰上。游兴更深了，我又踏上云层，到那黄山图没有标志，在任何一篇游记之中无人提及，根本没有石级，没有小径，没有航线，没有方向的云中。仅在岩缝间，松根中，雪浪折皱里载沉载浮，我到海外去了。浓云四集，八方茫茫。忽见一位药农，告诉我，这里名叫海外五峰。他给我看黄山的最高荣誉，一枝灵芝草，头尾花茎俱全，色泽鲜红像珊瑚。他给我指点了道路，自己缘着绳子下到数十丈深谷去了。他在飞腾，在荡秋千。黄山是属于他的，属于这样的药农的。我又不知穿过了几层云，盘过几重岭，发现我在炼丹峰上，光明顶前。大雨将至，我刚好躲进气象站里。黄山也属于他们，这几个年轻的科学工作者。他们邀我进入他们的研究室。倾盆大雨倒下来了。这时气象工作者祝贺我，因为将看到最好的景色了。那时我喘息甫定，他们却催促我上观察台去。昊然，雨过天又青。天都突兀而立，如古代将军。绯红的莲花峰迎着阳光，舒展了一瓣瓣的含水的花瓣。轻盈云海隙处，看得见山下晶晶的水珠。休宁的白岳山，青阳的九华山，临安的天目山，九江的匡庐山。远处如白炼一条浮着的，正是长江。这时彩虹一道，挂上了天空。七彩鲜艳，银海衬底。妙极！妙极了！彩虹并不远，它近在眼前，就在观察台边。不过十步之外，虹脚升起，跨天都，直上青空，至极远处。仿佛可以从这长虹之脚，拾级而登，临虹款步，俯览江山。而云海之间，忽生宝光。松影之阴，琉璃一片，闪闪在垂虹下，离我只二十步，探手可得。它光彩异常。它中间晶莹。它比彩虹尤其富丽的镜圈内有面镜子。摄身光！摄身光！

这是何等的公园！这是何等的人间！

——徐迟《黄山记（节选）》

【以悟促写】

生活不缺美景，只是缺少发现美景的眼睛。选择一处自己参观过的景点，目拟题目，写一个片段。400字左右。要求：对某处景物做定点观察，运用多种修辞手法具体描绘，写出景物的特点。

16　融情于景

【精彩语段】

风一刻不停地呼啸，辨不清它何来何往，仿佛自地球形成以来它就在这里川流不息，把冰河上的雪粒纷纷扬扬地扫荡着，又纷纷扬扬地洒落在河滩上、冰缝里。

是琼瑶仙境，静穆的晶莹和洁白。永恒的阳光和风的刻刀，千万年来漫不经心地切割着，雕凿着，缓慢而从不懈怠。冰体一点一点地改变了形态，变成自然力所能刻画成的最漂亮的这番模样：挺拔的，敦实的，奇形怪状的，蜿蜒而立的。那些冰塔、冰柱、冰洞、冰廊、冰壁上徐徐垂挂冰的流苏，像长发披肩。小小的我便蜷卧在这巨人之发下。太阳偶一露面，这冰世界便熠熠烁烁，光彩夺目。端详着冰山上纵横的裂纹，环绕冰山的波状皱褶，想象着在漫长的时光里，冰川的前进和后退，冰山的高低消长，这波纹是否就是年轮。

——马丽华《在长江源头各拉丹冬》

【品读赏析】

《在长江源头各拉丹冬》一文记述了作者跟随摄制组在各拉丹冬游览的经历。作者简笔勾勒景物的"形"，重在表现景物的"神"，在写游览过程中的所见所闻融入了自己的主观情感。作者在描写眼前景物的同时，不停留于具体的描写，而是将笔触宕开，抒写作者的想象与感触，将读者的思绪引向时间的远处或思考的深处。这种虚实结合、主客相融的写法，极大地丰富了文章的内涵。

【感悟提升】

写游记时，我们既可以细致描绘客观景物，也可以在写景的同时融入自己的主观情感，或直接发表议论和抒情，这样可以丰富文章的内容，增加文章的深度。

【类文再品】

西藏大地

马丽华

山是大山，川是大川，青藏高原这片荒寒的高大陆就由这些大系山水所组成。用心地想一想，全世界哪里还能见到比它们更加浩瀚些的紫山峻岭呢？尤其是，连脚下的地平线都已遥遥地高出海平面几千米，成为世界高极。我喜欢视野里充满山的时候，喜欢从几乎所有可能的角度端详它们：平视，俯瞰，仰望；喜欢看它们在各种光影里：朝晖里，迟暮里，光天化日下；喜欢以各种方式：乘车或徒步，去尽其所能地穿越和跋涉过它们。在藏十七八年，以山为伴。

——它是焦干的……

在不经意时，我总是习惯于用北方母语自语。焦干这方言用在眼下刚好合适——不错，它是焦干的，焦干而茫茫。

山野上苍茫无际的阳光季风丝丝缕缕地剥蚀了岁月，干涸着生命。这生命，不光是哪一个人的，不光是哪一人群的，生命是一种泛指，所有的。

智者说，水是最好的。幸好有了这些奔流不息的水。它们总在山与山对峙的峡谷和平川上要么平缓要么急急地经过。不舍昼夜，而且永不回返。凝神于流水的人，终将成为智者。它们不舍昼夜永不回返地远程奔走着，直至海洋的怀抱。沿途，它们就汇集了两岸永不止息地涌流而下的雪水、雨水和泉水。亘古以来雨雪泉水的冲刷就这样渐深渐宽了纵横交织的山谷。深深浅浅，枝枝蔓蔓，天造地设出这样一个自然环境。人类悄悄地出现并植根于这些大山的皱褶中——那种令我多年来感慨不尽的生命和生活之流正从谷底静静地流淌开来，这生命与生活的原汁呵！我所到过的那许多村庄，无一不坐落在水经过的地方。我总是从这一山谷，进入另一山谷。涉过这一条河，走向另一条河。

近两年来，我这样穿梭奔走于西藏中部的拉萨、雅鲁藏布江山结水流之间，访问着越来越熟悉的村庄和人们。那些山野不再是一扫而过的彼此类同的，不再是纯粹客体的漠不相关的。某种共同和共通维系着我的情感和视线。探求与整理这一地区的文化现象对我来说无疑很重要，不然何以急切向往并兴致勃勃地走近那些村庄和房屋呢。这是一股重要的动力，在民俗学家和人类学家没能张望过的地方，先人一步地去领略少为人知的生活存在，无疑是一种优厚待遇的被赐予。然而——

意义不止于此。至少最终和最高的意义不止于此。对我来说，必经的过程要比目标的到达更富有魅力和乐趣——为何对某一现象和行为兴趣浓厚，它们因何感召了我，从哪里获知线索，用何种方式从流至源，经由哪些人去明了它，由此又牵扯出哪些未知问题，引我走向哪些更纵深的阡陌歧途……

更不待说这些神奇的事物是以我长久感到新鲜的思维方式和语言方式来表现和表述的——我对于西藏民间的全部知识，差不多都是通过藏语获得的。富有表现力的藏语格外悦耳，格外奇崛，抑扬顿挫有如峭崖陡壁；而操藏语者无不健谈，又如同汩汩不歇的江河水流。访谈的时候正是神思飞扬的时刻，一些能够捕捉到的单词脱离它本来的轨迹去引领思想天马行空。简单的翻译提示，就使心领神会，引申联想，举一反三。在那种时刻，就想到自己是存心不肯去精通这门语言的了。

更何况在这一过程中，能够有缘分与那样一些泥土里生长起的人相逢，从一些表象入手，一度参与了他们的生活。在那里，最神秘的也是最明朗的，最烦琐的也是最单纯的，最平凡的也是最神圣的，最无心的也是最难以忘怀的。

也终于走进了最神奇、最玄奥的超验世界。

【以悟促写】

我们可能都有过游览的经历。选择一处自己游览过的景点，自拟题目，写一篇不少于800字的游记。要求：在描写景物或记叙事件时融入自己的情感。

【佳作欣赏】

游峨眉山

八（4）班 黄耀瑜

"峨眉山月半轮秋，影入平羌江水流"，这句诗出自李白的《峨眉山月歌》。巍峻的峨眉山前，悬挂着半轮金黄的秋月；流动的平羌江上，倒映着月儿精美的影子。来到峨眉山，环顾四周，我不由得感慨："峨眉天下秀"所言非虚。

为了去看日出，我们不得不在凌晨四点就从酒店出发。

我们沿着蜿蜒盘旋的公路乘车前行，沿途车窗似乎被染成了绿色。往窗外看去，树木枝繁叶茂，如一张张绿毯掩盖山坡。打开车窗，迎面吹来花木的清芬。此情此景，像极了欧阳修《醉翁亭记》中的"野芳发而幽香，佳木秀而繁阴"。

过了大约一个小时，我们来到了山脚下。与普通的石阶迥乎不同，此处的石阶高而滑，其山壁可以用"犬牙差互"来形容。朝山谷看，山谷有如万丈深渊，深不见底，让人看了心惊胆战，生怕一个不小心就失足滑入深渊，粉身碎骨。

越往高处走，气温变得越低。为了取暖，我们只好时不时地对着自己的手哈几口气。台阶上薄薄一层积雪，踩上去如踩着香蕉皮一般"丝滑"。我们小心翼翼，战战兢兢，如履薄冰，生怕摔上一跤屁股就要开花。走了许久，好不容易挨着有座椅的地方，索性坐下，喝喝热水，看看行人，懒得再往上走了。

休息了好一阵子，见我没有起身的意思，妈妈主动提议往上走。我说我就在此地，等你们一起下山。听了这话，妈妈便用金顶索道、缆车诱惑我。我没有立即起身，但听出了妈妈希望我不掉队的意思，最终还是不大情愿地跟着走了。

可谁知，接下来的路更是难走。越来越低的温度，越来越艰难的呼吸，越来越酸软的双腿，走了一段还有一段，山顶依然遥不可及，心想："照这走法，不知道几点才能上去呢！上去了也未必赶得及看日出！看了日出又怎样呢！"我虽然继续走着，但一肚子不高兴。好在妈妈没有说话，不然我准大吼大叫，以泄心中的怒气。

妈妈不疾不徐地往上走，我又不敢开口跟她说我不想上去，只好硬着头皮紧跟其后，一步一步迈出腿去，心里无数次地希望下一步就是山顶。也不知过了多久，我用眼角的余光看到了一丝红晕。抬起头，发现自己已然"凌绝顶"，一个大红火球正从远处的山脊上缓缓升起。我转怒为喜，激动不已。不远处有一座金顶佛堂，神圣庄严；佛像金光闪闪，宛如传说中的"佛光普照"。俯身看向下方，一瞬间"指点江山""一览众山小""无限风光在险峰"等词句在脑海中浮现，一路上的不易、不悦倒忘得一干二净。

在山顶逗留了大约两个小时，我们才依依不舍地离去。秀丽峨眉，希望能与你再度相会！

17　精美典雅

【精彩语段】

勃朗峰周围的一些山峰奇形怪状——都为浅棕色的光秃尖岩。有些顶端尖峭，并微微倾向一旁，宛如美女的纤指；有一怪峰，形如塔糖。因巉岩太过陡峭，皑皑白雪无法堆积，只能在分野处偶见几堆。

在逗留高地、向山下的阿冉提村进发之前，我们曾仰面遥望附近的一座峰巅，但见色彩斑斓，彩霞满天，白云缭绕，轻歌曼舞，那朵朵白云精美柔细，宛如游丝蛛网一般。五光十色中的粉红嫩绿，尤为妩媚动人，所有色彩轻淡柔和，交相辉映，妩媚迷人。我们干脆就地而坐，饱览独特美景。这一彩幻只是稍作驻留，顷刻间便飘忽不定，相互交融，暗淡隐去，可又骤然返光灼灼，瞬息万变，真是无穷变幻，纷至沓来；洁白轻薄的云朵，微光闪烁，仿佛身披霓裳羽衣的纯洁天使。

——马克·吐温《登勃朗峰》

【品读赏析】

《登勃朗峰》综合运用散文笔法和小说笔法，叙写登山所见之奇景和旅途中难得的奇人奇事，用词精美典雅。作者通过对勃朗峰及其周围山峰、峰巅变幻无穷的云霞的描写，细致地展现了勃朗峰迷人的景色。同时，作者由眼前美景联想到肥皂泡，峰巅的云朵亦真亦幻的光影、色彩、形状，美丽异常，却也变化无定，瞬息即逝，就像"最美丽最精致"却又随时会破裂的肥皂泡，暗含"至精至美者，往往不能长久，因而尤足珍贵"的感慨。

【感悟提升】

写游记时，写景抒情用词典雅更容易给人以身临其境之感。此外，游览过程中一些特别的经历也可以写出来，以增强文章的趣味性。

【类文再品】

但是把人的心灵带到一种崇高的境界的，却是那些"吸翠霞而夭矫"的松树。它们不怕山高，把根扎在悬崖绝壁的隙缝，身子扭得像盘龙柱子，在半空展开枝叶，像是和狂风乌云争夺天日，又像是和清风白云游戏。有的松树望穿秋水，不见你来，独自上到高处，斜着身子张望。

有的松树像一顶墨绿大伞，支开了等你。有的松树自得其乐，显出一副潇洒的模样。不管怎么样，它们都让你觉得它们是泰山的天然的主人，谁少了谁，都像不应该似的。雾在对松山的山峡飘来飘去，天色眼看黑将下来。我不知道上了多少石级，一级又一级，是乐趣也是苦趣，好像从我有生命以来就在登山似的，迈前脚，拖后脚，才不过走完慢十八盘。我靠住升仙坊，仰起头来朝上望，紧十八盘仿佛一架长梯，搭在南天门口。我胆怯了。新砌的石级窄窄的，搁不下整脚。怪不得东汉的应劭，在《泰山封禅仪记》里，这样形容："仰视天门窔辽，如从穴中视天，直上七里，赖其羊肠逶迤，名曰环道，往往有絙索可得而登也，两从者扶挟前人相牵，后人见前人履底，前人见后人顶，如画重累人矣，所谓磨胸捏石扪天之难也。"一位老大爷，斜着脚步，穿花一般，侧着身子，赶到我们前头。一位老大娘，挎着香袋，尽管脚小，也稳稳当当，从我们身边过去。我像应劭说的那样，"目视而脚不随"，抓住铁扶手，揪牢年轻人，走十几步，歇一口气，终于在下午七点钟，上到南天门。

……古诗人形容泰山，说"泰山岩岩"，注解人告诉你：岩岩，积石貌。的确这样，山顶越发给你这种感觉。有的石头像莲花瓣，有的像大象头，有的像老人，有的像卧虎，有的错落成桥，有的兀立如柱，有的侧身探海，有的怒目相向。有的什么也不像，黑忽忽的，一动不动，堵住你的去路。年月久，传说多，登封台让你想象帝王拜山的盛况，一个光秃秃的地方会有一块石碣，指明是"孔子小天下处"。有的山池叫作洗头盆，据说玉女往常在这里洗过头发；有的山洞叫作白云洞，传说过去往外冒白云，如今不冒白云了，白云在山里依然游来游去。晴朗的天，你正在欣赏"齐鲁青未了"，忽然一阵风来，"荡胸生曾云"，转瞬间，便像宋之问在《桂阳三日述怀》里说起的那样，"云海四茫茫"。是云吗？头上明明另有云在。看样子是积雪，要不也是棉絮堆，高高低低，连续不断，一直把天边变成海边。于是阳光掠过，云海的银涛像镀了金，又像着了火，烧成灰烬，不知去向，露出大地的面目。两条白线，曲曲折折，是濑河，是汶河。一个黑点子在碧绿的图案中间移动，仿佛蚂蚁，又冒一缕青烟。你正在指手画脚，说长道短，虚象和真象一时都在雾里消失。

我们没有看到日出的奇景。那要在秋高气爽的时候。不过我们也有自己的独得之乐：我们在雨中看到的瀑布，两天以后下山，已经不那样壮丽了。小瀑布不见，大瀑布变小了。我们沿着西溪，翻山越岭，穿过果香扑鼻的苹果园，在黑龙潭附近待了老半天。不是下午要赶火车的话，我们还会待下去的。山势和水势在这里别是一种格调，变化而又和谐。

——李健吾《雨中登泰山》

【以悟促写】

学完本文，想必你也回想起了自己的登山经历吧？请你用典雅的语言描述登山旅途中的一处景物，写一段30字左右的游记。要求：写景状物，用词精美。

18　物我合一

【精彩语段】

我是一片雪，轻盈地落在了玉龙雪山顶上。

有一天，我醒来，发现自己变成了坚硬的冰，和更多的冰挤在一起，缓缓向下流动。在许多年的沉睡里，我变成了玉龙雪山冰川的一部分。我望见了山下绿色的盆地——丽江坝，望见了森林、田野和村庄。张望的时候，我被阳光融化成了一滴水。我想起来，自己的前生，在从高空的雾气化为一片雪，又凝成一粒冰之前，也是一滴水。

是的，我又化成了一滴水，和瀑布里另外的水大声喧哗着扑向山下。在高山上，我们沉默了那么久，终于可以敞开喉咙大声喧哗。

黎明时分，作为一滴水，我来到了喧腾奔流的金沙江边，跃入江流，奔向大海。我知道，作为一滴水，我终于以水的方式走过了丽江。

——阿来《一滴水经过丽江》

【品读赏析】

《一滴水经过丽江》是一篇别具一格的游记作品。作者化身为一滴水，用一滴水从融化成形到汇入大江的过程，串起了丽江的景物与建筑、人文与地理、历史与现实，构思新颖，视角独特。

语段一至语段三写一滴水的前世今生，一滴水开始奇幻之旅；语段四写一滴水结束丽江之旅，跃入江流，奔向大海。一滴水既是观察者，也是"丽江故事"的讲述者。第一人称写法，加上拟人化手法，使这篇游记叙事灵活，富于灵动。

【感悟提升】

写游记时，我们可以进行角色反位，按照一定的顺序记录游览的过程和感受。如果我们能够选用新颖的角度，就能够让文章表达出新意，激发读者的阅读兴趣。

【类文再品】

小溪的行程

刘增山

在厄运的痛击前头莫驻足，跨过去，便是命运的转机。

——题记

我是一条小溪，从石缝里汩汩地涌出。我纤小，我柔弱。面对如此庞大而繁华的世界，我气馁得很，真有点妄自菲薄！比起奔腾的大河，我是细线一缕；比起无涯的大海，我是沧海一滴；比起浩淼的湖泊，我是淡淡的涟漪。我鄙夷自己，我是生活中的无能儿，我是世界里的弱者，一生的行程，只能仰他者的鼻息。

我谨小慎微地活着，不敢像江河那样横冲直撞，不敢像海浪那样大声讲话，不敢像湖水那样曼舞轻歌。我度日，躲躲闪闪；我处世，唯唯诺诺；我走路，踉踉跄跄；我说话，支支吾吾；我出气，怯怯生生；我行事，宛宛转转。我像一条惧怕捕蛇者的曲曲弯弯的小蛇，匍匐着向前蠕动，蜿蜒着向前爬行，但即使是这样，也难以逃脱周围对我的欺凌：杂草苦蒿任意将我淹没；牛羊驴马肆意将我践踏；砂石危岩恣意将我围困；荆棘刺榛执意将我囚禁。我挣扎，但无力拼搏；我忍受，但无力突破；我沉默，但缺乏刚毅。我本来企望以委屈忍让，能求全地苟活，哪里知道，命运并不像我幻想的那么天真，走着，走着，走着，山中的岩石伸出巨大的臂膊挡住了去路，将我逼向无路可走的绝境。

路，断了。

面前是森严恐怖的万丈深渊。

跳上去吧，会粉身碎骨；

往回走吧，是听不完的嘲弄；

停下来吧，又身不由己。

我踌躇，我忧郁。正当我惶恐之际，等不及的大山把我硬是赶下了万丈深渊。

想不到，等待我的并不是毁灭，迎接我的并不是死亡！猛然间，爬行的我，一下子直立起来，我从匍匐的小蛇，变成凌空腾飞的龙。我不再是一个受凌辱的弱者，山中树立起来一座受损害者的洁白光阴的雕塑！我似乎从来没有发现，我的生命里蕴含着那么多的奇美，刹那间会绽开千万朵花蕾，我似乎从来没有发现，我生有一个嘹亮的歌喉，会唱出动人心魄的雄浑的歌唱；我从来没有发现，我心中存有那么多对生活的真知灼见，从而讲出了那样动情的深刻的语言；我从来没有发现，我具有那么大的胆魄，竟会对奇峰峻岭发表出引起巨大反响的演说；我从来没有发现，我拥有那么多财产，从而能向世界展示出那么多闪光的琥珀彩练；我从来没有发现，我何时储备了那么多的力，能冲破道道阻隔，超越层层坚壁；我从来没有发现，我悲苦的性格里，还含有那么多的乐观，我跳下悬崖爆发的大笑，会传得那么幽深，那么高远。

转折的命运，转换了一片崭新的生活。

太阳洒给我一身缤纷的光泽，山鹰赠给我一腔盘旋的热恋，翠树为我的新生笑得前俯后仰，野花为我献上欢欣的花束，山风为我吹来了阵阵诚挚的祝福。那些在山里采蘑菇的姑娘啊，竟然把我落下后聚成的潭水捧做一面晶莹透亮的明镜，照呀照呀，照个没完没了……

可是，不要以为我会在命运的乔迁里得意忘形。因为我看见，前面是横亘着没有结束的遥遥的征程，那里仍然布满着险峻、弯曲、坎坷、不幸、挫折、痛苦、艰辛，仍然需要我去挣扎、搏斗、奔波、进击、跋涉。但是，我现在并不会像过去那样悲观惆怅啦！我会高唱生命的进行曲向前奔去。

因为：

我毕竟是懂得如何摆脱厄运捉弄的小溪了。

我毕竟是懂得如何自立自荣的小溪了。

【以悟促写】

本文运用拟人的修辞手法，通过小水滴的见闻和感受，表达了作者对丽江古城的喜爱之情。请你结合熟悉的景物，以"一阵风走过……"为题，写一篇不少于800字的游记。要求：将题目补充完整；全文运用拟人化写法。

【佳作欣赏】

一阵风走过人民公园

八（9）班 朱炎彰

我是一阵风，自由自在地吹过人民公园。

有一天，我被突如其来的大风撞了一下腰身，由于毫无防备，我被撞得四散开来。在即将融入这阵大风之前，我俯瞰大地，望见了青翠的树林，望见了曲折的小路，望见了清澈的水池。张望的时候，我拗不过大风的向心力，不情不愿地投向了大风的怀抱。

大风所过之处，飞沙走石，行人被吹得睁不开眼，立不住脚。我不喜欢大风这样的做法，便计划着趁它熟睡之际逃脱。好在大风吹刮很久，精疲力尽，我的出逃没有惊醒它。

于是，我还是我，是一阵风。水池最先吸引了我的注意力，因为在太阳的照耀下，波光粼粼的水面像是铺了一层金子。池水不深，圆润光滑的鹅卵石散乱地躺在水底。水池虽然没有鱼儿的陪伴，但周围的宁静和盛开的野花也足以让我驻足流连。

跟随着"哗哗"的水流，我也飘飞了一阵。沿途的景色与水池边的截然不同。绿油油的草坪像是一张平铺在地的绿色地毯，小草上挂着一颗颗晶莹剔透的露珠，像是穿上了一件件新衣。阳光的照射使得这一片草坪像是覆盖着一层薄薄的金纱。一棵棵笔直挺拔的大树，在我的吹拂下，树枝摇曳，树叶发出"沙沙"的响声。树上的鸟儿在"叽叽喳喳"地鸣叫着，仿佛在演奏着一曲交响乐似的。

陶醉在美景和天籁中，我出神了，好一会儿才被擦肩而过的飞鸟惊醒。在我醒神的一刹那，我才发现自己不知不觉间来到了荷花池边。

"曲曲折折的荷塘上面，弥望的是田田的叶子。"接天莲叶无穷碧。荷花色彩明丽，花色有的浅红，有的白如凝脂，有的白里透红。映日荷花别样红。花姿更是千态万状，有的简约，有的张扬，有的玲珑雅致，巧笑嫣然，绽放着生命的光彩。池水清澈见底，游鱼细石，直视无碍。鱼儿"怡然不动，俶尔远逝，往来翕忽，似与游者相乐"。荷花池边的亭子里，游人有的欣赏荷花，有的投喂池鱼，有的谈笑嬉闹。这些人来自远方，在那些地方，即便是寂静时分，他们的内心也很喧哗；在这里，尽情欢娱处，他们的心像一阵风一样轻盈。

飘飘悠悠，我兴致昂扬往前走，去每一处我不曾到过的地方。傍晚时分，作为一阵风，我来到了山谷之中，与众多的风汇集在一起，给大地以清凉。我知道，作为一阵风，我终于以风的方式走过了人民公园。

第六单元　理性思辨

19　相对视角

【精彩语段】

汤之问棘也是已："穷发之北，有冥海者，天池也。有鱼焉，其广数千里，未有知其修者，其名为鲲。有鸟焉，其名为鹏。背若泰山，翼若垂天之云。抟扶摇羊角而上者九万里，绝云气，负青天，然后图南，且适南冥也。斥鷃笑之曰：'彼且奚适也？我腾跃而上，不过数仞而下，翱翔蓬蒿之间，此亦飞之至也。而彼且奚适也？'"此小大之辩也。

——庄子《逍遥游》

【品读赏析】

大小之辩，从一个角度看一个事物大如天，从另一个角度看同一件事物小如尘，大与小是站在一个视角得出的认知，却未必是事物本身的真实面目。本段写了一大一小形成的鲜明对比，但不是褒大贬小，这样的对比是为了引出下文的宋荣子、列子、神人、圣人之间的关系。在庄子眼里，大对于小，是相对自由的。

【感悟提升】

在现实生活中，我们不可能拥有绝对自由，我们所拥有的自由总是相对的。既然在现实生活中求而不得，我们便借助想象，畅想、向往、追求精神上的绝对自由。不用被主客观条件限制，能够自觉支配时间，做自己喜欢做的事，过自己想过的生活，这大概也称得上"逍遥"了吧！

【类文再品】

惟北有斗，不可以挹酒浆。有一种疯狂的历史感在我体内燃烧，倾北斗之酒亦无法浇熄。有一种时间的乡愁无药可医。台中的夜市在山麓奇幻地闪烁，紫水晶的盘中眨着玛瑙的眼睛。相思林和凤凰木外，长途巴士沉沉地自远方来，向远方去，一若公路起伏的鼾息。空中弥漫着露滴的凉意和新割过的草根的清香。当它沛沛然注入肺叶，我的感觉遂透彻而无碍，若火山脚下，一块纯白多孔的浮石。清醒是幸福的。未来的大劫中，惟清醒可保自由。星空的气候是清醒的秩序。星空无限，大罗盘的星空啊，创宇宙的抽象大壁画，玄妙而又奥秘，百思不解而又百读不厌，而又美丽得令人绝望地赞叹。天河的巨瀑喷洒而下，蒸起螺旋的星云和星云，但水声渺永不可闻。光在卵形的空间无休止地飞啊飞，在天河的漩涡里作星际航行，无所谓现代，无所谓古典，无所谓寒武纪或冰河时期。美丽的卵形里诞生了光，千轮太阳，千只硕大的蛋黄。美丽的卵形诞生了我，亦诞生后稷和海伦。七夕已过，织女的机杼犹纺织多纤细的青白色的光丝。五千年外，指环星云犹谜样在旋转。这婚礼永远在准备，织云锦的新娘永远年轻。五千年前，我的五立方的祖先正在昆仑山下正在黄河源濯足。然则我是谁呢？我是谁呢？呼声落在无回音的，岛宇宙的边陲。我是谁呢？我——是——谁？一瞬间，所有的光都息羽回顾，猬集在我的睫下。你不是谁，光说，你是一切。你是侏儒中的侏儒，至小中的至小。但你是一切。你的魂魄烙着北京人全部的梦魇和恐惧。只要你愿意，你便立在历史的中流。在战争之上，你应举起自己的笔，在饥馑在黑死病之上。星裔罗列，虚悬于永恒的一顶皇冠，多少克拉多少克拉的荣耀，可以为智者为勇者加冕，为你加冕。如果你保持清醒，而且屹立得够久。你是空无。你是一切。无回音的大真空中，光，如是说。

——余光中《逍遥游》

【以悟促写】

庄子说自己知道"鱼之乐"。如果鱼会说话，你觉得鱼和庄子会有怎样的对话呢？请你发挥想象，以"鱼与庄子的对话"为题，写一篇700字左右的文章。

【佳作欣赏】

鱼与庄子的对话

八（10）班 温奕滔

春光明媚，惠风和畅，田野青青，小桥流水，正适合郊外散步。

这日，庄子独自一人，倚着濠水上的桥，听溪水潺潺，看小鱼游弋。"鱼儿在水中游来游去，多么从容自在啊！"庄子不禁发出一声感叹。为首的一条鱼听见这话，迅速地将头露出水面，转了一圈，目光对上了正在看着自己的庄子。"你为什么认为我们游得悠闲自在啊，人类？我们的游泳姿势一直都是这样的。"听见这话，庄子吃了一惊，倒不为鱼会说话，是为自己一时之间无法回答鱼的问题。

我是人类，不能输。庄子这样想。

"我看你们不是忽快忽慢，也不是迅疾而过，而是慢悠悠地游着，尾巴还不时扭动，所以觉得你们心境轻松自在。我们人类常常步履匆匆，甚至小跑、快跑，很少有漫步或停下脚步的时候。只有我们干完了大事，或在难得的短暂的假期，才会放松一下，步子也慢下来。"一番思索后，庄子如是说。

"你是人类，我是鱼。我们是两种不同的动物。你用人类的生活习性设想鱼的生活状态，未必一样。我们生活在水中，只要有水，我们就能生存。我们从来不想如果没有水了怎么办或别人家的食物更美味一类的问题。我们活在当下，不作无谓的忧思，不存攀比的心理，所以我们没有负担，活得舒坦。你们看到的我们来去自如，自由自在，不是偶尔这样，我们一直都如此。"鱼这样回答道。

"真让人羡慕，我们就不能像你们这样自由自在，我们要辛苦得多。"庄子忍不住感叹。

"你不是我，不了解我生活的全部。我们只是不让自己有太大的生活压力而已。要说羡慕，你们春夏秋冬鲜衣华服，我们即使在冬天也得靠自己过冬；你们的世界多姿多彩，而我们只能日日在水中。这些不也让人羡慕吗？"说完这话，鱼向远处游走了。

是啊，我们常常美慕他人，以为别人生活得比我们轻松自在，而我们天天负重前行。实际上，人与人之间是很难感同身受的，很多的比较也不见得有意义。想要过人上人的生活，必定不可能长久安逸舒适，要靠自己的双手去劳动，因而背负压力是必要的。不过，我们也不必美慕他人的轻松悠闲，因为只要热爱生活，我们想要的就一定可以得到。

这次出游，鱼儿给庄子上了一节意义非凡的课。

20 类比论道

【精彩语段】

虽有嘉肴，弗食，不知其旨也；虽有至道，弗学，不知其善也。是故学然后知不足，教然后知困。知不足，然后能自反也；知困，然后能自强也。故曰：教学相长也。

——《礼记·虽有佳肴》

【品读赏析】

《虽有嘉肴》运用"嘉肴"类比，引出要阐述的"至道"观点，指出教与学是互相促进、相辅相成的，即"教学相长"，告诉我们实践出真知的道理。

【感悟提升】

"教"也是一种"学"的方式。为了"教"得准确而全面，我们会自觉"学"很多知识；"教"别人的时候，我们受到启发，会继续深入"学"（研究）某个问题。因此，古人的"教学相长"的观点在今天仍然适用。

【类文再品】

玉不琢，不成器；人不学，不知道。是故古之王者建国君民，教学为先。《兑命》曰："念终始典于学。"其此之谓乎！

——《礼记·学记》

【以悟促写】

教与学是我们获取新知的两种途径。请你仿写《虽有嘉肴》，以"教与学"为题，阐释教与学二者的关系。

【佳作欣赏】

教与学
朱颜

虽有清酒，弗喝，不知其醇也；虽有至理，弗学，不知其贵也。是故学然后知未尽，教然后知疑。知未尽，然后能勤学也；知疑，然后能好问也。故曰：教学相长也。《兑命》曰"学学半"，其此之谓乎！

21 譬喻说理

【精彩语段】

世有伯乐，然后有千里马。千里马常有，而伯乐不常有。

是马也，虽有千里之能，食不饱，力不足，才美不外见，且欲与常马等不可得，安求其能千里也？

策之不以其道，食之不能尽其材，鸣之而不能通其意。

——韩愈《马说》

【品读赏析】

《马说》一文托物寓意，借千里马表达"有了伯乐，才能发现人才"的观点，并指出"千里马常有，而伯乐不常有"，亦即人才常有，而善于发现和选用人才的伯乐却不常有。接着写千里马被埋没的遭遇、才美不外见的原因，对浅薄无知的"食马者"进行讽刺和控诉。作者意在揭露封建制度下人才受压抑的不合理状况，希望统治者对有才能的人尊之以高爵，养之以厚禄，任之以重权，使他们得以施展自己的才干。

【感悟提升】

"怀才不遇"是古代文学作品的常见主题。作者结合自己年轻时几次不得重用的经历，有感而发，写下这篇"不平则鸣"之作。全文没有直接提到"人才"的字句，但论述的却是与"人才"有关的问题；不着一"骂"字，但不满之意全出，风格委婉含蓄。这种类似于以寓言故事譬喻、说理的作品，我们不妨多读、多品。

【类文再品】

龙嘘气成云，云固弗灵于龙也。然龙乘是气，茫洋穷乎玄间，薄日月，伏光景，感震电，神变化，水下土，汩陵谷，云亦灵怪矣哉！

云，龙之所能使为灵也；若龙之灵，则非云之所能使为灵也。然龙弗得云，无以神其灵矣。失其所凭依，信不可欤！

异哉！其所凭依，乃其所自为也。《易》曰："云从龙。"既曰："龙，云从之矣。"

——韩愈《龙说》

【以悟促写】

每个人对人才问题的看法都有不同。请你以"……说"为题，写一段文字，谈谈你的看法。不少于400字。

【佳作欣赏】

人才说

八（4）班　吴佳璇

李白说："天生我材必有用。"每个人都有所长，关键是能否扬长避短，使长处充分发挥出来。很多人常常慨叹自己空有一身本领，却无人赏识，才干无处施展，便"以我手写我口"，下笔书写心中的苦闷，以求自我安慰。偶有幸运的，其文章被"伯乐"发现，他的人生自此改变。然而，幸运儿并不多，被埋没的人才何其之多。

也有人说："是金子总会发光的。"这话不假。但我以为，发光的前提是这"金子"有可以证明自己的机会和平台。这时候，如果一味等待别人找上门来，往往错失良机，这样的例子不在少数；不妨主动出击，毛遂自荐，先争取到展示自我的机会，尤其是在这个竞争日趋激烈的年代。得了机会，有了平台，接下来就应该用实力证明自己，努力使自己发光发热，实现自己的价值。

当然，我们还要认识到，在这个日新月异的社会，人才不一定永远是人才，不学习就意味着退步，终有一天会因为不适应而被淘汰。所以，无论什么时候，我们都要保持谦虚，不断学习，使自己永远立于不败之地！

22 反衬对比

【精彩语段】

满面尘灰烟火色，两鬓苍苍十指黑。卖炭得钱何所营？身上衣裳口中食。可怜身上衣正单，心忧炭贱愿天寒。

翩翩两骑来是谁？黄衣使者白衫儿。手把文书口称敕，回车叱牛牵向北。

——白居易《卖炭翁》

【品读赏析】

主张"文章合为时而著，歌诗合为事而作"的白居易，创作了大量的新乐府诗，《卖炭翁》就是其中之一。此诗虽以诗歌主人公的名字为题，但这个主人公却是"无名氏"。年迈的老翁、荒凉的南山，反衬伐薪烧炭的艰辛；衣裳单薄，雪天卖炭，牛困人饥，终被"翩翩两骑"掠夺一空。我们不知道被掠夺之后，望着骑马远去的宦官的背影，卖炭翁接下来的生活怎样，但我们知道，像这样的无名卖炭翁在当时有很多。

【感悟提升】

白居易生活的时代，盛世已不再，主张写实的他更多地将目光投向普通民众，善用反衬对比的手法，讲述百姓的故事，为百姓发声，白居易让我们看到了知识分子可贵的"赤子之心"。

【类文再品】

观刈麦

白居易

田家少闲月，五月人倍忙。夜来南风起，小麦覆陇黄。

妇姑荷箪食，童稚携壶浆。相随饷田去，丁壮在南冈。

足蒸暑土气，背灼炎天光。力尽不知热，但惜夏日长。

复有贫妇人，抱子在其旁。右手秉遗穗，左臂悬敝筐。

听其相顾言，闻者为悲伤。家田输税尽，拾此充饥肠。

今我何功德？曾不事农桑。吏禄三百石，岁晏有余粮。

念此私自愧，尽日不能忘。

【以悟促写】

"国家不幸诗家幸。"杜甫、白居易生活的年代都不是盛世，但他们都心系百姓，心忧天下，创作了大量反映社会生活的现实主义诗篇。请以"我眼中的……"为题，写一篇不少于700字的文章。

【佳作欣赏】

我眼中的杜甫

梅云霏

谈起杜甫，想必人们对与李白齐名的他并不陌生。身为中国文学史上伟大的现实主义诗人，他对后世影响深远。

杜甫生活在唐朝由盛转衰的时期，其诗多写社会动荡，政治黑暗，人民疾苦，如"三吏""三别"，因而被誉为"诗史"。杜甫一生颠沛流离，但他忧国忧民之心不减，多的是推己及人的广博胸襟和大庇天下苍生的宏愿。

尽管在当今社会，杜甫享有极高的声誉，可这一切都是在他去世之后才获得的，生前的他一直都过着清贫而艰难的生活。青年杜甫，家道早已中落，杜甫想要谋取前途，就和所有的有志青年一样，背井离乡，跋山涉水，到长安城寻找机会。他为后人熟知的《望岳》充分体现了杜甫青年时期的壮志豪情。

杜甫爱朋友，也写过大量的酒诗。正如《壮游》中写道："饮酣视八极，谷物多茫茫"，《今夕行》中写道："冯陵大叫呼五白"，因为他当时正与朋友在酒馆中畅谈。甚至他写的酒诗比他的朋友还要多——李白写了两百多首，杜甫写了三百余首。

　　杜甫爱天下，曾谓"杜陵有布衣"。他从未穿过好衣服，身上总是披一件露出手肘的破大褂，脚上总是穿着一双旧麻鞋，雨脚如麻中，他饿着肚子写下"安得广厦千万间，大庇天下寒士俱欢颜"。其沉郁顿挫之音，至今可以吼彻山河大地……

　　就这样，他的一生就像他的茅草屋，被推土机推倒又被打桩机夯实，被毁掉了多少，他就矗立多少；他忍痛吞咽了多少，就含泪吐出了多少，他一股脑儿全盘压上，给了这个世界毫无保留的内心。后人推崇杜甫，不仅仅是因为其诗歌的成就，更将他奉为忠君爱国的典范。他一生清苦，从不曾忘忧国忧民，赤心奉献，圣人的境界也莫过于此了。

　　他的一切辉煌璀璨都是死后的事情，千秋万岁毕竟只是寂寞身后事。在他沉默之后才真正开始绝唱，在他到达山巅时才真正开始攀登，在山河大地索取了他的躯体时，他才真正开始舞蹈。如同一株蒲公英，在种子圆熟之后便匆匆交给大风吹散。想到这儿，不免让人心生惋惜……

九年级

第一单元　基础训练

1　审题立意

【精彩语段】

男孩：爷爷，你为啥把枣儿放在匾子里晒了又晒？

老人：我等儿子回来。枣儿回来了，就喜欢一边嚼枣儿，一边听我讲故事。

男孩：枣儿叔叔啥时候回来？

老人：不知道。

男孩：迷路了吧？（见老人沉默，自语）不会的。这棵树好大好大，会老远就瞧见了，枣儿叔叔哪儿会看不见？（见老人不语）爷爷，你怎么了？

男孩：爹不会回来了。

老人：噢？

男孩：我爹在城里又有了一个家。

（老人上前抚着男孩的头。）

男孩：爷爷，我没有巧克力给你吃了。

老人：咱们有枣儿，我们吃枣儿。

（老人将枣儿塞进男孩嘴里，自己也拿起枣儿咀嚼。）

老人：（见男孩不动）快吃快吃，几颗枣儿一起吃，使劲吃。

男孩：（掀起外衣，露出红肚兜上的衣袋）爷爷，我瞒着你，还偷偷藏着一颗枣儿，是留给我爹的……

老人：（愣住，继而激动不已）这地上的、匾子里的、树上的枣儿全是你的。想给你爹留多少就留多少。

男孩：不，还是留给枣儿叔叔吧。爷爷，枣儿叔叔会回来的。

【品读赏析】

"枣"是这篇文章的线索，贯穿全文。在这篇文章里，枣不仅是老大爷家里种的枣，同时也是老大爷儿子的名字，更是全文的情感寄托——老人对儿子的思念，小孩对父亲的思念。可以说"枣"是亲情的象征、传统生活的象征、精神家园的象征。

本文的立意别出心裁，反映了在改革开放的现代化进程中，许多农村青壮年离开故土，到城里打工，老人和孩子留守家园。在这一背景下，家庭关系和责任义务发生的变化，亲情、爱情在这样的社会变革。

"枣儿"饱含着深厚的象征意义，蕴意深刻，极富哲理性。在文中，小孩的一句"迷路了"道出所谓"迷路"表面指找不到回家的路，而暗喻情感的迷失、人生的迷失，表现了现代化进程中人们对传统生活和精神家园的忽视。

【感悟提升】

在写作中，如何审题立意，突出主题？

我们将这部戏剧改成一篇作文题目。

小时候，山上有成片成片的果树，香甜的桃儿、青青的枣儿、酸酸的橘子。那时候，最快乐的就是和小伙伴们去"偷"果子。回到家，用脏兮兮的手从裤兜里掏出一颗枣儿，递给爸爸："很好吃哦！"现在，山上的果树大半已经被荒草遮盖，家门前的枣树孤零零地立在门前。爷爷时常打电话来："枣子熟了，你们什么时候回来？"爸爸经常会说："爷爷就是不愿跟我们进城。"

在改革开放的现代化进程中，许多农村青壮年离开故土，到城里创业，老人留守家园。在这一背景下，家庭关系、责任义务、情感寄托都会发生变化。

请以"爷爷的_____"为主题，写一篇不少于700字的作文。

审题，审察题意，明确题目要求；立意就是确定最主要的思想内容。

第一，明确材料内容。材料最主要的内容就是城市现代化的过程中，人们生活发生的变化。生活方式、情感方式等都在经历着挑战和考验。

第二，分析题目。题目是一个半命题作文，人物主体是"爷爷"，后面是需要补充的内容。从材料的分析来看，需要确定一个情感的载体，能够寄托在外和在故乡的两代人的纽带。这必然是故乡的一种物体，或花或树或老屋等。

第三，确定方向。立意要明确，表达的思想要有一定的深度，变换角度去思考问题。我们站在留在家乡的老一辈的角度去思考，他们最渴望、最留恋的是什么？在外拼搏的新一代，他们最牵挂的是什么？最难以平衡的是什么？确定最能触动我们的方向。

　　第四，选择物象。一篇文章最好能有一个情感寄托的物象，虚实相生。这样文章的立意就会更加深刻，条理更加清晰。"枣儿"这个物象承载了多方面的意蕴。比如《心中有座山》这座山的物象，既是看得见的山，也有很多不同的内涵。

【类文再品】

流泪的蓑衣

余君才

　　那件蓑衣，被我的父亲挂在老屋的土墙上。

　　土墙上有一截嵌入在泥里的木头，有些腐朽了，蓑衣就被挂在了土墙的木头上。蓑衣轻轻靠在土墙上，当夜晚的风吹穿过窗户，吹进老屋，蓑衣也就开始飘荡。而很长的时间里，在土墙的角落，蓑衣始终显得有些无趣和落寞。

　　已经很久了，蓑衣一直挂在那里，落满了灰尘与时光的碎片。它，好像被父亲遗忘了，被无情地挂在了土墙上。于是，蓑衣开始在一个下雨的夜里流泪了，它开始回忆起自己辉煌而又辛苦的一生。

　　它想，那应该是在很久远年代的一个雨天，有一个放牧的男子，荷蓑荷笠地走进了江南的细雨，或许是要去见一个向往已久的女子。而在唐朝风雨里，有一个诗人吟唱着这样的词句："青箬笠，绿蓑衣，斜风细雨不须归。"蓑衣想到自己的前生，心里一阵喜悦。但它更愿意回忆的是和我父亲相依为命的苦涩的日子。

　　那时候，父亲在农村，在春三月的细雨里，父亲牵着牛，戴着斗笠，披着蓑衣行走在田埂上。或者，父亲在冬水田里，赶着牛犁田。或者，在稻田里插秧，蓑衣紧紧地贴着父亲的脊背。蓑衣被冷漠了一个冬天，终于感受到了来自我父亲的温暖。于是感动的泪水顺着蓑衣流了下来，滴落在冬水田里。

　　多少个这样的雨天，蓑衣紧贴着我父亲的脊背，行走在田间地头。可以说，在农村，看见了蓑衣，就好像看见了辛苦劳作的父亲。蓑衣被雨水冲刷，棕榈的颜色渐渐地褪去，它是农忙时劳动的功臣。农忙之后，蓑衣，又被父亲挂在了老屋的土墙上。

　　蓑衣想着这些昔日的事情，想着那些苦涩的日子，蓑衣躲在老屋的角落哭了。顺着土墙，有蓑衣哭泣的泪痕。但是，它万万没想到的是，我的父亲把它永远地挂在了乡下老屋的土墙上。

　　生活在乡下的父亲，终于被说服到城里和我们一起生活。父亲是在一个雨天离开乡村的，离开的时候，蓑衣高兴极了，以为父亲会和往日一样披上它，穿梭在细雨之中。但它失望了，它一直躲在那个角落，默默地等待我的父亲。

　　一转眼，父亲到城里已经生活了六年。那年回到乡下修缮老屋，才又看到父亲的蓑衣，像一件精致的蝴蝶标本，挂在土墙上，落满了厚厚的灰尘。这让我想起父亲披着蓑衣，在田间地头里辛勤劳作的日子。让我想起，父亲披着蓑衣，赶着牛从乡村的土路上回家的日子。让我想起，饭熟之后，在山坡上呼喊父亲，寻找那披着蓑衣的身影的日子。

但是，那件蓑衣，已经被父亲永远挂在了老屋的土墙上。但我相信，在每一个雨天，父亲都会想起那挂在土墙上默默流泪的蓑衣。

【以悟促写】

训练一：请以"爷爷的_____"为主题，写一篇不少于700字的作文。

训练二：请以"翻过那座山"为题，写一篇不少于700字的作文。

【佳作欣赏一】

爷爷的山茶花

九（5）班　王炜铭

又到二月，山茶花盛开，开满了整片山，如此艳丽。

山茶花是爷爷的最爱。

爷爷本也是一个慈祥和蔼的老人，可自从奶奶去世之后，爷爷的脾气变得很怪。每天他都喜欢站在院里的那棵山茶树旁，久久伫立，时而惆怅，时而微笑，时而叹息。

有一天，爷爷忽然提出要把后面那座荒山种上山茶花。远在外省打拼的爸爸和叔叔坚决反对，可是固执的爷爷像铁了心非要种。还理直气壮地说，种山茶花是他自己的事情，不需要儿辈帮忙。

于是，年迈的爷爷独自开启了种山茶花的道路。

种山茶花说起来容易，做起来却是非常辛苦。除杂、翻土、移栽、浇水。山虽不是很大也不是很高，但早已杂草丛生了。爷爷每天一小块一小块，执着地坚持着。爸爸无奈地说："这个倔老头儿这样开垦得开到什么时候去啊，总有一天他会放弃的。"看着满头白发，步履蹒跚的爷爷，我也默默地说："爷爷，停下来吧。"

慢慢地，我们慢慢淡忘了这件事。时间在各种各样琐碎的事情中，在一张张试卷中慢慢过去了。有一天，忽然接到爷爷的电话："铭铭，什么时候回来？回来看看爷爷的山茶花。"

我猛然一惊，爷爷的山茶林竟然真的成功了。带着疑惑、带着诧异、带着感动、带着佩服，我回到了老家。

正是二月，山茶花盛开的季节，漫山的山茶花在和煦的风中笑逐颜开，几十片心形的花瓣叠叠层层，开得芬芳馥郁，开得欢快舒畅。我无不怀疑眼前这片山茶林是真的，于是用手小心翼翼地去抚摸，用鼻子去深深地吮吸，那柔软的花瓣，那淡雅的清香，幸地地告诉我：它们是春天里快乐的山茶花。

爷爷带着我漫步在山茶林，微笑着满足地看着他的山茶林。忽然，他在一棵开得最盛的山茶树边停下，端详着一朵娇艳的山茶花自言自语地说："我和你奶奶就是在山茶树下认识的。我记得第一次见你的奶奶就在老外公村口的一棵茶树下，当时奶奶正在树边看花，红红的花瓣映得你奶奶的脸粉红粉红的，好漂亮。"

"你奶奶最喜欢的就是山茶花。"爷爷忽然回头看着我说，"每年我都会送她山茶花，晒山茶花瓣给她泡茶喝。"

原来，山茶花是奶奶的最爱。

"将来我要在你奶奶旁边，在这座山茶林里，一起闻着这些花香入眠。"

我恍然大悟，奶奶的坟就在这座山上。爷爷这么执意地开垦他的山茶林是为了守望他和奶奶那刻骨铭心的爱情。

又到山茶花开时，看满头白发的爷爷，在灿烂的阳光下幸福地看着那些艳丽烂漫的山茶花，犹如多年前在山茶树下初见奶奶一样，触动着他，也触动着我的心灵。

【佳作欣赏二】

翻过那座山

九（6）班 廖宇枫

金色的阳光挥洒在白色的琴键上，反射着明亮的光泽和台下那一片兴高采烈的气氛，连成一片：处处明亮，处处热闹，处处欢笑。

我紧握着手中的口风琴，内心却是乌云密布的，并慢慢向下逼近，像一座山直压得我喘不过气来。此刻被我握在手中的，仿佛不是一把能流淌出美丽音符的乐器，倒像是一柄锋利的双刃剑，无从下手。

如果我演奏失败了怎么办？我不敢再往下想，拿出了吹奏用的软管，仔细地检查着，记忆也回到了上口风琴训练课的时候。那时，老师听着我那并不十分连贯的演奏，脸色逐渐沉了下来。当曲目终于完成时，她冷冷地对我抛下一句话："两天之内，你就要上台演出，能不能做好，是你自己的事，再不加紧练习，你就翻不过那座山。"我手脚冰凉，诚惶诚恐地点了点头，心里反复思考：我能翻过心中那座山吗?

现在,两天的期限已经过去,我检查好了乐器,之前剧烈跳动的心脏也慢慢平静了下来,我在平静地等待着,等待着那一刻的到来。

在同学们迎接的掌声中,我缓缓地走上了舞台,站定。刹那间,我的眼前仿佛涌起了一层薄雾,而观众们就在这薄雾中逐渐虚化、散去,世界也慢慢变得安静,仿佛只剩下我一个人。我闭二眼睛,露出了一丝不为人察觉的微笑:那三月的淅沥的雨、四月的清爽的风、五月的温暖的光、六月的芬芳的花,全都交织在一起,组成了最为优美的旋律,从琴身中流出来。这一刻,我发现了自我,一个勇敢的自我。我仿佛进入了一种半催眠的状态,这世间除了我,除了我的风琴的声音,便空无一物。

最后一个长音平缓地滑过,我重新睁开眼睛,像是突然醒来一般,面对着鼓掌的观众,我知道,在走上舞台的台,站定舞台的刹那间,我发现了一个不再怯懦的自我,一个勇敢面对生活的自我,我翻过了心中的那座大山。

金色的阳光挥洒在白色的琴键上,也洒在我的身上,我深鞠了一躬,迈着轻捷的步伐,怀着勇敢而坚定的心走下了舞台。

2 布局谋篇

【精彩语段】

人常说安居才能乐业,如今的城里人一见面,就问:你是住两居室还是三居室啊?喔,两居室窄巴点,三居室虽说并不富余,却也算小康了。身体活动的空间是可以计量的,心灵活动的疆域,是否也有个基本达标的数值?

有一颗大心,才盛得下喜怒,输得出力量。于是,宜选月冷风清竹木萧萧之处,为自己的精神修建三间小屋。

——毕淑敏《精神的三间小屋》

我冒着严寒,回到相隔二千余里,别了二十余年的故乡去。

——鲁迅《故乡》

【品读赏析】

人总是有许多复杂对立的情感,悲欢离合、喜怒哀乐,这些林林总总的情感会将这间小屋挤得满满，间不容发。《精神的三间小屋》，让我们从三个层面去认识自身的情感：盛得下喜怒，输得起力量。

《故乡》写"我""回到相隔二千余里，别了二十余年的故乡"，小说按照"回故乡—在故乡—离故乡"的时间线索进行叙述，通过自己在故乡的所见所闻表达了离乡多年后重新回乡的一番物是人非的感慨。

两篇文章在结构上多有不同，一个是并列式，一个是线条式，但是两篇文章都条理清晰，主题深刻，给人以思考。

【感悟提升】

两篇文章的结构是我们常见的文章结构，并列式和线条式，各有特色。在写文章时，如何布局谋篇？

1. 确定主题、奠定基调

布局谋篇就像一棵树的思维图。画树的思维图都要树的主干，这相当于一篇文章的主题，下笔之前先确定一个基调。先确定一个主题；再去画小分支，就是选择材料的排列方式，也就是文章布局的方式，再去润色丰实我们的细节。比如，《智取生辰纲》《范进中举》两篇文章，"智"，定下了本文的主基调，是对梁山好汉智谋的赞扬；"中举"，是对封建科举制度的讽刺。文章的主题和基调，是作文的前提。

2. 选择结构、梳理材料

文章布局分为两种。并列式，也叫板块式——不同材料或事件的组合；递进式，也叫线条式——一条主线的发展，也可以是双线并进。线条式里这条线，可以有一次波折，开端、发展、高潮、结局，也可以有很多个波折，形成一个弯弯曲曲的发展线。根据选择的布局方式，去选择文章的材料。比如，毕淑敏的《精神的三间小屋》，选择的就是并列式。盛着我们的爱与恨、盛放我们的事业、安放我们的自身，三间小屋构成了文章的三个板块。而《孤独之旅》就是双线结构，杜小康和鸭子两条线索，一人一景，推进了整个故事发展。

3. 初拟提纲、详略得当

确定了主题和材料，就初拟一个写作提纲。这个提纲是对全文结构的一个梳理：选择哪些中心事件，事件是如何变化发展的，哪些事件需要想写？或者一个事件哪个部分需要详细？材料的选定和详略的安排都是为了突出人物和中心。比如，《孔乙己》就重点描写了孔乙己在咸亨酒店喝酒时众人的笑，尤其是孔乙己第三次到酒店来，细腻的刻画，将众人的冷漠描写得淋漓尽致。全文不着孔乙己生活的任何描写，单单选取了三次"笑"，在看似愉快的氛围却尽显生活的悲哀。

4. 写好收尾、过渡自然

确定好主题、结构和材料后，提纲里比较重要的就是事件和情节之间的过渡，尤其是文章最后的提升。过渡自然，会让文章的起承转合如行云流水，自然而又严谨。同时也可以通过过渡句，让文章条理更加清晰。"孔乙己是站着喝酒而穿长衫的唯一的人""听人家背地里谈论孔乙己原来也读过书""孔乙己是这样的使人快活，可是没有他，别人也便这么过""我到现在终于没有见——大约孔乙己的确死了"。《孔乙己》里的这几句过渡，自然地引出了众人对他的三次嘲讽，结尾对孔乙己的肯定的推测，道出了这个社会像孔乙己这样的人的最终悲剧，引起人们的思考。

【类文再品】

细细的潮音

张晓风

每到月盈之夜，我恍惚总能看见一幢筑在悬崖上的小木屋，正启开它的每一扇窗户，谛听远远近近的潮音。

而我们的心呢？似乎已经习惯于一个无声的世代了。只是，当满月的清辉投在水面上，细细的潮音便来撼动我们沉寂已久的心，我们的胸臆间遂又鼓荡着激昂的风声水响！

那是个夏天的中午，太阳晒得每一块石头都能烫人。我一个人撑着伞站在路旁等车。空气凝成一团不动的热气。而渐渐地，一个拉车的人从路的尽头走过来了。我从来没有看过走得这样慢的人。满车的重负使他的腰弯到几乎头脸要着地的程度。当他从我面前经过的时候，我忽然发现有一滴像大雨点似的汗，从他的颔际落在地上，然后，又是第二滴。我的心刹那间被抽得很紧，在没有看到那滴汗以前，我是同情他，及至发现了那滴汗，我立刻敬服他了——一个用筋肉和汗水灌溉着大地的人。好几年了，一想起来总觉得心情激动，总好像还能听到那滴汗水掷落在地上的巨响。

到达麻疯病院的那个黄昏已经是非常疲倦了。走上石梯，简单的教堂便在夕晖中独立着。长廊上有几个年老的病人并坐，看见我们便一起都站了起来，久病的脸上闪亮着诚恳的笑容。

"平安。"他们的声音在平静中显出一种欢愉的特质。

"平安。"我们哽咽地回答，从来没有想到这样简单的字能有这样深刻的意义。

那是一个不能忘记的经验，本来是想去安慰人的，怎么也想不到反而被人安慰了。一群在疾病中和鄙视中延喘的人，一群可怜的不幸者，居然靠着信仰能笑出那样勇敢的笑容。至于夕阳中那安静、虔诚、而又完全饶恕的目光，对我们健康人的社会又是怎样一种责难啊！

一个残冬的早晨，车在冷风中前行，收割后空旷的禾田蔓延着。冷冷请清的阳光无力地照耀着。我木然面坐，翻着一本没有什么趣味的书。忽然，在低低的田野里，一片缤纷的世界跳跃而出。"那是什么？"我惊讶地问着自己，及至看清楚一大片杂色的杜鹃，却禁不住笑了起来。这种花原来是常常看到的，春天的校园里几乎没有一个石隙不被它占去的呢！在瑟缩的寒流季里，乍然相见的那份喜悦，却完全是另外一种境界了。甚至在初见那片灿烂的彩色时，直觉里中感到一种单纯的喜悦，还以为那是一把随手散开来的梦，被遗落在田间的呢！到底它是花呢？是梦呢？还是虹霓坠下时碎成的片段呢？或者，什么也不是，只是……

博物馆时的黄色帷幕垂着，依稀地在提示着古老的帝王之色。陈列柜里的古物安静地深睡了，完全无视于落地窗外年轻的山峦。我轻轻地走过每件千年以上的古物，我的影子映在打蜡的地板上，旋又消失。而那些细腻朴拙的瓷器、气象恢宏的画轴、纸色半枯的刻本、温润无暇的玉器，以及微现绿色的钟鼎，却凝然不动地闪着冷冷的光。隔着无情的玻璃，看这个幼稚的世纪。

望着那犹带中原泥土的故物，我的血忽然澎湃起来，走过历史，走过辉煌的传统，我发觉我竟是这样爱着自己的民族、自己的文化。那对侯，莫名地想哭，仿佛一个贫穷的孩子，忽然在荒废的后园里发现了祖先留下来买宝物的坛子，上面写着"子孙万世，永宝勿替"。那时，才忽然知道自己是这样富有——而博物院肃穆着如同深沉的庙堂，使人有一种下拜的冲动。

当这些事，像午夜的潮音来拍打岸石的时候，我的心便激动着。如果我们的血液从来没有流得更快一点，我们的眼睛从来没有燃得更亮一点，我们的灵魂从来没有升华得更高一点，日子将变得怎样灰黯而苍老啊！

不是常常有许多小小的事来叩打我们心灵的木屋吗？可是为什么我们老是听不见呢？我们是否已经世故得不能被感动了？让我们启开每一扇窗门，去谛听这细细的潮音，让我们久暗的心重新激起风声水声！

【以悟促写】

请以"享受生命中的惊喜"为题，写一篇不少于700字的作文。

【佳作欣赏一】

享受生命中的惊喜

九（5）班　徐英林

每个生命都有它的价值，无论它多么残缺。

——尤尼斯·肯尼迪

这几天心里颇不宁静。

抑或是学习，抑或是生活，总觉得心情有些郁闷，灰白色的一般，少了些许色彩。

老家的屋后有一片空地，是儿时的天堂。闷时散步其中，感受曾经的天真无邪，别有一番情趣。但这次却不同于往日，感觉眼前灰蒙蒙的，了无生趣。心头的烦闷如幽灵般挥之不去，始终压在心上。仿佛全身的血液都停滞下来，使人喘不过气。

抬起头，仰望着天空，是那么遥不可及低下头，猛然间近在咫尺的一团绿闯入我的视线。

那是一团浅绿色的绿，不，应该说是一团浅黄色的绿，它们是那么的渺小，甚至使人忽略了它们的存在，但却又那么不容小觑。

寻绿而去，走到跟前，才发现是一团刚刚探出头来的小草，正努力地吸取着阳光，用力地生长着，我不由看了一下我身上的厚棉袄，已经是春天了，可我仍然过着冬天！气温的寒冷让我忘记了时令已进入早春，枯燥的学习、单调的生活让我忽略了身边的风景！看多了灰色天空，习惯了灰色的生活，有了绿色我居然都看不见了，忘记了生命里还有那么多的惊喜！

于是心中多了份喜悦，多了份祈祷，多了份希望。

几个星期过后，疲惫不堪的我，再一次走进了这片空地.

天阴沉沉的，似乎快要下雨了。几个星期的琐碎几乎又使我难以喘息，但再见到那一团耀眼的绿，那团绿已经变浓变密，由原来的一小块一小块蔓延开来，就像铺了嫩嫩的、绿绿的地毯。细细一看，有些绿的枝头还冒出了一些小小的花苞，她们努力地探出头，想快点长出来装扮这个世界。

又是惊喜……

一生很长很长，生命也很长，长到我们也不知道什么时候；生命又很短很短，一眨眼，许多年就过去了。但是，生命中却总有许许多多的惊喜。

希望我们都能珍惜当下，享受生命，享受生命中的惊喜……

【佳作欣赏二】

享受生命中的惊喜

九（5）班 徐小敏

每到夏至，我隐隐约约总能看见一个挤满荷花的池塘，正开启它的每一个细胞，闻见那淡淡的荷香，享受生命带给我们的惊喜。

而我们的味觉呢？似乎已经习惯一个无味的时代，只管忙碌。只是当满塘的荷花印在太阳底下，淡淡的荷香撼动我们沉寂已久的心……

那个寒冬的夜晚，寒风吹的每个人都结了冰。我独自前往回家的路上，家门口的那盏灯依旧亮着。父亲手捧着一碗热腾腾的面等待着我的归来。白气好像早已飘进了圆月里，只是那面的味道足以温暖我的心窝。好久了，一想起来总觉得感动，总好像还能感觉到面味飘进鼻子里时的满怀激动。

一次，心血如潮走进饼干店尝试着自己动手做。碰巧遇见一对母子，孩子天真可爱，母亲温柔善良。孩子细心地挤出妈妈我爱你的拼写，母亲在旁边安静地观看着。等待成果出炉的时间是漫长的，孩子时不时地问道："妈妈，好了没有，好了没有啊？"直到饼干的香气似午后的阳光洒满整个房间，母亲脸上洋溢着幸福。那味道我至今忘不了，常常看见饼干就想起那对母子温馨的场景。

还有一次，午夜醒来，后庭的月光正在涨潮，满园的荷叶都淹没在发亮的波澜里。我惊讶地坐起，完全不能置信地望着越来越浓的荷香，一时不知道自己究竟是在快乐，还是忧愁。只觉得如小舟，悠然浮起，浮向似乎很近又似乎很远的青天，而微风里橄榄树细小的白花正飘着、落着，矮矮的通往后院的石阶在月光下被落花堆积得有如玉砌一般。我忍不住欢喜起来，活着真是一种极大的幸福——这种晶莹的夜，这样透明的月光，这样温柔的荷香。

当这些事像夏日的荷香飘进脑海时，我的心便兴奋起来。如果我们的生命再长点，我们的心灵再纯真点，我们的眼睛再雪亮点，就会发现生命中更多的惊喜！

不是常常有许多淡淡的味道飘进我们心灵的荷塘吗？可是为什么我们总是闻不见呢？我们是否已经僵硬得不能被感动了？让我们启开每一扇窗门，去品闻这淡淡的荷香，让我们久暗的心重新花香满径，让惊喜在生命中常常出现！

3　精心选材

【精彩语段】

"哈！这模样了！胡子这么长了！"一种尖利的怪声突然大叫起来。

我吃了一吓，赶忙抬起头，却见一个凸颧骨，薄嘴唇，五十岁上下的女人站在我面前，两手搭在髀间，没有系裙，张着两脚，正像一个画图仪器里细脚伶仃的圆规。

我愕然了。

"阿！闰土哥，——你来了？……"

我接着便有许多话，想要连珠一般涌出：角鸡，跳鱼儿，贝壳，猹，……但又总觉得被什么挡着似的，单在脑里面回旋，吐不出口外去。

他站住了，脸上现出欢喜和凄凉的神情；动着嘴唇，却没有作声。他的态度终于恭敬起来了，分明的叫道：

"老爷！……"

我似乎打了一个寒噤；我就知道，我们之间已经隔了一层可悲的厚障壁了。我也说不出话。

——鲁迅《故乡》

孔乙己一到店，所有喝酒的人便都看着他笑，有的叫道："孔乙己，你脸上又添上新伤疤了！"他不回答，对柜里说："温两碗酒，要一碟茴香豆。"便排出九文大钱。他们又故意的高声嚷道："你一定又偷了人家的东西了！"孔乙己睁大眼睛说："你怎么这样凭空污人清白……""什么清白？我前天亲眼见你偷了何家的书，吊着打。"孔乙己便涨红了脸，额上的青筋条条绽出，争辩道："窃书不能算偷……窃书！……读书人的事，能算偷么？"接连便是难懂的话，什么"君子固穷"，什么"者乎"之类，引得众人都哄笑起来：店内外充满了快活的空气。

——鲁迅《孔乙己》

【品读赏析】

鲁迅先生的文章，每一篇都会给人留下深刻的印象，是因为文章所选的人物特别富有时代的意义。

1. 典型人物

鲁迅特别擅长塑造特定社会背景下的典型人物。在半殖民地半封建社会背景下，不管是小市民——杨二嫂，还是知识分子——孔乙已，抑或底层劳动人民——闰土，不同身份的他们均受到社会不同程度的压迫。他们的形象在鲁迅的笔下鲜活且逼真，他们的故事既有来自现实社会生活的影子，又有自身的不可替代性。这得益于鲁迅先生对材料的精心安排。

2. 特别的出场

典型人物得益于典型的语言、外貌、心理等描写。鲁迅先生塑造的杨二嫂一出场便不同凡响，"'哈！这模样了！胡子这么长了！'一种尖利的怪声突然大叫起来。"这声怪叫让人惊愕震悚，这声怪叫从半殖半封走到现代，这声怪叫发人深省——安守本分的"豆腐西施"为何变成一个怪叫的细脚伶仃的圆规？

孔乙已是在一通嘲笑中粉墨登场的，鲁迅精心安排他的出场，与他的迂腐、可笑、可怜却又可悲可恨紧密相关。孔乙已虽为读书人，但是好吃懒做，不会营生，终至免不了做些偷窃的事而被抓住吊打。故他虽极力维护自己的"长衫"形象，但实际却是让人瞧不起，是其他短衫顾客嘲讽的对象。所以鲁迅用"笑"来贯穿孔乙已的故事，亦是精心选材的结果。

3. 主题的一致

材料须为主题服务。鲁迅通过杨二嫂、闰土、孔乙已等人物的异变来反映当时的社会受到的压迫是极深极广的，即社会上的穷苦百姓几乎不可能在半殖民地半封建的社会环境中过上美好幸福的生活。鲁迅对这些人物的批判中含有同情，反映了当代进步知识分子仍不放弃为苦难中国谋求出路的希望。

【感悟提升】

一篇好的文章，选材特别重要，好的选材使文章骨架丰满，可视可感。

1. 选材要围绕主题

《随园诗话》中有这样一句名句："着意原资妙选材。"材料符合主题才能选得巧妙。俗话说，"量体裁衣"，材料是主题的支柱。恰如其分的材料能鲜明地凸显主题，所以我们要紧紧围绕主题精心选材。比如深圳市2013年中考作文题目：我最喜欢的一个词。如果所选的词语是"温暖"，那选择的材料必然是要温暖感人的。如果所选的词是"奋斗"，那选择的材料必然是能激奋人心的。主题确定了选材的方向和范围。

2. 选材要真实可信

精心选择的材料要源自生活，刻着时代的烙印。精心选择的材料是对生活中典型的人物的典型事件，反映生活，反映时代。只有源自生活，贴合时代的材料是永不褪色的。仔细地观察生活，用心地感受生活中的人和事，对生活中的真实事件进行细腻的描写。例如，作文题《美丽的……》，有位同学写的就是《美丽的牵手》，选择的材料是她与父亲一起过马路，一辆车驰骋而过，她牵住了父亲的手。此时，如果想起小时候父亲牵着她的小手过马路。真人真事真情，这样的选材让人感动。

3. 选材要以小见大

如果所选择的材料能够以小见大，则能产生更深远的艺术效果。因为典型化的小事更贴近生活，更接近于真实，更细致可感，更容易打动人心。从接近于日常生活的小事来反映社会主题，更能引起读者的共鸣，因为我们正在过着的生活均是由一件又一件小事构成。鲁迅的《故乡》选择的就是两个极小的人物：杨二嫂和闰土。选择的事情也是非常微小，见面时的寒暄、拿走"迅哥"家的东西。可是小小的两个人物却是一个社会的一个阶层的缩影，反映了当时社会的现状。

4. 选材要不落俗套

若想文章给人眼前一亮的感觉，需要作者精心选择新颖的材料。例如，同是写妈妈的爱，有些同学写妈妈在自己生病时无微不至地照顾自己，或者冒着大雨来校送伞，抑或每天给自己做可口美味的饭菜，给自己收拾房间。这样的材料固然能够反映妈妈对其的爱，可是材料俗套，自然读来无味。而有些同学这样写妈妈对自己的关爱，写妈妈用自己的实际行动教育自己要勤俭朴素，勇敢克服困难，注重培养其道德品质。还有一位同学写每当自己心烦气躁时，妈妈总不急不躁地为自己泡一杯清心明目的菊花枸杞茶，等自己静静把茶喝完，烦恼也便了了。这样的言传身教式的体现妈妈对自己精神品质培养的材料显然胜于妈妈"伺候"的材料。

【类文再品】

泥土温润的光芒

刘学刚

土，能育生万物，古人称为"地母"。人们在土地上种植五谷，繁衍生息，唤醒深藏于泥土之中的无尽能量。

小时候，她是一个爱玩泥巴的女孩；长大后，她成了许多泥人的"妈妈"。她的故事从和面烙油饼开始。

那年，她从山东安丘县城的一家毛巾厂下岗，然后开了一家油饼店。她用一双灵巧的手揉面成团，擀为大饼，将饼搁到鏊子上，旋转、翻动、刷油，面饼由白转黄，开满金黄的烙花，香味丝丝缕缕飘到街巷上。

　　她从油饼的香气中嗅到了泥土的味道，她似乎置身于故乡的广阔田野，仿佛看见，有一个扎马尾辫的小女孩，蹦蹦跳跳地向她跑来。加上在毛巾厂时，她已能够用纱线呈现花鸟虫鱼的千姿百态，离了厂，这技艺却没有离身。于是，在空闲的时候，她抓起一团团泥巴，捏制出一个个小小的泥人。

　　她捏的那些泥人摆在店铺的窗台上。店铺不大，临街的一间平房，前面是柜台，往里，面板、鏊子分列左右，最里边放着面粉和花生油，小店的格局一目了然。不过，再仔细看，发现在面粉上面的窗台，站了一群小泥人。有一天，店铺柜台外边排队买油饼的人群里，有一位在县城文化部门工作的干部。他看见了那些可爱的小泥人，然后对她说："专心捏泥人吧。"那个瞬间，油饼的热气熏得她的脸有些发烫，她手抓着面团，眼睛却接上了那些小泥人的目光。

　　后来，她真的专心捏泥人了。接的第一件活儿，是为本地酒厂捏制一组泥塑群，以此复原酒镇熙熙攘攘的旧日场景：坐着的烧锅，悬着的酒旗，酒肆的店家吆五喝六，赶集的人们摩肩接踵……彼时，她已在县城东郊的青云山上安家落户，终日与泥土厮守。

　　山上，泥土强大的能量以植物春华秋实、绿叶红果的形式呈现。清晨，山风裹挟着泥土的馨香扑面而至。她抓起一团泥巴，捶打摔揉，要把宁静的时光和甜美的想法揉进泥团里。泥人们站在她的身边，她听得见它们的呼吸，她的内心漾起层层涟漪，一种幸福的涟漪。心满意足的她，手指在泥土里蠕动，那种感觉恍若游鱼归渊，又如飞鸟入林，自在欢畅。骨架早早搭好了，一些木板钢筋铁钉会让泥人更加牢固。接着是上泥堆大形。先在骨架上喷一层水，然后，她把泥团一块一块地往骨架上堆，继而，手持木槌将泥团砸实，那捶打的声音邦邦作响，应和着她心跳的节拍。

　　山中有很多美妙的声音，树叶的簌簌声、飞鸟的啾啾声、枝条喀吧喀吧的拔节声……这些天籁都为她设定泥人的艺术细节带来了灵感。她又开始思考如何让泥人更加坚固。她选用土质细腻、含沙量少的黄河土渠河泥，加入适量棉絮，让泥土们紧紧抱成团。她又心怀敬慕，远赴陶都宜兴，求教紫砂艺人，变泥人为陶人。最终，她成了"泥人王"，成了非遗文化传承人，让更多的人看见了泥土温润的光芒。

　　她在城里捏泥人。仔细听，那些质朴的泥人，似乎在讲述着熟悉、鲜活的人生故事。定睛看，那是一幕幕蓬勃、喧闹的生活现场。

【以悟促写】

请以"最美的风景"为题，写一篇700字左右的作文。

【佳作欣赏一】

最美的风景

九（5）班　张婷婷

那一道风景，宛如沙漠里难得的几捧清水，洒在了我枯萎的心灵上。

平日里，我不会去菜市场里。可那天，我忽然饶有兴趣地跟妈妈一起去了菜市场。一进菜市场，人山人海，宛如没有可容身之处。大人们推推挤挤，夹杂着吆喝声，讨价还价声，不绝于耳，真叫人受不了！我拉着妈妈的手，说："要不然我们去超市买吧！"可她却摇了摇头，我只好无奈地低着头跟她走。

后来，我们去买鱼。刚走遍去，一股难以接受的鱼腥味扑鼻而来，各个摊位的商贩拿着秤，吆喝着卖鱼。我随着妈妈走到一个摊位前，妈妈选中了一条中大的草鱼，商贩身手敏捷地一把抓起了鱼，开始刮鱼鳞、剖鱼肚子。

我有些害怕，身子便往后退了几步，他直接用手抓住鱼，用刷子把鱼一敲，抓住鱼头把鱼鳞刷掉，然后剖开鱼肚子，再一把抓起鱼放进袋子里，递给了我。我愣住了，无奈之下，只好前去接住。他笑嘻嘻地把钱装进了袋子里，忽然回过头。我才发现他的身后有个摇椅，有个一岁多的小孩睡得正香，嘴里还喃喃说着梦话。

看着孩子，商贩笑了，幸福地笑了。

小孩似乎感受到了来自父亲温柔的笑容。他微微地睁开了眼睛，对着他的父亲，咧开了嘴，露出了四颗小小的、白白的虎牙，嫩嫩的小手和小脚在空中挥舞着。商贩连忙用自来水冲冲满是鱼鳞的手，飞快地在裤腿上擦一擦，摸了摸小孩的脸蛋，然后轻轻地哼着一曲不知名的歌曲，边摇着摇椅。不一会儿，小孩又进入了甜蜜的梦乡。

刹那间，我被一种莫名的幸福紧紧地包围：

一个嘈杂充满鱼腥味的市场，一个粗糙忙碌而又温柔的父亲，一个可爱的、幸福的、熟睡的小孩，组成一道最美的风景，诠释着别样的幸福。

【佳作欣赏二】

最美的风景

九（5）班　谢毓明

夏日，公园里堆满了游人，为的是一睹荷花之美。

商人们在池前售卖美食，吆喝声接连不断，与游人的玩笑声、孩童的嬉戏融为一体，汇成了一曲独特的合唱，那美味的食物，散发出诱人的香气，与远处飘来的荷花香相互融合，融成一阵独特的香气。

游人们都迫不及待地挤到池前，一睹荷花之美。见到荷花，无不侧目、惊叹、赞美，来这里观荷的游人都拍照留恋，亮出自己最动人的笑容，与身后最动人的荷花形成一道美丽的风景。

满园的游人，还有那满池的荷花。

池上，碧绿的荷叶在阳光的照射下，显得尤为青翠，就如翡翠一般，翡翠铺满了大半个池塘，就像一片碧绿的海洋。有许多荷花从这一片碧绿间探出头来，它们有像青涩的少女，两颊酡红，红得像婴儿；有的两颊粉嫩，白中带粉，可爱极了。风轻轻一吹，满池荷花也轻轻点起头来，浓郁的荷香也随着风，朝人飘来。

我离开那如同潮水般的人群，远离那热闹的人群，意外地发现了一个幽静的小荷塘——只有一株荷花的池塘。

小荷塘两边有浓绿的大树，因此池塘水也是浓绿色，浓得深邃，小小的塘上只有几片荷叶，深绿色的荷叶上蹲着几只绿色的青蛙，蛙声连绵不断，与树林间的蝉鸣汇合成一曲自然之歌。塘上只有几朵荷花，有的还未开放，荷尖上不时有蜻蜓停驻，我不由地想到那首诗，"小荷才露尖尖角，早有蜻蜓立上头"风轻轻一吹，几片荷叶也轻轻一点，淡淡的荷香也随着这风，朝人飘来。

不远处有个金发女郎，长的一双漂亮而富有生气的绿色眼睛，眼睛似乎反射着那深邃的吃水、深绿的荷叶、可爱的荷花。她身上的旗袍，手中的本子，都描绘着荷花——一个酷爱荷花的外国女子。荷香飘来，她便闭上眼睛、踮起脚尖、张开双臂，全身心地迎接那荷花的香气，好让每一个细胞都完全吸收荷花的香气。

静下心去享受这别样的风景。

深邃的池水、深绿的荷叶、可爱的荷花，爱荷的女子，还有那个幽静的我，是最美的风景。

4　起承转合

【精彩语段】

第8段：只见松林里一字儿摆着七辆江州车儿，七个人脱得赤条条地在那里乘凉。杨志喝道："你等是甚么人？"那七人道："我等弟兄七人，是濠州人，贩枣子上东京去，路途打从经过这里。"

第10段：众军商量道："我们又热又渴，何不买些吃，也解暑气。"正在那里凑钱，杨志见了，喝道："你这村人理会的甚么！到来只顾吃嘴，全不晓得路途上的勾当艰难，多少好汉，被蒙汗药麻翻了。"

第11段：七个人立在桶边，开了桶盖，轮替换着舀那酒吃，把枣子过口，一桶酒都吃尽了。七个客人道："正不曾问得你多少价钱？"那汉道："我一不说价，五贯足钱一桶，十贯一担。"七个客人道："五贯便依你五贯，只饶我们一瓢吃。"那汉道："饶不得，做定的价钱！"一个客人把钱还他，一个客人便去揭开桶盖，兜了一瓢，拿上便吃。那汉去夺时，这客人手拿半瓢酒，望松林里便走。那汉赶将去。只见这边一个客人从松林里走将出来，手里拿一个瓢，便来桶里舀了一瓢酒。那汉看见，抢来劈手夺住，望桶里一倾，便盖了桶盖，将瓢望地下一丢，口里说道："你这客人好不君子相！戴头识脸的，也这般罗唣！"

那卖酒的汉子道："不卖了！不卖了！这酒里有蒙汗药在里头！"众军汉赔着笑说道："大哥，直得便还言语。"

第13段：十五人眼睁睁地看着那七个人都把这金宝装了去，只是起不来，挣不动，说不的。

第14段：我且问你：这七人端的是谁？不是别人，原来正是晁盖、吴用、公孙胜、刘唐、三阮这七个。却才那个挑酒的汉子，便是白日鼠白胜。却怎地用药？原来挑上冈子时，两桶都是好酒。七个人先吃了一桶，刘唐揭起桶盖，又兜了半瓢吃，故意要他们看着，只是教人死心塌地。次后，吴用去松林里取出药来，抖在瓢里，只做赶来饶他酒吃，把瓢去兜时，药已搅在酒里，假意兜半瓢吃，那白胜劈手夺来，倾在桶里。这个更是计策。那计较都是吴用主张。这个唤做"智取生辰纲"。

——施耐庵《智取生辰纲》

【品读赏析】

《智取生辰纲》是《水浒传》中的重要情节。选段呈现出杨志与晁盖等人在黄泥冈上斗智斗勇，即七雄贩枣蒙杨志、白胜设计诱官军、杨志无奈买白酒以及杨志误失生辰纲等高潮情节，精彩至极。

《智取生辰纲》这一选文围绕"生辰纲"这一线索，我们可以领略到白话小说情节的魅力。"你等是甚么人？"这是两队人马正面交锋的开始，此时杨志还是相当警惕。"你这村人理会的甚么！到来只顾吃嘴，全不晓得路途上的勾当艰难，多少好汉，被蒙汗药麻翻了。"尽管杨志的队友和他自己已经相当口渴，但是杨志还是保持着他的冷静与理智，读者的心也是悬着，杨志会上当吗？然后吴用和白胜一唱一和配合喝酒消除杨志对他们的疑虑，从而让杨志等人开怀畅饮，让双方的交锋发生了重大的转变，最终智取生辰纲。

七人互相配合，赢得了最后的胜利。真正的智慧应该是在沉着冷静中发挥到极致，而情节的设置：一起一承一转一合，将故事的跌宕起伏展示得淋漓精致。有"起"，有"承"，有"转"，有"合"，这样的情节更跌宕起伏，更能激发读者的阅读情趣。

【感悟提升】

起承转合，是作文的一种基本结构章法。《现代汉语词典》中的注释是："旧时写文章常用的行文顺序，'起'是开始，'承'是承接下文，'转'是转折，'合'是全文的结束。"

起：即开启引领，或以景，或以事，或直抒胸臆，或悬念伏笔。

承：即顺承申述，引出人、事、景、物的具体描写。

转：即变化发展，由物及人，由景及人，思路的转换，情感的突破。

合：即收束总结，或明揭题旨，或耐人寻味，引人深思。

如何才能写好"起承转合"？

元·范德玑《诗格》："作诗有四法：起要平直，承要舂容，转要变化，合要渊永。"

起笔宜开不宜合，或单刀直入、或启思考、或引注目，变化多端，以自然为佳。要追求"平直"，忌讳拖泥带水，更不能风马牛不相及，王顾左右而言他。

承接或正起接，或正接起，以顺畅为妙。承要注意过渡衔接，按照一定的顺序，遵循认知规律，推动情节发展。

承后的转折，或一转，或两转，迂回曲折。"转"是高潮之处，事件突然向相反方面变化，呈现出情节的跌宕起伏，将感情推向高潮。"转"要注意不能脱离主题，而要服务于主题，形象点说，就是不要"刀断式"转，而要"藕断式"转。否则，就会脱节，造成"跑题"。

合即结尾，或揭示题旨，或耐寻味，或启遐想，以有力取胜。"合"的表现形式多种多样，大致有概括式、抒情式、理喻式和设问式等。

在整个起承转合中，还要注意关键处的相互呼应，关键段的独立成段。

起承转合是文章逻辑规律的体现，可以使文章结构更加严密，在文章中起着小桥梁大格局的作用，它像筋骨一样，使得文章条理清晰、血肉相连、浑然一体。

起中有合，合中见起，左右均衡，首尾呼应；承与转兼顾起合，上下勾连，一脉相承。

【类文再品】

轻点关门

石文

（起）费了九牛二虎之力，我们终于搬进了新居。送走了最后一批前来祝贺的朋友，我与妻子便重重地躺在沙发上休息。忽然，门铃响了。咦，这么晚了还有客人？

（承）忙起身开门，门外站着两位不相识的儒雅的中年男女，看上去是一对夫妻。在疑惑中，那男子介绍他们是一楼的住户，姓李，特地上来向我们祝贺乔迁之喜。哦，原来是邻居啊！赶紧往室里让。

李先生连忙摆手："不麻烦了，不麻烦了，还有一件事情要请你们帮忙。"我说："千万别客气，有什么事情需要我们效劳？"李先生道："以后出入单元防盗门的时候，能不能轻点关门，我老父亲心脏不太好，受不了重响。"说完，静静地看着我们，眼里流露出一股浓浓的歉意。

我沉吟了片刻："当然没问题，只是怕有时候急了便会顾不上。既然你父亲受不了惊吓，为什么还要住在一楼？"李太太解释道："其实我们也不喜欢住一楼，既潮湿又脏，但是老父亲腿脚不方便，而且心脏病人还要有适度的活动。"听完后，我心里顿时一阵感动，便答应以后尽量小心。两口子千恩万谢，弄得我们挺不好意思的。

（转）在接下来的日子里，我发现我们的单元门与别的单元门的确不太一样，大伙儿开关铁防盗门时，都是轻手轻脚的，绝没有其他单元时不时"咣当"一声巨响，一问，果然都是受李先生所托。时间过得很快，转眼一年过去了。有天晚上，李先生夫妇又摁响了我们家的门铃，一见到我们，二话没说，先给我与妻子深深地鞠了个躬，半晌，头也没抬起来。

我急忙扶起询问。李先生的眼睛红肿，原来昨天晚上，李老先生在医院病故了。前些时候，他对儿子交代过：非常感谢大家这些年对于自己的照顾，麻烦各位了，要儿子见到年纪大的邻居叩个头，年纪轻的，鞠一躬，以表示自己对大家的感激。我用眼睛偷偷一扫，果然在李先生笔挺裤子的膝盖处有两块灰迹，想必是叩头叩的。

（合）送走了李先生夫妇，我不禁感慨："轻点关门只是举手之劳，居然换来了别人如此大的感激，真是想不到也担不起啊。"生活就是这样，当你在为别人行善时也在为自己储蓄幸福。

【以悟促写】

请以"你是尘埃也是光"为题，善用起承转合，写一篇不少于700字的作文。

【佳作欣赏一】

你是尘埃也是光

九（8）班　文丽君

（起）很长一段时间，我一直为生命的某些问题所困扰，在这个熙熙攘攘喧嚣的城市中，我们这些犹如尘埃的小生物到底有多大的价值，我的心像一株水仙在沙漠里渐渐枯竭。

（承）一个午后，社区里播放着一首不知名的经典老歌，我和几个同学站在一栋楼房的角落里聊天。面前的桌子上，摆着为灾区孩子们募捐的纸箱。为了引起过往行人的注意，我们把一组放大的黑白照片贴在一块长幅的红布上，照片上的那些孩子坐在用帐篷搭起的教室里，纯真而渴求的目光齐齐地望着前方。

在离我们不远的地方——小区三栋的路旁，放着几只超负荷的垃圾箱，我每次拎着饭盒掩鼻而过时，总看到一个老头儿正专注地用铲子或手翻腾着什么。久而久之，便带着很强的不屑，也认识了这个蓄着半撮白胡子的可怜的老头儿。

我没有在意这个拾垃圾老头儿的到来。他佝偻着身子吃力地背着脏兮兮的尼龙袋从我面前走过时，忽然停下来，在那幅红布面前站定，眯着眼仔细地瞧着那组照片，很久才从一张移向另一张。我不禁哑然失笑，一旁的伟子拽拽我："小心点，别不留神让他把捐赠的衣服当垃圾收跑了！"我笑笑，低头清理那些或大或小、或新或旧的捐款。

（转）突然感觉眼前有什么东西在晃动，我吃惊地抬起头，老头儿不知何时已来到了我的面前，一只枯黑得像老松树皮的手抖抖地递过来十元钱。

我惊讶得不知怎么办才好，回过神时，他已把钱放到了桌上，摆摆手，像完成了一个伟大使命似的昂着头离开了……

我仍呆呆地站着，望着他远去的背影，一股莫名的敬意从心底缓缓流过。这个曾在我眼中渺小卑微如尘埃的生命，以它朴实的力量深深震撼了我。在真情有些喧嚣的年代里，这位或许因为贫穷而被人们淡忘了的老人，却用生命里那条流淌着朴实的爱的血脉，照亮了我枯竭的心房。

（合）心中种种命题忽然有了答案——在我们只知道去追寻渐渐迷失的时候，又有多少真正宝贵的东西被自己不屑地忽视了。微小如尘埃的你，难道不正散发着耀眼的光芒吗?

【佳作欣赏二】

你是尘埃也是光

九(8)班　余朝强

（起）灼热的艳阳下，热得发干的柏油路无声地嘶哑着喉咙。几张朴素的藤木椅，在不远处的树荫中静默着。烈阳打在一团青翠的绿上，你身上压着的重重日光，经过你郁葱的身躯，绘成了地上的斑驳树影。

（承）你是一棵行道树，静默在这路旁的行道树，如尘埃般微不足道。

蝉鸣，烈日，白莲，清风，宣告着夏日的来临。你却被城市里的人们所遗忘在这条柏油路上，凝望着一辆辆车飞过。卷起的满地黄沙肆意地飞扬着，蒙在了你粗褐的树干上，嵌在了你原本亮丽的树冠上。当人们正商议如何开发这片土地，当人们正筹划如何修建高楼大厦时，你便只是伫立在这路旁，兴叹着一片又一片的平房被抹去，注目着一层又一层的高楼被筑起。清风徐徐，滑过你早已沧桑的树干，抚过你布满尘埃的枝桠。在车水马龙的路旁，似乎愈加微小。

（转）这时，一个早起的孩子走了过来，贪婪地呼吸着清新的空气。是的，或许所有的人都早已习惯于污浊了，但你仍然努力地制造着的清新，散发着绿的光芒。

西边的温阳随着时辰的变化逐渐漫开了，混着几朵蓬松的云，一分淡一分深地染黄云层。透着柔和的夕阳，依晰可见几张藤木椅被置在树荫中，偶尔有老人执着大蒲扇，慢悠悠地踱着步子，在树荫下乘凉。这才发现，树后，还住着几户人家呢。晚上，星空下夜尤为静谧，小孩子们围着你玩游戏，蹦蹦跳跳、嘻嘻闹闹，欢笑声穿过树叶，稀释了夜的黑，稀释了夜的静。你静立在这里，撑开身躯，为老人们带来一分闲暇，为孩子们带来一分乐趣。无论世界如何变迁，你绿在这里，绿着生、绿着死、死复绿。

在灼热的笼罩下，静候一旁，静默在寂静偏僻的路旁，若尘埃般卑微。压着重重日光，却始终散发着最曼妙，最动人的绿光。

（合）我深知，你是尘埃也是光。

第二单元　技巧运用

5　象征寓意

【精彩语段】

在这叫喊声里——充满着对暴风雨的渴望！在这叫喊声里，乌云听出了愤怒的力量、热情的火焰和胜利的信心。

海鸥在暴风雨来临之前呻吟着，——呻吟着，它们在大海上飞窜，想把自己对暴风雨的恐惧，掩藏到大海深处。

海鸭也在呻吟着，——它们这些海鸭啊，享受不了生活的战斗的欢乐：轰隆隆的雷声就把它们吓坏了。

蠢笨的企鹅，胆怯地把肥胖的身体躲藏在悬崖底下……只有那高傲的海燕，勇敢地，自由自在地，在泛起白沫的大海上飞翔！

——高尔基《海燕》

啊，这宇宙中的伟大的诗！你们风，你们雷，你们电，你们在这黑暗中咆哮着的，闪耀着的一切的一切，你们都是诗，都是音乐，都是跳舞。你们宇宙中伟大的艺人们呀，尽量发挥你们的力量吧。发泄出无边无际的怒火，把这黑暗的宇宙，阴惨的宇宙，爆炸了吧！爆炸了吧！

——郭沫若《屈原（节选）》

【品读赏析】

《海燕》是一首散文诗，《屈原（节选）》是一部历史剧。在写作手法上，两篇文章都运用了象征手法。

《海燕》写于俄国1905年革命前沙皇统治最黑暗的时期。当时俄国工人运动不断高涨，动摇着沙皇统治的根基。高尔基敏锐地预感到时代的风云变幻，创作本文，用海鸥、海鸭、企鹅象征害怕革命会破坏他们的安乐窝的形形色色的假革命和不革命者，海燕象征英勇无畏的无产阶级革命先驱，暴风雨象征1905年俄国革命前夕一触即发的革命形势，一场酝酿中的推翻沙皇独裁统治的无产阶级革命。

《屈原（节选）》写于1942年，此时正值抗日战争的相持阶段，也是国民党统治最为黑暗的时候。郭沫若说："全中国进步人民都感受着愤怒，因而我把这时代的愤怒复活到屈原的时代里去了。换句话说，我是借了屈原的时代来象征我们当时的时代。"在剧中，作者借屈原的口呼唤和歌颂的"风""雷""电"象征的是人世间追求正义、光明的变革力量。

【感悟提升】

象征是文学创作（尤其是诗歌和散文）的一种重要手法，它是根据事物之间的某种联系，借助某一具体事物的形象（象征体），以表现某种抽象的概念、思想和情感（被象征的本体）。象征能够使不容易或不便于直接说出的思想情感委婉、曲折、含蓄地表达出来，而且化"抽象"为"具体"，使思想更加形象、可感，极大地增强作品的艺术表现力和感染力。

写作时恰当使用象征手法，可以让读者咀嚼回味，给人留下深刻的印象。那么，如何才能达到这种效果呢？

1. 联想与想象

发挥想象力，由具体的象征物合理地联想到抽象的被象征物，找到两者之间的联结点，使具体之物的特点与所要表达的内容相符。例如，在雷电交加的夜晚，屈原/作者由眼前所见的闪电产生联想，联想到它"劈"的特点，再由它的这一特点联想到可以劈的"剑"；黑夜中，闪电的闪光又像剑的反光，在黑暗中划出一道亮光。由此，屈原/作者自然地表达出用剑劈开"比铁还坚固的黑暗"，使"那多么灿烂的、多么炫目的光明""得到暂时的一瞬的显现"的愿望。又如，蜡烛，因其燃烧自己、照亮别人的特点，常常被用作奉献自己、自我牺牲、舍己为人的象征。

2. 生动形象地描写具体的象征物

如《海燕》中的"只有那高傲的海燕，勇敢地，自由自在地，在泛起白沫的大海上飞翔""海燕叫喊着，飞翔着，像黑色的闪电，箭一般地穿过乌云，翅膀掠起波浪的飞沫""看吧，它飞舞着，像个精灵，——高傲的、黑色的暴风雨的精灵，——它在大笑，它又在号叫……它笑那些乌云，它因为欢乐而号叫"等语句，运用比喻和拟人的修辞手法，重复关键词，既写海燕的黑色外形、飞翔动作和欢乐叫声，也写它的"神"——高傲、勇敢、自由自在、快乐，为后文写"这是胜利的预言家在叫喊：——让暴风雨来得更猛烈些吧"做了充分的铺垫。

3. 揭示象征意义

《白杨礼赞》的作者茅盾运用直抒胸臆的方式点出白杨树的象征意义——"我赞美白杨树，就因为它不但象征了北方的农民，尤其象征了今天我们民族解放斗争中所不可缺的朴质，坚强，以及力求上进的精神"。与前者不同的是，《海燕》《屈原（节选）》更为含蓄蕴藉，意味隽永。而不论选择哪种方式，在文章的字里行间，作者运用象征手法所寄寓的对美好品质的赞颂、对不合理现象的讽刺或抨击等内容都应在层层叙述中彰显与深化。

【类文再品】

秋夜

鲁迅

在我的后园，可以看见墙外有两株树，一株是枣树，还有一株也是枣树。

这上面的夜的天空，奇怪而高，我生平没有见过这样奇怪而高的天空。他仿佛要离开人间而去，使人们仰面不再看见。然而现在却非常之蓝，闪闪地映着几十个星星的眼，冷眼。他的口角上现出微笑，似乎自以为大有深意，而将繁霜洒在我的园里的野花草上。

我不知道那些花草真叫什么名字，人们叫他们什么名字。我记得有一种开过极细小的粉红花，现在还开着，但是更极细小了，她在冷的夜气中，瑟缩地做梦，梦见春的到来，梦见秋的到来，梦见瘦的诗人将眼泪擦在她最末的花瓣上，告诉她秋虽然来，冬虽然来，而此后接着还是春，蝴蝶乱飞，蜜蜂都唱起春词来了。她于是一笑，虽然颜色冻得红惨惨地，仍然瑟缩着。

枣树，他们简直落尽了叶子。先前，还有一两个孩子来打他们，别人打剩的枣子，现在是一个也不剩了，连叶子也落尽了。他知道小粉红花的梦，秋后要有春；他也知道落叶的梦，春后还是秋。他简直落尽叶子，单剩干子，然而脱了当初满树是果实和叶子时候的弧形，欠伸得很舒服。但是，有几枝还低亚着，护定他从打枣的竿梢所得的皮伤，而最直最长的几枝，却已默默地铁似的直刺着奇怪而高的天空，使天空闪闪地鬼䀹眼；直刺着天空中圆满的月亮，使月亮窘得发白。

鬼䀹眼的天空越加非常之蓝，不安了，仿佛想离去人间，避开枣树，只将月亮剩下。然而月亮也暗暗地躲到东边去了。而一无所有的干子，却仍然默默地铁似的直刺着奇怪而高的天空，一意要制他的死命，不管他各式各样地映着许多蛊惑的眼睛。

哇的一声，夜游的恶鸟飞过了。

我忽而听到夜半的笑声，吃吃地，似乎不愿意惊动睡着的人，然而四围的空气都应和着笑。夜半，没有别的人，我即刻听出这声音就在我嘴里，我也即刻被这笑声所驱逐，回进自己的房。灯火的带子也即刻被我旋高了。

后窗的玻璃上丁丁地响，还有许多小飞虫乱撞。不多久，几个进来了，许是从窗纸的破孔进来的。他们一进来，又在玻璃的灯罩上撞得丁丁地响。一个从上面撞进去了，他于是遇到火，而且我以为这火是真的。两三个却休息在灯的纸罩上喘气。那罩是昨晚新换的罩，雪白的纸，折出波浪纹的叠痕，一角还画出一枝猩红色的栀子。

猩红的栀子开花时，枣树又要做小粉红花的梦，青葱地弯成弧形了……我又听到夜半的笑声；我赶紧砍断我的心绪，看那老在白纸罩上的小青虫，头大尾小，向日葵子似的，只有半粒小麦那么大，遍身的颜色苍翠得可爱，可怜。

我打一个呵欠，点起一支纸烟，喷出烟来，对着灯默默地敬奠这些苍翠精致的英雄们。

【以悟促写】

选取你熟悉的事物，赋予它一定的象征意义，自拟题目，写一篇不少于700字的作文。

【佳作欣赏一】

墙

九（12）班　陶昱冰

多年来，我和父亲之间，隔着一堵难以推倒的高墙。我在里面，父亲在外面。

当我还是一个天真无邪的孩子时，父亲要调往别地的消息在家里传了开来。本是升职加薪的好事情，但对于一个年轻母亲来说，这无疑是突如其来的"噩耗"。上有年迈的父母，下有十岁未满的稚儿，繁多的工作和沉重的责任压得母亲喘不过气来。

就这样，从那天起，从父亲的脚步迈出家门起，我和父亲之间的矮墙好似被赋予了生命力一般，一寸一寸地在我心中增高，增高。

父亲离开了，只留下母亲一人打理家中的大小事务。我看着这个年轻的少妇在我眼前慢慢地洗去铅华，晕染上岁月的痕迹，那张美丽白皙的脸庞逐渐消失，随之而来的，是一条条、一道道骇人的青筋和皱纹。汗水无数次从她的额上滑落，她不吭声，也不揩去，只是紧紧地咬着牙，仿佛要将生活的苦痛全部吞入腹中。

母亲的衰老和辛劳，我总认为是父亲一手造成的。要是他能放下工作，关注家庭，母亲便断不可能有如此境况。一天又一天，我和父亲之间的那堵墙越升越高，直至将我和父亲分开，直至我们完全看不见对方的身影。

当"父亲"这一陌生又熟悉的称呼再次在我人生中出现时，已是三年之后，我称呼的对象也变了模样。

我和母亲得知父亲主动申请调回本地的讯息，一大早就到了机场接机。一颗心在我胸口猛烈地跳动，好像只要一见到他，我便会迫不及待地冲过去问他在我心中积淀已久的许多问题："为什么当初你执意要走？""为什么在我那么小的时候就赶赴外地？""你知不知道这几年母亲有多辛苦？"……

然而，迎面走来的那个男子，不是我记忆中的年轻帅气，而是发染"雪"，眉也染上了"霜"。他看见我，如同多年前儿时的一个夜晚，大大张开双臂，示意我过去。

欣喜又温柔的目光，宽大又瘦削的胸膛，热切又温暖的怀抱，一切的一切，都与三年前尽数重合。我终于醒悟，那份寄托在我身上的父爱从未消失过。只是距离隔远了它，时光又淡去了它的痕迹，但它从未离开。

我与父亲之间的高墙轰然倒塌。

我用尽平生最大气力冲进父亲的怀抱，就像我全力推倒那堵隔开我与父亲的墙一样。我们都努力把它推倒，看见的，是对方爱的脸庞。

【佳作欣赏二】

一颗星星

九（12）班 彭诗颖

记忆中，是你擦亮了那颗星星。

在老家，我们住的是老式平房，门口有一棵参天柏树。夏天的傍晚，乡邻们最爱在林荫道上散步。吃过晚饭，我便与你同其他村民一般，嗑着瓜子，手中拿着垃圾袋，边走边与道上的同乡打招呼。

我最喜欢秋天的林荫道。

寂寥的深秋，人世间的繁忙与躁动被季节一点一点蒸发，只留下金子一般细碎的阳光透过叶子的罅隙，温柔地洒在我和你的身上。我和你习惯在大树旁坐着，从傍晚坐到星星出来。

家乡的星星，汇成大海，深邃，宁静又耀眼。

每到这时，你都会挑起一边的眉毛，嘴角一撇，自豪地说："看这星星，亮不？这有一半光都是大树的哦！看到这柏树了吧，是我与你二爷和村子里的大叔大伯种的哩！它们让空气更干净，你才能看到如此亮的星星呢！"尽管这些话已不是第一次听，但我总会十分配合地回应："哇！大柏树还能擦亮星星！我也要做擦亮星星的人！"这时，你就会像小孩子一般，哈哈大笑，上气不接下气地，一边又连声说："好！好啊！"

去城里的车上，你拿着一片柏树的叶子，冲我眨了眨水汪汪的眼睛。

城市的星星，星光虽然微弱，却仍然坚持发着光。

桌上的相框内，放着那片柏树叶。每到植树节，我与爸妈都会带着铁锹、小树苗去公园。每挖一个坑，种下一株小树苗，我心中就荡起一阵自豪："啊！我又擦亮了一颗星星！"

那年冬天，你没有挺过去。

我急匆匆赶到医院，只看到你躺在病床上。医生说你过度疲劳，加上多种病集于一身，又一直瞒着我们，于是错过了最佳治疗时间。我红着眼眶走进病房，来到你身旁，趴在床边。你用那因为长时间种树而显得粗糙的大手，宠溺地摸了摸我的头。我再也忍不住，泪如开了闸的水一般，涌了出来。

"别哭，仔，我这不是还在吗？有没有听我的话，去擦亮星星？"听到这话，我赶紧用手胡乱地抹掉眼泪，压力地点点头。你将头转向窗外，缓缓地说："大城市还是不如农村，星星都藏在灰后面啦！"说完，回头，你又冲我眨了眨那水灵灵却已被岁月打磨得凹了进去的眼睛。

你没熬过这个冬天。你走时，面对爸妈的哭天抢地，我没有掉眼泪。我清楚地看见，一颗星星在空中闪烁，眨着眼睛。

在深不见底，跌跌撞撞的暗夜里，你就是那颗未完全擦亮的星星。它会心地眨了眨眼睛。这是大树的叮嘱，是星星的叮嘱，也是你的叮嘱。

接过树苗，现在，由我来继续擦亮那颗星星。

瞧，那是你，我的外婆，你又眨眼了吧？！

6 以景串情

【精彩语段】

第12、13段

四周只是草滩或洼地，已无一户人家。

黄昏，船舱里的小泥炉飘起第一缕炊烟，它是这里的唯一的炊烟。它们在晚风中向水面飘去，然后又贴着水面，慢慢飘去。当锅中的饭已经煮熟时，河水因晒了一天太阳而开始飘起炊烟一样的热气。此时，热气与炊烟，就再也无法分得清楚了。

第21段

这才是真正的芦荡，是杜小康从未见过的芦荡。到达这里时，已是傍晚。当杜小康一眼望去，看到芦苇如绿色的浪潮直涌到天边时，他害怕了——这是他出门以来第一回真正感到害怕。芦荡如万重大山围住了小船。杜小康一种永远逃不走的感觉。

第24、25段

这里的气味，倒是很好闻的。万顷芦苇，且又是在夏季青森森一片时，空气里满是清香。芦苇丛中还有一种不知名的香草，一缕一缕地掺杂在芦叶的清香里，使杜小康不时地去用劲儿嗅着。

水边的芦叶里，飞着无数萤火虫。有时，它们几十只、几百只地聚集在一起，居然能把水面照亮，使杜小康能看见一只水鸟正浮在水面上。

第33段

时间一久，再面对天空一片浮云，再面对这浩浩荡荡的芦苇，再面对这一缕炊烟，就不再忽然地恐慌起来。

第36段

那天，是他们离家以来所遇到的一个最恶劣的天气。一早上，天就阴沉下来。天黑，河水也黑，芦苇成了一片黑海。杜小康甚至觉得风也是黑的。临近中午时，雷声已如万辆战车从天边滚动过来，不一会儿，暴风雨就歇斯底里地开始了，顿时，天昏地暗，仿佛世界已到了末日。四下里，一片呼呼的风声和千万枝芦苇被风折断的咔嚓声。

第41段

雨后天晴，天空比任何一个夜晚都要明亮。杜小康长这么大，还从未见过蓝成这样的天空，而月亮又是那么地明亮。

——曹文轩《孤独之旅》

【品读赏析】

大量的环境描写给这篇文章营造了一种诗意的氛围，人物在特定环境中的情感波澜，心理刻画描写细致入微，可以说"以景串情"是《孤独之旅》一种非常突出的写作技法。

文中的杜小康因父亲破产，被迫辍学，离开从小生活的环境——油麻地到一个全然陌生的野外环境——芦苇荡，与父亲一起养鸭子。文中的环境描写是人物心理变化的指示灯，两者紧密相连，特定的情景映照着特定的情感。

杜小康离开油麻地的不舍、茫然，到达芦苇荡的恐惧、害怕，到逐渐地冷静下来，感受新环境的芦苇香气。再渐渐地无法逃避孤独，不再逃避孤独，直至逐渐适应。随着人物心理变化，环境描写不断发生细微变化。本文的高潮是一场暴风雨突然袭击，受惊的鸭群乱窜，走失，杜小康不顾一切地去追赶。经历暴风雨后的杜小康，意识到自己已经长大了，变坚强了。这时，他所感受到的环境如此美好——杜小康长这么大，还从未见过蓝成这样的天空，而月亮又是那么地明亮。

其实，杜小康生活的环境并未发生改变，只是他的心灵在这场孤独之旅中变得丰盈美好，于是环境便也美好起来。

【感悟提升】

写作中，教师可以采用以下方法，教会学生以景串情的技法。

1. 景物色彩映主题

文章在要彰显主题的位置，适当地运用景物描写，用不同色彩的词语，会使主题更加鲜明。比如莫怀戚的《散步》中对春天的描写大大小小的绿，冬天咕咕咚咚的水，"绿""流动的水"无不让人想起了"生命"。鲁迅的《故乡》：碧绿的沙地、深蓝的天空、金黄的圆月，让读者在这个冷漠的社会看到了未来的希望。

2. 景物情趣写氛围

景物描写与人物心理、环境氛围相互搭配，请学生以春、夏、秋、冬四种季节，分别表达喜、怒、哀、乐四种情绪。这样的训练有利于学生明白根据不同主题的感情基调，运用不同的环境描写。例如，写春天，心情愉悦的白居易眼中的春是"莺争暖树"，"燕啄新泥"，"乱花渐欲迷人眼"，一派生机。而身处安史之乱时的杜甫眼中的春是"感时花溅泪，恨别鸟惊心"；是"国破山河在，城春草木深"的凄凉景象。

3. 同一景物推情节

善于运用不同地点的同一景物，前后照应，过渡与转换，使行文结构流畅自然。在《孤独之旅》中，要突出人物恐慌害怕情绪时，则描写芦苇荡的空旷压抑；突出人物平静心情时，则描写芦苇荡的清香，美丽的萤火虫；描写人物即将经历风雨蜕变成长，则描写一副黑天暗地、惊雷乍起、风雨交加的景象；人物在意识到自己克服困难，变得坚强勇敢，则写芦苇荡的蓝天圆月。都是芦苇，却因主人公的成长阶段的不同而姿态不同。

4. 合理安排景物位置

文章的景物描写可以在开头和结尾，也可以段中使用。开头写景，交代背景，奠定基调；文中写景，衬托人物心情，推动故事情节的发展，激起情感的迸发；文末写景，前后呼应，深化主题、升华情感。景物描写也要有个主要的脉络，或者主要的意象，在关键的位置，比如开头、结尾和中间叙述中相互呼应，相互推动。

【类文再品】

田垄深处

谭仲池

清明过后，莺飞草长。柳丝翠绿，在暖风里摇摆。枝繁叶茂的红叶石楠树，绽放出一丛丛火焰，在柏油村路两边升腾，氤氲着浓厚的春天气息。我前往浏阳河畔的金石村，访问家庭农场主孔蒲中。

车在明媚的阳光里穿行，眼前是一望无边的油菜花海，荡漾着层层叠叠的深绿和金黄。油菜花芬芳醉人，乡野色彩悦人，水渠清波照人。

从车上下来，我朝田垄深处走去。脚下一条条纵横交错的绵长田埂，好似纤纤如缕的琴弦。

孔蒲中，中等身材，皮肤黝黑，留着小平头。他站在稻田边的土堤上迎接我。看得出来，他已经下地干一阵活儿了，裤脚上沾满泥土。

我紧握着老孔的手，感到他手掌粗糙，却很有力。灿烂的笑容挂在他的脸上，透着一股朴实开朗。

老孔是一位地道的农民，初中毕业后就回乡跟父亲学种田，从未离开过这片土地。年近六旬的他，做梦也没有想到，自己办的家庭农场，被电视台报道后，产生巨大的社会影响，引来广泛关注。

孔蒲中在家乡这片土地上与泥巴打了四十年交道。历经风霜雨雪、虫灾稻病、干旱洪涝，有过土地歉收、温饱不保的苦闷，却终于在农村改革的春潮里，看到了蓬勃的希望。从承包责任田那天开始，他就立志在家乡这片土地上，描画蕴藏在心中多年的致富蓝图。2006年开始，他从自己承包土地种养的经验出发，经过反复实践，逐渐探索出"稻田+生态种养"的模式，取得良好的经济效益。他把种稻和养甲鱼、淡水鱼、黄鳝、田螺、泥鳅相结合，在田间实现"互惠共生"。种稻也不用施化肥、农药。2014年他在金石村创办家庭农场，一时前来学习参观的农民兄弟络绎不绝。

我们边走边看边谈。一路上，在地里种瓜、栽辣椒的村民们，都微笑着朝我们挥手打招呼。从他们炽热的目光里，我看到春天的明媚景色、山乡的烂漫风光、充沛的劳动热情。那一片片银白如雪的蔬菜塑料大棚，就像一艘艘白色帆船，正航行在广袤的土地上。

不知不觉，我们来到老孔流转的二百六十多亩成片种养田畴。老孔用手摸着他精心设计的铁丝石棉板围挡，对我说，为防止甲鱼从田里爬出来跑走，才设计出这道围挡。不久，他就要在围挡地基上种上丝瓜。长起来的瓜藤爬上围挡，既成为一道绿色风景线，还可以获得数十万元的丝瓜收入。我仔细端详着这一排排稻田围挡，精巧而别致，一直朝前方延伸，装饰着绿树掩映下白墙黑瓦的农舍。乡野也成了一幅色彩鲜丽、层次分明的图画。

看到身边老孔那布满皱纹的前额，我知道他是怎样深沉地爱着这片土地，怎样沐风栉雨地耕耘这片土地。一家五口，要种养收储、加工销售近三百亩地的农产品，该有多少辛劳的付出？

我站在田垄深处，透过眼前的围挡，朝露出水面的黑色禾苑望去。稻田宽敞的田埂上，又新栽了一排排桃树。我诧异地问："老孔，田埂上怎么添了这么多桃树？"

老孔说："这个春节，不能外出，就寻思干点啥，就在田埂上栽了上千株桃树。两年后桃树长大了，既可以为水田甲鱼遮光，还可以增加收入。"

"真有你的！"我从心底佩服老孔。他有泥土那样厚重的自信，有稻子那样饱满的情怀。我仿佛听到一个亲切响亮的声音从远方传来："小康不小康，关键看老乡。"

时近中午，天空变得格外澄碧，没有一丝云彩。远处飞来一群白鹭，落在稻田里。望着这群白鹭，我想象着这样一幅画面：田里长稻，水中养鱼，陌上结桃，堤边种菜，屋前栽花。这不就是老孔梦中都在描绘的稻田花园吗？

【以悟促写】

请以"从那一刻开始"为题，写一篇700字左右的作文。

【佳作欣赏一】

从那一刻开始

九（11）班　饶洛晨

是夜，漆黑的天空，似是被一缸打翻的墨水晕染成了深不见底的黑洞。厚重的云层笼罩着大地，连皎洁的月亮和闪烁的星星都被关在了其中。

沉闷的夏夜里没有一丝风。

已经深夜十二点多了。一张又一张被各种算式公式填满的草稿纸被用完，我却还没有想出这道数学题的解法。手中的笔不停地转着，时间也不停地在流逝……一分钟、五分钟、十分钟……终于，这道题的解法忽地浮现于脑海。

"咚咚，咚咚。"敲门声打断了我的思路。奶奶拿了一杯牛奶和几片面包进来，并问我明天早餐吃什么。"随便！"我瞪了奶奶一眼，语气不善，接着一句抱怨从嘴巴蹦出："好不容易想出的思路又没了，真烦。"奶奶什么都没说，默默地放下面包和牛奶，悄悄地离开了。

第二天一大早，我收拾好东西准备吃早餐再上学时，早餐竟然还没有做好。心中原本还未消除的烦闷情绪，在经过一上午的挨饿后，愈怨更增，像个炸弹似的，一碰就着。终于熬到放学。

天上一大块乌云遮挡了半边骄阳，不仅没有挡住刺眼的光芒，反而让天气闷热难当，人也变得烦躁。

我站在校门口，等着等着。终于在人头攒动的人群中看到了那个娇小伛偻的身影。那个穿着蓝底花衣裳、踩着黑布鞋、梳着一头整齐的短发的，是我的奶奶啊。

犹记小时候上幼儿园时，每天最期待的便是放学时，在人群中，总是一眼就能看到奶奶的身影。她充满着喜悦的爽朗笑容、她标志性的大嗓门、她走路带风的步伐；如今，变成了一道道皱纹、一次次蹒跚的步伐、一根根银白的发丝……她蹒跚地向我走来。

橙黄的夕阳下，这道身影与记忆中的重合，好像有什么不一样，却又好像从来没有发生改变。奶奶拿着一袋面包，递给了我："快拿去吃吧，别饿坏了。"从那一刻开始，我感受到了奶奶无微不至的浓浓的爱。接过面包，我哽咽着，欲言又止，出口的却只有："嗯。"吃着竟不知道味道如何，只觉得心里像撒了蜜似的甜。

从那一刻开始，乌云被从东边吹来的风刮跑了，骄阳依然似火，只是多了这清凉的风，一切又回归宁静与美好。

回到家中，暖黄的日光映在餐桌上的色香味俱全的晚餐上，映在我和奶奶洋溢着喜悦的笑脸上。扇叶微微转动，带来更多的清凉。

夜幕再次降临，星星在月亮的庇佑下，纷纷躲藏起来，变成了一处处的人间美好。

【佳作欣赏二】

从那一刻开始

九（7）班　林育峰

静静地站在窗前，望着远方，一潭蓝色的小湖印入我的眼帘。太阳的余晖斜洒下来，湖面波光粼粼，像一张灿烂的笑脸。微风吹拂，杨柳依依，似乎也在向我点头微笑。

唉，我叹了口气，如此的美景，我却只能在窗前驻步。虽然我早已习惯了每周堆积如山的试卷，但是在我的心里，仍旧无法平静；虽然我早已习惯只能远远望着我心仪的美景，但是在我的心里，仍旧渴望停驻在它的跟前；虽然我早已习惯初三的忙碌、艰辛，但是在我的心里，仍旧期盼能够放松，微笑面对。

房间的门轻轻地被推开，妈妈拿着一杯牛奶走了进来，默默地把牛奶放到我的书桌上。她看了看站在窗前的我，又看了看桌上那一沓沓的试卷，笑了笑说："我们出去散散步吧！"

妈妈拉着我的手，满脸笑容地往外走。

湖边，微风徐徐，杨柳依依；余晖点点；波光粼粼。湖的上方是一个小河堤，水从堤上溢出来，形成一块宽宽的、短短的瀑布，像一块银白色的布。瀑布稳稳地、静静地流着，我的心竟然也平静了很多。

"小瀑布每天都这样静静地、稳稳地流下来，不急也不慢。因为它们这样的流动，湖面才能这么宽阔、这样平静。其实，学习亦是如此，不骄不躁，是个慢活，是个细活。所以要用平和的心态，用微笑来对待它。要相信一个词——厚积而薄发。"

那一刻，我忽然明白我自己给自己画了圈圈，然后，把心禁锢在这里面。只知道一味地往前赶，却忽视了领略沿途的风景。

心太承重，何以愉悦？

再看湖边，精神矍铄的老太太们在打太极——悠闲自如；欢快活泼的小孩在玩着属于他们的游戏——轻松幸福；连调皮的鱼都探出了头，不时地冒着水泡泡。

"我们也来玩玩小时候的游戏吧！"妈妈不知道从哪里借了两辆自行车，我们像我儿时一样沿着湖边一路狂踩。笑声溢满了整个湖面。

回到家，推开门，坐在桌前，我微笑着对这那一沓沓的试卷说："我定会战胜你们的。"

7　写出波澜

【精彩语段】

"不过也说不定就是将军家的狗……"巡警把他的想法说出来，"它的脸上又没写着……前几天我在将军家院子里看见过这样的一条狗。"

"没错儿，将军家的！"人群里有人说。

"哦！……叶尔德林老弟，给我穿上大衣吧……好像起风了，挺冷……你把这条狗带到将军家里去，问问清楚。就说这狗是我找着，派人送上的。告诉他们别再把狗放到街上来了。说不定这是条名贵的狗；可要是每个坏家伙都拿烟卷戳到它的鼻子上去，那它早就毁了。狗是娇贵的动物……你这混蛋，把手放下来！不用把你那蠢手指头伸出来！怪你自己不好！……"

"将军家的厨师来了，问他好了——喂，普洛诃尔！过来吧，老兄，上这儿来！瞧瞧这条狗，是你们家的吗？"

"瞎猜！我们那儿从来没有这样的狗！"

"那就用不着白费工夫再上那儿去问了，"奥楚蔑洛夫说，"这是条野狗！用不着白费工夫说空话了。既然普洛诃尔说这是野狗，那它就是野狗。弄死它算了。"

"这不是我们的狗，"普洛诃尔接着说，"这是将军的哥哥的狗。他哥哥是前几天才到这儿来。我们将军不喜欢这种小猎狗，他哥哥却喜欢。"

"他哥哥来啦？是乌拉吉米尔·伊凡尼奇吗？"奥楚蔑洛夫问，整个脸上洋溢着含笑的温情，"哎呀，天！我还不知道呢！他是上这儿来住一阵就走吗？"

"是来住一阵的。"

"哎呀，天！他是惦记他的兄弟了……可我还不知道呢！这么说，这是他老人家的狗？高兴得很……把它带走吧。这小狗还不赖，怪伶俐的，一口就咬破了这家伙的手指头！哈哈哈……得了，你干什么发抖呀？呜呜……呜呜……这坏蛋生气了……好一条小狗……"

普洛诃尔喊一声那条狗的名字，带着它从木柴厂走了。那群人就对着赫留金哈哈大笑。

"我早晚要收拾你！"奥楚蔑洛夫向他恐吓说，裹紧大衣，穿过市场的广场径自走了。

【品读赏析】

鲁迅如此称赞契诃夫："我以为没有一篇是可一笑了之的。"契诃夫是19世纪俄国批判现实主义作家，擅长写短篇小说，往往从日常生活中精选典型事例和人物，运用独特视角和讽刺手法，创造出最具时代特征且典型的艺术形象。

《变色龙》有着巧妙的艺术构思，此文情节设置在警察制度与人民矛盾的基础上，契诃夫却将视角聚焦在日常生活里的一件小事——"狗咬人"，并根据人物的个性精练故事情节，在极短的时间内，主人公奥楚蔑洛夫五次"变色"，讽刺意味极强，以小见大，令人啼笑皆非，引人入胜。揭发了警察制度同人民的对立，鞭笞了见风使舵、反复无常、媚上欺下的奥楚蔑洛夫的品质。

【感悟提升】

写出事件的波澜就是写出事件的曲折变化。在写作中，教师可以采用以下方法，教会学生写出事件的波澜。

1. 设置悬念

在文章的某一部分设置疑问或矛盾冲突，激发读者的阅读兴趣。可运用不同描写手法来渲染气氛：景物描写、人物描写、心理预感等。莫泊桑的《我的叔叔于勒》开头交代了全家都在热切期盼于勒的归来，这就是设置悬念，令读者好奇，于勒究竟是何许人也，为何如此期待他的归来。

2. 衍生误会

误会，就是借助人物之间的各种误会造成的矛盾冲突，带领情节向意外的方向发展，引起故事的波澜，让情节摇曳多姿。如文章《看门狗》中的误会：男子误以为忠犬吃了小孩，真相却是忠犬保护小孩与狼搏斗但被主人误杀。这样衍生误会，使文章富有戏剧性，凸显了忠犬的忠诚勇敢，服务于文章的中心。

3. 抑扬变化

抑即贬抑，扬即褒扬。在写文章时，对人和事物的褒贬不径直道出，而是在褒贬中求变化。杨朔的《荔枝蜜》开头写自己因小时被蜂蜇过，对蜜蜂并不喜爱，展示自己与描写对象之间的情感矛盾。再由甜香的荔枝蜜过渡，转入对蜜蜂精神的赞美。欲扬先抑，让人们多角度、多侧面地认识了蜜蜂的精神和品质，进而赞扬了具有蜜蜂精神的勤劳劳动人民。

【类文再品】

枪

林双不

车子越往南驶，我越觉得不对劲，司机始终不怀好意地透过后视镜瞅着我，有几次似乎再忍不住了，居然微偏着头，眼睛向后掠。

恐怕我是上了贼船了。实在不应该冒冒失失搭乘这辆野鸡计程车。趁着星期日到台北处理一些事情，原本计划搭11点半的最后一班平快夜车回员林的，谁知东拉西扯，赶到火车站时，那班火车已经开走了。怎么办呢？星期一一大早就有课，不赶回去怎么行？

真是的，就算一定得搭野鸡车，也应该睁大眼睛啊，居然司机一说是回头车我就上了，居然司机说载不载客都无所谓我就让他开了。为什么我当时没有考虑到旅途的安全问题呢？报纸上几乎天天有，计程车司机在荒郊野外劫财抢色，甚至还要伤人，为什么我这么大意？

果然，车子刚过中坜吧，我就感到异样了，就如同我前面所说，司机一再从后视镜瞅我，瞅得我心底发毛。当然，我身上的钱不多，又是一个大男生，实在不必害怕，如果他真正心怀恶意，如果他嫌钱太少不满意，无论如何，还是我吃亏。我悄悄打量他的体形，没有我高，但是比我结实多了，单打独斗，我未必就会输他，可是他不可能没带东西，而且我根本不想打。

就在这时候，我看到他的右手从方向盘挪开，往下伸，不知在摸什么东西，大概是扁钻或刀子吧？车窗外一片漆黑，正是苗栗一带的山间，歹徒下手最理想的所在。要动手了吧？我下意识坐直身子，冷汗开始往外冒。

什么事也不曾发生，他的手又伸了上来，放在方向盘上，没有拿什么东西。一定是他看出我有了戒备，不敢轻率下手，在等待更恰当的时机吧？难道我就这样束手待毙吗？也许我可以想想办法，化解这场危机，我不是一向自诩最善于动脑筋的吗？怎么突然吓呆了呢？或许我可以试着和他聊聊天，动之以情，让他不好意思动手。

于是我吞了口口水，和他搭讪："生意好吗？老乡。"

他似乎吓了一跳，过了好几秒钟才回答我："不好啊，几乎连油钱都跑不回来。"

"不会吧？你不是回头车？刚刚还有客人包了你的车去台北，不是吗？"

他不再回答，我突然想到可能不是真的回头车，一紧张，舌头打结，也沉默下来。沉默最适于培养紧张的气氛。为什么他不跟我聊天？是不是怕暴露他口音或其他特征，增加警方缉捕他的可能？当然明白，我被抢之后必定会去报案的，好聪明狡猾的家伙！我恨恨地咬了咬牙，他又从后视镜飞快地掠了我一眼。

这一眼非常狠毒，我有生以来不曾看过更狠毒的眼神，使我再度直冒冷汗，再度后悔自己的莽撞。即使赶不回员林上课，请一天假又有什么大不了，何必一定要搭野鸡车冒险？

算了，如果他真的要抢，就给他吧！好汉不吃眼前亏，财物嘛，生不带来死不带去，有人要就给他，犯不着因此打斗伤身。不行！这么一来，岂不是助长了恶人的气焰？无论如何，都应该和他拼斗一番，给他一点教训。

两种想法交战缠斗，还没有分出胜负，员林居然到了。可爱的员林！当计程车在公路局车站前一停，我立刻打开车门，冲了下去。松了一口气，才想到还没付钱，便绕过车后，走到司机窗口，伸手到旅行袋里掏钱。突然，车子往前冲，迅速拐一个弯，消失在不远的街角上。我最后看到的，是司机无比惊慌的神色。

怔怔地站在凌晨两点左右冷冷清清的员林街头，莫名其妙地把车钱再放入旅行袋，才看见旅行袋的右方开口突出一截枪管，那是我在台北特地为孩子买回来的玩具枪，枪管太长，无法全部塞进旅行袋。

【以悟促写】

请以"风波"为题，写一篇不少于700字的作文。

【佳作欣赏一】

风波

九（4）班 李天麒

"啊——！"我和爸爸正在自己的房间写作业、工作，非常安分。突然，这美好的宁静却被我妈的一声撕心裂肺的尖叫给打破了。

"啊——救命！"我和爸爸听到老妈的尖叫，二话不说，冲出房间，闪现到大厅——原来是一只蟑螂！我和爸爸满额黑线，但也很无奈，因为我妈再厉害，这蟑螂还是她的"克星"！我和我爸在旁偷笑，妈妈顿时喊道："还愣着干吗！快，快打死它！啊——！"说着，这蟑螂便四处乱窜起来，好像看热闹不嫌事大！我们父子俩无法忍受这巨大的声音对耳膜的撞击，便只好全副武装，准备发起战斗。

第一回合——单打独斗

这时，蟑螂蹿到了离我爸三十厘米处，我爸悄悄地绰起一把扫把，以迅雷不及掩耳之势，"力量加一万，速度加一万，精准度加一万，怒气加一万！"我爸猛地拍下去，旁边杀气四溢——"中了！"正当我们开心地炫耀时，蟑螂突然跑了出来，断了条腿，打开扫把一看，满额黑线——"怎么是条蟑螂腿？"我爸又赶紧使用了连环拍，"我拍，我拍，我拍拍拍！"蟑螂像技术高超的玩家，在轰炸区穿梭自如，根本无法伤及它一根毫毛！我爸累得气喘吁吁，而那蟑螂却朝我们动动触角，像在嘲笑我爸那狼狈样，没办法，只能先休息一下，再发起第二轮攻势。

第二回合——两面夹击

话说我妈躲哪儿去了？原来她躲到房间里去了，正开着一条门缝"窥视"我们，小心翼翼地问了句："蟑螂死了吗？"我们跟她开个玩笑，说："死了！"她便踏着猫步，"谨慎"地走了过来。这时，蟑螂从她面前一窜而过，"啊——！"我妈以两百分贝的声音尖叫了出来！随即又跑回了房间里，并喊道："老娘跟你们没完！"我和我爸哭笑不得。好了，要开始战斗了！我给我爸使了个眼色，便绰起拖鞋，追着蟑螂一顿狂敲，事实上，我是把它往我爸那儿赶。我爸见蟑螂朝他来了，便用他的大脚，带着一股疾风，"BOOM！"中了！为了防止像上次那样，我们先仔细看了看周围，确认过没有蟑螂的踪影，才小心翼翼地提起脚。刚提起脚，蟑螂就从鞋底跑了出去。我们不都踩中了吗？我和我爸面面相觑：真是踩不死的"小强"啊！没办法，只好使出必杀技了！

第三回合——必杀技

我踩着小碎步，跑到厨房，打开橱柜，拿出王牌——杀蟑药！杀伤力一万，精准度一万，蟑螂的克星就是它！哈哈哈！天龙盖地虎，宝塔镇河妖！蟑螂，快快束手就擒吧！明年的今天就是你的忌日！事不宜迟，我和我爸戴上口罩和手套，拿起杀蟑药到处喷，没过多久我们便看到了蟑螂的尸体。"耶！蟑螂被消灭了！"我们赶紧喊妈妈出来。可她却说："我才不信你们呢！要是再有蟑螂怎么办？"我和我爸就这样被逗得哭笑不得。

这次的蟑螂风波给我们带来了极大的乐趣。平时精明能干的妈妈在蟑螂面前原来也束手无策呀！我和我爸上演的"剿蟑记"让我想到了"打虎亲兄弟，上阵父子兵"，虽然二人合力消灭蟑螂对蟑螂有点残忍，但谁叫蟑螂人见人憎呢？不管怎么说，家庭中偶有一场小风波，帮助调节气氛，也是挺好的！

【佳作欣赏二】

风波

九（5）班　张星辰

天色渐渐地暗了下来，不远处敲敲打打的工地也静悄悄的。黑夜无声地吞噬着天边最后一丝晚霞，宣告着夜的降临，也宣告着我的灾难日即将到来。

校门口，四五个提着沉甸甸的环保袋的年青男子左顾右盼，脸上写满了兴奋与期待。我孤独地处在他们的对面，不安地踱来踱去，等待着父亲的到来——今晚家长会。

人慢慢地多起来，那几个年轻人也忙起来，手脚麻利地给到来的家长们分发传单。我好奇地凑上去一看：××培训机构、××补习班、××教育。林林总总，种类齐全。我的心不由地紧张起来，我的暑假能逃脱补习的厄运吗？

父亲终是来了，手里自然少不了那些传单。在胆战心惊中，家长会艰难地熬过去了。

拖着沉重的步子跟着父亲回去。一路上，父亲默不作声，空气像是凝固了，窒息得让人不能呼吸。十分钟的路程，怎么让人觉得就那么遥远。

回到家，我飞速地躲进自己的房间，我知道我的成绩肯定会引起轩然大波的。忽然，门外传来了争吵声，细耳一听，果真是为了我的学习。

妈妈气急败坏地说："送去补习吧，最后一个暑假了，再不补，就真的完蛋了。"向来淡定的爸爸似乎更生气，大声地吼叫着："谁不知道要补习啊，问题是现在先补哪一科，全部补习就他那水平有用吗？"此时，慈祥的奶奶也忍不住插嘴了："是啊，这个问题得好好商量一下，暑假怎么用起来才更有用？"

听到这里，我的眼泪忽然涌了上来，为我即将逝去的暑假，也为我自己。若我以前努力，现在也不会让全家人为我操心。

不知过了多久，只听见"啪"的一声，明天带他去这个班看看，后天就开始补习。之后就是死一般的沉寂，我知道我的暑假已经被安排下来了。

第二天，天气异常的炎热，树叶无精打采地低垂着脑袋，空气里的热气和灰尘连在一起，白花花的，处处憋闷，处处烫手，处处烦躁。我跟着父亲穿梭在各个培训机构。

薄暮时分，我的手上多了一张假期补习安排表，于是我初三前最后一个暑假卖给了那个补习班。

可是这能怪谁呢？

8 善于对比

【精彩语段】

范进因没有盘费，走去同丈人商议，被胡屠户一口啐在脸上，骂了一个狗血喷头道："不要失了你的时了！你自己只觉得中了一个相公，就'癞虾蟆想吃起天鹅肉'来！我听见人说，就是中相公时，也不是你的文章，还是宗师看见你老，不过意，舍与你的。如今痴心就想中起老爷来！这些中老爷的都是天上的'文曲星'！你不看见城里张府上那些老爷，都有万贯家私，一个个方面大耳。像你这尖嘴猴腮，也该撒抛尿自己照照！不三不四，就想天鹅屁吃！趁早收了这心，明年在我们行事里替你寻一个馆，每年寻几两银子，养活你那老不死的老娘和你老婆是正经！你问我借盘缠，我一天杀一个猪还赚不得钱把银子，都把与你去丢在水里，叫我一家老小嗑西北风！"一顿夹七夹八，骂的范进摸门不着。

胡屠户道："我那里还杀猪，有我这贤婿，还怕后半世靠不着也怎的？我每常说，我的这个贤婿，才学又高，品貌又好，就是城里头那张府、周府这些老爷，也没有我女婿这样一个体面的相貌！你们不知道，得罪你们说，我小老这一双眼睛，却是认得人的，想着先年，我小女在家里长到三十多岁，多少有钱的富户要和我结亲，我自己觉得女儿像有些福气的，毕竟要嫁与个老爷，今日果然不错！"说罢，哈哈大笑。

——吴敬梓《范进中举》

【品读赏析】

本文是讽刺小说《儒林外史》里的节选，刻画了范进、胡屠户、张乡绅、众乡邻等人物形象。作为小说三要素之一，"人物"形象的塑造可以说是小说创作最重要的部分。除了范进，胡屠户也是本文塑造得极为成功的一个人物。

以上两个语段主要运用语言和神态描写，极为传神地写了范进中举前后，胡屠户对范进前倨后恭的态度变化。范进中举前，胡屠户将范进视为"现世宝""烂忠厚没用的人"，连中了秀才也是他"带挈"的；对范进希图中举，胡屠户又极尽嘲讽之能事，骂了范进一头一脸的不堪入耳的粗俗话语；范进中举后，胡屠户的态度立即大转弯，称范进为"贤婿老爷"，是"天上的星宿"。于是，通过对比，通过写胡屠户对范进中举前后称谓、态度的变化，作者活画出胡屠户嗜钱如命、嫌贫爱富、粗俗自私的市侩嘴脸，达到了"无一贬词，而情伪毕露"的讽刺效果。

【感悟提升】

成功的人物形象，人物性格往往是发展变化的。初中阶段，我们在进行叙事类文章写作时，常常会写人、写事。为了使人物形象更鲜活、更立体、更突出，"对比"法是一种不错的选择。

1. 同一人物的对比

（1）同一人物语言（称呼）的对比。由傲慢到恭敬，由粗俗到得体，由肆意到收敛，由肤浅到深刻等，通过人物自己所用的词语、称呼等的前后变化，我们可以看到人物性格发生了相应的变化。例如《范进中举》中胡屠户自身语言的前后变化，对应出其对范进态度的变化，人物形象更加丰富。再如，在莫泊桑的《我的叔叔于勒》一文中，当得知于勒有钱时，菲利普夫妇便称呼他为"好心的于勒""有办法的人"；当得知于勒没钱时，他们便唤他作"这个贼""那个讨饭的""这个流氓"。菲利普夫妇对于勒的称呼和态度的变化以于勒的贫富变化为转移，嫌贫爱富、亲情淡漠，作者借此批判了金钱社会扭曲人性的罪恶。

同一人物动作、神态的对比。胡屠户先是"横披了衣服，腆着肚子去了""一口啐在脸上，骂了一个狗血喷头"，后是"见女婿衣裳后襟滚皱了许多，一路低着头替他扯了几十回""千恩万谢，低着头，笑迷迷的去了"，前后对比鲜明。

（2）同一人物外貌的对比。少年闰土是"一个十一二岁的少年，项带银圈，手捏一柄钢叉，向一匹猹尽力的刺去"，中年闰土"身材增加了一倍；先前的紫色的圆脸，已经变作灰黄，而且加上了很深的皱纹；眼睛也像他父亲一样，周围都肿得通红……头上是一顶破毡帽，身上只一件极薄的棉衣，浑身瑟索着；手里提着一个纸包和一支长烟管，那手也不是我所记得的红活圆实的手，却又粗又笨而且开裂，像是松树皮了"。同一人物的外貌前后发生了巨大的变化，不得不引人深思，是什么原因让他变成了这样，进而总结归纳出文章主旨。

（3）同一人物心理的对比。面对突如其来的家庭变故，杜小康踏上了跟随父亲去放鸭的孤独之旅。在这一过程中，由开始的"害怕""胆怯"到经历了暴风雨之后"他觉得自己突然地长大了，坚强了"，杜小康成长了。

2. 不同人物的对比

在《范进中举》一文中，中举前的范进，家里一穷二白，张乡绅和众乡邻不闻不问或并未施以援手；中举后，张乡绅立即前来称兄道弟、送钱送房，众乡邻积极帮忙、献计献策。不同人物言行的前后变化，反映了趋炎附势的社会风气，也增强了文章的批判色彩。又如，罗贯中的《三顾茅庐》一文中写道："张飞大怒，谓云长曰：'这先生如何傲慢！见我哥哥侍立阶下，他竟高卧，推睡不起！等我去屋后放一把火，看他起不起！'"而刘备"离草庐半里之外，便下马步行""忙施礼""拱立阶下""犹然侍立""又立了一个时辰"。于是，张飞的莽撞与刘备的思贤如渴、礼贤下士形成了鲜明的对比。

当然，在写作时，我们不必每种方法都用上，适当选择一两种即可。

【类文再品】

我爸爸在部里工作……

佚名

一位姑娘在挂着"考试委员会主席"牌子的门上轻轻地敲着。"可以进来吗？"姑娘哽咽着。

"行，行，进来。您有啥事？"

"我……我迟到了。"

"什么事迟到了？"

"考试迟到了。"

"九点钟考试，现在十一点。您想干什么呢？"

"考——试。"

"考试？太好了！请您回去，准备它一年，明年不要再迟到了。"他转向秘书，"把证件还给这位公民。您叫什么？"

"米柳金娜……"

"交给米柳金娜……对不起，您叫什么？"

"米柳金娜。"

"米——柳——金——娜？……对不起，您爸爸在哪儿工作？"

"在部里工作……"

"在部里？……干吗那么激动，姑娘？您放心。迟到一两个小时，谁都可能会有的……而且，"他看了看手表，"看来，考试开始得早了点……岂有此理！"他转向秘书，"这样，您去查一查，现在谁可以接受米柳金娜考试……或者改为明天？今天您累了……"

"到明天我会全部忘光的……"

"那好，您别激动，就今天考。"他要求秘书，"去准备一下。"

"谢谢。能让我给爸爸打个电话吗？他很着急。"

"好。我给您拨号码……"

"谢谢。电话号码133，不，请您拨……"

"您父亲的电话我很清楚……您爸爸是谁？他在什么部工作？"

"在地方工业部，当会计。"

"会计？……嗯，您知道，米柳金娜公民，迟到……迟到当然可以，但是您迟到了两个小时！这您明白吗……还掉眼泪呢！您明白考试迟到意味着什么吗？制度是必须坚持的。"

秘书很快地走进来。

"一切准备就绪，可以考试了。"

"考什么？考谁？我叫您把证件还给这位公民。证件在哪儿？立刻去拿来……我给您爸爸打电话，我要告诉他，下次要早点提醒您考试的时间……您说什么？不用打133，还有什么电话号码吗？"

"他此刻在我叔叔那里。"

"没有关系，我给您叔叔打电话，电话号码是……"

"295—18—11。"

"好吧！叫您叔叔也要多多关心侄女的考试时间……（对话筒）喂，您是谁？……什么秘书？哪个部？哟！您的叔叔是谁？"

"副部长。"姑娘哭了……

【以悟促写】

（1）请以"书包里的秘密"为题，运用对比手法，写一篇不少于700字的作文。

（2）题目：美丽的_____

请先补充题目，运用对比手法，写一篇不少于700字的作文。

【佳作欣赏一】

书包里的秘密

九（12）班　张斯竣

我的书包装过各式各样的小吃。

自从上九年级以来，母亲每天都会往我书包里塞吃食，以防我晚自习挨饿。但众所周知，学校是不让带零食的，更何况如果在神圣和谐的晚自习时间发出与之不符的咀嚼的声音，那得多尴尬啊！饶是这样，母亲还是坚持亲手把吃食装进我的书包，然后把拉链拉好。我特别不能理解，但也无可奈何。

"'秘密'保住了吗？吃完了吗？"每当放学接我回家时，母亲总是问我这两个问题。"哎呀，怎么吃得完？哪有时间吃？吃的时候还要瞒着老师，况且我又不饿。东西我已经扔了，以后你就别再做了，做了也别再装我书包里让我带去学校了。"有一天我终于把这番话说出了口。母亲的眼神中流露出转瞬即逝的失落表情，很快地笑脸以对，"妈这不是怕你饿着吗？我继续做，你放书包里带着，用脑多，容易饿，带着总比不带好。"说完，无视我鄙夷的表情，她就笑嘻嘻地挽着我的手朝家的方向走。

第二天，我才知道"秘密"是怎样做成的。

天还没破晓，我就被一阵叮叮当当的声音吵醒了。"谁啊？天还没亮！"等睡意消了一点，我才觉出声音是从自己家里传来的。我走向母亲的房间，发现母亲并不在。"她这么早起来干什么？不冷吗？"一看时间，才五点半啊！厨房里仍旧传来声响，我只好拖着冻得直打哆嗦的身躯走向厨房。我看见母亲了，也看见了砧板旁边的盘子里放着的"秘密"的雏形。只见母亲一边将盘子放进微波炉，另一只手已从台下拿出一瓶牛奶，把它挤到一个容器里，然后放入一些我所不知道的材料，拿着打蛋器用力地将容器里的调料打匀，反反复复，母亲已经换着手搅拌了多次。此时将近农历十二月，母亲的额上竟已渗出汗珠。此刻，我忘了冷，充斥全身的羞愧感使我全身发烫：原来，母亲每天这么早、这么复杂地给我做"秘密"，我却毫不在意地将它们丢进垃圾桶。我丢掉的，不仅是食品，更是母亲疼我的真心啊！母亲转身看到我，笑着说："宝贝，你怎么起来了？我今天给你做小蛋糕哦！天气冷，快回被窝再睡一会儿吧！我六点半叫你。"我木然地回房间，而"对不起"三个字硬生生卡在了喉咙里，说不出来。

又是晚自习。休息时间，我悄悄地避开了人群，来到楼梯口，悄悄地拿出"秘密"，小心翼翼地一口一口地咀嚼起来。母亲做的"秘密"原来如此美味！放学后，我冲到母亲面前，没等她先开口，我便说："妈，我吃完了！"

这一年，我就是这样，每天背着装有我和母亲共同"秘密"的书包去上学。这书包，这"秘密"，在我面对一个又一个难题时给了我无尽的勇气！

【佳作欣赏二】

美丽的牵手

九(7)班 刘依雅

母亲说，明天全家都去买年货。呵，对哦，又要到岁末了，又到了置办年货的时候了。

第二天，一家人急匆匆地坐上车去购年货。车子穿梭在这高高低低、弯弯曲曲的高架桥上，望着窗外给阳光笼罩着热闹的街市，拥挤的街道、抢货的人们，我的心更加烦闷——我不喜欢喧嚣。望着眼前这座用高架桥架起的城市，繁荣而美丽。店铺里肩并着肩的人群，花花绿绿的货品，震耳欲聋的呐喊叫卖声，无不见证着这个城市的发展。

购买完年货时已接近黄昏，云层中的太阳散发着微弱的黄光，晚风轻轻地抚过我的脸，顿时感到一阵凉意，双手也在不知不觉中渐渐变冷了。

表姐与父亲走在前边，母亲与我走在后边。车辆在眼前飞一般地穿梭着，虽已近黄昏，这所热闹的城市仍是人山人海。不觉间又增添了几分烦闷。要过马路了，父亲突然停了下来，他把袋子挎在臂弯，腾出右手，向我伸来——

一刹那间，我的心灵震颤起来。这是一个多么熟悉的动作呀！

我上小学的时候，每天都要穿过一条马路才能到学校。一、二年级的时候，父亲那时还在工厂打工。学校在城东，厂在城西，父亲担心我出事，每天都要送我，一直把我送过马路才折身回去上班。横穿马路时，他总是向我伸出右手，把我的小手握在他的掌心，牵着手走到马路对面。然后低下身子，一遍遍地叮嘱："过马路要跟着别人一起过……"

七年过去了，昔日的小手已长成一双漂亮的大手，昔日的泥石路已经变成柏油路，昔日年轻的父亲已经皱纹满面，手指枯瘦，那双光滑的手变得如此粗糙。但他的手依然如此的温暖，牵手的动作依然如此娴熟。

我把手递过去，轻轻握住他的手，微微地喊了声："爸爸，以后你一个人过马路要专心，注意安全。"父亲愣了一下，用力地点点头。我牵着父亲的手，姐姐牵着母亲的手，我们小心翼翼地避开人群和车辆，稳稳地走向停车场。

坐上车，再次望向窗外。路灯已开启，一排排的路灯从眼前划过，从倒车镜里看见父亲紧握方向盘的手。我眼前又浮现小时候父亲牵着我的手过马路的情景。

又到一年岁末，我的父母亲又为我们多付出了一年，他们的白发又增添了些许，他们的手又粗糙了些许……

我们要学会牵起父母的手，美丽地牵着手，一直幸福下去。

第三单元 提升能力

9 雕琢细节

【精彩语段】

我父亲脸色早已煞白，两眼呆直，哑着嗓子说："啊！啊！原来如此……如此……我早就看出来了！……谢谢您，船长。"

他回到我母亲身旁，是那么神色张皇。母亲赶紧对他说："你先坐下吧！别叫他们看出来。"

他坐在长凳上，结结巴巴地说："是他，真是他！"然后他就问："咱们怎么办呢？"母亲马上回答道："应该把孩子们领开。若瑟夫既然已经知道，就让他去把他们找回来。最要留心的是别叫咱们女婿起疑心。"

父亲神色很狼狈，低声嘟囔着："出大乱子了！"

母亲突然暴怒起来，说："我就知道这个贼是不会有出息的，早晚会回来重新拖累我们的。现在把钱交给若瑟夫，叫他去把牡蛎钱付清。已经够倒霉的了，要是被那个讨饭的认出来，这船上可就热闹了。咱们到那头去，注意别叫那人挨近我们！"她说完就站起来，给了我一个五法郎的银币，就走开了。

【品读赏析】

巴尔扎克说："当一切的结局已准备就绪，一切情节都已经过加工，这时，再前进一步，唯有细节将组成作品的价值。"细节描写是指抓住生活中的细微而又具体的典型情节，加以生动细致的描绘，它具体渗透在对人物、景物或场面描写之中。

本文开端便用简练的笔触，运用细节描写，通过"父亲很晚才从办公室回来，'我'有两个姐姐，不敢答应别人的邀约以免要回请"等几件小事的描述交代了菲利普一家拮据的生活，人物的性格特征初显。

作者通过对人物语言、动作、神态等的细节描写，塑造出了具有鲜明个性的人物形象。

比如，当菲利普确认卖牡蛎的人就是于勒时，"脸色早已煞白，两眼呆直，哑着嗓子"，将他由不愿相信转为了震惊绝望的心情描写得淋漓尽致；他回到妻子身边，"神色张皇"，进而说话"结结巴巴"，而且"神色很狼狈，低声嘟囔"，神态、动作、语言等一系列细节描写，层次分明地写出了菲利普慌张、恐惧以及愤怒交织的心情，也揭露了菲利普夫妇毫无人性、冷酷无情的性格特征。

一篇好的文章离不开细节描写，细节描写是小说的血液，细腻的细节描写会描绘出鲜明形象、有血有肉的人物，也会给文章的展开铺垫层次。

【感悟提升】

在写作中，如何雕琢细节，美化文章？

1. 紧扣主题，精选典型

生活中，每时每刻都有不同的事情上演，不同的动作发生，这时就需要我们紧扣主题，精取最典型的动作，才能打动读者。朱自清《背影》一文里，父亲在送"我"时发生了很多事，作者却只选取了"买橘子"这一典型画面精心描述，语言看似朴素简练，读来字字感人，紧扣文章主题"深沉的父爱"。"蹒跚地走、慢慢探身、穿过、爬上、攀、缩、向左微倾"等一系列细腻的描述，将画面定格在了每一个读者心中，让我们体会到了父爱的深沉，久久不能忘怀。

2. 增加层次，凸显形象

"一花一世界，一草一天堂。"在细节描写中，要学会聚焦细节，增加层次，多方位呈现，凸显个性。在《秋天的怀念》中，母亲央求"我"和她去北海看菊花那一段细节描写，运用了动作、神态、语言等多方位描写，增加层次，凸显了一位真挚无私的母亲形象。同时语言、动作、神态、心理一般会叠加运用，更要符合人物的身份、凸显人物的性格。

3. 巧用修辞，锤炼语言

细节描写，是美的源泉、情的聚焦。细节描写可以运用多种修辞手法，使句子形象生动，表现人物及环境的特点。《骆驼祥子》对六月十五那天极度闷热天气的描写，巧用了多种修辞，精心锤炼语言，让人仿佛身临其境。比如"街上的柳树，像病了似的""整个的老城像烧透的砖窑"，渲染了闷热狂躁的气氛，推动了故事情节的发展。

【类文再品】

讲故事的人

莫言

我是我母亲最小的孩子。

我记忆中最早的一件事，是提着家里唯一的一把热水瓶去公共食堂打开水。因为饥饿无力，失手将热水瓶打碎，我吓得要命，钻进草垛，一天没敢出来。傍晚的时候我听到母亲呼唤我的乳名，我从草垛里钻出来，以为会受到打骂，但母亲没有打我也没有骂我，只是抚摸着我的头，口中发出长长的叹息。

我记忆中最痛苦的一件事，就是跟着母亲去集体的地里拣麦穗，看守麦田的人来了，拣麦穗的人纷纷逃跑，我母亲是小脚，跑不快，被捉住，那个身材高大的看守人扇了她一个耳光，她摇晃着身体跌倒在地，看守人没收了我们拣到的麦穗，吹着口哨扬长而去。我母亲嘴角流血，坐在地上，脸上那种绝望的神情让我终生难忘。多年之后，当那个看守麦田的人成为一个白发苍苍的老人，在集市上与我相逢，我冲上去想找他报仇，母亲拉住了我，平静地对我说："儿子，那个打我的人，与这个老人，并不是一个人。"

我记得最深刻的一件事是一个中秋节的中午，我们家难得地包了一顿饺子，每人只有一碗。正当我们吃饺子时，一个乞讨的老人来到了我们家门口，我端起半碗红薯干打发他，他却愤愤不平地说："我是一个老人，你们吃饺子，却让我吃红薯干。你们的心是怎么长的？"我气急败坏地说："我们一年也吃不了几次饺子，一人一小碗，连半饱都吃不了！给你红薯干就不错了，你要就要，不要就滚！"母亲训斥了我，然后端起她那半碗饺子，倒进了老人碗里。

我最后悔的一件事，就是跟着母亲去卖白菜，有意无意地多算了一位买白菜的老人一毛钱。算完钱我就去了学校。当我放学回家时，看到很少流泪的母亲泪流满面。母亲并没有骂我，只是轻轻地说："儿子，你让娘丢了脸。"

我十几岁时，母亲患了严重的肺病，饥饿，病痛，劳累，使我们这个家庭陷入了困境，看不到光明和希望。我产生了一种强烈的不祥之兆，以为母亲随时都会自己寻短见。每当我劳动归来，一进大门就高喊母亲，听到她的回应，心中才感到一块石头落了地。如果一时听不到她的回应，我就心惊胆战，跑到厨房和磨坊里寻找。有一次找遍了所有的房间也没有见到母亲的身影，我便坐在了院子里大哭。这时母亲背着一捆柴草从外面走进来。她对我的哭很不满，但我又不能对她说出我的担忧。母亲看到我的心思，她说："孩子你放心，尽管我活着没有一点乐趣，但只要阎王爷不叫我，我是不会去的。"

我生来相貌丑陋，村子里很多人当面嘲笑我，学校里有几个性格霸蛮的同学甚至为此打我。我回家痛哭，母亲对我说："儿子，你不丑；你不缺鼻子不缺眼，四肢健全，丑在哪里？而且只要你心存善良，多做好事，即便是丑也能变美。"后来我进入城市，有一些很有文化的人依然在背后甚至当面嘲弄我的相貌，我想起了母亲的话，便心平气和地向他们道歉。

我母亲不识字，但对识字的人十分敬重。我们家生活困难，经常吃了上顿没下顿。但只要我对她提出买书买文具的要求，她总是会满足我。她是个勤劳的人，讨厌懒惰的孩子，但只要是我因为看书耽误了干活，她从来没批评过我。

【以悟促写】

训练一：请以"日子里的诗意"为题，写一篇不少于700字的作文。

训练二：请以"我想握住你的手"为题，写一篇不少于700字的作文。

【佳作欣赏一】

日子里的诗意

九（12）班　季莫晗

总是能感受得到，父亲顶上的一丝白发，真是越来越花白了。

明明只是四十岁出头，怎落得如此憔悴？看见父亲反复打盹儿又反复惊醒，从沙发上爬起坐回电脑前工作时，我常如此想。"那是为了养活我们这个家啊，你看爸爸他昨天又凌晨才睡……"母亲常这样跟我讲，我也是抿抿嘴，报以苦笑。

还记得前几日，期中前夕，作业突然多得不得了。我赌气到八点半才动笔。一点都不惊讶会写到十二点半。我坐在餐桌一角，写字沙沙的声音充斥着整个客厅，吊灯照下来，白白的，那么明显，我却好像看不清似的。

"咔——"只闻父母那间门突然开了，声音短促，没有把门碰上，而是随着呀的一声，门又被转上了。啊，这么小心的，肯定是父亲。果然，一个四十多岁的男人的身影在我身旁坐下。然后，桌上又多了一杯玻璃杯装的热水。雾气缭绕，徐徐飘升。

我半眯着眼眸打量着前面的男人：脸庞冒油，总是喜欢在喉咙处咽口水发出咕咕的声音，两只眼睛黯淡无光，却好像又迸发出一两点光亮。哦，瞧，他又打开了他的笔记本，又是那明晃晃的光，他不由得揉了揉眼角，又突然指了指杯子，说："快喝了吧。"顿了顿，又看住我："你要熬到几点？我等你睡觉。"

我摇摇头，大热天的，谁会喝这么滚烫的水，父亲也是，总按他"养生"那套，该改改了。"我再写写就睡了……"目光便从水杯上又移回了作业。

有十来分钟，写完了。我收拾收拾便准备去睡觉了。偶然看到那样的父亲，眉峰紧缩，面对着一大堆编程的英文，他井然有序地敲击着键盘。不由得生起敬畏之感。而那热水升起的袅袅白烟，眯住了我的眼，有那么一两眼，还曾把他看成了仙人。

偌大的房，小小的餐厅映着白灯，父亲认真工作，其间对我的一两句问候，便是我觉得最有诗意的记忆。因为父爱、责任感，本身就是一种诗意。

那些日子里，感谢你。

【佳作欣赏二】

我想握住你的手

九（12）班　伍健聪

"是时候把药停了，下一次心脏停跳就不抢救了。"面对着流泪的家属们，你面无表情地说着。

你，我的大伯，是一名主治医师，小时候，我总会跟着你去看病。你虽然是一个医生，但你的脸上似乎总是写满了冷漠，你的言语总是冷冰冰的，我敬佩你的医术，但是我不喜欢你的冷淡。

前阵子转进了一个病人，那个奄奄一息的老人平躺着，手臂上插满了各种各样的管子，肿胀着。他昏迷了几周，两天前甚至心脏停跳。面对着流泪的家属们，你依然一脸冷漠，走上前去，情绪好似并不受他们的影响。看着病人，你冷冷地张开了口："周天要是不见好转，就把药停了，如果心脏停跳了，不抢救了。"冷冰冰的言语，像是坚定地念下了无情的判决书，家属们怔住了，看着你。

我站在一旁，我竟然一时间认不出，穿着白大褂的你究竟是救死扶伤的天使，还是一个无情的死神。医生的职责，不应该是救死扶伤，尽力为病人延长寿命吗？冷漠无情的你好像看不见他们的悲痛，认识不到生命的宝贵，认识不到医生救死扶伤的职责。我握紧了双拳，想走上前去，握住你的手，制止你。

但我没有注意到，你冷漠中的无奈。

在家中，我大声地质问你，说你没有人情味，不理解病人家属们的悲伤，擅自放弃自己的职责。我义正言辞地告诉你医生的职责，生命的宝贵，对于一个家庭来说，死去的老人是抹不去的痛苦。

你却一直低着头，我看不见脸，看不到你的无奈和自责。你抬起头，冷漠的神情中是无奈和悲伤，我像是遭到了一个霹雳，我无论是当时还是现在，都未注意到你脸上的悲伤，我沉默了。你静静地说道："我也不希望那个老人死去，但我不得不这样做。"沉默了片刻，你抬起颤动的手，低声说道："那个老人已经无力回天，再怎么抢救，总有一天也会死去。而这些天在他身上花的药、精力和床位，又能挽救多少人的生命，挽救多少家庭啊！现在的医疗资源非常紧张，作为救死扶伤的医生，我尽可能拯救更多人的生命，我不可能牺牲非常多的生命，救一个救不回来的人。众人生命的价值，总比一个人的重要。"

空气一下沉默了下来，我低着头，不敢看你颤抖的嘴唇。我只看到了一个奄奄一息的老人，看不见背后千千万万还有希望的人。我只浮于表面，轻率地观察，浮躁地推论，盲目地谴责，看不清本质，看不清大局。我想走上去，握住你的手，为自己的无知忏悔。

那天下午，阳光照在窗台，凉风吹进了房间，为死去的老人唱着哀歌。新的病人被抬上病床，是急病，或许没有床位，没有你，又有一个生命会离开。我的耳边回响着你语重心长的话语，脑海浮现着你冷漠的神情。

敬佩于你的医术、你的人格，我想握住你的手。

10　创意表达

【精彩语段】

我从此便整天地站在柜台里，专管我的职务。虽然没有什么失职，但总觉得有些单调，有些无聊。掌柜是一副凶脸孔，主顾也没有好声气，教人活泼不得；只有孔乙己到店，才可以笑几声，所以至今还记得。

有几回，邻居孩子听得笑声，也赶热闹，围住了孔乙己。他便给他们一人一颗。孩子吃完豆，仍然不散，眼睛都望着碟子。孔乙己着了慌，伸开五指将碟子罩住，弯腰下去说道，"不多了，我已经不多了。"直起身又看一看豆，自己摇头说，"不多不多！多乎哉？不多也。"于是这一群孩子都在笑声里走散了。

孔乙己是这样的使人快活，可是没有他，别人也便这么过。

我到现在终于没有见——大约孔乙己的确死了。

——鲁迅《孔乙己》

先生，您征求我对远征中国的意见。您认为这次远征是体面的，出色的。多谢您对我的想法予以重视。在您看来，打着维多利亚女王和拿破仑皇帝双重旗号对中国的远征，是由法国和英国共同分享的光荣，而您想知道，我对英法的这个胜利会给予多少赞誉。

法兰西吞下了这次胜利的一半赃物，今天，帝国居然还天真地以为自己就是真正的物主，把圆明园富丽堂皇的破烂拿来展出。我希望有朝一日，解放了的干干净净的法兰西会把这份战利品归还给被掠夺的中国，那才是真正的物主。

现在，我证实，发生了一次偷窃，有两名窃贼。

先生，以上就是我对远征中国的全部赞誉。

——雨果《就英法联军远征中国给巴特勒上尉的信》

【品读赏析】

视角创新的创意表达。《孔乙己》这篇文章确是透过人物视角的创新表达，将孔乙己这个人物串在了不同的事件中，来为我们呈现这个丰满的可怜可惜又可恨的鲜活的人物形象。透过店小二的视角，我们可以看到在店里发生的一切。店主、主顾的冷漠，店里喝酒人的嘲讽，孔乙己厌恶地自吹自擂，透过店小二的视角，我们看到了人情的冷漠、社会的冰冷、人与人之间的温情荡然无存。

设下悬念的结尾创意表达。孔乙己死了吗？"终于"一词仿佛这个店小二并不想看见他，终于输了一口气，"大约""的确"，既确定又不确定。店小二也不知道，因为社会发展是不同的，店小二并没有看见，也许会带着某种期许，也许会带着某种悲哀，期许的背后是社会的温情，悲哀的背后是社会的悲凉。这样以新的人物视角对人物进行全方位描写，将人物的多样态展现得淋漓尽致。

语言风格的创意。英法联军要远征中国，巴特勒上尉征求雨果的意见。上尉本来以为是一件非常荣光的事情，可是雨果却以幽默讽刺的语气公开斥责政府如强盗一般，颠倒黑白，不以此为耻、反以此为荣的行径。

【感悟提升】

文章的创意表达，就是文章要有新意。

1. 选材要新颖

选材要写社会生活中的新事物，特别是具有时代特点的事物；同时也写属于自己的经历、体验、感受中那些富有个性的东西。例如，以"母爱"为主题的作文，史铁生写了两次"看花"，表达对母亲怀念、悔恨、愧疚以及对生命的珍爱之情；冰心则把荷叶比喻母亲，赞颂母爱的伟大。

2. 角度要新颖

表达角度新颖往往会让你的文章新颖独特而又富有深意。《孔乙己》通过酒店小伙计的视角，写出当时的世态炎凉；《我的叔叔于勒》采用小孩"我"的视角，"这可是我的亲叔叔"表现出对成人社会的批判。

3. 语言表达要新颖

语言新颖，聚集在词语使用、句式选择、修辞手法运用等。锤炼动词、形容词，使语言具有描摹美；长短句的交替使用，使句式错落有致，富有变化；多种修辞的使用，使语言形象生动；幽默诙谐，能增加语言的情趣。

4. 表现形式创新

比如，在记叙性、议论性、说明性文章之外，如能根据内容的需要，恰当采用寓言、童话、剧本、小说、演讲稿、书信等形式，也会带来新鲜的阅读感受。另外，还可以结合时代特点，比如朋友圈评论、微博互动等。

我们常常在创意表达上更多地关注选材、视角、语言，这样我们的文章人物才会更立体、更新颖，更有意义。

【类文再品】

花开的声音

陈文

花开也有声音吗？

一个夏季的晚上，我在住家的阳台上，就捕捉到昙花开放的声音。那棵昙花的花苞早在两三天前就显露出了雏形，这个"雏形"的花苞越来越大，在枝头垂首有如纺锤。那一夜，我估摸它会开放的，便在阳台彻夜守护着，耐心地等待，等待。近午夜十一时，那美好的时刻终于在焦灼的期待中来到了。它的花苞慢慢地鼓胀起来，好像原先干瘪的气球一下子灌进了风，紧接着，我便听到一声噗的响动，那是我盼望已久的昙花开放的声音。只见那由许多纤长洁白的花瓣组成的花蕊，快速、灿然地开放了。痴迷间，眼前仿佛跳出了一个长袖善舞的倩女，只一刹那，便羞煞了天际那半轮夏月，那美的光焰，撒向城市街道，使夜的峡谷为之闪闪发亮。

除了昙花，我还真切地听到茶花开放的声音。茶花的开放可不是那种"急性子"，早在夏季时，它的蓓蕾就在枝叶间开始孕育，开头只有一粒米那般大小，和叶芽的形状几乎难以分辨，过了好几天，它的雏形才微微显露出来，又再过几天，它那结实的体态和叶芽松动的体态才泾渭分明。茶花花苞的长大，是一个漫长的过程，就像一个长途旅者，走过了夏天，又走过了秋天，到了冬季，那一头尖的椭圆花苞，那花瓣如鳞片重重包裹的花苞，才终于展现在你的面前，但距离开放仍有些日子。我栽在阳台的那一株茶花，叫五宝茶花，枝头共有十几个花苞，它们之间好像有个约定，谁先谁后开。那一天是休息日，我终于看到第一颗准备开放的花苞有些异样了，它在微微地颤动、颤动，仿佛是个睡美人，在阳台上睡了许久、许久，此刻才在深绿色的枝叶间苏醒，惺忪的眼眸，抖动的睫毛，微微地张开、张开。那张开的声音，和昙花的那一声噗完全相反，它是那么细微，那么柔和，那么舒缓。昙花开放的声音是短促的，茶花开放的声音是悠长的，不管短促或悠长，都是那么动听，那么迷人。由此我认定：花开的声音是自然界一种最美妙的乐曲，或者说是一种天籁吧！

花儿这样，世界上一切美好的事物何尝不是如此。当它突然出现时，也会有一种异样的信息，一种类似花开的声音，那是一种文明之花开放的声音。美好事物的孕育、萌发、成熟，也有个渐进的过程，或许中间还会出现一波三折，受到某种压抑和禁锢。当它"破茧而出"或"破墙而出"时，会出现多大的冲击波啊，那一瞬间闪亮的冲击，给人带来的是一种无限的惊喜。这种声音，你只有保持一份纯净、洁白的心态，于细微处才能听到。对于美好的事物，不要有疏离感，要把它置于自己的关爱之下，用自己的羽翼和体温去为它孵化和催生，这样，你就可以及时地听到另一种"天籁"了。

长时间以来，我都迷恋于谛听各种花开的声音。我始终认为，在人世间，倾诉是一种方式，谛听也是一种方式。一个人能听到花开的声音是十分幸福的，因为花开的那一刹那，会最充分地展开事物的内秀和外美，会给你带来一种审美的愉悦和情感的满足。

——（选自2011年第1期《南方》，有改动）

【以悟促写】

请先补充题目"＿＿＿＿＿之旅"，自选角度，自选创意，写一篇不少于700字的作文。

【佳作欣赏一】

石榴之旅

九（9）班 余雅妮

石榴的外表很红，而皮内却是白的，更是包裹着红红的石榴籽，石榴花活泼妖艳，唐宋八大家之王安石有诗曰"浓绿万枝红一点，动人春色不须多"。

每次吃石榴时，母亲用小刀在石榴外表划几下，去掉顶端和底部，再用手掰，这时总会有些调皮的石榴籽从里面蹦出来，它们喜欢跳到地板上，滚到沙发、茶几下，还有某个角落，它们逃过入口食用一劫，但被人们捡了起来放入垃圾桶，而有一些则是在几天后大扫除中被发现。石榴籽都有着自己特殊的使命感，都十分想成为一棵石榴树，结出丰硕的果实。从被丢进垃圾桶里时，它们便开始了坎坷的一生，坐在摇摇晃晃的手推垃圾车里，它们都十分期待着再次出去。"啊"那个身穿红色马甲的阿姨叫了一声，垃圾车轮子磕在了石头上。

垃圾箱翻倒了。

石榴籽们全都跑了出来，有的坐在了人行道上，有的嵌在石缝中。看着来来往往的行人，阿姨似乎有些尴尬，赶紧从车中抽出了扫帚，开始火速匆忙地扫了起来。

每一颗石榴籽都是心怀梦想的，它们十分不情愿被收集到垃圾箱中，借着扫把力量四处逃窜，有的跌落小水沟，多数躲在道牙边，也有一些是十分无奈的被扫了上去。垃圾车又开始被推动了起来，他们相互道别。路牙边的石榴籽，看到垃圾车走远，心里都暗暗松了口气。终于获得自由啦，接下来便要做好规划与安排，聚在一起，商量着寻找合适的水源和土壤。看着来来往往的行人，有种莫名的压迫感，一起试着迈出脚步。刚想出去看看，便被一个带着篮球的小男孩踢了上去。石榴籽们又滚到了草坪上，那或许是它们安身的地方。于是又开始借助风向往土壤内钻，不远处有几个穿绿黄色马甲的工人，他们正在挖着土，想要栽培几棵大树。挖了许久，在石榴籽们快要入睡时，那大树才被运了过来，"树伯伯虽被剪枝显得有些受伤，但真的好大好大啊。"石榴籽们不禁想到。

我也要像它一般强大，石榴籽借着风力纵身一跃，跳跃到那大坑的旁边，那阳光充足，土地肥沃，水源丰富，期待着来年在这发芽、开花、结果！

【佳作欣赏二】

别样的探亲之旅

九（1）班　李易樵

我们在腊月二十八晚上，回到了湖北公安的舅舅家，原本要开启一场难忘的寒假探亲之旅。

当晚我和弟弟兴奋得睡不着觉，因为明天我们就要去四爷爷家了。四爷爷去年因为肠癌做了两次手术，我们都非常牵挂。可是第二天一大早铺天盖地的冠状病毒疫情肆虐的新闻让我们有了很多的顾虑。正在我们左右为难时接到了电话说四爷爷正在走向舅舅家，准备来看我们。

其实两家不过相距一公里的路程。脚步总是比大脑快，我们不知不觉走出了门。

　　天气很冷，呼啸的寒风吹在我们脸上像刀割一样，我和弟弟把脸缩在羽绒服的帽子里。妈妈一向比我们更怕冷，可是她却走得很快。一步一步，我看到四爷爷的身影越来越近，大约离四爷爷只有五米的距离了，我看到了四爷爷被风吹乱的稀疏的白发，比前年我们见面时消瘦了很多，也憔悴了很多。四爷爷戴了口罩，我看到他眼角如刀刻般的皱纹。风吹起他略显粗大的裤管。爷爷的脚步跨得很大，比我们走得快多了。

　　大概还有三米的时候，他却突然停了下来，望着我们，就那样静静地望着我们。

　　四爷爷两手提着很多东西，他小心翼翼地放下手里的东西，使劲儿挥动着他消瘦的双臂，大声说："停下来，停下来，不要走了，我们就这样看一眼就够了。"妈妈的眼睛微弯，她对着四爷爷笑着，可是我看到妈妈笑着笑着眼泪就流出来了。我和弟弟被舅舅和爸爸拉住，停下了脚步。

　　妈妈往前走，四爷爷不停地往后倒退着，妈妈每向前一步，四爷爷就后退一步，他很克制地一直保持着三米的距离。

　　四爷爷很紧张又很激动还很着急，他大声制止妈妈不要再往前走了。妈妈一直想说话，可是她哽咽着什么也说不出。爸爸也向前去跟四爷爷闲聊："今天吃的什么菜呀？是不是每天还要吃药？医生交代了些什么注意事项呀？……"四爷爷一一作答，因为那三米的距离，他说话的声音比平时大。他近乎贪婪渴望的目光一直停留在我们身上，几乎眼睛一眨不眨地望着我们。他很高兴地说我和弟弟都长高了，又说他手里提的有我们爱吃的湖北的糍粑、鱼糕、豆皮、土鸡蛋等。四爷爷喃喃念叨着我和弟弟的名字说："要不是因为这个疫情，我多想抱抱你们，让你们到我那儿去住几天。我在家里还给你们准备了很多菜放在冰箱里。你们伯伯都在家里做好饭了……"

　　不知不觉，我们隔着那三米的距离在凛冽的寒风中说了一个多小时。

　　四爷爷说着说着就哽咽了，我似乎看到了他眼角上的两滴晶莹。四爷爷一直遗憾着，我对爷爷大声回答说等暑假时再回去看他，妈妈说等疫情结束了接他到深圳去住。爸爸说外面太冷，让四爷爷回家去烤火。爷爷的家离我们已经只有两百米的距离了。我甚至看到了伯伯伯母站在家门口的身影。妈妈无奈向四爷爷道别，舅舅和爸爸拽着我们转身离去。

　　妈妈和四爷爷都没有转身，他们两个都后退着各自的脚步，慢慢拉开了彼此的距离。

　　四爷爷在快到家门口的时候停住了，他把自己的两只手交互放在棉袄的袖子里，抱臂而立，和他身旁笔直的树干交融一体，远远地望着我们。

妈妈和我们在路的这边院子门口，远远地望着四爷爷，探亲之旅变成了三米距离的凝望。

11 想象与联想

【精彩语段】

北国风光，千里冰封，万里雪飘。

望长城内外，惟余莽莽；大河上下，顿失滔滔。

山舞银蛇，原驰蜡象，欲与天公试比高。

须晴日，看红装素裹，分外妖娆。

江山如此多娇，引无数英雄竞折腰。

惜秦皇汉武，略输文采；唐宗宋祖，稍逊风骚。

一代天骄，成吉思汗，只识弯弓射大雕。

俱往矣，数风流人物，还看今朝。

——毛泽东《沁园春·雪》

【品读赏析】

《沁园春·雪》创作于1936年2月，是结束了艰苦的长征并粉碎了国民党一系列的"围剿"，准备挥师东征抗日之际，毛泽东在面对中国北方秦晋高原所见的雪景，抒发了旷达豪迈的情感。

该词上阕描写了乍暖还寒时北国的壮丽雪景，展现伟大祖国的壮丽山河。"千里冰封，万里雪飘""大河上下，顿失滔滔"展现了开阔的意境。"山舞银蛇，原驰蜡象"运用丰富的想象，化动为静，将静物"山""原"赋予"舞""驰"的动态描写，突出活泼奔放的气势。"须晴日，看红妆素裹，分外妖娆"写的是虚景，与前十句写眼前的实景形成对比，想象雪后晴日当空的景象，翻出一派新的气象。雪中的景象在苍茫中显得雄伟，雪后的景象则显得娇艳。

下阕诗人抒发对壮丽的祖国山河的感叹，并联想到"无数英雄竞折腰"，开启了对历代英雄的评论，抒发诗人的抱负。祖国的山河如此美好，难怪引得古今许多英雄人物为之倾倒，争着为统一天下而奋斗。一个"竞"字，写出英雄之间激烈的争斗。一个"惜"字，饱含作者对历史英雄的惋惜与批判。以史为鉴，"今朝"

的"风流人物"定能不负历史的使命，创造出空前伟大的业绩。

【感悟提升】

在写作中运用联想有助于我们打开思路，激发灵感，写出内容丰富、形象生动的文章。那么在写作中，我们应如何进行联想与想象呢？

联想是人们在观察的基础上，由当前的某一事物想到与之相关的另一事物的思维活动。在写作中，我们常可以从以下三个方面去进行联想。

一是从"相关"的方面去联想。也就是作者由对某一事物的感知，而引起与之相关的其他事物的联想。如《天上的街市》中，作者由"街灯"亮相到天上的"明星"，又由"明星"联想到"灯笼"。

二是抓住"相似"的特点展开联想。是指作者由某一事物的感知，而引起跟它在性质或形态上有某种相似点的事物的联想。如《白杨礼赞》中，作者由西北黄土高原上"参天耸立，不折不挠，对抗着西北风"的白杨树，联想到了坚韧、勤劳的北方农民，歌颂他们在民族解放斗争中的朴实、坚强和力求上进的精神。

三是朝着"相反"的方向去联想。作者由某一事物的感知，而引起它在性质或特点上相反的事物的联想。如《登幽州台歌》里作者由"前不见古人"联想到"后不见来者"，揭示了知识分子怀才不遇的境遇，抒发了心中的悲愤。

想象是在原有材料的基础上，创造出没有经历过的，甚至是现实中根本不存在的事物形象。

想象的方法多种多样。常用的有：

（1）变异：异化事物、神话形象、科幻人物等。如孙悟空=人+猴+神。

（2）拟人夸张：童话、寓言故事等，如《皇帝的新装》。

（3）梦幻：通过设置梦境来想象。

（4）推测：根据现在的情况推测以后的发展，如补写故事，推测结局等。

（5）时空转换：上天入地，穿越时空，如《三体》等。

（6）角色错位：假设你是某人或你变成了某人，如《假如我是市长》。

联想与想象在写作中，往往交织在一起，结合使用。联想和想象需要我们发挥想象力，但不意味着脱离实际，天马行空。我们在写作中需要注意，我们要基于生活实际，找准事物之间的触发点和联系点进行联想与想象，使得文章更加自然恰切、合情合理。

联想和想象是以对生活的体验和感受为基础。这就需要我们多读书、多看报、多看电视，在有限的时间内，接触了解到广大的世界，开阔自己的视野，见得多了，思维才会活跃，联想与想象才能丰富、有新意。

【类文再品】

月迹

贾平凹

我们这些孩子，什么都觉得新鲜，常常又什么都觉得不满足；中秋的夜里，我们在院子里盼着月亮，好久却不见出来，便坐回中堂里，放了竹窗帘儿闷着，缠奶奶说故事。奶奶是会说故事的；说了一个，还要再说一个……奶奶突然说："月亮进来了！"

我们看时，那竹窗帘儿里，果然有了月亮，款款地，悄没声儿地溜进来，出现在窗前的穿衣镜上了：原来月亮是长了腿的，爬着那竹帘格儿，先是一个白道儿，再是半圆，渐渐地爬得高了，穿衣镜上的圆便满盈了。我们都高兴起来，又都屏气儿不出，生怕那是个尘影儿变的，会一口气吹跑呢。月亮还在竹帘儿上爬，那满圆却慢慢儿又亏了，缺了；末了，便全没了踪迹，只留下一个空镜，一个失望。奶奶说："它走了，它是多多的；你们快出去寻月吧。"

我们就都跑出门去，它果然就在院子里，但再也不是那么一个满满的圆了，进院了的白光，是玉玉的，银银的，灯光也没有这般儿亮。院子中央处，是那棵粗粗的桂树，疏疏的枝，疏疏的叶，桂花还没有开，却有了累累的骨朵儿了。我们都走近去，不知道那个满圆儿去哪儿了。却疑心这骨朵儿是繁星儿变的；抬头看着天空，星儿似乎就比平日少了许多。月亮正在头顶，明显大多了，也圆多了，清清晰晰看见里边有了什么东西。

"奶奶，那月上是什么呢？"我问。

"是树，孩子。"奶奶说。

"什么树呢？"

"桂树。"我们都面面相觑了，倏忽间，哪儿好像有了一种气息，就在我们身后袅袅，到了头发梢儿上，添了一种淡淡的痒痒的感觉；似乎我们已在了月里，那月桂分明就是我们身后的这一棵了。

奶奶瞧着我们，就笑了："傻孩子，那里边已经有人了呢。"

"谁？"我们都吃惊了。

"嫦娥。"奶奶说。

"嫦娥是谁？"

"一个女子。"哦，一个女子。我想。月亮里，地该是银铺的，墙该是玉砌的：那么好个地方，配住的一定是十分漂亮的女子了。

"有三妹漂亮吗？"

"和三妹一样漂亮的。"

三妹就乐了："啊啊，月亮是属于我的了！"

三妹是我们中最漂亮的，我们都羡慕起来。看着她的狂样儿，心里却有了一股儿的嫉妒。

我们便争执了起来，每个人都说月亮是属于自己的。奶奶从屋里端了一壶甜酒出来，给我们每人倒了一小杯儿，说："孩子们，你们瞧瞧你们的酒杯，你们都有一个月亮哩！"

我们都看着那杯酒，果真里边就浮起一个小小的月亮的满圆。捧着，一动不动的，手刚一动，它便酥酥地颤，使人可怜儿的样子。大家都喝下肚去，月亮就在每一个人的心里了。奶奶说："月亮是每个人的，它并没有走，你们再去找吧。"

我们越发觉得奇了，便在院里找起来。妙极了，它真没有走去，我们很快就在葡萄叶儿上，磁花盆儿上，爷爷的锨刃儿上发现了。我们来了兴趣，竟寻出了院门。

院门外，便是一条小河。河水细细的，却漫着一大片的净沙；全没白日那么的粗糙，灿灿地闪着银光，柔柔和和地像水面了。我们从沙滩上跑过去，弟弟刚站到河的上湾，就大呼小叫了：

"月亮在这儿！"

妹妹几乎同时在下湾喊道："月亮在这儿！"

我两处去看了，两处的水里都有月亮，沿着河沿跑，而且哪一处的水里都有月亮了。我们都看起天上，我突然又在弟弟妹妹的眼睛里看见了小小的月亮。我想，我的眼睛里也一定是会有的。噢，月亮竟是这么多的：只要你愿意，它就有了哩。

我们就坐在沙滩上，掬着沙儿，瞧那光辉，我说：

"你们说，月亮是个什么呢？"

"月亮是我所要的。"弟弟说。

"月亮是个好。"妹妹说。

我同意他们的话。正像奶奶说的那样：它是属于我们的，每个人的。我们就又仰起头来看那天上的月亮，月亮白光光的，在天空上。我突然觉得，我们有了月亮，那无边无际的天空也是我们的了：那月亮不是我们按在天空上的印章吗？大家都觉得满足了，身子也来了困意，就坐在沙滩上，相依相偎地甜甜地睡了一会儿。

【以悟促写】

请发挥想象，自拟题目，以"我静静地守在……"为开头，讲述你的所见所闻所感。

【佳作欣赏一】

我的使命

八（6）班　孙亦婷

我静静地守在这里，一守，就是五千年。

我是一条河，人们亲切地称我为"母亲河"，滚滚黄沙在我体内翻涌，但我老了，快要记不住事情了，我要就此沉睡……"我的使命……"我在沉睡前一刻喃喃着。

睁开蒙眬的双眼，两岸是无穷尽延绵的森林，我隐隐约约地记得，我似乎来过这儿。

我茫然地从唐古拉山脉向下流去，沿途，缕缕闪着波光的细丝缓缓汇入我的身躯，我体内的水分也悄然隐入地面深处，滋养着沿途的草木，树木的枝桠颤抖着舒展开来，欢快地哼着小调。我也跟着那婉转的曲调，心中不禁愉悦起来。

"这会是我的使命吗？"我自言自语道。

河面越来越窄，挤得我快喘不过气，体内的沙水开始不停地叫嚣，散出阵阵如雷般贯耳的咆哮。突然，前方急转，我被前方的大块岩石撞了个措手不及，在我胸腔中滚滚翻涌的沙水飞扬至空中，破碎，飘散……

我强忍着眩晕感，努力地使我自己不脱离自己的航道，循着历史的轨迹奔涌向前，因为有一个烙印在心中告诉我——这，是我的使命。

"我的使命究竟是指什么？"我内心充满着疑惑。突然，一抹温暖的明黄闯入我的眼帘，一位村民挑着土色的木桶来河边取水浇田，年老的妇人从我体内舀水洗衣做饭，岸边的小孩嬉戏打闹，将河水扬向空中，夕阳的余晖洒落在我与他们可爱的面庞上，细细碎碎的水珠耀着璀璨暖光，他们在橘黄的温柔光晕下放声大笑，缕缕炊烟绕着笑声流连升上天空，盘旋飞扬……

我也跟着笑了起来，因为我似乎明白了，我的使命。

"烧我成灰，我的汉魂唐魄仍然萦绕着那片厚土。"孩童们在私塾中的阵阵吟诵声从远处传来。虽然我不能被炙热的火焰烤成焦灰，但我想，我绵长的躯干，将会蜿蜒盘旋在这里，我体内的水分，将会源源不断地滋养着这方厚土；我的魂魄，将会一直萦绕在这片土地，守护着这里世世代代的人们，永不消散。

因为我知道，这就是我的使命。

我即将汇入广袤无垠的渤海，我知道，我要就此永久地沉睡。

我睁开双眼，不知为何，人们亲切地称我为"母亲河"，但我"知道，我有一个使命。

【佳作欣赏二】

你是我的眼

九（1）班　程思睿

我静静地守在这里，领略李白"仰天长啸出门去，我辈岂是蓬蒿人"的豪迈奔放；领略柳永"今宵酒醒何处，杨柳岸晓风残月"的婉约凄美；领略毛泽东"数风流人物，还看今朝"的意气风发。

书是我观看世界的眼睛。

跟着《行者无疆》，跟着余秋雨的足迹，我走进了欧洲，看到了整个欧洲文明。

在庞贝的废墟中，在威尼斯悠长的河道中，在巴塞罗那流浪的音乐声中，我看到了静谧深邃的南欧。自然而无雕饰的奥地利，自闭而雄伟的萨尔茨堡，平静而多情的中欧，它们都向我敞开怀抱。这里有无限神奇的茫茫宇宙，这里有亲切可感的片片沃土；这里有崇山峻岭中的袖珍小路，这里有繁华都市中的田园人家。走过它们的繁华和荒凉的文字，我认识了自己，也认识了中外文明。

跟着《史记》，跟着司马迁的足迹，我走进了中国古代，看到了华夏文明的历史。

在《廉颇蔺相如列传》中，我看到了蔺相如的睿智，看到了廉颇的大将风范；在《陈涉世家》中，我看到了一群被压迫被剥削的农民走过的一条斗争之路；在《项羽本纪》中，我看到了那个气盖山河的大王可爱又可悲的一面；在《匈奴列传》中，我看到了少数民族的发展与崛起。那些由谚语、成语、歌谣和方言土语组成的文字，展示了从传说的皇帝到西汉汉武帝三千多年的历史，让我认识了华夏的发展和辉煌。

跟着《水浒传》，跟着施耐庵的足迹，我走进了北宋，看到了一个个传奇人物。

武艺高强、有勇有谋又循规蹈矩、逆来顺受的林冲，嫉恶如仇、侠肝义胆又脾气火爆、头脑简单的李逵，为人仗义、善于用人但又总想招安的宋江，精明能干而又粗暴蛮横的杨志。还有那个倒拔垂杨柳、大闹野猪林的鲁智深，那个斗杀蒋门神、血溅鸳鸯楼的武松，在这一个个富有血性和传奇色彩的英雄好汉的身上，我看到了那个"八方共域，异性一家"的理想社会，也看到了让人心酸的血泪史。

书，你是我的眼睛。

你让我看到了中外历史的发展，你让我感受了唐诗宋词的豪迈婉约，你让我理解了真善美。"问渠那得清如许？为有源头活水来"，我会好好利用你这双眼睛，去充实和提升自己。

12　润色升格

【精彩语段】

倘肯多花一文，便可以买一碟盐煮笋，或茴香豆，做下酒物了。但这些顾客，多是短衣帮，大抵没有这样阔绰。只有着长衫的，才踱进店面隔壁的房子里，要酒要菜，慢慢地吃喝。

有的叫道："孔乙己，你脸上又添上新伤疤了！"他不回应，对柜里说……

——鲁迅《孔乙己》（初稿）

倘肯多花一文，便可以买一碟盐煮笋，或者茴香豆，做下酒物了，如果出到十几文，那就能买一样荤菜，但这些顾客，多是短衣帮，大抵没有这样阔绰。只有穿长衫的，才踱进店面隔壁的房子里，要酒要菜，慢慢地坐喝。

有的叫道："孔乙己，你脸上又添上新伤疤了！"他不回答，对柜里说……

——鲁迅《孔乙己》（收录于《呐喊》）

【品读赏析】

俗话说：好文章是改出来的。鲁迅在写《孔乙己》时也进行了多次的修改。与初稿相比，作者进行了不少的添改。例如，添加了"如果出到十几文，那就能买一样荤菜"两句。初稿的意思是"短衣帮"只喝酒不吃菜，只有阔绰的"长衫"主顾才吃。"盐煮笋""茴香豆"之类的廉价下酒物——这是穷人的吃喝；"长衫"主顾则是消费每样价值十几文的荤菜——这是富人的吃喝。修改后，"短衣帮"与"长衫"主顾的吃喝形成鲜明的对比。"吃喝"改为"坐喝"，更逼真地突出"长衫"主顾吃喝的悠闲，与"短衣帮"的"站喝"形成对照。通过添改词句，作者使得文章细节更加符合生活真实，生动形象地写出了咸丰酒店里人群的悬殊的贫富差距和巨大的阶级对立，揭示了当时的社会现实。

其次，鲁迅在修改中丕注意语言的通俗化、大众化。《孔乙己》在初发表时为"着长衫"，后修改为"穿长衫"。在人物描写方面，鲁迅也是精雕细琢，往往通过一两个字的改变，就使笔下的人物更有神态，更有鲜明的个性。"答应"除了有答复的意思外，还有应允的意思。而"回答"是回话答复的意思，回话的人一般是经过思考的。作者修改之后准确地刻画出孔乙己在受人嘲笑之后总是郑重其事地做出反应，不屑置辩的神态。

【感悟提升】

俄国作家契诃夫曾说过："写作的艺术，其实并不是写的艺术，而是删去写得不好的东西的艺术。"文章的修改与完善是提升作文的有效手段。因此，我们要知道从哪些角度去修改，怎样修改，掌握修改文章的方法。

部编版语文九年级下册课本中写作板块《修改润色》里提出，修改文章要兼顾"言"和"意"。

意，指立意和思想内容。立意是文章的"灵魂"，而衡量一篇文章优劣的关键，主要看立意如何。修改文章，要先着眼于全篇，看文章立意是否正确，是否深刻，是否有新意。其次，要根据文章立意合适地增减材料。作文材料既要新颖独特，又要跟文章立意和谐统一。

言，指言辞和表达，词不达意、语句不连贯、布局不合理等，要从"言"上进行修改。"言"的修改包含"对"和"好"两个层次。

改对词句。认真审视文章在词句方面是否有遗漏字、重复字、错别字；标点是否有误；是否有语病等。在此基础上，进一步推敲用词，使之准确恰当；推敲句子，注意句与句之间应该是有逻辑联系的，使之通畅连贯。

改对结构。文章结构犹如人之"骨骼"，如果你疏于配齐、锻炼文章的"骨骼"，就会大大影响文章的表达效果。一般说来，要注意：（1）首尾要精彩，不重复啰唆。（2）结构要紧凑，过渡要自然。（3）思路顺当，表达清楚。（4）拒绝"老三段"，讲求活泼。

改好语言。语言是文章思想内容的外衣，为了更生动、更准确、更形象地表达中心思想，就得注重对语言的推敲润色。

1. 注重多种句式的综合运用

句式要富于变化，如对偶、排比、整散结合、反复、设问等。整句和散句、长句和短句灵活搭配，能增加语言的节奏感和音乐美。比如，舒婷《祖国，我亲爱的祖国》中："我是你的十亿分之一，是你九百六十万平方米的总和；你以伤痕累累的乳房，喂养了迷惘的我、深思的我、沸腾的我；那就从我的血肉之躯上，去取得你的富饶、你的荣光、你的自由；——祖国啊，我亲爱的祖国！"句式整齐而有变化，多样而又统一，给读者留下深刻的印象。

2. 善用修辞

根据表达的需要，灵活、恰当地运用比喻、比拟、夸张等修辞方法，能够有效地增强文章的表达效果，提升文章的文采。叶圣陶先生曾说：文字是一道桥梁。这边的桥堍站着读者，那边的桥堍站着作者。通过形象地比喻，让读者准确理解了文字在读者与作者中的关键作用。

3. 适当借鉴成语、谚语、格言、名句的使用

语文教材中有很多成语、谚语、格言、名句的素材。对于那些写作时感觉素材贫乏的同学来说，应将课文提供的相关材料同自己的写作结合起来，深入挖掘其中的写作素材，变换写作角度，加以灵活运用、化用，充实自己的作文。正确而恰当地引用课文中的名人名言、古诗词及哲理性的语句可以给自己的文章增加亮色。比如写到"挫折"的话题，可以引用唐朝诗人李白的"长风破浪会有时，直挂云帆济沧海"等诗句。因此，学生需要对传统经典大量诵读识记。

总之，我们在平时的作文训练中，要有针对性地改善和提高。只要努力锻造你的语言，就能为你的考场作文披上亮丽的外衣，增添夺目的光彩。

【类文再品】

原稿：

背影

黄嘉璐

黄昏笼罩着那一栋栋建筑，一缕阳光照进厨房。照在母亲的背上。

我站在厨房门口默默地望着她，阳光把她的身影拉得很长，很长。她的黑发中有几缕白发。母亲转过身来。当我看见她那略带疲倦的脸。我的心瞬间被揪了一下。母亲她正拿着抹布用力地搓洗着碗，一边洗着，一边擦着汗，当时我很想将母亲手中的碗抢过来。说"妈妈我来洗"。但我又不敢过去，我就站在门口默默地看着母亲。我顿时觉得母亲的身影好高大。

还记得有一次，那天外边下着雨，风呼呼地刮着，天气非常寒冷，我看见母亲背着我正在织东西，我看见母亲很认真地去织，生怕织错了，我坐在她后面看着她，母亲的手被针刺了，母亲随便把伤口处理了紧接着去织，怕耽误时间完成不了。母亲急忙织着，她不知疲倦地在那儿织着，看着她那背影，鼻子酸溜溜的，母亲缓缓地转过身来，把她那手中织的东西围在我脖子上，我心里顿时暖暖的，母亲的爱就像寒冬里的太阳温暖我的心房。

还曾记得在上幼儿园时，母亲送我进去之后，不再陪我，只说了"在幼儿园要乖，听老师的话"。母亲只给我留了一个匆匆的背影，那背影的含义似乎有许多，但更多的是母亲对我的爱。如今岁月爬上了她的额头，我无法控制自己，流下惭愧的眼泪，望着母亲的背影。

太阳落山了，在我的心里印下了一个金黄色的背影。母亲的爱无私的阳光，不会吝啬任何一处地方，总会将无私的爱撒到每一个角落，母亲的背影让我懂得好多，好多。

修改稿：

背影

黄嘉璐

太阳渐渐西沉，丝丝缕缕的阳光斜织下来，透过窗户，照进了我家的厨房，照在母亲的身上。

我倚在厨房门口默默地望着母亲。此时的母亲背对着我，正拿着抹布用力地搓洗着碗。她微微地弯着腰，稍稍俯身，利索地洗着碗，默默地、快速地冲洗。哗哗的水声，和着目前有节奏的放碗声，像是一曲曲生活奏响曲。阳光洒在她的背上，洒在她的头发上。母亲的头发很多很黑，像瀑布一样随意地散落在她的背上，甚是美丽。忽然，一道耀眼的光芒刺到了我的眼睛。我用力地眨眨眼，定睛细看。原来是母亲的黑发中有了白发。那几丝白发夹杂在那一瀑黑发中，似乎在向我耀武扬威："哼，你的母亲老了，我们很快就会占领这个领地的。"我的心瞬间被狠狠地抽了一下：是什么无情地染白母亲的黑发？

还记得有一次，那天外边下着雨，风呼呼地刮着，天气非常寒冷，我看见母亲正在灯下为我们赶织毛衣。昏黄的灯光笼罩着母亲，母亲一边织毛衣，一边指导弟弟写作业。她的双肩快速地交织着，一左一右，一高一低。那时母亲的头发黑得发亮，扎成一个马尾搭在她的背上，随着母亲的背上跳跃，活泼可爱。许久母亲缓缓地转过身来，把她那手中织的衣服套在我身上，我心里顿时暖暖的，母亲的爱就像寒冬里的太阳温暖我的心房。

还曾记得在上幼儿园时，母亲送我进去之后，轻轻地对我说："在幼儿园要乖，听老师的话。"母亲只给我留了一个匆匆的背影，去忙她的工作，忙她的家务……

我忽然明白，是因为我们，是为了我们操劳。在留给我们的一个个背影中，我们长大了，岁月染白了母亲的黑发，弯曲了母亲的背。

太阳落山了，在我的心里印下了一个金黄色的背影。母亲的爱像无私的阳光，不会吝啬任何一处地方，总会将无私的爱洒到每一个角落，将母亲的背影拉得那么那么长……

【以悟促写】

作文题目：读懂……

先补充作文题目，写一篇作文，然后从"言"和"意"两个方面进行修改。

【佳作欣赏一】

读懂父母

九（2）班　肖俊红

又到一年春草绿，遥记故乡千里情。

——题记

① 春回大地，万物复苏。挥手告别了寒风刺骨的冬季，我们又迎来了绿意盎然的春天。春天，使我们找回了一切。春天，是一个万能的季节。

修改后：

春回大地，万物复苏。挥手告别了寒风刺骨的冬季，我们又迎来了绿意盎然的春天。春雨温柔地从空中斜织下来，田野里的小草都探出了小脑袋，长出了嫩嫩的芽儿，嫩嫩的，绿绿的，一大片一大片的。（呼应标题）

又是一年春草绿，父母也该回来了吧！？

② 我记得爸妈出去打工的那一夜也下了如此凶猛的雨，时而淋淋漓漓，时而淅淅沥沥，天湿湿地湿湿，他们一起打着一把伞，我跑到雨中伤心地哭了起来，我伫立雨中大喊："爸爸妈妈，别走。"只见他们回头说："我们一年多会回来的。"只见他们转头继续走，爷爷出来抱着我说："他们一年多会回来的。"于是，我进去了，我静坐在门前，聆听春雨在滴滴作响！心儿被这柔情浸润得荡气回肠。思绪穿过雨声屏障的困扰，仿佛回到刚才那一刻。

修改后：

我记得父母出去打工的那一夜也是一个雨天，雨势时而淋淋漓漓，时而淅淅沥沥，天湿湿地湿湿，他们撑着一把伞向村口走去，越走越远。我跑到雨中伤心地哭了起来，伫立雨中大喊："爸爸妈妈，别走。"只见他们回头说："明年春草长出来的时候，我们就会回来的。"便转头继续走，爷爷出来抱着我说："明年开春，他们就回来了。"

③ 故乡的春天来得比较早，我早已忘记了昨夜之事。春风轻轻地在梧桐树的尽头，梧桐的叶子齐刷刷地落下，像一队队的小士兵，向我招手致意。我拿起扫把扫起了落叶，爷爷说："快点扫，去山上装点菜下来。"我们就是和谐欢乐的一家人。

修改后：

我静坐在门前，聆听春雨在滴滴作响，思绪穿过雨声屏障的困扰，仿佛回到相聚的那一刻：父母还是同撑着一把伞，从村口缓缓走来，脸上的笑容在春雨中像是快要绽开的花蕾。轻快的双脚溅起调皮的水花，欢呼雀跃。

④ 春雨像个勤快的人，从早到晚忙碌地工作。雾气渐渐弥漫了四周，老屋的屋瓦浮漾湿湿的流光，灰而温柔，迎光则微明，背光则幽暗，对于视觉，是一种低沉的安慰。至于雨敲打在鳞鳞千瓣的瓦上，由远而近，轻轻重重轻轻，夹着一股股的细流沿着瓦槽与屋檐潺潺泻下，各种敲击音与滑音织成网。

⑤ 在我的记忆里，母亲很喜欢春天。喳喳的喜鹊在叫着，门崖上的春花也烂漫成了一团团绿色的雾，在我面前形成了我爸爸妈妈的影子，我想去抱住他们，可是却消失了。

修改后：

还记得那年的春天，亦是春雨绵绵。雾气渐渐弥漫了四周，老屋的屋瓦浮漾湿湿的流光，灰而温柔，迎光则微明，背光则幽暗，对于视觉，是一种低沉的安慰。至于雨敲打在鳞鳞千瓣的瓦上，由远而近，轻轻重重轻轻，夹着一股股的细流沿着瓦槽与屋檐潺潺泻下，各种敲击音与滑音织成网。母亲坐在院子里，纳着鞋垫。一针一针，一线一线，犹如那密密的春雨在游走，走成了一排又一排。我端着一个小板凳，坐在母亲旁边，时而看看雨，时而看看母亲手里的鞋垫，觉得母亲的手是如此的奇妙，母亲纳出来的鞋垫比春雨还细还密。

⑥ 爸妈出去了很多年，每每想到故乡的土地和春天，更想念出门在外的母亲。只要有春天就有希望，一丝阳光、一条嫩绿的柳枝、一簇含笑的迎春花都会成为春天最美的音符。

修改后：

爸妈出去了很多年，每年的春天，每当春草绿了的时候，我都会远远地望着，切切地盼着。只要有春天就有希望，只要春草变绿，父母就会回来的。

⑦ 又到一年春草绿，故乡的春天增添了暖暖的春意，我也读懂了母亲的亲切的笑容，读懂了父亲的真切的笑容。当我听到雨声，我仿佛看见了爸妈在绿色的草地向我笑盈盈地走来，尽管父亲是从来都不会笑的。

修改后：

又到一年春草绿，斜斜的温柔的雨中，我仿佛看见了爸妈在嫩嫩的、绿绿的草地向我笑盈盈地走来，尽管父亲是从来都不会笑的。

因为我读懂了父母。

【佳作欣赏二】

读懂生命

九（6）班 蒋佳蔚

① 那一年，外公去世了，他倒在了他生活了大半辈子的院子里。自此，花香依旧，只是冥王手中多了一盏灯，（而）人间少了一个疼爱我的人。

② （犹记得）母亲接电话的手，一直在颤抖。那时并不知晓真相的我看着母亲止不住的泪似汩汩而流的溪水十分不解。

③ 我上前询问，母亲哽咽地将我支走。从未见母亲（如此悲痛地抽噎）的我也似乎猜到了些什么。父亲告诉我，外公去世了。

初闻，只觉脑袋有一块什么东西忽然炸裂开来，愣在原地，连悲伤都忘了。懵然之间，似乎置身他那生活的小房子：仍然有斑驳的煤灰紧紧粘附着颜色暗淡的墙，外公坐在那里，踩着足底按摩器，戴着一副老花镜，顶着满头银丝，认真翻阅着报纸。

④ 年前回家看他的模样依旧清晰地印在我的脑海里，那时候的他精气神十足。可，怎么说散就散了呢？

⑤ 出殡那天，我们都身披白衣。母亲用那双微微发颤的手牵着我和弟弟，手掌湿湿的，热热的，浸透着每一条掌中的纹路，分不清究竟是我的汗还是母亲的汗。

⑥ 不经意间，有颗泪"啪嗒"落在我手背上，抬头一看，母亲的眼眶全盈着泪，眼圈红红的，有些肿，鼻头也似乎被施了红脂粉。她嘱咐我们不要乱走，自己忽然就捂着嘴，竭力不让自己发出大声响来，可从那喉头扯出的哽咽声还是一丝一丝地传入我的耳中。我也跟着流泪，却不知道如何才能安慰她，只好拍拍她的背安慰着她，那一刻，我觉得母亲就像一个孩子，外公的故去使她一下子失去了支撑。

（是啊，无论她多大年纪，无论我和弟弟长到多大，在外公那里，她永远也是个孩子。）——增加过渡段

⑦ 一个月以后，我们全家又被召回了家乡。这一次，离开我们的，是只有六十多岁的爷爷。（我从不曾预料我的爷爷在毫无征兆的情况下，就这样一个人悄悄地离开了我们。我无法接受这一讯息，扭头去看父亲。）

父亲很是冷静，冷静得让我觉得害怕。他有条不紊地安排各种事情：（叫妈妈给我和弟弟的老师请假，收拾一家四口的行装，交代在老家的叔叔请村里人帮忙等。）他冷静地安排着，似乎离去的不是他的父亲，他只是在帮助他的朋友在安排

各种事宜。

⑧ 我想也许是男生，父亲总归是有主见。回到老家，在家里的那棵槐树下，父亲久久伫立。

⑨ 或许父亲的父亲，母亲的父亲，就像这棵老槐树一样，默默地在为大家遮蔽阴凉，却也无法抵挡岁月的流逝，这就是生命。

修改⑧⑨：

我的心有点难受又有些许放松，父亲毕竟是男人，在处事方面永远比母亲坚强。

出殡的前一天，我无论如何都睡不着，悄悄地下床，悄悄地从房门探出脑袋。只见父亲一个人跪在大堂里，他默默地看着爷爷的照片，默默地流着眼泪。乡村的夜很黑，大堂的灯很暗，忽闪忽闪的灯光印着爷爷的照片，也印着父亲悲痛的脸庞。我不知道父亲已经跪了多久了，我不知道父亲此时心里在想着什么。为了生计，为了让我和弟弟有更好的教育，我们全家常年生活在外地。他脸上不断淌下的无言的泪水，似乎在诉说他内心难以抑制的悲伤和对爷爷永远都无法弥补的愧疚。母亲走了过来，她轻轻地拍了我一下："以后，你和弟弟不要再惹你爸生气了。"

是啊，现在父亲也是一个没有父亲的孩子了。

这一刻，我忽然读懂了生命：无论我们愿不愿意，我们终将会一天天长大，而我们的父母终将会一天天老去，生命就是这样在欢喜和悲伤中轮回下去。

那么，在我们父母还未老去的时候，好好地爱他们，就像小时候他们爱我们一样……